永嘉會 四十年史

1977~2018

永嘉會

‘영가문화(永嘉文化) 제1집(1982년 3월 25일)’ 제자(題字)에 이어
‘영가회(永嘉會) 40년사’도 계미자(癸未字)를 사용하게 된 동기가 되었다.

〈앞표지〉 계미자 제자해설(題字解說

영가회 사십년사(永嘉會 四十年史)의 題字(제자)는 癸未字(계미자 : 우리나라 최초의 금속동활자로서 1403년 조선 태종때 주조된 것으로 세계 최초의 금속활자임)로 출판한 책중 十七史纂古今 通要(십칠 사찬 고금 통요)라는 책 66페이지를 국립중앙도서관 고문서과의 승인으로 전달받아 66페이지 중에서 영가회 사십년사라는 글자 7字를 찾아 편집하여 제호로 선정함으로서 세계최초의 금속활자를 사용해서 영가회 사십년사의 표지에 題字(제자)를 함으로서 영가회의 무궁한 전통이 이어지기를 소망한 제자임을 밝혀둔다. (편집부)

〈뒷표지〉 이천동『제비원석불』

안동시 북쪽 이천동 태화산 산록에 있는 석불상, 보물 제115호, 자연암벽에 佛身을 새기고 그 위에 머리를 따로 제작하여 올려놓은 전체높이 12.38m의 거대 불상이다. 제작양식으로 보아 고려 시대에 제작된 것으로 추정된다. 미소를 띤 풍만한 얼굴, 긴눈과 우뚝 솟은 코, 두터운 입술이 정중하고 근엄하다, 옛날 이 석불 인근에 있었다고 전해지는 燕尾寺라는 절에서 ‘제비원’이란 명칭이 유래됐다.「성주의 본향 안동」의 상징물이다.

발간사

수많은 곡절과 변화의 소용돌이 속에서 영가회가 40년사를 발간하게 되었습니다.

지난 40년의 발자취를 돌아보면, 우리나라는 경제적으로는 세계가 놀라는 기적의 풍요로움을 만들었습니다만 이웃간의 인정은 멀어지고 삶의 질은 더욱 천박해졌습니다. 만나면 편가르고 편갈리면 죽자 살자 상대를 공격하고 협박합니다. OECD 국가중 자살율 1위 이혼율 1위 행복지수 최하위 그룹에 속합니다. 온 나라가 갈등과 혼란으로 덮혀있습니다.

이러한 역사의 장구한 세월 속에서 우리 안동은 대한민국 정신의 중심도시 역할을 담당해 왔으며 통일신라와 고려의 화엄사상, 조선시대의 성리학, 일제강점기 독립운동의 중심지였으며, 굽이굽이 역사의 고비마다 민족과 나라의 위기를 몸을 던저 구했습니다. 안동이 가진 인문적 가치는 21세기 현대사회의 병폐를 해결하기 위한 열쇠라고 생각합니다.

이러한 시련의 소용돌이 속에서도 우리 영가회는 화합과 친목의 터전을 쌓으며 오늘에 이르렀습니다. 회원 모두 정성들인 노력의 결과라고 생각되며, 특히 전임 회장님들의 헌신적인 노고에 감사드립니다.

이번 40년사 발간은 오늘의 반성과 미래의 교훈에 이바지 할 수 있는 산 증거로의 족적을 남긴다는 마음으로 힘들고 어려움을 견디며 노력했습니다만 여러 가지 미흡한 점이 많아 회원님들의 혜량을 바랍니다.

끝으로 편집에 헌신적 노력을 해주신 집필진과 좋은 자료를 보내 도와주신 회원, 그리고 광고를 실어주신 모든분께 마음 깊이 감사를 드립니다.

2018년 12월 20일

영가회 회장 김 계 동

영가회?

영가회(1977~2018)?

영가회는 1977년 3월 25일 창설된 안동 출향인사들의 모임이다.

올해로 창립40주년을 맞이한 가장 오래된 안동인의 구심체이다.

초대회장은 김해길이다. 1977년 류혁인, 장원석 등 40대 출향 핵심인사 10여명이 "고향을 위해 기여할 모임을 만들자" 라는 취지에서 영가상록회를 결성한다. "영가회는 향토 안동을 사랑하고 향토문화를 기리면서 안동인으로서 긍지를 되살리는 우정의 모임입니다."라는 설립 취지를 내세우고 회의 명칭을 '영가회'로 바꾸었다. 재경 안동향우회 태동의 촉매제 역할을 하게 된다.

2011년 현재 저명 출향인사 200여명을, 2017년 240여명을 회원으로, 선비의 고장 안동 출신답게 우리나라 정치, 경제, 사회, 문화 등 모든 분야에서 노블리스 오블리주를 실천하는데 앞장서고 있다.

"영가회는 회원 상호간의 친목, 소통과 자기계발을 도모하고 상부상조하며 융화 단결하여 향토발전에 기여함을 목적으로 한다."로 회칙 제2조가 명시하고 있다.

매년 정기총회는 1월에 개최하고, 회원상호간 단합과 친교를 위해 '신년 하례회', '국내외 문화유적 탐방'등을 정기적으로 실시하고 있다. 또한 '장관, 국회의원 등 지도층 인사 축하연' '명사 초청 특강' 등 다양한 행사를 이어가고 있다.

역점 사업으로 '영가문화상'을 제정하여 제10회째 시상해오고 있다.

영가문화상 수상 단체로 '안동문화지킴이' '하회탈춤보존회' '안동문화원' 등이다.

그리고 창립이래 2011년까지 '영가회보'를 발행해왔다.

회보에는 회원들의 기고나 동정을 실어 소식을 알리는 소통의 한마당 역할을 해 왔다. 특히 회원축하연은 회원들과 대화의 장으로 자리매김 하고 있다.

영가회가 지금까지 개최한 축하연의 주인공은 다음과 같다.

권정달 권오을 윤영호 오경의 김광림 이희범 김호진 금창태 이유택 김휘동 김도현 김노식 권영진 권택기 김용구 김길홍 박세환 김경한 이용태 금익부 이종훈 등이다.

역대회장은 초대 김해길, 2대 류목기, 3대 금창태, 4대 허동진, 5대 류종묵, 6대 김봉구, 7대 김계동, 역대 사무국장은 초대 권화섭, 2대 권오철, 3대 권원오, 4대 김계동, 5대 류덕상, 6대 김영일 등이다.

영가회는 1982. 3. 25 영가문화 제1집을 창립5주년 기념으로, 영가문화 제2집 '그 단새 스무해가'를 간행했다.

당시 영가문화2집 필진을 소개하면.....

김해길 권상철 강민창 강보영 권기성 김경한 김계현 김길홍 김봉회 김 원 김인구 김회동 류돈우 류종묵 류창석 박장식 장상섭 정동호 허동진 김휘동 김호길 이준승 이희대 정무수 김종길 권영진 권오주 권원오 김경중 김대원 김동기 김동재 김용을 김원길 김재은 김호진 류동주 류목기 류혁인 신유균 신현수 심우영 심의용 이광복 이동익 이명걸 이봉수 이준오 정운경 천상기 권 순 권오을 권용중 김경동 김봉구 김승년 김형진 류한섭 신현우 이만용 이종훈 이용태 이상욱 등 60여명이다.

이제 "영가회 40년사" 발간을 위해 김계동회장 이하 편찬고문과 편집위원들이 바쁘게 뛰고 있다.

▶영가회 연락처 : 서울 종로구 창경궁로 16길 70 반도보라타워 508호
전 화 02)744-0301, FAX 766-0301
웹 하 드 : koretm/ koretm1234
e - mail : koretm@hanmail.net
우편번호 : 03128

역대회장

초대 **김 해 길** 회장
(1977 ~ 1998)

2대 **류 목 기** 회장
(1999 ~ 2002)

3대 **금 창 태** 회장
(2003 ~ 2006)

4대 **허 동 진** 회장
(2007 ~ 2010)

5대 **류 종 묵** 회장
(2011 ~ 2014)

6대 **김 봉 구** 회장
(2015 ~ 2016)

7대 **김 계 동** 회장
(2017 ~ 현재)

目 次

제 1 편

총 괄

會 則

制定 1977. 3. 26
改正 1983. 4. 26
改正 1998. 10. 24
改正 2009. 1. 9
改正 2011. 1. 7
改正 2011. 4. 19

第一章 總 則

第 1 條【名稱】本會 名稱은 永嘉會라 부른다.

第 2 條【目的】本會는 會員相互間의 親睦을 圖謀하고 相扶相助하며 融和團結하여 鄕土發展에 寄與함을 目的으로 한다.

第 3 條【本會의 所在地】本會는 서울特別市에 둔다.

第二章 會 員

第 4 條【本會會員의 區分 및 資格】本會會員의 區分 및 資格은 다음과 같다.

1. 會員 : 現 安東市에 淵源을 가진 사람으로서 서울 特別市와 그 一圓에 居住하고 本會의 趣旨에 贊同하여 本會所定의入會節次를 畢한 사람
2. 名譽會員 : 本會 趣旨에 贊同하고 本會發展에 顯著한 功勞가 있는 人士로서會員2人 以上 推薦에 依據, 理事會在籍 過半數 以上의 贊同을 얻으므로서 決定된다.
3. 元老會員 : 본 회 회원 중 75세 이상 회원은 원로회원의 대우를 한다. 〈2011. 4. 19 개정〉

第 5 條【會員의 權利義務】本會 會員은 所定의 會費를 納付하므로서 會員 資格을 갖는다.

第 6 條【資格喪失】本會 會員의 資格喪失은 다음事由가 發生時 所定節次를 거쳐 決定한다.

1. 本會 目的에 背馳되는 行爲을 하였을 時
2. 本會의 名譽나 威信을 損傷케 하는 行爲를 하였을 時
3. 本人이 脫退를 申請하였을 時
4. 各種 會議에 特別한 事由없이 2年以上缺席하였을 時〈09. 1. 9 개정〉
5. 會費를 2年間 내내 納付하지 아니하였을 時〈09. 1. 9 개정〉
6. 本人의 死亡 時

第三章 任 員

第 7 條【任員 構成】① 本會에는 다음 任員을 둔다.

1. 會長 : 1名
2. 副會長 : 10名以內
3. 監事 : 2名

② 本會의 直前會長은 當然職 名譽會長으로推戴한다. 다만, 任期는 現任會長의 在任期間으로 한다.

第 8 條【任員 選出 및 任期】本會 任員의 選出 및 任期는 다음과 같다.

1. 會長및 監事는 總會에서 會員中 選出한다.
2. 副會長은 會長이 推薦하여 總會의 承認을받아야 한다.
3. 會長 및 監事의 任期는 2年으로 한다.다만, 1回에 限하여 連任할수있다.
4. 會長 및 監事의 任期中 缺員이 發生時는總會에서 補選하며, 그 任期는 前任者의殘餘期間으로 한다.

第 9 條【任員의 任務】本會 任員의 任務는 다음과 같다.

1. 會長은 本會를 代表하고 本會 모든 業務를管掌하며 各種 會議의 議長이 된다.
2. 副會長은 會長을 補佐하고 會長 有故時年長者順으로 會長 職務를 代行한다.
3. 監事는 理事會에 參席하여 本會 運營을 協議하고 또한 會計業務를 監査하여年 1回 定期總會에 報告한다.

第 10 條【事務局】① 本會의 運營實務를 擔當處理키 爲하여 다음과 같이 事務局을 둔다.

1. 事務局長 : 1名
2. 總務幹事 : 1名
3. 財務幹事 : 1名
4. 事務職員 (有給) : 1名

② 會長은 會員中에서 事務局長 및 幹事를 任命하여 理事會의 同意를 받아야 한다.

第 11 條【諮問委員 委囑】會長은 本會의 目的 達成을爲하여 會員中 分野別 專門人을 諮問委員으로 委囑 할 수 있다. 諮問委員 委囑은理事會의 同意를 받아야 한다.

第 12 條【分科 委員會】會長은 會員들의 趣味活動을奬勵하므로서 會員 相互間의 親睦을 敦篤하게하기 爲하여 理事會 同意를 받아 同好人 分科委員會를 둘 수 있다.

第四章 會 議

第 13 條【會議種類】本會 會議는 定期總會, 臨時總會,理事會로 區分한다.

第 14 條【定期總會】定期總會는 每年 12月 또는 翌年 1月中에 開催함을 原則으로 하고 다음 事項을 議決한다.

1. 任員選任에 關한 事項
2. 會則改正에 關한 事項

3. 豫算 및 決算 承認

4. 事業計劃 承認

5. 其他 重要事項 決定

第 15 條【臨時總會】臨時總會는 다음 各號의 1에 該當時 開催하며 前 第14條에 明示된 事項에 準하여 議決한다.

1. 會長이 必要하다고 認定할 時

2. 理事會가 召集要求時

3. 在籍會員 3분의 1 以上이 連名으로 召集 要求를 提出하였을 時

第 16 條【理事會】理事會는 會長, 副會長, 監事로構成하고 必要時 會長이 召集하며 다음 事項을 審議 決定한다.

1. 業務執行에 關한 事項

2. 事業計劃 運營에 關한 事項

3. 總會에서 委任된 事項

4. 會員 加入 및 除籍에 關한 事項

5. 其他 重要한 事項

第 17 條【議決】本會의 會議別 議決定足數는 다음과 같다.

1. 總會는 參席會員 3분의 2以上 贊成으로議決한다.

2. 理事會는 在籍過半數 以上 參席으로 成立하며, 在籍過半數以上 贊成으로 議決한다.

3. 可否 同數일 때 會長이 決定權을 갖는다.

第五章 財 政

第 18 條【收入】本會 收入은 入會費, 會費, 贊助金, 寄附金 等으로 한다. (2011. 4. 19 개정)

1. 特別會費 : 本會 發展基金으로 100萬이상納付會員은 年會費를 免除한다.

2. 贊助金 및 寄附金 : 會員 또는 本會를積極 支援코자 하는 據出金

3. 其他 收入金

第 19 條【支出】理事會 審議를 거친 事業推進을 爲하여 豫算 範圍内에서 支出한다.

第 20 條【會計】本會 會計年度는 每年 1月1日부터12月31日까지로 한다.

第六章 其 他

第 21 條【其他】本 會則에 明示되지 않는 事項은一般 通例에 準한다.

附 則

第 22 條 本 會則은 2011年 4月 19日부터 施行한다.

영가회 출판물 발간목록

1. 永嘉文化(壹輯 : 1982. 3. 25 刊行)

永嘉文化 題字解說

永嘉文化 題字 4자는 조선초기, 태종 3년 계미(1403)년에 鑄造된 銅活字인 癸未字다. 현재 국립중앙도서관이 소장하고 있는 國寶 제148호로 지정된 「17史纂古今通要 卷之十七」의 大字에서 集字한 것이다. 化字는 大字 중에 없었기 때문에, 小字를 참조해서 쪽자로 만든 것이다.

고려 때에 이미 금속활자가 만들어져 사용되었으나, 조선 건국 초에는 사회가 어지러워서 서적의 인쇄가 활발하지 못했다. 태종은 서적을 찍어 배포하기 위해 주자인서를 하기로 했다. 예문관 대제학 李禝, 摠制 민무질, 지신사 박석명, 우대언 이응 등을 제조로 삼아 鑄造를 감독하게 하고, 강천주, 김장간, 류이, 김위민, 박윤영 등이 그 일을 관장했다.

계미자 판본

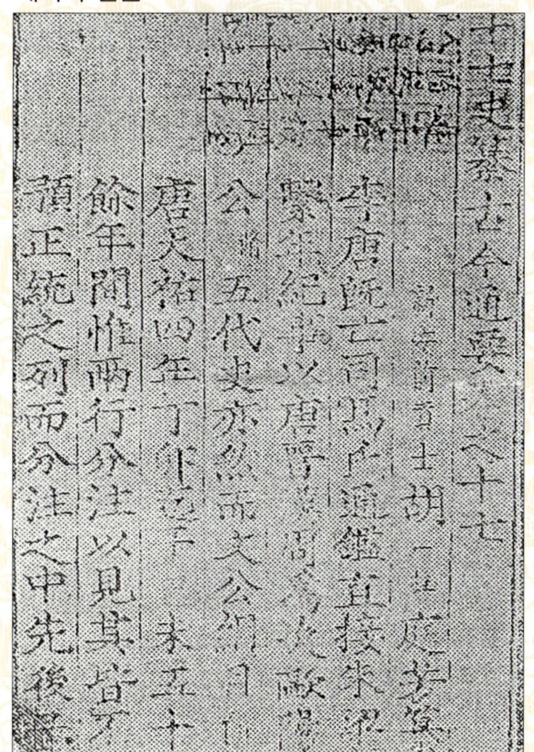
十七史纂古今通要卷之十七
[illegible] 胡 [illegible]
李唐既亡司馬公通鑑直接朱梁
繫年紀事以唐晉 [illegible]
公 [illegible] 五代史亦然而文公綱目 [illegible]
唐天祐四年丁卯 [illegible] 朱五十
餘年間惟兩行分注以見其皆
預正統之列而分注之中先後

2. 그단새 스무해가 (貳輯 : 1997. 7. 10 刊行)

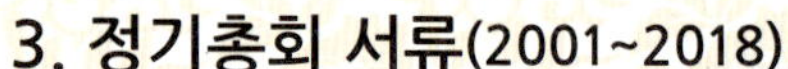

3. 정기총회 서류(2001~2018)

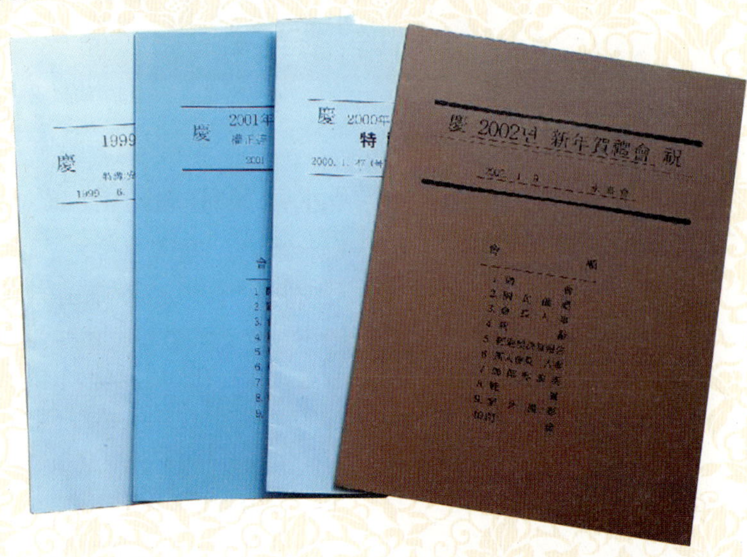

慶2014年定期總會 및 新年賀禮會祝

2018 定期總會 및 新年賀禮會
2018. 1. 5(금) 18:00 프레지던트호텔 19층 브람스홀
2018年
戊戌年
永 嘉 會

4. 특강교재

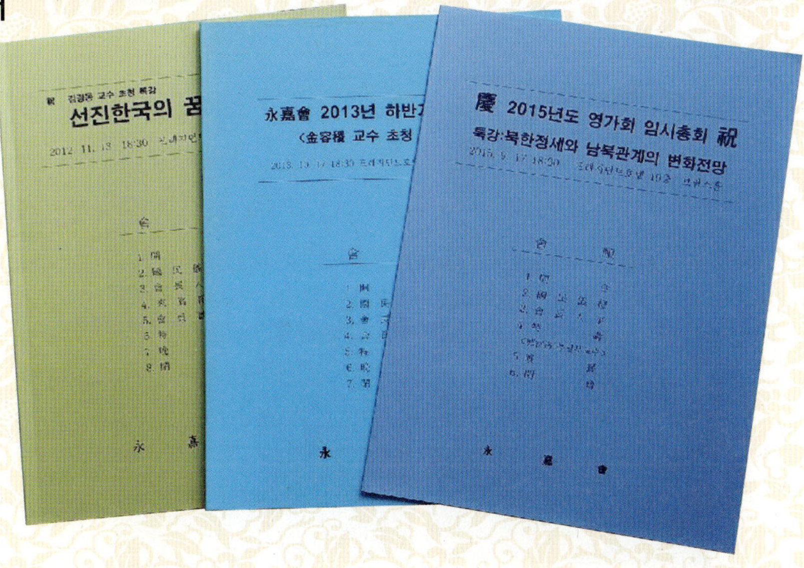
선진한국의 꿈
永嘉會 2013년 하반기
慶 2015년도 영가회 임시총회 祝
특강:북한정세와 남북관계의 변화전망

5. 영가회 회원수첩(1999~2017)

6. 永嘉會報 (2000 ~ 2011)

永嘉會報

영가회는 향토 安東을 사랑하고 향토문화를 기리면서 안동인으로서 긍지를 되살리는 우정의 모임입니다.

2000년 9월 7일 발행 〈2-8호〉

발행인 柳穆基 / 편집인 權五潡 / 서울시 성북구 장위2동 66-296(영광빌딩 201호) / TEL 911-1392, 548-7373~4 / FAX 910-9432

金浩鎭 勞動部長官 · 李裕澤 송파구청장
두 회원 취임祝賀조찬회 개최
9월 7일 오전 7시 조선호텔 2층 오키드룸

永嘉會(회장 柳穆基)는 그동안 노사정 위원회 위원장으로 활약을 해오다가 지난 7월 금융노조파업당시 노·정 대화를 중재해 대타협을 이끌어 내 노사문제 해결사로 능력을 인정받아 노동부장관에 발탁된 金浩鎭회원과 6월 지방자치단체 보궐선거에서 한나라당 후보로 서울 송파구청장에 당선된 李裕澤회원을 축하하는 조찬 모임을 9월 7일 오전 7시 조선호텔 2층 오키드룸에서 개최한다.

金浩鎭 장관　　李裕澤 구청장

조용하면서도 추진력이 뛰어난 金장관은 한국 정치 학회장을 지내는등 학계에는 발이 넓고 고려대 노동문제 연구소장과 노동대학원 1~2대 학장을 지내, 한국노총과 민주노총 등 노동계 인사들과도 교분이 깊다. 金장관은 국민회의 정치개혁특위 위원으로도 활동했다. 안동사범병중, 안동사범본과를 나와 고려대 정외과, 미 하와이 주립대 정치학 박사이기도 하다. 안동 월곡면 출신(61세)

한편 李裕澤 송파구청장은 안동사범 병중, 안사본과를 나와 서울사대를 마치고 제13회 행정고시에 합격한 이후 서울시청의 요직과 성북구청장등을 두루 역임한 전형적인 행정관료출신이다. 안동 도산면 출신(62세)

權五乙의원 재선 축하조찬회 성황
지난 6월 2일 조선호텔 그랜드볼룸서

永嘉會(회장 柳穆基)는 지난 6월 2일 조선호텔 1층 그랜드볼룸에서 4.13 총선 고향 安東에서 국회의원으로 당선된 한나라당 權五乙회원의 당선을 축하하는 조찬회를 개최했다.

이날 조찬회에는 회원 70여명이 참석, 대성황리에 權의원의 재선을 축하했다.

- 1 -

永嘉會報

영가회는 향토 安東을 사랑하고 향토문화를 기리면서 안동인으로서 긍지를 되살리는 우정의 모임입니다.

영가회 은행계좌 국민은행 853-01-0004-610 예금주 류목기

2001년 1월 29일 발행 〈2-9호〉

발행인 柳穆基 / 편집인 權五潡 / 서울시 성북구 장위2동 66-296(영광빌딩 201호) / TEL 911-1392 / FAX 910-9432

永嘉會 2001 신년하례회 개최
權正達회원 자유총연맹 총재 취임 祝賀宴도
2001년 1월 29일 하오 6시30분 소피텔 엠버서더 호텔 2층 동궁

永嘉會(회장 柳穆基)는 2001년 새해를 맞아 1월 29일 하오 6시30분 소피텔 엠버서더 호텔 2층 동궁에서 신년하례회를 개최한다.

이번 신년하례회는 권정달회원의 자유총연맹 총재 취임 축하연도 겸하게 되었다.

해마다 신년초에 모든 회원이 참가해서 회원 상호간의 친목과 화합을 다지는 만남의 한마당이 된 영가회 신년하례회는 해를 거듭할수록 참여의식이 높아져 새해의 희망찬 설계와 덕담을 나누는 회원친교의 모임으로 자리매김을 했다.

이번 행사는 영가회 부회장이며 리버파크 관광호텔 회장인 林輝一 부회장이 후원을 자청했으며 (주)용마엔지니어링 李成熙 회장은 회원 모두에 선물을 증정하기로 했다.

2001년과 永嘉會의 活性化
柳穆基 회장 新年辭

신사년 새해 회원제위의 건승과 복 많이 받으시길 바랍니다.

지난번 조선호텔에서 개최한 영가회 정기총회에서 다시 회장으로 연임된 것에 다시한번 감사드리며 더욱 어깨가 무거워 짐을 느끼고 있습니다.

2001년 새해에도 영가회원 모두 하시는 일에 영광과 번영이 활짝 열리고 특히 건강에 유의하시길 빕니다.

돌이켜 보면 우리 영가회는 선비의 고장 향토 안동을 사랑하고 추로지향의 전통문화를 기리면서 안동인으로서 긍지를 살리는 우정의 모임으로, 출범한지 어언 20개 성상을 넘어 섰습니다.

그동안 숱한 출향인사들이 각계각층에서 두드러진 업적을 쌓아 人多安東을 유감없이 실천해 오고있습니다.

저가 회장직을 맡고 2년여에 걸쳐 우리 영가회는 차분히 회원상호간의 유대강화는 물론 여러 사업에 의욕을 펼쳐나갔습니다.

英女王 안동방문이후 내고장찾기 행사에 이어 몇차례에 걸친 조찬모임등 회원화합모임을 가진바 있습니다.

- 1 -

永嘉會報

영가회는 향토 安東을 사랑하고 향토문화를 기리면서 안동인으로서 긍지를 되살리는 우정의 모임입니다.

영가회 은행계좌 국민은행 853-01-0004-610 예금주 류목기

2001년 6월 25일 발행 〈2-10호〉

발행인 柳穆基 / 편집인 千相基 / 서울시 성북구 장위2동 66-296(영광빌딩 201호) / TEL 911-1392 / FAX 910-9432

退溪탄신 5백주 기념特講 개최
李熙範 산업자원부차관 취임 축하연도
2001년 6월 25일 하오 6시30분 대한상공회의소 12층 상의클럽

李龍兌박사 '퇴계선생에 대하여'

永嘉會(회장 柳穆基)는 6월 25일 하오 6시30분 대한상공회의소 12층 상의클럽에서 퇴계 탄신 5백주년 기념 특강을 개최한다.

특강은 본회 회원이며 한국 퇴계학연구원 이사장인 李龍兌박사(삼보컴퓨터 회장). 기념특강 주제는 '퇴계선생에 대하여' 이다.

이용태박사　　이희범차관

이날 만찬 모임은 安東출신이며 본회 회원인 李熙範 산업자원부 차관 취임축하를 겸하는 자리이기도 하다.

李차관은 安東 月谷 마동에서 출생, 월곡 국민학교, 安東중학교, 서울사대부속고등학교, 서울대학교 공과대학을 졸업하고 행정고시에 합격한 후 공업진흥청에서 공무원의 첫발을 디딘 이래 상공부, 산업자원부에 근무해온 행시출신 정통 엘리트 관료로, 일찍부터 안동인의 긍지가 몸에 밴 탁월한 행정가로 주목을 받아왔다.

이날 퇴계탄신 5백주년기념 특강 만찬 스폰서는 權五乙의원. 權의원은 지난 16대 총선 당선축하 조찬을 마련해준 영가회원들에 답례하겠다는 뜻을 여러번 영가회에 전달한 바 있었다.

영가회 2001년 신년하례회 權正達 자유총연맹 총재취임
120여회원 和合의 한마당

2001년 1월 29일 하오 6시 30분 소피텔엠버서더호텔 2층 동궁에서 개최한 영가회 신년하례회 겸 權正達 한국자유총연맹총재 취임 축하연에는 120여 회원들이 참가해 대성황을 이루었다.

이날 신년하례회는 柳穆基회장 인사에 이어 權正達총재는 '대단치도 않은 자리에 취임한 것인데 대성황을 이룬 축하연을 베풀어주신 영가회원 제위께 대단히 감사한다' 고 고마움을 표했다.

이어 축사, 경과보고, 결산, 감사보고, 신입임원 선임보고 순서로 진행되었다.

참석한 회원들은 만찬을 들며 화기애애한 분위기 속에서 회원들끼리 화합과 결속을 다지는 한마당을 연출했다.

이날 모임에 참석한 姜普英안동병원 이사장은 안동문화연구회가 간행한 '안동역사 바로보기' 단행본 1권씩을 회원들에게 기증했다.

- 1 -

永嘉會報

영가회는 향토 安東을 사랑하고 향토문화를 기리면서 안동인으로서 긍지를 되살리는 우정의 모임입니다.

영가회 은행계좌 국민은행 853-01-0004-610 예금주 류목기

2002년 1월 9일 발행 〈2-11호〉

발행인 柳穆基 / 편집인 千相基 / 서울시 성북구 장위2동 66-296(영광빌딩 201호) / TEL 911-1392 / FAX 910-9432

永嘉會 2002 신년賀禮會 개최
壬午年 새해 200회원들간의 親交한마당
2002년 1월 9일(水) 18시30분 세종문화회관 소연회실

永嘉會(회장 柳穆基)는 2002년 새해를 맞아 1월 9일 하오 6시30분 세종문화회관 소연회실에서 2002 신년하례회를 개최한다.

해마다 신년초에 영가회 전회원이 참가해서 출향인사들간의 친목과 화합을 다지는 만남의 한마당인 신년하례회는 해를 거듭할수록 대성황을 이루어 새해 희망찬 설계와 덕담을 나누는 회원친교의 광장으로 자리매김했다.

2002 신년하례회는 안동병원 이사장 姜普英회원이 후원의 뜻을 보내왔고 세명대학교 權寧爲총장은 참가 회원모두에게 선물을 증정하기로 했다.

한편 이번행사에는 국악계 신예 박소연양(이화여대 황병기교수 사사)의 가야금 산조도 곁들여 하례회를 더욱 빛내게 되었다.

"和合, 업그레이드의 해"
柳穆基 회장 新年辭

2002년 壬午年새해를 맞아 200여 영가회원 제위께 신년인사를 올립니다. "새해 복 많이 받으시고 건강하십시오"

올해도 회원 모두 하시는 일에 발전과 영광이 함께 하길 바라며 특히 건강에 유의하시길 기원합니다.

지난 한해를 회고해보면 우리 고향이며 유교문화의 메카인 安東은 巨儒 退溪선생 탄신 500주년을 기념하는 각종 국제행사와 학술회의를 개최하여 전세계의 스포트 라이트를 받은바 있습니다.

이제 우리 安東은 선비文化·양반정신·퇴계학등의 국제화로 추로지향 전통문화를 지구촌에 펼치면서 세계속의 安東으로 그 정체성을 자리매김한 것입니다.

출향인사들이 각계각층에서 괄목할 진출을 보여 濟濟多士의 본고장답게 人多安東을 과시한것도 같은 맥락에서 긍지를 느끼는 대목입니다.

우리 永嘉會도 어언 24개 성상을 맞으면서 200여 회원들이 安東人의 구심체로 회원상호간의 친목과 화합을 한단계 높여야 할 때라고 생각합니다.

회원 제위 모두께서 더욱 적극적인 참여의식을 발휘해서 향토 安東을 사랑하고 향토문화를 기리면서 자랑스러운 안동인끼리 우의와 친목을 굳건히 다져나가는 구심체로 업그레이드 되길 바라마지 않습니다.

24년 전통, 회원 200명의 영가회는 새해를 맞아 분명 우리들의 기대를 성취하리라 믿습니다. 그래서 이번에 年富力强한 신입회원 12명을 영입하게 되었습니다.

자기 분야에서 일가를 이룬 이번 신입회원 영입은 우리 영가회의 활성화에 기폭제 역할을 할 것으로 많은 기대를 모으고 있습니다.

지난해 6월25일 개최한 退溪탄신 5백주년 기념특강은 성황리에 큰 호응을 불러 일으켰습니다. 회원 여러분의 성원과 관심에 다시한번 감사를 드립니다.

올해도 미래지향적인 보람된 행사를 준비하오니 회원 제위의 보다 큰 동참을 당부하겠습니다.

壬午年 새해에도 배전의 관심과 추마가편의 성원을 바라면서 영가회원 제위께 새해 인사로 가름하고자 합니다.

감사합니다.

2002년 1월 9일

영가회 회장 柳 穆 基

- 1 -

永嘉會報

영가회는 향토 安東을 사랑하고 향토문화를 기리면서 안동인으로서 긍지를 되살리는 우정의 모임입니다.

영가회 은행계좌 국민은행 853-01-0004-610 예금주 류목기

2002년 7월 5일 발행 〈2-12호〉

발행인 柳穆基 / 편집인 千相基 / 서울시 성북구 장위2동 66-296(영광빌딩 201호) / TEL 911-1392 / FAX 910-9432

金暉東안동시장, 李裕澤서울 송파구청장
두회원 당선… 취임祝賀 조찬회
7월5일 오전7시30분 롯데호텔 36층 벨뷰룸

지난 6월 13일 실시된 제3회 전국동시지방선거에서 영가회원 2명이 단체장에 당선되는 영광을 안았다.

金暉東회원이 안동시장에, 李裕澤회원은 송파구청장에 재선되었다.

영가회(회장 柳穆基)는 두회원의 당선과 취임을 축하하는 조찬모임을 마련했다.

7월 5일 오전 7시 30분 소공동 롯데호텔 36층 벨뷰룸에서 취임축하연을 갖기로 했다.

金暉東 안동시장은 안동고, 명지대, 연대행정대학원 석사, 대구대에서 행정학박사 학위를 받았다. 안동군수, 경북도의회 사무처장을 역임, 한나라당 공천후보로 압도적 당선을 했으며, 李裕澤 송파구청장은 안동사범, 서울대사대, 행정고시 13회 합격, 서울 성북구청장을 역임한 후, 지난번 보궐선거로 송파구청장에 당선된이래 이번 6·13 선거에서 역시 한나라당 공천으로 재선의 영예를 차지한 것이다.

영가회, (株)풍산 안강공장 순방
60여회원 참가 … 柳津회장 협찬

영가회원 60여명은 지난 4월 3일 (株)풍산 柳津회장의 배려로 경주 벚꽃관광과 안강공장을 방문했다.

(株)풍산에서 제공한 관광버스편으로 세계최대 銅제품 생산공장을 둘러보고 경주에서 벚꽃놀이를 즐겼다.

이날 풍산 안강공장측에서

- 1 -

永嘉會報

영가회는 향토 安東을 사랑하고 향토문화를 기리면서 안동인으로서 긍지를 되살리는 우정의 모임입니다.

영가회 은행계좌 국민은행 853-01-0004-610 예금주 류목기

2003년 1월 15일 발행 〈2-13호〉

발행인 柳穆基 / 편집인 千相基 / 서울시 성북구 장위2동 66-296(영광빌딩 201호) / TEL 911-1392 / FAX 910-9432

영가회 琴昌泰 13代회장 선임

부회장 許東鎭, 林輝一, 李明杰, 李洸馥, 金鍾吉, 柳從默, 金勝年

감사 權五澈, 金光琳 편집주간 千相基 사무국장 權源吾 총무간사 金啓東

柳穆基 직전회장 명예회장 추대

영가회(회장 柳穆基)는 구랍 23일과 1월 6일 시내 세종호텔·한일관 등에서 두차례 정기이사회를 열고 차기 집행부를 구성했다.

영가회 이사회는 차기 새회장인 제13대 회장에 琴昌泰(중앙일보 상임고문)회원을 만장일치로 선임했다.

부회장에는 許東鎭, 林輝一, 李明杰, 李洸馥, 金鍾吉, 柳從默, 金勝年 회원 등 7명을 지명하고 감사엔 權五澈, 金光琳 회원을 선출했다. 편집주간 千相基 사무국장 權源吾 총무간사 金啓東 회원은 유임시키기로 했다.

직전회장인 柳穆基회장은 회칙에 따라 명예회장으로 추대되었다. 이 자리에서 柳회장은 한차례 더 연임해 줄것을 바라는 많은 회원들의 요구에 한결같이 고사하고 연부역강한 새회장을 뽑아야 한다고 역설했다.

柳회장은 2기에 걸친 4년 임기를 대과없이 마치게 된 것에 감사하고 이는 오로지 영가회원 제위의 협조와 성원 덕택이라며 이임의 소회를 피력했다.

회장을 맡으면서…
琴昌泰신임회장 취임사

존경하는 永嘉會회원 여러분,

여러모로 부족한 이 사람이 뜻하지 않게 영가회 회장이라는 막중한 자리를 맡게 된 것을 무한한 영광으로 생각합니다. 그동안 영가회 부회장의 한사람으로 會운영에 참여해왔으나 별로 기여한 것 없이 이름만 걸어놓고 있었던 터였습니다. 그래서 이번 후임회장 후보로 여러 차례 권유를 받으면서도 도저히 그 임무를 감당할 능력이 없다고 생각되어 한결같이 사양해 왔습니다.

아시다시피 전임 柳穆基 회장은 덕망과 능력을 모두 갖추신 분으로 4년 동안 영가회를 비약적으로 발전시켰으며 수많은 업적을 남겼습니다.

이런 직후인 만큼 후임 회장후보로 지명을 받은 저로서는 솔직히 자신도 없고 망설이지 않을 수 없었습니다. 그러나 이러한 저의 행동은 영가회를 위해 심부름을 해달라는 회원 여러분의 기대를 어기는 일이되고 會의 발전에 지장을 가져올지도 모른다는 많은분들의 지적에 따라 적임자가 아닌 줄 알면서도

- 1 -

永嘉會報

영가회는 향토 安東을 사랑하고 향토문화를 기리면서 안동인으로서 긍지를 되살리는 우정의 모임입니다.

영가회 은행계좌 국민은행 417201-01-136916 예금주 영가회

2004년 1월 13일 발행 〈3-1호〉

발행인 琴昌泰 / 편집인 千相基 / 서울시 성북구 장위2동 66-296(영광빌딩 201호) / TEL 911-1392 / FAX 766-0301

영가회 2004 新年 賀禮會
李熙範 산업자원부장관 취임 축하연도
1월 13일 하오 6시 30분 프레지던트호텔 19층 신세계홀

영가회(회장 琴昌泰)는 2004년 새해를 맞아 1월13일(火) 하오 6시30분 프레지던트호텔(시청앞 백남빌딩) 19층 신세계홀에서 영가회 2004년 신년하례회 및 李熙範 산업자원부장관 취임 축하연을 개최한다.

해마다 신년초에 200여 전회원이 참가해서 안동 출향인사들 간의 친목과 화합을 다지는 만남의 한마당인 신년하례회는 해를 거듭할수록 성황을 이루어 희망찬 새해 설계와 회원 상호간 덕담을 나누는 영가회 친교의 광장으로 자리매김 했다.

특히 2004 신년하례회는 李熙範회원의 산업자원부장관 취임을 전회원이 함께 축하하는 화기애애한 자리가 될것이다.

올해 신년하례회도 작년과 같이 영가회 회장단이 소요경비 전액을 부담하였고 김휘동 안동시장도 안동소주 3박스를 협찬했다.

禮와 義 행동지표로 '안동정신' 업그레이드하자
琴昌泰회장 2004 신년사

존경하는 永嘉會회원 여러분, 새해에 만복을 받으십시오. 작년 한해 우리는 사회 각 분야마다 너무도 혼란하고 무질서한 작태를 목도하면서 불안하고 답답한 하루하루를 보내야 했습니다. 그러나 2004년 새해에는 지난해의 허물이 말끔히 벗어지고 희망과 웃음의 365일이 계속되기를 진정으로 기원합니다.

2004년 새해는 십이지(十二支)의 갑신년(甲申年) 원숭이 해입니다.

원숭이는 인간과 가장 많이 닮은 영장류로 재주가 많고 가족간의 애정이 유달리 두터운 동물이라 합니다.

갑신년 새해는 원숭이처럼 다재다능한 능력으로 우리 사회의 어려운 문제들을 하나하나 해결하고 두터운 사랑으로 사회각부문의 갈등과 불화가 봉합되어 서로가 서로의 상처를 쓰다듬어주는 화해와 화합의 세상이 되기를 기대해 봅시다.

지난한해 우리 영가회회원 여러분들은 유례없는 격변의 와중에서도 사회각분야에서 혼신의 힘을 기울여 국가 발전의 한 몫을 담당하면서 고장의 명예를 빛내고 한사람 한사람이 모두 보람있는 한 해를 보냈다고 믿습니다.

〈2면에 계속〉

- 1 -

永嘉會報

영가회는 향토 安東을 사랑하고 향토문화를 기리면서 안동인으로서 긍지를 되살리는 우정의 모임입니다.

영가회 은행계좌 국민은행 417201-01-136916 예금주 영가회

2004년 9월 8일 발행 〈3-2호〉

발행인 琴昌泰 / 편집인 千相基 / 광화문 우체국 사서함 1292 / TEL 744-0301 / FAX 766-0301

고대 金東基박사 초청특강 개최
權五乙의원 17代당선 축하만찬도
9월 8일 하오 6시30분 프레지던트호텔 19층 신세계홀서

영가회(회장 琴昌泰)는 9월8일 하오 6시30분 프레지던트호텔 19층 신세계홀에서 지난 4.15총선 안동시 17대 국회의원에 당선된 權五乙의원 축하만찬을 개최한다.

영가회원인 權의원은 15, 16, 17대 국회의원에 잇따라 당선되어 3선의원의 영광을 안았다.

이날 축하만찬에는 영가회원이며 고려대 명예교수인 金東基박사의 특강도 아울러 갖기로 했다.

권오을 의원

金박사의 특강 제목은 '달리는 중국, 다시 일어나는 일본, 한국은 어디로 갈 것인가'이다.

고려대 경영대학원장을 역임한 金박사는 우리시대의 좌표를 가늠하는 석학 경제학자로 학술원 회원이기도 하다.

김동기 박사

영월 '문화유적탐방' 대성황
6월 12일 회원 60여명 참가… 柳從默부회장 모든경비 부담
2차탐방 10월말에 갖기로

류종묵 부회장

영가회(회장 琴昌泰)는 2004 상반기 '문화유적탐방' 행사를 가졌다. 이날 영가회 60여명 회원들이 참가해 대성황을 이루었다. 회원들은 관광버스 2대에 나누어 타고 소풍가는 기분으로 여주·이천을 경유 영월 하동면 김삿갓 유적지와 난고문학관을 관람했다. 이어 영월 시내를 지나 동강유역 어라연에서 참가한 회원 모두가 한자리에 모여 송어회와 매운탕으로 푸짐한 점심식사를 했다. 송어회와 매운탕 안주로 오랜만에 함께 한 회원들끼리 술 한잔 나누면서 친목과 화합을 다지기도 했다.

청령포 유역 단종유배지에 들러 단종능과 전망대, 단종기념관도 둘러보았다. 특히 이날 참석한 60여 회원들은 1차 문화유적탐방 소요경비 모두를 부담해준 柳從默 부회장에 뜨거운 감사의 박수를 보냈다.

귀로에 곤지암 소머리국밥으로

- 1 -

永嘉會報

영가회는 향토 安東을 사랑하고 향토문화를 기리면서 안동인으로서 긍지를 되살리는 우정의 모임입니다.

영가회 은행계좌 국민은행 417201-01-136916 예금주 영가회

2005년 1월 13일 발행 〈3-3호〉

발행인 琴昌泰 / 편집인 千相基 / 광화문 우체국 사서함 1292 / TEL 744-0301 / FAX 766-0301

2005 永嘉會 新年賀禮會 개최

乙酉年 새해 200여 회원 親交한마당
안동大 김희곤교수 특강도

2005년 1월 13일 18시 30분 프레지던트호텔 19층 신세계홀
林輝一 李明杰 金勝年 세 부회장 소요경비 부담

영가회(회장 琴昌泰)는 2005년 새해를 맞아 1월13일(木) 하오 6시 30분 프레지던트호텔 19층 신세계홀에서 영가회 2005년 신년하례회를 개최한다.

해마다 신년초에 영가회 전회원이 참가해서 안동 출향인사들 간의 친목과 화합을 다지는 만남의 한마당인 신년하례회는 해를 거듭할수록 대성황을 이루어 희망찬 새해 설계와 덕담을 나누는 안동인 우정의 광장으로 자리매김 했다.

이번 행사에서는 안동大 김희곤 교수의 '안동 독립운동의 특성과 기념방안을' 주제로 특강도 아울러 갖는다. 金교수는 안동독립운동기념관 건립추진위원장, 독립기념관 독립운동사연구소장을 맡고 있다.

한편 2005 영가회 신년하례회 소요 전 경비는 林輝一, 李明杰, 金勝年 세 부회장이 부담하기로 했다.

희망과 웃음의 365일 되시길…

琴昌泰회장 新年辭

존경하는 영가회 회원 여러분! 새해에 여러분의 직장과 가정마다 행운과 건강이 충만하기를 기원합니다.

돌이켜보면 작년 한해는 한국 현대사의 발자취가 그러했듯이 사회각 분야마다 너무나 혼란하고 어려웠던 격동의 한해였습니다.

그러나 2005년 새해에는 지난해의 질곡이 말끔히 벗어지고 희망과 웃음의 3백65일이 되기를 진정으로 기원합니다.

새벽을 알리는 힘찬 닭의 울음소리는 우리에게 새로운 깨달음을 전해주고 한시대의 시작을 알리는 서곡으로 인식돼왔습니다.

닭의 해 을유년 새해에 영가회 회원 모두가 우리 사회 우리 가족의 발전에 더욱 큰 공헌을 하시고 소원성취하시기를 빌어마지 않습니다.

28년전 온나라가 어렵던 시절에 뒤로 몇분이 안동인의 친목과 단합을 이루어 보자는 큰 뜻을 모아 발족한 영가회는 그동안 회원 여러분들의 뜨거운 성원과 물심양면의 협조로 현재에는 200여명 회원 단체로 성장하였습니다.

4반세기가 넘는 세월을 거치면

2면에 계속

- 1 -

永嘉會報

2006년 1월 9일 제3-4호

영가회는 향토 安東을 사랑하고 향토문화를 기리면서 안동인으로서 긍지를 되살리는 우정의 모임입니다.

발행인:琴昌泰 / 편집인:千相基 / 서울 광화문 우편 사서함 1292호 TEL 744-0301 / FAX 76

'永嘉문화상' 제정…2006 신년하례회서 시상

'安東文化지킴이' 단체 첫 수상 영

회원 655명, 문화재 가꾸기에 앞장

영가회(회장 琴昌泰)는 제1회 영가문화상 수상자로 '안동지킴이' 단체에 시상키로 발표했다.

시상식은 1월 9일 하오 6시 30분 영가회 2006 신년하례회서 갖는다.

영가문화상 심사위원회(위원장 금창태)는 지난 11월 세종호텔과 12월 프레지던트 호텔에서 두차례 심사위원 전체회의를 열고 영가문화상 취지에 가장 걸맞는 '안동문화지킴이' 단체에 시상키로 합의했다.

…

육, 문화, 예술, 언론, 체육 등의 분야에서 공헌한 사람이나 단체를 선정하여 시상함으로써 안동 사람에 대한 표상으로 기리기로 했다.

첫 수상의 영광을 차지한 '안동문화지킴이'는 1999년 6월 28일 창립한 이후 현재까지 지역문화재 관리 활동, 청소년 전통문화 체험학습, 문화재 사랑봄, 시민문화유산 해설사교육, 지역문화 단체 교류 활동을 펼치고 있다.

…

이와 청소년들에게 안동문화의 참모습을 이해시키고, 이를 통한 정서함양에 도움을 주며, 안동시민으로서 자긍심과 건전한 시민의식을 심어주어서, 지역문화에 대한 바른 이해와 터전을 마련하고 질높은 한국문화 창조의 토대를 다진다고 천명했다.

"새해 福 많이 받으세요"

신년하례회 1월 9일 프레지던트 호텔

영가회(회장 琴昌泰)는 2006 새해를 맞아 1월 9일(月) 하오 6시 30분 프레지던트호텔 19층 신세계 홀에서 2006 신년하례회를 개최한다.

해마다 신년초에 영가회 200여회원 모두가 참가해서 안동 출향인사 … 희망찬 새해의 설계와 회원 상호간 덕담을 나누는 교례회는 안동인 우정의 광장으로 해를 거듭할수록 대성황을 이루었다.

김연박 안동민속주 사장은 안동소주 2박스를 협찬했다.

올해는 특히 '영가문화상' 시상

영가문화상 제정 취지문

안동(安東)은 한국의 고유한 유학(儒學) 사상을 꽃피워낸 유림(儒林)의 고장이며, 한국의 얼과 문화를 계승한 고장이며, 수많은 지도자와 일꾼을 길러낸 인재(人才)의 …

이 고장을 생(生)과 육(育)과 업(業)으로 연(緣)을 … 화(和) 단결하여 향토의 전통문화 계승과 발전에 … 회(會)를 발족한지 어언 30개성상(星霜)을 앞두고 있다.

이에 영가회는 우리의 소박한 소망을 구체적 실천… 계에 이르게 되었으며, 비록 간접적이나마 그 실천의 … 회의 사회, 교육, 문화, 예술, 언론, 체육 등의 전 분야 … 단체를 치하(致賀)하는 영가문화상(永嘉文化賞)을 제… 므로써 미래와 후세에 이어 더 큰 보람을 창출(創出)… 지 하고자 한다. 이는 안동인의 책무(責務)이자 오늘의 … 명(使命)이다.

영가문화상은 어떤 특별한 신분의 상징(象徵)도 아… 표상(表象)도 아니며 어떤 특권의 징표(徵表)는 더더… 그 수고에 대한 위로이며 주변으로 넘치는 분수(噴水)… 는 쓴 약(藥)이다. 오늘 우리가 뿌리는 물줄기가 비록 …

永嘉會報

2007년 1월 10일 제3-5호

영가회는 향토 安東을 사랑하고 향토문화를 기리면서 안동인으로서 긍지를 되살리는 우정의 모임입니다.

발행인:琴昌泰 / 편집인:千相基 / 서울 광화문 우편 사서함 1292호 TEL 744-0301 / FAX 76

永嘉會 2007 신년하례회

정기총회도 겸해…1월 10일 프레지던트 호텔서

200여 회원 참석 安東人 우정 다져

영가회(회장 琴昌泰)는 2007년 새해를 맞아 1월 10일(수) 하오 6시 30분 프레지던트호텔 19층 신세계 홀에서 2007년도 신년하례회 및 정기총회를 개최한다.

해마다 신년초에 영가회 200여 회원 모두가 참가해서 안동 출향인사들 간의 친목과 화합을 다지는 신년하례회는 해를 거듭할수록 대성황을 이루어 희망찬 새해 설계와 덕담을 나누는 안동인 우정의 한마당으로 자리매김 했다. 올해는 특히 이용태 삼보컴퓨터 전회장, 이종훈 전 한전사장, 권익부 롯데중앙연구소 상임고문 등 세 회원이 '한국을 일으킨 엔지니어 60인'에 선정되는 영예를 안아 이자랑스러운 영광의 3회원에게 축하패를 증정하기로 했다.

하동 … 영가회원들 기념촬영

'한국을 일으킨 엔지니어 60인'에

영가회원도 3명이 선정

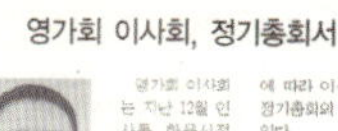

이용태 회원 이종훈 회원 권익부 회원

정기총회서 축하패 증정

서울대 공대가 개교 60주년을 맞아 한국 공학 한림원과 공동으로 선정한 '한국을 일으킨 엔지니어 60인'에 영가회원 3명이 선정됐다.

이용태 삼보컴퓨터 전회장, 이종훈 전 한국전력사장, 권익부 롯데중앙연구소 상임고문 등이 영광의 주역이다.

영가회도 2007년 신년하례회때 이들 세회원들의 공로를 기리고 축하하는 뜻에서 '축하패'를 증정하기로 했다.

시상식은 12월 5일 서울대 공대 엔지니어하우스에서 열렸다.

허동진 4대회장

영가회 이사회, 정기총회서 승

영가회 이사회는 지난 12월 인사동 한음식점에서 차기회장 선임을 위한 임원단 회의를 열어 난상토론을 거친 끝에 허동진(許東鎭) 현 부회장을 제4대 회장으로 선임하기로 결정했다.

영가회 회장 선출은 지금까지 관례에 따라 이사회의 정기총회의 승인 있다.

임원단 회의는 창태 회장, 허동 회장, 이명걸 부 김종길 부회장, 년 부회장, 권오 현상기 편집간사 김계룡 총무간사 있다.

永嘉會報

2008년 1월 9일 제4-1호

영가회는 향토 安東을 사랑하고 향토문화를 기리면서 안동인으로서 긍지를 되살리는 우정의 모임입니다.

발행인:許東鎭 / 편집인:千相基 / 서울 광화문 우편 사서함 1292호 TEL 744-0301 / FAX 76

永嘉會 2008 신년하례회

정기총회 개최… 1월9일 프레지던트 호텔서
두 회원 축하연 · 제2회 영가문화상 시상도

영가회(회장 許東鎭)는 2008년 새해를 맞아 1월9일(수) 하오 6시30분 프레지던트 호텔 19층 신세계 홀에서 2008년도 신년 하례회 및 정기총회를 개최한다.

올해 신년 하례회에선 제2회 영가문화상 시상식과 자랑스러운 회원 축하연 및 공로회원에 공로패도 증정한다.

…

해마다 신년초에 영가회 200여 회원 모두가 참가해서 친목과 화합을 다지는 신년 하례회는 해를 거듭할수록 대성황을 이루어 희망찬 새해 설계와 덕담을 나누는 안동인 우정의 한마당으로 그 연륜을 더해가고 있다.

지난 한 해 동안 해외문화유적 답방등 여러 행사를 통해 명실상부한 안동인 화합의 구심점 역할을 다하고 있다.

2007 상반기 … 도라산 역 … 기념촬영을 …

하회별신굿 탈놀이보전회

제2회 영가문화상 수상

영가회(회장 허동진)는 제2회 영가문화상 수상자로 중요무형문화재 제69호 하회별신굿 탈놀이 보전회(회장 임형규)를 선정했다.

하회별신굿 탈놀이 보전회는 하회별신굿 탈놀이의 전승 및 보급 활동 계승 발전시켜 한국문화의 우수성과 독창적인 아름다움을 널리 알렸으며, 특히 한국정신 문화의 수도 안동을 알리는데 이바지한 공로가 크므로 이에 영가문화상을 드립니다.

2008년 1월9일 영가회 회장 許東鎭

李熙截 안동대학교 총장
金鍾甲 하이닉스 대표이사

취임

영가회(회장 허동진)는 2008신년하례회 및 정기총회에서 두 회원 취임 축하연도 함께 갖기로 했다.

안동대학교 총장에 선출된 이희재 회원과 산업자원부 차관에서 하이닉스 반도체 대표이사에 취임한 김종갑 회원이다.

회원들 모두 두 회원의 발전적 위상을 축하하고

이희재 총장

2009년 1월 9일 제4-2호

永嘉會報

영가회는 향토 安東을 사랑하는 향토문화를 기리면서 안동인으로서 긍지를 되살리는 우정의 모임입니다.

발행인 : 許東鎭 / 편집인 : 千相基 / 서울광화문우체국 사서함 1292호 TEL. 744-0301 / FAX.

2009 永嘉會 신년하례회

1월 9일 프레지던트호텔서… 정기총회 개최

차기회장 선출 · 임원개선 · 신입회원 인사도

金光琳, 金魯植, 權泳臻, 金容九, 權宅起의원 18대 국회의원 당선 5회원 축하연

金慶漢 회원 법무부 장관 취임 축하도

2010년 1월 13일 제4-3호

永嘉會報

발행인 : 許東鎭 / 편집인 : 千相基 / 서울광화문우체국 사서함 1292호 (우110-612) TEL. 744-0301 / F

2010 永嘉會 신년하례회

제3회 영가문화상 '안동문화원' 수상

정기총회… 1월 13일 프레지던트호텔

朴世煥 재향군인회장 취임 祝賀宴도 겸해

제3회 영가문화상 안동문화원 공적사항

영가회는 향토 安東을 사랑하는 향토문화를 기리면서 안동인으로서 긍지를 되살리는 우정의 모임입니다.

永嘉會報

2011년 1월 7일 제4-4호

발행인 : 許東鎭 / 편집인 : 千相基 / 서울광화문우체국 사서함 1292호 TEL. 744-0301 / FAX.

영가회 2011 신년 하례회

2백회원 '희망찬 새해' 열

정기총회… 1월 7일 프레지던트 호텔서

류종묵 차기회장 선출

권오을회원 국회사무

이희범회원 경총회장

7. 영가회 40년사

중국 전통차 시연
玄武

제 2 편

역대회장의 약사

永嘉文化
永嘉會 創立21周年 記念
그단새 스무해가
永嘉文化編輯委員會 編

제1대 회장 : 1977 ~ 1998

김 해 길 회장

초대 김해길회장 취임

김해길 초대회장
전 (주)티·피·에스 회장

초대 김해길회장은 1977년 3월 26일 창립총회(류혁인, 이상두, 권웅열, 송보열, 김해길 등 61명 참석)에서 선출되어 취임하였다.

초창기에 사무실은 중구 덕수빌딩(장원석회원 소유)에서 무료로 제공받아 사용했으며, 회비도 없이 자발적인 기부금으로 운영했다.

초창기에는 영가회와 상록회의 합성어인 "영가상록회(永嘉常綠會)"라 불렀으며, 후일 "영가회(永嘉會)"로 개칭했다.

김회장은 초창기의 설립취지가 "친목과 화합"이였으며, 입회 회원의 자격과 조건을 엄격히 제한함으로서, 회원수가 급격히 늘지 않았을 뿐더러, 회원 각자의 긍지도 대단했었다.

김회장은 후임자를 찾지못해 오랜 진통 끝에 1998년 10월에 안동사범학교 출신 류목기(주, 풍산 총괄부회장)회장을 추천하였다.

김회장은 1998년 10월 23일까지 오랫동안 연임했다.

영가회 탄생? 태동?

우리고향 안동에서 보따리 들고 천리타향 서울로 올라와서 삶의 터전을 겨우 잡은 재경 안동인들의 친목과 유대를 위해 모임을 만들 필요가 있다는데 뜻을 함께한 류혁인, 이상두, 석기홍, 손병도, 김명년,

김지학, 장원석, 김해길, 권웅렬, 김명년, 김시효, 권화섭, 권태수, 이용태, 윤성근, 이준승, 김계현, 류동주, 장상섭, 송보열, 권태완, 강표원, 변동신, 권오주, 권원기, 천봉석등이 '용수산' 남강등 음식점에 모여 4~5차례 모임을 갖고 '영가 상록회'를 발족시켰다. 회칙은 이상두회원이 초안을 작성키로 하고, 회원의 추천 은 오늘 모인 사람들이 각자 한 두 사람을 데리고 참석하기로 하였다. 그리고 추천할 사람은 반드시 이모임을 정치적으로나 사업적으로 이용할 우려가 있는 사람은 배제하여야 하고 목에 힘주는 인사는 절대불가로 하여 (안동인의 특수한 기질 때문에 전에도 수차 모임을 갖지 못하고 해체 되고 만 쓰라린 경험을 토대로 하여) 구성원을 엄선하여 완전결성될 때 까지 추천된 사람은 전원의 합의로 입회시키기로 하였다,

회장은 안동농림 출신의 김해길씨로 실무를 맡아볼 總務는 안동중고등 출신으로 創立준비에 참여한 權和燮씨를 선임했다.

창립총회

영가상록회는 오랜 산고 끝에 아래와 같이 창립총회를 가졌다.

▶일　시 : 1977. 3. 26　18 : 00

▶장　소 : 덕수빌딩 지하1층 연회장(종로구 견지동)

▶참석자 : 柳赫仁, 李相斗, 權應烈, 宋寶烈, 孫秉度, 金海吉, 南起鉉, 趙周默, 金命年, 金時孝. 權泰玩, 金龍浩, 李宗勳, 權原基, 南時赫,金鉉大, 權重斗, 石基弘, 姜杓遠. 金在恩, 權政洙, 姜旼昌, 權泰守, 金仲煥, 李相玉, 金浩吉, 金兄鎭, 金知鶴, 柳穆基, 李用泰, 張元碩, 權在浩, 金貞漢, 姜載禹, 徐昌熙, 權純, 金浩鎭, 權重東, 李龍兌, 金정호, 邊東信, 金榮年, 權和燮, 金甫鉉, 權聖基, 千奉石,

류동주 창립회원

장원석 창립회원

權五周, 孫洪均, 李昌大, 趙輝宰, 南起鉉. 李萬用, 金 源, 柳東杜, 柳漢燮, 金啓顯, 趙繼基, 金奎壁, 李準昇, 尹成根 61名 참석

▶회의진행 : 金知鶴 , 柳東杜.
▶참석회원소개 : 柳東杜
▶창립취지 및 경과보고 : 張元碩
▶의결사항 : 회칙상정 (李相斗 회칙설명) 원안대로 통과
▶임원석출; 준비 모임에서 결정된 사항 상정안건 전부 통과.
▶기타사항 : 금후 정치인은 회장에 배제하고 신입회원는 기존회원 3인 이상의 추천으로 회장단에서 심의 후 결정.
회비는 초창기는 당분간 회비없고 자발적인 기부금으 운영키로 결의.
▶사무실: 당분간 장원석사장 소유 덕수빌딩 사무실 무료이용.
▶회장인사 : 金海吉 회장인사 〈임원진 경례로〉
▶만세삼창 : 金時孝
▶이하 폐회선언 : 金知鶴

이렇게 영가상록회가 앞으로 펼처질 희망찬 미래 비전을 꿈꾸면서 시종 웃음으로 화기애애한 가운데 탄생되었다.

권원기 창립회원

권중동 창립회원

김명년 창립회원

영가회의 태동... 그 幕前幕後,

張 元 碩 (안동대학교 총동창회장)

마침 일기노트를 정리 하던중 1976~7년도 일기에 영가회 창립에 관한 기록이 비교적 상세히 적혀있어 20여년전 그 시절의 기록을 회상하는 기회가 되었다.

석기홍 창립회원

손병도 창립회원

이용태 창립회원

선상생활에서는 매일 항해일지와 어로일지를 기록하는것이 40여년간 가히 하루도 빠짐없이 지금까지 일기를 쓰고 있어 지난날을 회고해 보는 것도 무의미 하지는 아니하다. 안동의 김병희 (안동중학교 2회) 형이 3번이나 전화가 왔더라고 전해왔다. 안동중학교 동창회를 결성코자 하니 청와대에 있는 류혁인 정무수석을 만날수 있도록 주선해 달라는 부탁이었다.

1976년 8월 5일 (목)

거의 매일 저녁이면 김병희형의 전화등살에 못배겨 류수석과 통화가 되어 김병희 형의 이야기를 드렸더니 쾌히 1주일후 점심을 청와대 근처 한정식집 "용수산"으로 약속을 받아냈다.

1976년 8월 12일 (목)

약속한 용수산 한정식집에 12시 10분전에 갔더니 그자리에는 내가 연락하지도 아니한 이상두 형(안동중학졸업, 대학교수)이 金秉熙 형과 함께 나와 있었다. 류수석이 곧 도착해 식사중 김병희 형은 안동중학교 동창회를 결성할 준비가 안동에서는 다 되어있으니 류수석께서 적극협조해 달라는 부탁이었다. 이야기 중 나는 안동에서 학교 다닐때 서로 얼굴을 아는 3개학교 출신 재경분들이 정기적으로 만날 수 있는 모임이라도 있었으면 좋겠다고 제안을 했더니 이상두 형이 적극 찬성이고 류수석 께서도 좋은 일이나 모두가 한창 바쁜때에 (당시 40세 중반 연령) 앞장서서 주선할 사람이 있겠느냐 그렇게 해 줄 수 있는 사람이 있으면 참여 하겠다는 이야기여서 그 자리에서 필자가 모임의 모든 준비와 경비 전액을 負擔하겠으니 동참과 협조만 해 준다면 내가 "총대를 메겠다"고 했더니 한번 해 보자고 이상두 형과 모두가 의기투합 하였다.

지금생각하면 이날이 영가회의 "잉태날"이 된듯 하다

2076년 9월 14일 (화)

2차 모임은 류혁인(안동중학), 이상두(안동중학), 석기홍(안동사범), 손병도 (안동농림) 김명년((안동농림), 김지학(안동사범) 형들과 필자(안동사범)가 조계사 뒤 한정식 "남강"에서 오찬을 하면서 본격적으로 모임의 구성을 논의하고 회칙은 이상두 형(고인)이 초안을 작성키로 하고 회원의 추천 은 오늘 모인 사람들이 각자 한 두 사람을 데리고 참석하기로 하였다. 그리고 추천할 사람은 반드시 이모임을 정치적으로나 사업적으로 이용한 우려가 있는 사람은 배제하여야 하고 목에 힘주는 인사는 절대불가로 하여 (안동인의 특수한 기질 때문에 전에도 수차 모임을 갖지 못하고 해체 되고 만 쓰라린 경험을 토대로 하여) 구성원을 엄선하여 완전결성될 때 까지 추천된 사람은 전원의 합의로 입회시키기로 하였다,

2076년 11월 17일 (수)목

3차 모임은 2차 때 모임때의 인사동 "남강"에서 다시 모였다. 이때 이상두 (고인), 이용태(삼보회장), 석기홍,

손병도, 김명년, 김해길, 조주목, 송보열, 강표원. 김지학(고인), 권화섭, 권태원, 권웅열, 권원기, 천봉석, 류동주 필자가 모여서 구체적으로 이상두씨(고인)와 권화섭씨가 작성한 회칙 초안을 심의하여 회칙(안)을 정하였으며 회를 대표할 회장은 3개 학교 (안동농림,안동사범, 안동중고등학교)의 학교 설립 년도순으로, 하여 초대회장에는 안동농림중고등, 다음에 안동사범, 다음에 안동중고등학교, 순으로 하고 임기는 2년으로 連任도 가능토록 했으며 회장의 자격은 정치인이나 高級公務員, 軍人, 事業家는 제외하고 和合을 잘 이끌 수 있고 회원들이 누구나 다 잘 알수 있고 거부감이 없는 분으로 한다고 정했다.

초대회장은 사전 합의한 순서 대로 안동농림학교에서 추천한 분으로 하고 차기 회장 선출은 순번대로 해당학교 자체에서 選出한 사람으로 하기로 합의하였다. 그리고 3개 학교 외에 외지유학회원들을 고려하

여 외지 유학한 분이 안동중고등학교 출신회장 다음 순서로 회장을 맡기로 하였다.

그리고 會의 名稱은 여러 사람의 의견배출...映湖會, 경안친우회, 안동친우회, 재경안동향우친우회, 영가향우회, 등 많은 이름이 거론되었으나 영가상록회(永嘉常綠會)로 滿場一致採擇 되었다.

실무를 맡아볼 총무는 안동사범학교출신이 맡기로 되었으나 적당한 사람이 없어 안동중고등 출신으로 창립준비에 참여한 權和燮씨를 定하고 안동농림학교에서 選出해주는 회장에게 推薦토록 하였다.

1977년 1월 18일 (화)

4차 모임도 "남강" 한정식집으로 통보 되었으나 류혁인, 이용태 (삼보회장), 이상두, 송보열, 강표원, 김명년 6명이 不參하여 休會하고 김지학, 권화섭, 김해길, 이상두씨가 그 다음날 필자의 사무실에서 만나 다음 모임(5차)을 3월 25일 (금)로 결정하고 장소는 종로의 덕수빌딩 지하홀에서 創立總會를 開催키로 合意하였다.

2077년 3월 25일 (금)

오후 6시반 창립총회날 덕수빌딩 지하홀에서 50여명 참석 하였다.

류혁인 ,김명년, 이상두, 김재은 석기홍, 권중동, 손병도, 송보열, 조주목, 이용태, 김보현, 이정오, 강표원, 김지학, 김해길, 윤성근, 이준승, 장상섭, 이상옥, 천봉섭, 권중두, 권오주, 권웅열, 권원기, 권태수, 권태원, 권화섭, 김동수, 김용호, 김윤구, 김중환, 남기현, 이만용, 조휘제, 손홍균, 황기진, 류동주, 변동신, 김영연, 권성기, 김계현, 이창대, 신상학, 이동대, 김정길, 김현태, 조계기, 권재호, 김정한 김현대 등, 필자가 참석한 가운데 개최했다. 필자가 창립 취지와 그간의 경과를 보고하고 이어서 임시 의장도 없이 사회 및 진행자로 류동주씨와 김지학씨가 교대로 진행하였으며 회원소개와 회칙을 상정하여 통과시키고 회장은 미리 정한 안동농림학교출신의 김해길씨, 총무에 권화섭

씨로 선출하고 회의 이름은 "영가상록회"로 결정했다.

그후 회의 운영은 각 학교에 한 명의 형식상 부회장을 두고 안동농림학교에 김명년, 안동사범학교에 필자, 안동중고등학교에 이상두씨가 맡았다.

영가회 설립취지는 초창기엔 친목과 화합이 목적이었다. 안동출신 인사들이 소문으로 알게되었고 훌륭한 분들이 입회를 희망하여 모임 때마다 회원이 증가 하였다.

창립후 5~6년 간은 회원의 입회도 당초 설립취지대로 운영했기 때문에 자연히 제한되어 해마다 소수를 증가 하였다. 회장은 안동농림학교에서 20년간 수고를 하게되었고 副會長만을 任期대로 交替가 이루어져 왔다.

▶영가회(회장 김해길)는 1982년 3월 25일 영가문화 제1집을 발간하였다.

영가문화 제1집 발간

발 간 사 (永嘉常祿會 會長 金海吉)

선조께서 애써 가꾸어 놓으신 향토 安東에서 태어나 자란 많은 사람들이 경향 각지에서 저마다 훌륭한 일들을 하고 있는 것은 참으로 자랑스럽고 고마운 일입니다. 서울의 각계에서 활약하고 있는 安東人들이 鄕土를 생각하고 배우며, 相扶相助하자고 모인 永嘉常綠會도 시작된지 만 5년이 되어 갑니다. 외국에서 공부를 하고 돌아와 文化 · 科學 · 經濟 · 産業界의 최첨단에서 뛰고 있는 친구들이 한 자리에 모이면 거침없이 튀어 나오는 사투리가 한없이 情겨운 모임입니다. 어려서 고향을 떠나 늙어서 돌아오니, 고향 사투리는 고쳐지지 않았지만 머리는 세었구나(少小離鄕老大回 鄕音無改髮毛衰)란 옛 시의 정경을 현대에서도 볼 수 있는 기분입니다.

우리가 사회생활을 하다 보면 出身地가 어디냐는 물음을 자주 받습니다. 고향이 安東입니다 하고 대답하면, 십중팔구는 좋은 곳에서 나셨군요라는 소리를 듣게 됩니다. 이런 말을 들을 때마다 우리는 등에 식은 땀이 흐르곤 합니다. 그것은 우리 자신이, 우리 故鄕이 자랑할 수 있는 문화를 너무나 모르고 있기 때문입니다. 세상에서 안동을 가리켜 추로지향(鄒魯之鄕)이라고 칭송하고 있습니다만, 우리가 거기에 합당하게 배우고, 생각하고, 행동하지 않는다면, 그 칭송은 헛된 것이며 욕된 것이 되고 마는 것입니다. 이런 생각이 기우(杞憂)라고 할 수만 없다는 것이 되고, 여러 회원들의 생각이었습니다. 생각이 여기에 미치게 되자, 우리들은 우리고장의 전통과 문화를 알아야겠다는데에 뜻이 모아진 것입니다. 이 뜻을 이루기 위해서 논의된 것이, 우리의 전통문화를 배울 수 있는 글을 실은 책을 펴 내는 것으로 발전돼, 이제 그 뜻을 펴게 될 會誌 永嘉文化를 創刊하기에 이른 것입니다.

이런 우리의 소망을 이루기 위해, 學界와 言論界에 종사하면서 이런 일과 관련하고 있는 회원들에게, 이 일을 할 수 있는 길을 모색하도록 맡겼습니다. 거의 3년이니 걸려, 여러 가지 討論을 통해, 회지의 性格과 形態가 대강의 모양을 갖추게 된 것입니다. 이 회지의 중추적 근간(勤幹)은 역시 安東文化에 대한 연구를 실음으로써, 우리들의 것에 대한 이해를 높히고, 그것을 知識으로 우리 내부에 지녀 쌓아 올라 가도록 하는데 역점을 두었습니다. 그러나 이것은 학자들이 읽는 힘이 될 수 있고, 우리 후배나 자녀들에게도 전할 수 있는 것이 되도록 힘을 썼습니다. 그 뿐만 아니라 안동 이외의 전국 각계에서, 우리 문화에 관심을 가지고 있는 분들에게까지 읽어 주시도록 꾸미겠습니다.

安東文化 硏究는 일부 學界에서는 깊이 되고 있으나, 그 연구 결과는 學術誌나 學會誌 같은데에서만 발표돼, 우리들은 그것에 접할 수 없는 형편이기 때문에 알지 못하는 것입니다. 이런데 발표된 論文 가운데서, 안동문화를 알 수 있는 것이나, 그것을 理解하는데 필요하고, 안동인다운 敎養을 배양(培養)하는데 도움이 되는 글을 찾아내, 그 著者가 이 會誌에 알맞게 다시 손질을 한 글을 여기에 收錄했습니다. 앞으로 우리의 이런 노력이 조금씩 열매를 맺고, 이 會誌 發刊의 기틀이 괴도(軌道)에 오르게 돼 安東文化의 一翼을 담당할 수 있도록 하겠다는 위대한 포부도 밝히는 바입니다. 이 꿈을 實現시키는 첫 발을 내 딛는데 物心兩面으로 밀어 주신 선배 어른과 회원에게 만강(滿腔)의 謝意를 표합니다. 그리고 創刊號 제작비를 전담한 權雄烈회원과 編輯委員에게 感謝드립니다.

目　次

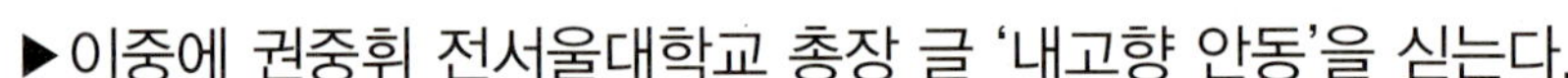
▶이중에 권중휘 전서울대학교 총장 글 '내고향 안동'을 싣는다.

권중휘 서울대 총장
안동출신 원로 석학으로 서울대 총장을 역임하였으며, 안동인들의 정신을 일깨우는데 크게 기여했다.

1. 내 故鄕 安東

權 重 輝 (前 서울大學校 總長)

조선조 영조 시대의 저술로 추축되는 택리지(擇里志)란 책에 안동 사람에 관한 이런 기록이 있다.

윤리와 의리에 밝고 도학을 소중히 여기며 외딴 작은 마을에서라도 글 읽는 소리를 들을 수 있고 헤진 옷을 입고 항아리 창을 단 집에서도 도덕과 生命을 이야기했었다.

그러나 근래에 와서는 이런 풍습이 쇠퇴해 가서 근엄하고 점잖기는 하지만 활달하지 못하고 실속이 적으며 논쟁을 좋아하니 이 또한 옛과 지금의 다름을 보여주는 것이겠다.

그후 二百 수십년이 지난 오늘 이 저자가 다시 살아나서 안동을 가 본다면 어떤 평을 할 것인지 궁금하다.

딴곳 사람들의 안동관을 들어보면 그곳은 대체로 보수적이라서 옛을 그리되 새것에는 비판적이면서 실질보다는 명분이나 이론을 좋아한다고들 한다.

신라 이래 조선조 초기 까지만 해도 영남 사람으로 權座에 가까이 있던 분들이 많았지만 그 뒤 선비들은 향촌에 묻혀 학문에 잠심(潛心)하던가 세상을 잊고 살려는 이가 많아진 듯 하다. 교통이 불편하고 정보 교환이 어렵던 시대라서 수도에서 멀리 떨어진 곳에 사는 사람들의 벼슬살이가 쉽지 않았던 것을 고려한다면 무리가 아닌 일이겠지만 이것이 한 전통을 이루고 습성화 되면 어렵게 된 듯하다.

지구 전체가 한 마을이 되어 가고 있는 오늘날 지역 사회의 특성을 고집하거나 제가 소중히 여기는 가치에 딴 사람의 동조를 당연시하여 이질 문화를 백안시하고 현실에 적응할 힘을 기르기를 게을리 하면 낙오하던가 열패하여 그 존중하는 전통을 단절시키는 결과를 오게 할지도 모를 일이다.

천하가 흐트러진대로 제 홀로 깨끗한 獨善의 거룩함을 부인할 수는 없지만 정도를 지나쳐 생존경쟁에서 도태되어 가치를 계승할 후계자가 없어져도 애석한 일이 아닐가 한다.

우리 나라에서 요즘 전통을 중시하여 조상의 얼을 찾아야겠다는 풍

김용직 원로회원

조가 일어난 것은 이제까지 너무 외래 문물에 분별 없이 문물에 분별 없이 뛰어든 폐단을 반성해 보자는 지혜(智慧)의 소산일 것이고 민주주의나 근대화 물결을 되돌리고 현대 과학을 무시 해도 좋다는 뜻은 아니겠다. 공업화하고 기계화한 사회에 문제가 없는 것은 아니지만 확실한 대안이 없이 무작정 등을 돌리려는 것은 무모한 노릇이다.

비판적이라는 게 거부반응을 두고 하는 말이 아니고 전통에의 애착과 경의가 반드시 배타적 자기중심적이어야 하는 것도 아니다. 외래문화를 선별적으로 받아들이고 과거를 올바르게 이해하는 것이 우리가 自信을 갖고 떳떳이 다른 민족들과 어깨를 나란이 하여 인류의 장래를 밝게 하려는 대열에 참여하는 길이기 때문이다.

남의 명예와 이익을 훼손하던가 자기의 소견만 옳다 하고 남을 얕잡아 보려는 편협한 지역주의에 빠지지 않는다면 동향인 끼리 친목을 도모하고 상부상조하는 버릇은 미풍이 아니랄 수 없다.

우리동양의 가족주의는 가족 친지간에나 도덕이 있고 의리가 있고 이해의 일치가 있지 울타리 밖은 미지암흑의 세계로 아는 수가 많다.

모르는 사람과 어울려 사는 도시나 인종이 다른 외국에 갔을 때 어떻게 생각하고 판단하고 행동해야 할지 당황하는 일은 흔히 있다. 동향인의 모임이 市民社會에서 살아갈 行習 意識 規範을 만들고 익히는데 도움이 될 수 있을 것이라고 믿어진다.

나 자신 안동에서 나서 그곳에서 자랐기 때문에 항상 향수를 갖고 있고 그 곳 사람을 대하면 舊面같이 반갑고 그 전통에 애착을 갖고 자랑으로 아는 자이다. 그러나 그 전통이 약간의 부담이 된 때도 있고 오늘의 가치체계에 융합되어야만 마음의 안정을 얻을 수 있었다.

딴 지방 사람 다른 나라 사람들도 각기 훌륭하고 좋은 유산을 갖고 있는 것을 보고 내가 받은 전통을 새삼 자랑스럽게 여기기도 했다.

부푼 희망을 갖고 첫발을 내디디는 「永嘉文化」에 밝은 장래가 있기를 바라면서 이 글을 쓴다.

〈편집위원 : 金容稷, 金麟九, 李相斗, 李熙大, 張上燮〉

2. “永嘉文化” 제1집의 題字解說

편 집 부

永嘉文化 題字 4자는 조선초기, 태종 3년 계미(1403)년에 鑄造된 銅活字인 癸未字다. 현재 국립중앙도서관이 소장하고 있는 國寶 제148호로 지정된 「17史纂古今通要 卷之十七」의 大字에서 集字한 것이다. 化字는 大字 중에 없었기 때문에, 小字를 참조해서 쪽자로 만든 것이다.

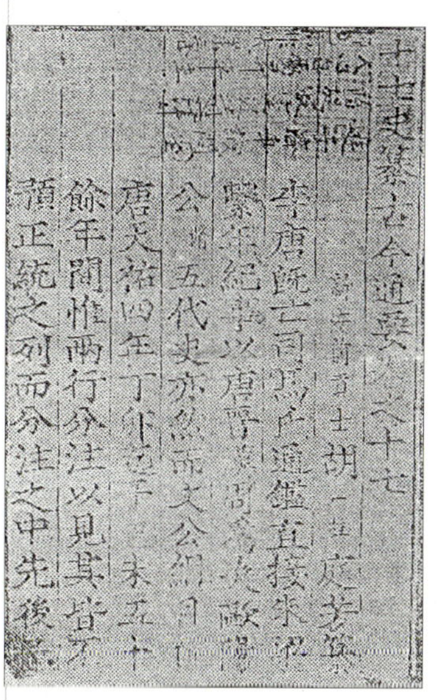

十七史纂古今通要卷之十七

李唐既亡司馬公通鑑直接朱梁

繫統紀事以唐晉漢周為次歐陽

公五代史亦然而文公綱目

唐天祐四年丁卯 未五十

餘年間惟兩行分注以見其皆不

預正統之列而分注之中先後

고려 때에 이미 금속활자가 만들어져 사용되었으나, 조선 건국 초에는 사회가 어지러워서 서적의 인쇄가 활발하지 못했다. 태종은 서적을 찍어 배포하기 위해 주자인서를 하기로 했다. 예문관 대제학 李禝, 摠制 민무질, 지신사 박석명, 우대언 이응 등을 제조로 삼아 鑄造를 감독하게 하고, 강천주, 김장간, 류이, 김위민, 박윤영 등이 그 일을 관장했다.

활자의 주조를 위해 내부에 있는 동전을 내놓는 한편, 더 부족한 것은 대소 신료들에게 자진 제출하게 해서 충당시키도록 했다. 자체는 경연(經筵)에 소잔된 古注의 南宋版 詩 · 書 · 左氏傳을 字本으로 해서 주자(鑄字)했다.

태종 3년 3월 19일에 鑄造하기 시작해서 수개월 뒤에는 수 십만자를 모두 鑄造하였다. 이 해가 계미년이었으므로, 그 鑄造한 해의 간지(干支)를 따서, 이것을 계미자(癸未字)라고 부른다.

癸未字로 인쇄된 것 중에 현재에도 남은 것은 중앙도서관에 소장된

17史纂古今通要와 같은 책의 제 16권이 서울대학교 도서관에 있고, 역시 거기에 宋朝表천총類 제7권이 있으며, 東萊先生校正北史詳節 제4·5권이 간송미술관에 있다. 또 新刊類編歷擧三場文選對策 제5·6권이 誠庵文庫에 소장돼 있고 陶隱先生詩集 제3권을 故金完燮씨가 소장하고 있었다.

현존하는 금속활자로 인서된 것으로 최고본은 프랑스 국립도서관에 소장돼 있는「白雲和尙抄錄佛祖直指心體要節」이다. 이것은 고려 우왕 3년(1377년)에 청주 홍덕사의 주자로 찍은 것이어서, 계미자보다 거의 40년이 앞서는 것이다. 그래도 이 계미자는 서구 최초의 금속활자인 요한 구텐베르크의 활자 인쇄가, 1440년대 말에 시작된 것 보다는 40여년이 앞선 것이니, 홍덕사 사주본은 그 보다 80여년이나 앞섰던 것이다.

이것은 어디까지나 금속활자로 인서된 것이 현존해 있는 경우이며, 그 인쇄물은 남아 있지 않지만 활자를 주조해서 인서했다는 기록은, 이보다 훨씬 앞선다. 이 기록이 최초로 나타나는 것은 고려 고종년간(1234~41)이다. 이 내용은 동국이상국집에 수록된 신인상정예문 말미에 기록돼 있다. 거기에는 강화 천도(遷都) 때에 예관이 미처 가져오지 못한 상정예문이, 다행하게도, 家藏하고 있던 한 권이 있어서, 주자를 써서 28권을 찍어냈다는 사실을 밝히고 있다. 이것을 최고의 금속활자 인서라고 본다고 해도, 구텐베르크 보다는 260여년을 앞서는 것이다.

그러나 이 상정예문을 주자 인서한 때는 몽고의 침입으로 강화 천도를 해서 얼마되지 않을 때이니, 그 북새통에 금속활자의 발명이 이루어졌으리라고는 믿기 어렵다. 오히려 그보다 더 전에 그것이 발명되었고 사용되고 있었기 때문에, 그 난중에도 그것을 써서 인서했을 것이라고 생각할 수도 있는 일이다.

이 기록에 있는 주자 인서를 신빙성 있는 것으로 보는 것은, 직지심체요절이 淸州牧 외의 홍덕사에서 주자 印施됐다는 사실이다. 정부에서 주자를 계속해서 하게 되면, 그것은 차츰 지방으로 전해져 가게 된다. 그것에 대한 인식과 기술이 보급되기 때문이다. 지방의 사찰에서 주자를 만들어 책을 찍었다는 것은, 중앙에서는 그것이 더 성행했었다는 한 반증이 되기도 한다.

이 계미자 이후로 경자자(庚子字), 갑인자(甲寅字) 등을 비롯해 조선시대에는 銅, 鉛, 鐵등 각종 금속활자가 여러 종류 주자돼서 사용되었다. 그 많은 금속활자 가운데서 題字로 계미자를 선택한 것은, 그것이 국내에 금속활자로 찍은 책으로 남아 있는 최고의 것이기 때문이다. 〈張相燮〉

〈永嘉의 뜻〉

영가(永嘉)라는 안동의 옛 이름이 어떤 연유로 해서 생겼는지는 그리 알려져 있지 않다. 그것을 안동의 地誌인 永嘉誌 서문이 상세히 밝히고 있다. 永嘉誌를 편찬하던 분들은 책 이름에 어떤 지명을 쓸 것인가에 대해 생각을 많이 하였다.

지명으로 花山과 永嘉 두 가지를 써놓고 오래 동안 어느 것으로 할 것인가 애를 썼다. 梅湖가 『그대들은 永嘉란 이름의 뜻을 아는가. 永이란 글자는 곧 2水이니 두 줄기 물이다. 府治에는 북쪽에서 흘러 오는 포항(개목)과 동쪽에서 흘러 드는 瓦釜의 두 물줄기기 가장 아름답기(最嘉) 때문에 永嘉라고 한 것이다. 하필 먼데서 花山을 취해 이름할 것인가』라고 하여서 그렇겠다고, 붙인 것 이라고 한다.

陶山을 거쳐 흘러 내려와 현재의 안동댐을 지나 法興으로 흘러 드는 물을 개목(浦項 또는 犬項)이라고 했다. 내앞과 琴韶 쪽에서 흘러 오는 세칭 南江(지도에는 半邊川)이 仙漁臺를 돌아 흘러 드는 물을 瓦釜灘이라고 불렀다. 이 두 물줄기가 모여 드는 합강의 아름다움이 이 고장의 가장 아름다운 (最嘉) 경치를 이룬다고 해서 二水最嘉를 모아 永嘉라는 이름이 생긴 것이다.

두 물이 함쳐진 곳부터 洛東江이라 불렀다지만, 永嘉誌에는, 서쪽으로 흘러 映湖樓, 靑城山, 輞川, 曲江, 屛山, 花川, 九潭을 지나 尙州에 이르러 洛東江이 된다고 했다.

〈會員名單 : 1982. 3. 25〉

권상철, 권태리, 김무연, 김석하, 김원대, 류일청, 류찬우, 천병규, 강민창, 강재우, 강표원, 권성기, 권숙정, 권영우, 권영규, 권영두, 권영세, 권오석, 권오탑, 권웅렬, 권원기, 권정달, 권재호, 권중동, 권중두, 권중탁, 권태수, 권태원, 권태완, 권혁종, 권화섭, 금익모, 김경진, 김규벽, 김동기, 김동백, 김동수, 김동희, 김명년, 김봉구, 김선훈, 김시각, 김영연, 김영년, 김용직, 김용호, 김 원, 김원환, 김윤구, 김인구, 김재은, 김정길, 김정한, 김중환, 김지학, 김창현, 김해길, 김현대, 김형진, 김현태, 남기현, 남기환, 남시돌, 남재두, 류동주, 류명하, 류목기, 류상희, 류택하, 류특훈, 류한섭, 류혁인, 박원탁, 박순병, 박승홍, 백낙승, 변동신, 변태수, 석기홍, 손병도, 손홍균, 송보열, 신상학, 신정순, 신철균, 윤성근, 이대형, 이동대, 이동익, 이만용, 이상두, 이상옥, 이 섭, 이신형, 이영우, 이용태, 이용태, 이원강, 이일영, 이의겸, 이재현, 이정오, 이준승, 이준호, 이진백, 이창대, 이창식, 이태우, 이희대, 임휘일, 장상섭, 장성락, 장원석, 조성춘, 조주목, 조희제, 천봉석, 허동진, 황기진 (117명)

〈편 집 후 기〉

o 문화의 중심지로 몰려들어 젊음을 불태우다 보면 자신들의 향토 문화와의 인연을 어느 새엔가 끊고 지내게 된다. 이 뿌리를 되찾겠다는 생각이 이런 책을 꾸미도록 발전된 것은 晩時之歎은 있으나 다행스런 일이다.

o 안동의 문화에 대해 관심을 갖고 있는 학자 여러분들이 玉稿를 보내 주셔서, 안동인들의 눈을 뜨게 해 주신 것이 고맙다.

o 처음 꾸며서 내어 놓는 "문열이"라 체계도 잡히지 않고 엉성해서

부끄럽지만 거듭되면 될수록 제 모양을 갖추게 되리라 믿는다.

o 다른 지방에서도 자기들의 향토문화를 찾아 다듬는 운동이 벌어져, 서로 자료를 교환할 수 있었으면 한다.

〈판 권〉

永 嘉 文 化 壹輯

印 刷 1982年 3月 20日
發 行 1982年 3月 25日
發行處 永 嘉 常 綠 會(會誌)
印刷處 天 豊 印 刷(株)
永嘉常綠會
住 所 : 서울 中區 明洞 2街 유네스코회관 908호
電 話 : 778-3509 〈非賣品〉

▶영가회(회장 김해길)는 1998년 7월 10일 영가문화 제2집으로 '그 단새 스무해가'를 발간하였다.

영가문화 제2집 발간 〈그 단새 스무해가〉

발 간 사

永嘉常綠會 會長 **金 海 吉**

영가회 창립 5주년을 기해 회지인 永嘉文化 壹輯을 발간한 이래 자그마치 16년의 無爲를 自省하면서 貳輯을 내게 되었습니다.

우리 모임이 創立된 날이 1977년 3월 26일이니, 지나간 3월에 이미 창립 21주년을 맞은 셈입니다만 허수히 가버린 歲月을 오히려 야속하

게 여기는 마음에서 "그 단새 스무해가"로 이름을 붙이고 會誌發刊에 맞추어 21周年을 紀念하게 되었습니다.

不惑의 中年에 접어들었던 永嘉의 벗 쉰셋이 서로 친목하는 가운데 鄕里의 발전을 위하는 일에도 마음을 모아보자고 會를 만들고 永嘉常綠會라 이름하였는데, 이는 마흔 나이는 아직 少壯으로 永嘉란 이름을 專有하가엔 미안하고 조심스러워서였습니다.

돌아다보면 지난 스물 한 해 光陰은 격변과 전환의 소용돌이로 이어졌습니다만, 永嘉會員간의 友誼와 親睦만은 낙동강의 水脈처럼 망장하여 처음에 作定한 바가 오늘에 까지 一以貫之하여 왔습니다. 영가회원들이 일찍이 안동에서의 學緣을 따라 한자리에 모인 것까지 헤아려보면 孔夫子의 "군자는 글(文) 곧 배움과 학문으로 벗을 얻고, 훌륭한 벗과의 교류로 仁德의 修養을 다하게 된다.(君子以文會友, 以友輔仁)" 라는 말씀과도 符合한다고 하겠습니다.

영가 문화 1집을 펴낼 때만 하여도 제2집을 當年에 續刊하겠다는 의욕으로 원고모집을 하고 編輯에 관한 구상도 되었습니다만 이런저런 사정으로 미루어지게 되었습니다. 1집을 펴냈을 당시의 우리 회원 대부분이 50대로 접어들어 각각 다양한 분야에서 국가와 사회를 위해 활동하고 이바지하던 때였음을 勘案하면 영가회지 續刊이 늦어진 이유도 實은 우리 모두가 맡은 소임에 충실했던 나머지 會誌問題는 자연히 뒤로 밀리게 된 것임을 이해하시게 될 것입니다.

그런 중에도 2집에 대한 준비로 영가회소식지의 '映湖樓' 欄에 회원 여러분의 글을 揭載하고 이를 모은 결과 2집 원고의 상당량을 확보하게 된 것입니다. 그 중에는 회원은 아니나 안동출신 인사들의 글도 포함되어 있는 바, 이는 영가회 소식지에 집필을 폭 넓게 동원한 까닭입니다.

2집을 편집하는 동안에도 좋은 원고를 더 많이 얻기 위해 문호를 열어두었습니다만 기대에 미치지 못하여 次後 제3집이 나올 때까지 아쉬움은 이어지리라 봅니다.

그런 한편으로 2집을 펴내면서 한가지 밝혀 두고자하는 것은 '映湖

樓'에 실렸던 數年來의 글을 이제와 재 음미해 보니 時宜에 맞지 않는 글이 아주 없진않다는 점입니다. 그러나 발표되었던 당시로선 적절했던 내용이었고, 하나같이 珠玉같아서 그대로 실게 되었으니 이점 料量해 주시기 바랍니다.

또한 1집이 한국 및 안동의 전통문화에 관한 몇 분 학자의 논문을 중심으로 회원들의 그 방면에 대한 논고가 주류를 이루었던 것과 대조적으로, 2집은 회원들의 향토안동에 대한 정감이 넘치는 글과 일상생활 속에서 얻은 수필, 전문분야에 대한 試論, 安東文化 또는 傳統에 대한 探究, 몇분 시인의 詩, 이미 타계한 회원을 기리는 글 등 이만하면 영가회의 한 모습을 보여 드리고도 남음이 있다고 생각됩니다.

앞으로도 永嘉會가 있음으로해서 知己之友 뿐만 아니고 안동출신의 有數한 新銳들과도 交通하며 지낼 수 있으니 두 물줄기를 나타내는 永字가 마치 永嘉會의 新,舊회원의 融和를 상징하는듯 하여 더욱 감회롭다고 하겠습니다. 永嘉文化 2집刊行에 物心으로 도와주신 여러분과 어려운 시간을 나누어 책을 編纂해주신 編輯委員들의 勞苦에 깊이 감사드립니다.

차　　례

14. 빼어난 天地甲山 / 김회동
15. 雨中 隨想 / 류돈우
16. 鄕友會 小感 / 류종묵
17. 내 山友 泳周를 그리며 /류창석
18. 접실(계곡) 무꾸(무우) /박정식
19. 복상 삼긋 하던 시절 /장상섭
20. 1998년 봄 /정동호
21. 천연기념물 275호 당나무 / 허동진

옛 것을 새로 찾아 갈고 닦으니
22. 졸루정과 용만 권기선생 / 권오섭
23. 고향길 물구비 산자락 따라 / 김인구
24. 역사의 향기로 그득한 王母山 가는 길 / 김휘동
25. 퇴계학과 현대사회 / 김호길
26. 과유불급의 진리 / 이준승
27. 안동향교의 복원 / 이희대
28. 서애선생의 환재와 서미동시 수제 / 정무수

永嘉詩草
29. 發花 / 김종길
30. 안동포 / 김명수
31. 가야산에서 / 정무수

永湖樓에 永嘉 글벗이 모이니
32. 은근과 끈기 / 권영진
33. 한국적 복고풍 / 권오주
34. 나의 어린 시절 / 권원오
35. 조밭 솎기 / 김경중
36. 명당설화와 명당이야기 / 김대원
37. 영원한 마음의 고향 – 시심의 세계 / 김동기
38. 멋과 여유 / 김동재
39. 노인과 젊은이 / 김용을
40. 연변의 초가집 / 김 원
41. 시사유감 / 김원길
42. 산중 노변야화 / 김인구
43. 뇌리에 남아있는 '제비원 미륵' / 김재은
44. 법치와 덕치 / 김호길
45. 큰 사람과 큰 사회 / 김호진
46. 정년 유감 / 류동주

47. '예'와 '아니오'의 철학 / 류목기
48. 3W와 3F의 나라 '포르투칼' / 류혁인
49. 며느리에게 주는 글 / 신유균
50. 우리의 茶 문화 / 신현수
51. 별을 생각하며 / 심우영
52. 감꽃을 보며 / 심의용
53. 안동말 안동사람 / 이광복
54. 잃어버린 삶, 되찾아야할 삶 / 이동원
55. 킬리만자로 기행 / 이동익
56. 참꽃이 필때 / 이명걸
57. 추석유감 / 이봉수
58. 마음의 공뷰 / 이양무
59. 별을 뿌리는 농부 / 이준오
60. 본말의 전도 / 장상섭
61. 왈순아지매의 시말 / 정운경
62. 신문기자와 술 그리고 산행 / 천상기

보다 나은 내일을 위하여
63. 미래산업과 관광 / 권 순
64. 안동의 재도약과 출향인의 역할 / 권오을
65. 서울 올림픽, 그후 10년 / 권용중
66. 미래지향적 사회개혁을 위한 국민운동의 과제 / 김경동
67. 부동산투기와 소득분배 / 김봉구
68. 사이버시대와 기성세대의 생존전략 / 김승년
69. 안동문화와 관광 / 김형진
70. 할인업태의 전망과 과제 / 류한섭
71. 기계공업 분야에서 세계 최고기업으로 발돋음 / 신현우
72. 21세기를 향한 화섬산업의 소고 / 이만용
73. 세계제일의 전력회사를 꿈꾸며 / 이종훈
74. 추락해도 날개는 있다. / 이준승

追憶의 情속에 그리운 이름들
75. 爐石 姜杓遠 선배 기세 100일에 / 김인구
76. 哭 德山 이희대 博士 / 김인구
77. 不世出의 과학자 · 교육가 / 이용태
78. 미국시민권 거부자의 귀국전후 / 柳赫仁
79. 김호길박사와 나 / 이상옥
80. 고등학교 교복입은 대학생 / 이종훈
81. 故 김호길박사 묘비 제막에 즈음하여 /김홍식

▶이중에 안양과학대학 권상철 학장 글 '이 시대를 조명하는 안동인의 정신'을 싣는다.

마음은 언제나 香情에 젖어

1. 이 시대를 照明하는 안동인의 精神

權相澈 (永嘉會 顧問, 안양전문대학 이사장)

권상철 이사장

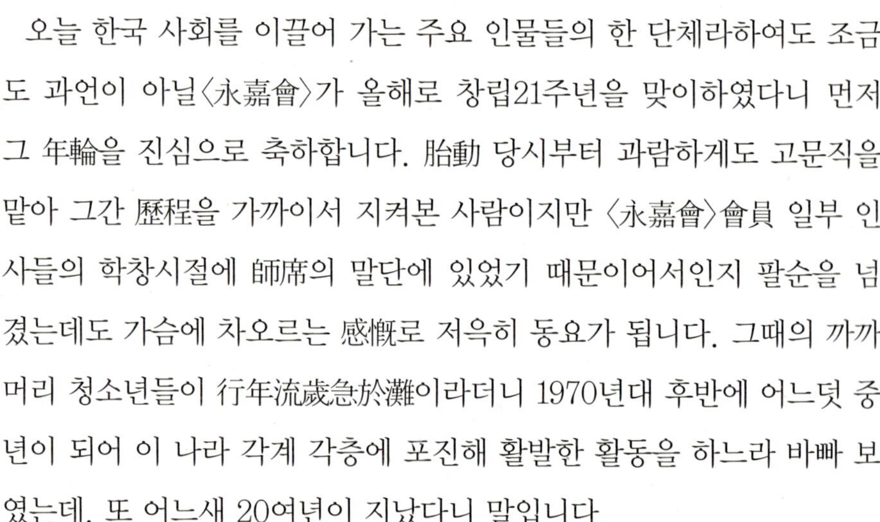
오늘 한국 사회를 이끌어 가는 주요 인물들의 한 단체라하여도 조금도 과언이 아닐〈永嘉會〉가 올해로 창립21주년을 맞이하였다니 먼저 그 年輪을 진심으로 축하합니다. 胎動 당시부터 과람하게도 고문직을 맡아 그간 歷程을 가까이서 지켜본 사람이지만 〈永嘉會〉會員 일부 인사들의 학창시절에 師席의 말단에 있었기 때문이어서인지 팔순을 넘겼는데도 가슴에 차오르는 感慨로 저윽히 동요가 됩니다. 그때의 까까머리 청소년들이 行年流歲急於灘이라더니 1970년대 후반에 어느덧 중년이 되어 이 나라 각계 각층에 포진해 활발한 활동을 하느라 바빠 보였는데, 또 어느새 20여년이 지났다니 말입니다.

이 글의 취지에서 좀 어긋나겠지만 그 시절을 잠시 회고해보고자 합니다. 돌이켜보면 파란 많은 지난 60여년 교편생활에서도 가장 영욕이 교차해 기억에 남는 기간은 아무래도 광복전후 안동농림학교와 6.25사변 와중부터 戰後 한동안 안동고등학교에 근무하여 故鄕 安東의 중등교육에 종사하던 무렵입니다. 일제치하 안동농림학교 시절은 시대상황에 관련된 苦惱로, 교육 형태의 모색과 교육의 기능 인식에 오히려 유익한 시기였습니다. 실업교육의 一翼을 담당하면서 민족의 역량 강화에는 實務에 유능한 인재 양성이 필요하다는 점을 깊이 이해하게 되었을 뿐만 아니라 교육이란 그 자체 자율성을 지니면서도 현실

에 제약되는 동시에 그 打開에 기능이 있다는 평범하지만 본질적인 인식을 실제 경험에서 얻었던 것이었습니다.

그렇게도 오매불망하던 해방의 기쁨도 막상 해방이 되자 잠시였습니다. 안동농림학교도 당장 교사 부족으로 교육의 계속성 유지가 어려웠고 게다가 좌우 이데올로기가 유입되어 교내에 갈등이 파생하여 급기야 공황에 빠져 들었던 것입니다. 이 시기에 而立을 갓 넘긴 나이로 교장서리 직책을 맡아 뜻을 같이하는 동지들과 힘을 합쳐 최선을 다해 진통을 해소하면서 민족주의 노선에 입각하여 광복조국의 새 출발에 절실히 요구되는 인재 육성의 기반을 마련하는데 奔忙하였던 것입니다.

당시로서는 그저 당면 문제의 해결에 몰두하여 충실하였던 것뿐이었으나, 해방전후 안동농림학교 출신들이 그 후 이 나라의 발전에 혁혁하게 기여하고 있다는 소식을 들으면서 시기의 중요성이 새삼 실감나고, 그 신념과 노력이 이 나라 교육사의 방향에 一致해 다행스럽기 짝이 없었습니다. 그해 11월에 교장이 부임해오자 보람과 상처를 안고 서울로 떠났는데 그때의 학생들과 인연이 다한 것이 아니었습니다. 그로부터 20여년 후 〈永嘉會〉의 會員과 顧問으로 다시 만나게 되었던 것입니다. 또 그로써 안동의 교육계와도 인연이 다한 것은 아니었습니다. 6.25 전쟁 와중에 고향의 召命이 있었던 것입니다.

격렬한 民族相殘이 벌어지는 가운데 수복지구에 그 상처가 그대로 드러나 있던 즈음인 1951년 9월에 비상 상황일수록 국가의 百年大計인 교육을 활성화해야 한다는 지역유지들의 여론을 수렴해 정부가 경북 중북부 지역인 안동에 최초로 인문계 고등학교인 안동고등학교를 설립하기로 한 것입니다. 영광스럽게도 그 役事를 주관해 달라는 요청이 있었습니다. 비장하게 결의를 다졌지만 피폐한 여건을 극복하느라 참 힘들었습니다. 황량한 龍上 맛들(마뜰)에 부지를 선정하고 露天 수업을 시작하면서 동료교사는 물론 학생들도 나서서 땀 흘려 흙벽돌을 찍었고, 드디어 8개 교실을 갖춘 校舍 2棟을 지었습니다. 흙벽돌을 만드는데 쓰기 위해 여러 학생들과 어울려 흙을 파던 장면을 찍은 사진이 남아 있어 지금도 그 사진을 보면서 가끔 그 시절을 반추하곤 합니다. 선생님들과 함께 자신과 후배들이 배울 교실을 짓기 위해 열심히 일하던 학생들 중에는 얼굴을 알아 볼 수 없어서 그렇지 아마도 〈영가회〉의 회원으로 활약하고 있는 사람이 적지 않을 것입니다.

안동고등학교가 어느 정도 설비를 갖춘 이후에 입학한 학생들도 전후에 가난한 사정으로부터 벗어날 수 없었던 것은 마찬가지였습니다. 그리고 우수한 교사라야 우수한 학생을 기를 수 있기에 인품과 실력을 갖춘 교사들을 초빙하기 위해 각처를 순방하는 등 여러 모로 애를 썼는데, 그 성과는 기대 이상이었습니다. 그 분들의 정성어린 지도로 면학풍토가 일찍 자리잡혔고 명문대학에 진학한 학생들도 많았던 것입니다. 그렇게 배출된 인재 또한 뒷날〈永嘉會〉의 창설과 활동에 주요한 역할을 한 것으로 알고 있습니다. 또 학과 수업 뿐 아니라 안동의 傳統을 이은 人性涵養의 道義教育에도 힘써 주목할만한 성취가 있었는데, 당시 문교부 차관과 장학관 및 전국 교육계 인사들이 참관하는 가운데 도의교육 연구대회를 문교부 주최로 성대하게 개최하기도 하였습니다. 1956년에 대구로 전출을 가게 되어 안동고등학교를 떠날 때까지 戰中 戰後의 궁핍은 사제가 한 덩어리가 되어 감내하며 미래를 모색했던 그 시절이 이제 그립기만 합니다. 요즘 학생들로서는 상상할 수 없겠지만 당시 시대 여건으로서는 불가피한 일이었고 또 바람직한 일이었습니다.

일제치하 말기와 해방정국 그리고 6.25동란 발발부터 전후 가장 신산했던 시기에 이르기까지, 민족사의 최대 수난기에 안동농림학교와 안동고등학교에서 학창시절을 보냈던 세대가 자라나 이 나라의 끈질긴 가난에 마침내 종지부를 찍고 국력을 신장하여 '세계속의 한국' 의 位相을 정립하는데 직접 일선에서 기여한 것은 다 아는 사실입니다. 물론 〈永嘉會〉에는 다른 경력을 거친 안동출신과 그 후배들도 참여하고 있습니다만 넓게 보아 같은 이력을 가졌다 할 수 있겠습니다. 〈永嘉會〉의 회원들에게 평소 갖고 있는 정서와 애정과 경외는 위의 회고와 더불어 다시 말해 민족사 更新의 주역세대에 속하는 안동 출신 인사들이라는 평가에 관련된 것입니다. 그리고 저 개인에 있어서도 안동농림학교 3년, 안동고등학교 6년, 도합 9년의 세월동안 고향 안동의 교단에서 얻은 경험과 의지는 뒷날 〈안양전문대학〉을 창설하고 성장시키는데 바탕이 되기도 하였습니다. 이 대학의 誠實, 勤勉, 創意라는 교훈이 바로 그 반영이라 하겠습니다.

또, 회원의 면면을 보면 〈永嘉會〉는 '人多安東' 과 '鄒魯之鄕' 의 긍지를 다시금 확인케하는 단체라 하겠습니다. 이 나라의 질서와 진로에 간여했던 수많은 碩學과 名賢을 배출하여 「朝鮮人材 半在嶺南, 嶺南人材 半在安東」이라 운위되었던 명성을 실증하는데 손색이 없을 뿐 아니라 鄕里에서 익힌대로 예의와 도덕을 도시화 산업에서도 격조 높게 구현하여 이 나라에 倫氣가 그나마 유지되는데 크게 기여하여 그 수범이 되고 있다고 생각됩니다. 시대의 변천에 따라서 삶의 형식과 내용에 변화가 있을 것이나 그 근본정신에는 변질이 없을 것입니다.

이러한 인사들이 집결된 〈永嘉會〉가 창립 20주년을 맞아 기념행사의 일환으로 회지 〈永嘉會 消息〉에 게재하였던 각종 수필과 논설을 발췌하여 단행본으로 펴 낸다니 크게 慶賀할 일이 아닐 수 없습니다. 아마도 안동지역 뿐 아니라 우리사회의 각계 각층에서 깊은 관심을 가질 것이 분명합니다. 전통의식과 현대의 사조가 조화되어 있고 유려한 정서와 참신한 경륜으로 가득찬 주옥같은 글들은 〈永嘉會〉의 지난 20년 歷程과 表情을 한 자리에 집성하는 의의 뿐 아니라 時差를 뛰어넘어 독자들에게 깊은 감동과 더불어 유익한 示唆를 줄 것입니다. 나아가 〈永嘉會〉 의 취지와 지향을 세상에 널리 확산하는데에도 크게 도움이 될 것이라 믿습니다.

끝으로 췌언에 불과하겠습니다만 〈永嘉會〉의 모든 회원들이 부디 自重自愛하면서 회원 상호간의 친목을 도모하고, 安東人의 精神을 이 시대에 계승하면서 그 적합한 발휘에 계속 힘쓰는 가운데 日新又日新, 무궁하게 발전해 나가기를 충심을 다해 바라마지 않습니다.

창립 20주년을 거듭 축하하면서 이 시대를 照明하는 寶典이 될 〈永嘉文化 第2輯〉의 발간을 다시 한번 慶賀하고자 합니다.

〈편 집 후 기〉

♦永嘉會消息誌에 회원들의 글을 실어온지도 여러해 되었다. 이를 모아 마침내 한 卷의 책으로 엮어 永嘉文化 貳輯으로 내어놓고 보니, 安東이야기와 永嘉精神의 面面들이 燦爛하기만하다. (和)

♦ "터닦기"를 해야 집을 짓는다. 그단새 스무해 歲月이 갔다. 뉴스레터 영가회소식 映湖樓欄에 실었던 글을 책으로 묶은 것은 永嘉會 터닦기 흔적이다.

21세기가 코앞에 왔다. 이책에 실린 영가회 사람들 세상사는 이야기도 향후에는 사뭇 새로워질 것이다. 이 조그마한 책이 차세대로 가는 징검다리였으면 한다. 안동인과 안동문화를 아끼는 사람들에게 苦言한다. 鄕土文化를 기리는 시대를 마감하고 不變의 값어치를 가진 博文約禮를 복원하여 '世界속의 安東'으로 자리매김해야 한다. 문화가 무엇인지 아는 사람들이 歷史를 살고 未來를 살아서 우리가 우리다운 겨레로 거듭나야한다. 그래야 우리는 世界의 中心部로 진입할 수 있을 것

이다. (麟)

♦세상엔 兄보다 나은 아우는 드물다고 했지만 永嘉文化만은 壹輯보다 貳輯이 더 반듯하고 알찼으면 했던 게 오랜 생각이었다. 열여섯을 터울로 태어 나는 貳輯 이긴하지만 參輯부터는 年年生이 되길 빌어 본다. (相)

♦光復 50周年에는 鄕土安東의 어제와 오늘을 직시하고 다가올 2000年代를 展望해보자. 停滯와 萎縮의 舊殼을 벗고 發展과 隆昌의 新紀元을 永嘉會員들의 愛鄕心으로 이룩해나가야 하리라. 참으로 心機一轉의 때임을 잊지 말자. (戊)

〈판 권〉

永嘉文化 第貳輯 그 단새 스무해가

印 刷 1998年 7月 5일
發 行 1998年 7月 10일
編著者 永嘉文化 編輯委員會
發行者 鄭 戊 壽
發行處 도서출판 한 통
서울特別市 城北區 東小門洞 3街 14
登 錄 1988. 1. 14 제 6-57호
電 話
팩 스 922-4145

編輯委員會 製作普及價 20,000원
委員長 金 海 吉
委 員 權 和 燮, 金 麟 九, 張 相 燮, 鄭 戊 壽

웨스틴 조선호텔

제2대 회장 : 1999 ~ 2002
류 목 기 회 장

제2대 류목기 회장 취임

제2대 류목기회장은 1998년 10월 24일 임시총회(세명대 강당)에서 선출되어 제천에서 취임했다.

후임자를 찾지 못해 오랜 진통 끝에 1998년 제2대 회장으로 안동사범학교 출신 류목기 ㈜풍산 총괄 부회장이 선임되었다.

류회장은 2002년 12월 31일까지 연임했다.

류목기 제2대 회장
재경대구경북시도민회 회장
학교법인 병산교육재단 이사장
전 (주)풍산 총괄부회장
전 한솔저축은행장

류목기 회장은

안동시 임동면 박곡리 출신의 류목기 회장은 우리나라 경제계의 '클린 맨'으로 불리운다. 전주류씨 500년 이어온 명문가의 후손으로 사람으로서의 도리를 앞 세우고 사심없이 오직 원칙과 소신에 따라 정도를 걸어왔기 때문이다. 이용태 박약회장은 안동에서 100년에 한명 나올까 말까 하는 분이라고 자랑한다.

그는 "고향은 희망의 산실이요, 추억의 보고"라며 고향에 대한 애착심이 놀랍다. 류회장의 삶의 철학은 "혼을 담은 노력은 배신하지 않는다."와 "자기 희생 없이는 이루어지는 아무것도 없다."라며 지금도 변함이 없다고 한다.

류 회장은 경력도 다채롭다. 안동사범학교와 서울대학교 사범대학을 졸업하고 내무부 서울시청 교사, 의료법인 고려병원(현 강북 삼성병원) 행정부원장, ㈜ 신아여행사 사장, ㈜한솔 상호저축은행 은행장, 재경 안동향우회장, ㈜풍산 총괄부회장, 안동향우 장학재단 이사장, 재경대구경북시도민회 회장, (사)기산 충의원 이사장, 학교법인 병산교육재단 이사장, 재단법인 대경육영재단 이사장 등으로 그가 가는 곳마다 새로운 활력과 질서로 성과가 넘쳐난다. 초대 김해길 회장의 21년 연임은 힘들고 어려운 점도 많았다. 그러다보니 영가회가 좀 느슨해진 시기에 취임한 2대 류목기 회장은 새로운 희망과 비전으로 큰 발전이 있을 것으로 기대가 컸다.

세명대학교에서 임시 총회

1998년 10월 13일 프레스센터 20층 모란실에서 임원 상견례 개최를 시작으로 임원회의, 집행부회의를 연달아 개최하며 활발하게 움직였다. 첫번째 임시총회를 아래와 같이 개최했다.

▶일시 : 1998년 10월 24일 (토)

▶장소 : 세명대학교 (충북 제천시) 대강당

▶안건 : 회칙개정, 임원선출

▶참석 : 84명

의결 사항

1) 임원 선임

부회장 : 강재우, 금창태, 심의용, 임휘일, 허동진

감　사 : 손영욱, 김계현

사무국장 : 권오철

총무간사 : 권원오

편집간사 : 천상기

2) 회칙개정 : 회칙 대폭 개정

주요내용 : 신입회원 입회비　30만원

회원년회비　10만원

특별회비　100만원이상 납입시 연회비 면제

회장 및 감사 임기 : 2년이며 1회에 한해 연임 할 수 있다.

회계연도　1/1일~12/31일

3) 오늘의 모든 비용은 (교통, 중식, 식사후 대청호 관광 경비 일체) 권영우 세명대 총장이 제공함

회칙개정 : 1998. 10. 24 (제2차 개정)

會　　則

制 定 1977. 3. 26
改 正 1983. 4. 26
改 正 1998. 10. 24

제1장 總　則

제1조 【名稱】 本會 名稱은 永嘉會라 칭한다.

제2조 【目的】 本會는 會員相互間의 親睦을 圖謀하고 相扶相助하며 融和 團結하여 鄕土發展에 寄與함을 目的으로 한다.

제3조 【본회의 所在地】 本會는 서울特別市에 둔다.

제2장 會　員

제4조 【本會의 區分 및 資格】 本會會員의 區分 및 資格은 다음과 같다.

1. 會員 : 現 安東市에 淵源을 가진 사람으로서 서울 特別市와 그 一圓에 居住하고 本會의 趣

旨에 贊同하여 本會所定의 入會節次를 畢한 사람
2. 名譽會員 : 會員 趣旨에 贊同하고 本會發展에 顯著한 功勞가 있는 人士로서 會員2人 以上 推薦에 依據, 理事會在籍 過半數 以上의 贊同을 얻음으로써 決定된다.

제5조 【會員의 權利義務】 本會 會員은 所定의 會費를 納付함으로써 會員 資格을 갖는다.

제6조 【資格喪失】 本會 會員의 資格喪失은 다음 事由가 發生時 所定節次를 거쳐 決定한다.
1. 本會 目的에 背馳되는 행위를 하였을 시
2. 본회의 名譽나 威信을 손상케 하는 行爲를 하였을 시
3. 본인이 脫退를 신청하였을 시
4. 각종 회의에 특별한 事由없이 1년이상 缺席하였을 시
5. 회비를 1연간 내내 納付하지 아니하였을 시
6. 본인의 死亡 시

제3장 任 員

제7조 【任員 構成】
① 본회에는 다음 任員을 둔다.
1. 회장 : 1명
2. 부회장 : 10인이내
3. 감사 : 2명
② 본회의 直前會長은 當然職 명예회장으로 추대한다. 다만, 임기는 現任會長의 재임기간으로 한다.

제8조 【任員 選出 및 任期】 본회 임원의 選出 및 任期는 다음과 같다.
1. 會長 및 監事는 총회에서 회원중 선출한다.
2. 부회장은 회장이 推薦하여 총회의 承認을 받아야 한다.
3. 會長 및 監事의 任期는 2년으로 한다. 다만, 1회에 한하여 連任할 수 있다.
4. 會長 및 監事의 任期중 缺員이 발생시는 총회에서 補選하며, 그 임기는 前任者의 잔여임기로 한다.

제9조 【任員의 任務】 본회 임원의 任務는 다음과 같다.
1. 會長은 본회를 代表하고 본회 모든 업무를 管掌하며 각종 會議의 의장이 된다.
2. 副會長은 회장을 보좌하고 會長 有故時 연장자순으로 회장 직무를 대행한다.
3. 監事는 이사회에 참석하여 本會 運營을 협의하고 또한 회계업무를 監査하여 연1회 정기총회에 보고한다.

제10조 【事務局】
① 본회의 運營實務를 擔當處理키 위하여 다음과 같이 사무국을 둔다.
1. 事務局長 : 1명
2. 總務幹事 : 1명
3. 財務幹事 : 1명
4. 事務職員(有給) : 1명
② 會長은 會員중에서 사무국장 및 幹事를 임명하여 이사회의 동의를 받아야 한다.

제11조 【諮問委員 委囑】 회장은 본회의 目的 達成을 위하여 회원중 분야별 전문인을 諮問委員으로 위촉 할 수 있다. 자문위원 委囑은 이사회의 同意를 받아야 한다.

제12조 【分科 委員會】회장은 회원들의 취미활동을 奬勵하므로써 회원 상호간의 親睦을 敦篤하게 하기 위하여 이사회 동의를 받아 동호인 分科委員會를 둘 수 있다.

제4장 會 義

제13조 【會議種類)】 本會 會議는 정기총회, 임시총회, 이사회로 區分한다.

제14조 【定期總會】 定期總會는 每年 12월 또는 익년 1월중에 개최함을 원칙으로 하고 다음사항을 議決한다.

1. 任員選任에 관한 사항
2. 會則改正에 관한 사항
3. 豫算 및 決算 승인
4. 事業計劃 승인
5. 기타 重要事項 결정

제15조 【臨時總會】 임시총회는 다음 各號의 1에 해당시 개최하며 前 第14條에 明示된 사항에 준하여 의결한다.

1. 회장이 필요하다고 認定할 시
2. 이사회가 召集要求시
3. 재적회원 3분의 1 이상의 連名으로 소집요구를 제출하였을 때

제16조 【理事會】 이사회는 회장, 부회장, 감사로 구성하고 필요시 회장이 召集하며 다음 사항을 審議 決定한다.

1. 업무집행에 관한사항
2. 사업계획운영에 관한 사항
3. 총회에서 위임된 사항
4. 회원가입 및 제적에 관한 사항
5. 기타 중요한 사항

제17조 【議決】 본회의 회의별 議決定足數는 다음과 같다.

1. 總會는 참석회원 3분의 2이상 贊成으로 의결한다.
2. 理事會는 재적 과반수이상 참석으로 成立하며, 재적 과반수이상 찬성으로 議決한다.
3. 可否 同數일 때 회장이 決定權을 갖는다.

제5장 財 政

제18조 【收入】 본회 수입은 입회비, 회비, 찬조금. 기부금 등으로 한다.

1. 入會費 : 300,000원 이상
2. 一般會費 : 年 100,000원 이상
3. 特別會費 : 본회 발전기금으로 100만원 이상 납부회원은 年會費를 면제한다.
4. 贊助金 및 寄附金 : 회원 또는 본회를 적극 지원코자 하는 醵出金
5. 기타 收入金

제19조 【支出】 이사회 審議를 거친 사업추진을 위하여 豫算 범위에서 지출한다.

제20조 【會計】 본회 會計年度는 每年 1월1일부터 12월 31일까지로 한다.

제6장 其 他

제21조【其他】본 會則에 明示되지 않는 사항은 一般 通則에 準한다.

附 則

제22조 本 會則은 1983년 4월 26일부터 施行하고 본 회칙 시행과 동시에 1977년 3월 26일부터 施行중인 會則은 이를 廢止한다.

제23조 本 會則은 1998년 10월 24일부터 施行한다.

1998년 임시총회장을 지낸 권영우 세명대학교 총장은

권영우 총장

1941년 일제강점기에 유복자로 태어나 홀어머니 밑에서 배고픈 삶을 견뎌내야 했다. 중학생이 될 무렵 소년은 무작정 서울로 올라갔으며 국수 한 그릇 선불리 사먹을 돈이 없었다. 신문팔이가 되려다 깡패들에게 얻어터지기도 했고 하수도 공사장에 있는 시멘트관 속에서 가마니를 덮고 노숙을 하면서 어려운 유년시절을 보냈다.

권영우 총장은 첫 사업으로 목욕탕을 시작했다. 약국에서 일하면서 익힌 사업 감각으로 전농동에서 시작한 '반도목욕탕'은 답십리, 전농동 로터리로 확장됐다. 돈이 모이자 동대문구 숭인동 시외버스터미널 앞에서 서민금고를 차렸다. 그는 그곳에서 적은 액수지만 수익이 현금으로 들어오는 운수업에 매력을 느꼈다.

그는 당시 한진이 운영하다가 부도 낸 운수회사를 인수하기 위해 조중훈 회장을 만나 어렵게 인수에 성공했다. 이후 그의 의지와 열정으로 그의 사업은 일취월장 발전을 거듭했다. 그것이 바탕이 되어 오늘날 경기고속, 대원여객으로 발전하였다.

그는 1980년대 들어 국가를 위해 더큰 일을 하기위해 정치 일선에 나서기로 결심했다. 1981년 제11대 국회의원 선거에서 서울 동대문구 갑구에서 13만 8천여표를 얻어 압도적인 1위로 국회의원이 됐다.

권영우의원은 두 번째 국회의원직을 마칠 즈음 3선이 확실한데도 정계를 떠나 교육사업에 온몸을 던졌다. 이미 1970년대부터 대학을 설립하겠다는 생각을 했다. 처음에는 고향 안동을 생각했지만 안동에는 국립대학이 이미 자리잡고 있었다. 그래서 서울을 오가며 눈여겨봤던 제천을 선택했다. 물 맑고 산 좋으며 내륙의 중심인데도 교육시설은 미비했다. 여기에 엄청 넓고 큰 종합대학인 세명대학교가 세워졌다.

권영우 총장은 모든면에서 성공한 인물이다. 그의 열정과 의지력, 그리고 지혜로운 철학, 항상 약자 편에 서고 그 많은 돈을 벌었음에도 검소하고 소탈하며 덕으로 다스리는 존경받는 분이였으나 너무 일찍 저세상 사람이 되어 안동인들의 마음을 아리게 하고 있다.

영가회는 1998년 11월 11일 종로 한일관에서 이사회를, 12월 5일 집행부 간담회의를, 12월 16일 이사회를 갖고 아래 사항을 논의 하였다.

- 사무 인수인계 결과보고
- 회원의 정수는 200명을 초과 하지 않으며
- 영가회보를 발행키로 하였다.
  송년의 밤 개최 일자와 장소를 협의 하였다.

1998년 송년의 밤 개최

▶일 시 : 1998년 12월 29일 (화)

▶장 소 : 대명 웨딩홀 6층

▶참 석 : 98명 (회원 86명, 내빈 12명)

강재우 부회장

허동진 부회장

협찬 하신분

강재우 : 대명웨딩홀 회장　만찬 식대
허동진 : 풍림화섬 회장　기념품
류목기 : 영가회장　2부행사 상품 및 양주 4병
오경의 : 전 국회의원, 전 마사회장　2부행사 국악인 9명 초청
김노식 : 전 국회의원　설악생수 8상자
정동호 : 안동시장　안동소주 1상자
권영우 : 세명대학교 총장　카렌다 120부
김원철 : 카렌다 100부

신입 회원

권병복 ((주)우진 대표이사), 김균웅 (한국특수유(주) 부사장)
김노식 ((주) 설악음료 대표이사), 김덕원 (중대 부속초등 교장)
윤영호 (남해화학(주) 대표이사), 이세락 (대원건업(주) 대표이사)
이창수 (한국야생동물보호협회장), 조승우 (명덕여고 교장)

영가회는 1999년 3월 20일 (토)에는 종로 시골집에서 집행부 간담회, 4월 1일 (목)에는 종로 한일관에서 이사회를 개최하고 아래 사항을 협의하였다.

조찬특강 개최의 건
영가회보 (4월 중) 발간에 관한 건
임시총회를 (6월 중) 안동병원에서 개최에 관한 건

박약회 회장 조찬 특강개최에 따라 이용태 박사 초청

▶일 시 : 1999년 5월 3일 (월) 7 : 30
▶장 소 : 조선호텔 코스모스 룸

▶강 사 : 이용태 박사 (삼보 컴퓨터 회장, 박약회 회장) '선진국 마음 먹기에 달렸다.'

▶참 석 : 43명

박약회는

박약회는 1987년 7월 1일 퇴계선생의 학행을 연구하는 일로 시작을 하였으며, 박약은 논어에 나오는 박문약례의 줄인말로 학문을 넓게하고 행동은 예의에 맞게 단속한다는 뜻입니다. 한걸음 더 나아가 여러 선현들의 업적과 유학의 본질을 학습하여, 유학사상 및 한국의 전통사상을 연구, 계승, 보급하며 유교문화를 현대화 · 생활화 하여 선현의 숭고한 이념을 오늘에 되살림으로서 우리나라 고유의 사상과 문화를 창달, 개발, 계도하고 새시대에 맞는 실천적 도덕사회를 구현하는 것을 목적으로 한다.

이용태 박약회 회장

초대회장에 포항공대 김호길 총장이 취임 하였다. 그뒤 모임이 거듭되면서 회세가 급격히 신장되어 전국으로 확산되었다.

이러한 목적을 달성하기 위하여 각 지회, 각 회원은 자발적으로 유교의 기본정신을 이해하고 실천하며 나아가 교화 보급에 힘써야 한다. 이러한 깨어난 선비로서의 사명감을 기초로 박약회는 더 좋은 도덕사회를 만드는데 공헌할 것이다.

1996년 제2대 이용태 회장이 취임하면서 인성교육을 통한 반듯한 도덕사회를 구현하기 위해 민족자녀 인성교육 진흥운동 사업을 시작하였으며, 이후 학교와 지방자치단체 , 학부모들의 큰 호응을 이끌어 내면서 전국적으로 급속히 확산 되었다.

이용태 회장은 "세상의 모든일은 사람에 의해 이루어집니다. 그러므로 모든 사람들이 인격적으로 훌륭하면 그사회는 화목하고 발전하지만, 모든 사람들이 자기이익만 추구하면 그 사회는 저질사회로 쇠퇴하게 될 것입니다."라고 강의를 시작하였다.

"우리 박약회는 선현들의 유업을 현창하고 도덕적인 사회를 구축하여 우리나라를 문화적으로 성숙한 선진국이 되는데 기여하고자 합니다.

박약회는 전국 25개 지회와 중국지회가 있고 4,000여명의 회원이 있습니다.

박약회는 청소년의 인성교육을 중요한 사업으로 정하고 이를 추진하고 있습니다." 라고 설명 하였다.

또 먹을 것이 없어서 목숨을 연장하는 것이 지상과제이던 우리나라가 먹을 것이 너무 많아 다이어트하는 것이 과제가 되었다.

그런데 대부분 사람들은 다이어트를 걱정하는 것이 다이어트 하는 것으로 착각하고 있다. 행동은 하지않고 걱정만 하는 것으로는 다이어트는 될 수 없다. 간혹 행동하는 사람들은 며칠 하고는 포기한다.

많은 기업들이 이러한 변화를 부르짖고 있다. 그런데 몇 년후에 가보면 똑 같다. 변화된 것은 아무것도 없고 몇 년 전처럼 말로만 걱정을 한다. 마치 그것이 혁신변화를 하는 것으로 착각하는 것 같다.

지금 우리나라에서도 인성교육의 열풍이 불고 있다. 가정, 학교, 기업, 사회단체, 가는 곳마다 그 필요성을 공감하고 걱정하며 교육한다. 그런데 인성교육의 효과는 별로 없다. 교육은 하지만 습관된 행동으로 연결되지 않기 때문이다. 지식으로 전달은 되지만 습관되도록 실천하는 방법이 없다.

이것을 해결하는 쉽고 효과적인 방법이 나왔다. 이 방법은 지금 국민운동으로 널리 퍼져나가고 있다. 이용태 박약회 회장이 개발한 HPM은 쉽고 재미나게 효과를 내는 결정적인 도구이다.

이 방법은 2005년에 창시되었고 지금 150여명의 퇴직교장들 중심으로 전국에서 실시되고 있는 국민운동으로 수강자 누계 100만명이 넘었으며 문체부의 지원을 받아 무료로 제공되고 있다.

이용태 회장은

1932년 경북 영덕에서 출생, 서울대학 물리과를 거쳐 미국 유타대에서 이학박사 학위취득. 이화여자대학 교수, 건국대학 석좌교수, 과학기술연구소 전자계산기 연구실장, 전자기술연구소 부소장, 삼보컴퓨터, 데이콤, 나래텔, 두루넷 등을 설립하여 한국최초로 컴퓨터 생산, 컴퓨터 통신도입, 행정전산망 구축, 초고속인터넷 도입등 으로 우리나라를 세계최고의 IT국가로 만드는 일을 주도해 왔다.

도산서원 원장, 퇴계학연구원 이사장, 박약회 회장, 한국정신문화재단 이사장을 맡아 인성교육과 유교의 실천운동에 헌신. HPM이라는 방법론을 개발 2017년까지 80여만명을 교육하였다.

동아일보의 인촌상, 능율협회의 경영자상, 경영학회의 최고경영자상, 장영실상, 서울대학교 동문회의 관악상 중 영광상을 수상하였다.

▶저서 : 컴퓨터가 세상을 어떻게 바꿀 것인가? 선진국 마음 먹기에 달렸다. 한 달에 한 가지 습관을 기르자, 좋은 엄마가 되고 싶다 등

재경안동향우회 제10회 정기총회 참석

류목기 회장은 1999년 5월 31일 수유리 그린파크호텔 실내수영장에서 재경안동향우회(회장 강민창) 제10회 정기총회에 참석하였다.

강보영 이사장

1999년 임시총회 개최

▶일 시 : 1999년 6월 6일 (일)

▶장 소 : 안동병원 대강당

▶참 석 : 57명

▶행 사 1) 안동병원 견학

2) 조찬특강 (임재해 안동대학 교수)

3) 하회마을, 하회 탈춤장 참관

4) 봉정사 참배

신입회원 : 김직현(서울대 경영대 교수)

김인구 ((주)보경실업 대표이사)

김해영 (하윤건설(주) 대표이사)　류승희 ((주)계몽사 대표)

손현수 (대현그룹 회장)　신경선 (성남세관 세관장)

경비협찬 : 교통, 만찬, 조찬, 중식, 일체 비용을 강보영 안동병원 이사장 제공

정동호 안동시장　하회탈 목걸이

강보영 이사장　체중기 제공

조찬특강 ; 임재해 안동대학 교수

1999년도 임시 총회 개최를 한 안동병원은

강보영 안동병원 이사장은 야심찬 각오로 의료 소외지대이던 안동과 경북일대 주민들에게 의료혜택을 베풀기 위해 안동병원을 설립한 병원 전문 경영인이다. 그는 인사말에서

안동병원은 지역주민들의 건강증진과 건전한 의료문화를 조성하기 위해 지난 1982년 5월 20일 12개 진료과 134병상으로 개원했습니다.

36년이 지난 현재 안동병원은 암센터, 노인전문병원인 용상안동병원, 재활센터, 정부가 지정한 닥터헬기, 권역응급의료센터, 권역외상센터, 권역심뇌혈관질환센터, 임상시험센터 등 국내 최고의 의료서비스 경쟁력을 갖춘 병원으로 성장했습니다.

병원경쟁력의 핵심인 의료품질은 정부가 전국 대형병원을 대상으로 평가한 의료기관평가에서 전부문 A를 획득하고 2년연속 경북유일의 4대암 1등급 평가를 받는 등 Localism to Globalism 을 실현해 나가고 있습니다.

이는 저희를 믿고 찾아주신 고객분들과 정성을 다해 의료서비스를 실현해 주신 1천4백여명의 진료과장 및 임직원 덕분이라고 생각합니다.

안동병원은 잘 갖춰진 의료인프라를 활용해 지역민이 더욱 건강하고 행복한 생활을 할 수 있도록 더욱 노력할 것을 약속드립니다.

먼저, 고객중심으로 역량을 집중하겠습니다.

안동병원을 믿고 찾아주신 고객분들에게 고마운 마음으로 신속히 응

안동병원

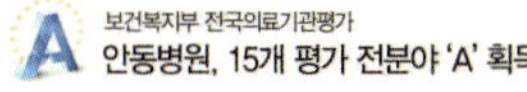

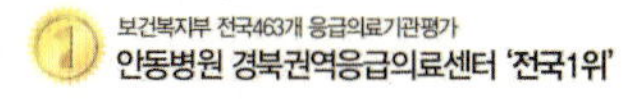

지역을 넘어 세계로! 안동병원
Localism to Globalism!

· 지역을 넘어 세계로 ·
안동병원 054)840-1004

· 보건복지부 지정, 전국 463개 응급의료기관평가 1위 ·
경북권역응급의료센터 054)840-0119

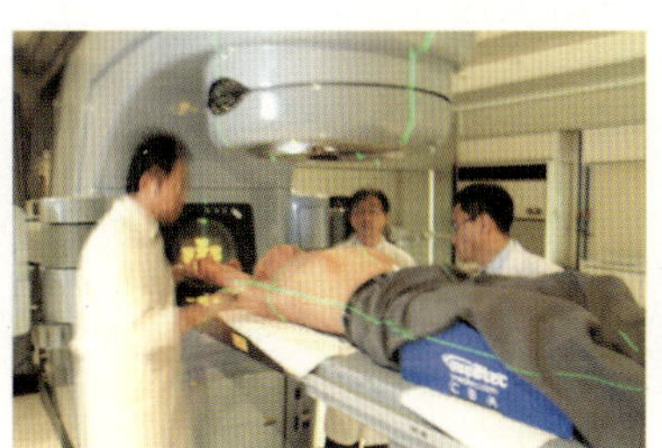

· 예방, 진단, 치료가 One-Stop ·
안동병원 암센터 054)840-0205

· 산부인과, 소아청소년과, 신생아센터 ·
안동여성병원(수상동) 054)840-0164, 0127

대하고 정중히 인사하며 끝까지 공손하게 정성을 다하겠습니다. 위기를 이길 수 있는 방법은 다양하겠지만 기본과 기초에 충실하고 현장에서 반드시 실천하는 것만큼 확실한 것은 없습니다.

100% 신뢰할 수 있는 의료품질을 실현하겠습니다.

안동병원은 경험 풍부한 우수한 의료진과 최신첨단장비, 그리고 품격높은 시설과 쾌적한 환경을 갖추었습니다. 훌륭한 의료 인프라를 적극 활용해 든든한 건강지킴이 책무를 수행하겠습니다.

더불어 함께 잘사는 사회를 만들어가도록 기여하겠습니다.

사업단이 실천하는 나눔정신을 올해도 성실히 실천해 우리 지역사회 구성원이 함께 잘 살 수 있도록 돕고, 아울러 지역사회 많은 분들이 나눔정신 실천에 참여할 수 있도록 모범을 보이겠습니다.

안동의료재단 회장 강보영 이사장

강보영 안동병원 이사장이 제7회 종근당 존경 받는 병원인상 CEO부문 수상자로 선정됐다. 대한병원협회와 병원계 발전에 공로가 큰 병원 CEO에게 시상한다. CEO부분 수상자에게는 상금 2,000만 원이 수여된다.강 이사장은 지난 35년 간 특유의 친절한 서비스로 우리나라 의료발전을 선도해 온 공을 인정받아 수상하게 됐다. 강이사장은 의료계에 서비스의 변화와 혁신을 주도하는 경영혁신운동으로 고객만족과 의료품질 개선은 물론 사회와 국가 발전에 기여한 점을 평가 받아 현대경영을 빛낸 CEO인에 선정돼 '현대경영 명예의 전당 50인'에 등재되기도 했다.

특강에 초대된 임재해 안동대 교수

임재해 안동대교수

1. 한류와 고대문화 인식

인간은 자신이 알아야 할 기본적인 두가지를 모른다. 첫째는 자기 얼굴을 보지 못하는 일이다. 눈이 얼굴에 붙어 있기 때문에 자기 눈으로 자기 얼굴을 볼 수가 없다. 둘째는 자기가 태어 난 첫 번째 상황을 알지 못한다. 그러므로 너무 가까워서 자기 얼굴을 보지 못하고, 시간적으로 너무 멀어서 일생의 첫 경험을 기억하지 못한다.

이처럼 우리는 우리가 한 일을 잘 알지 못하고 어리둥절 할 때가 가끔 있다.

한강의 기적으로 세계를 놀라게 한 한국의 경제발전은 한국인은 자기가 무엇을 했는지 잘 모른다. 외국에서 떠드는 소리에 어리둥절 하고 있다.

한류도 그렇다. 외국 사람들이 오늘의 우리 대중문화를 한류라고 일

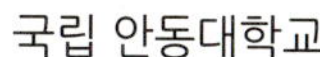

국립 안동대학교

컬으며 열광하고 있는데, 우리는 왜들 저러는지 이해가 잘 안된다. 우리문화를 우리 눈으로 정확하게 이해하지 못하고 있다. 마치 거울이 비치는 자기 얼굴을 보듯이 외국인에게 갔다가 되비추어질 때 바라보는 것이다.

일본에서 겨울연가로 한류바람이 거세게 불더니 중국, 동남아 그리고 미국 유럽으로 남미로 널리 빠르게 퍼져나갔다. 대장금이 방영될 때는 술집에 손님이 없었다고 한다. 그 드라마 보러 퇴근하면 바로 집으로 가기 때문이란다. 근래 외국인들이 한국대학에 K팝을 배우려고 오는 숫자가 크게 증가하고 있다. 중국 관광객들이 명동거리를 메우고 있다. 여기가 중국이 아닌가 착각할 정도이다. 오히려 당사자인 한국인은 영문을 몰라 어리둥절 하고 있다.

우리 고대사도 그렇다. 고대사의 시작을 알지 못하는 것이다. 북방문화로 설명하다가, 남방문화로 설명하다가 오락가락 한다. 우리는 왜 우리 문화를 스스로 만들어내지 못하는가? 우리 고유의 문화가 고고학 발굴이나 중국 사서 기록을 보면 우리의 고유한 문화적 역량이 분명히 있다.

다만 중국이나 일본에 눌려 열등감에 사로 잡혀 주인으로 살지 못하고 외부의 기준으로 살아온 결과로 인식된다. 우리 스스로 주인의식을 갖고 당당하지 못하고 우리 기준을 외부에 의존함은 우리로서의 정체성을 잃고 있기 때문이다. 지금도 중국눈치, 미국눈치 보느라 갈피를 못잡고 있다.

종속적 시각으로 우리문화를 보니, 우리문화는 주변국문화의 허울을 쓰고 있는 것처럼 보이는 것이다. 자기문화를 자기 기준으로 당당하게 보지 못하고 외부기준에 따라가는 문화가 오늘날에도 잠재되어 있다.

우리가 가지고 있는 찬란한 고유문화와 우리역량을 우리기준으로 당당하게 만들어 나갈 때 주인으로의 문화를 스스로 창출해 나갈 것이다.

한결같이 외세문화의 영향이나 종속으로 읽어야만 비로소 자기문화의 정체성을 해명할 수 있는 지식인이야말로 식민지 지식인이다. 그러므로 현재의 한류가 지닌 민족문화의 정체성을 읽는 데도 고대문화에 대한 정확한 포착이 필요하다는 강의 내용이었다.

임시총회 참석 회원 하회마을 탐방

역사를 잘 간직한 안동 하회마을

한국의 역사 마을인 안동 하회마을은 중요 민속자료 제122호(1984. 01. 10)로 지정되었다.

또 2010년 7월 브라질리아에서 개최된 제34차 세계유산위원회에서 경주 양동 마을과 함께 우리나라의 열번째 세계 유산으로 등재되었다.

뿐만아니라 풍산 류씨가 600여년간 대대로 살아온 한국의 대표적인 동성 마을로 와가와 초가가 오랜 역사속에서도 잘 보존된 곳이다.특히 임진왜란이란 국란을 극복하는데 선두에 서신 명재상 서애 류성룡과

안동하회마을 전경

겸암 류운룡 형제가 자란곳으로 유명하다. 마을 이름을 하회라고 한 것은 낙동강 강 줄기가 마을을 감싸 안고 흐르는데서 유래 하였다.

1999년에 영국 여왕 엘리자베스 2세와 2005년 미국 부시 전 대통령이 방문한 적이 있었다.

부용대 위에서 보면 하회 마을은 낙동강이 굽이쳐 흐르는 곳에 겸암정사, 옥연정사, 화천서원이 있다.

영가회가 지향하는 향토문화 소개
전통문화 그림책 [우리 문화 얼쑤] 시리즈

오늘날 급속히 이루어져가는 세계화 속에서 우리는 '우리다움'을 지켜야 한다는 과제를 안고 있다. 수많은 다양성 속에서 우리 공동체만의 특성을 지킬 수 있게 하는 것이 바로 우리의 전통문화유산이다. 문화란 서서히 우리 몸과 마음을 물들이는 것이어서 세계화의 흐름 속에 전통문화에 대한 이해는 한국인과 한국 문화에 대한 의식을 바탕으로 우리의 정체성을 지켜줄 것이다. 따라서 우리 문화에 지속적인 관심을 가지고 전통 문화를 유지하고 이어가는 것은 세계화 과정에 필수적인 것이라 할 수 있다. 또한 문화는 그 민족에게는 소중한 유산이며 개인에게는 삶의 방향을 결정짓는 시작이 된다. 전통 문화에 대한 학습과 이해는 사회의 구성원으로의 사회화에 필수적인 것이기에 세계화의 흐름 속에서 21세기를 이끌어 갈 우리 어린이들에게 문화의 가치를 일깨워 주어야 한다. 이러한 환경에서 자라난 우리 어린이들은 세계화 속에서 한국인으로서 공동체 의식과 자긍심을 가지고 살아갈 수 있을 것이다. 이를 위해 어린이들이 알아야 할 우리 문화에 관한 교육 프로그램을 개발해야 하는 상황이 절실하다. 20권으로 구성 한 [우리 문화 얼쑤] 시리즈는 오천 년의 역사와 전통을 자랑하는 우리나라의 슬기롭고 뛰어난 문화유산이 담겨 있다. 생활 이야기 속에서 만나는 소소한 생활양식과 우리 문화재에 담겨 있는 이야기를 통해 조상들의 지혜와 생각을 접할 수 있도록 하였다. 이렇듯 테마 별로 우리 문화를 자세하게 소개한 [우리 문화 얼쑤] 시리즈는 무분별한 외래문화에 휩쓸려 주체성을 잃어가고 있는 우리 어린이들에게 우리 문화에 대한 이해를 바탕으로 하여 우리 문화에 대한 자긍심을 일깨워 주고자하는 학교 교육의 목표를 이루어 나가는데 손색이 없을 것이다.

봉정사 참배

몇 해전 영국의 엘리자베스 여왕이 한국을 방문했을 때 한국 문화를 알고 싶다며 찾았던 사찰이 안동시 서후면 천등산 자락에 자리잡은 봉정사이다.

봉정사는 신라 문무왕 12년 (672년) 능인 대덕이 창건하였다고 전해지고 있다.

엘리자베스 영국여왕

봉정사 대웅전

이후 여러 차례 중건과 해체 복원 과정을 거쳐 오늘날에 이르고 있으며 이 목조 건축물들이 대한민국 최고의 목조건축물로 인정받고 있다.

대웅전을 돌아 안쪽으로 몇걸음 떼게 되면 고금당과 화엄강당 두 전각 사이로 대한민국 최고의 목조건축물 봉정사 극락전이 자리 잡고 있다.

그러나 2000년 2월 지붕 보수공사 과정에서 대웅전의 건축 연대를 확인시켜주는 중요한 묵서가 발견되어 학계에서 활발하게 연구가 진행 중에 있다. 기존에 알려진 최고의 목조건축물이 봉정사 극락전에서 대웅전으로 바뀔 가능성이 높다.

'안동 봉정사'가 지난 6월 30일 바레인 마나마에서 열린 제42차 세계유산위원회에서 유네스코세계유산으로 등재 확정됐다. 이로써 우리나라는 모두 13건의 세계유산을 보유하게 되었으며, 안동은 이번 봉정사 등재로 하회마을과 함께 유네스코 유산을 품은 도시가 됐다. 영가회는(류목기 회장) 1999년 6월 15일 집행부 간담회, 7월 30일 영가회보 편집회의, 10월 12일 이사회를 거처 김경한 법무부차관과 김호진 노사정위원장 취임축하 조찬 임시총회를 개최하였다.

▶일 시 : 1999년 10월 21일 7시 30분
▶장 소 : 조선호텔 1층 그랜드 볼룸
▶참 석 : 72명

금창태 중앙일보 사장 취임 및 ㈜두루넷 미국 나스닥 직상장 조찬 축하연

▶일 시 : 1999년 12월 8일 7시30분
▶장 소 : 조선호텔 1층 그랜드 볼룸
▶참 석 : 71명

금창태 중앙일보 사장 취임식

영가회 금창태 회원 중앙일보 사장 취임

1938년 경북 안동에서 태어난 금창태는 안동사범 병설중학교와 안동고등학교를 거쳐 고려대학교 정치외교학과를 졸업하고 1965년 중앙일보 공채 1기로 기자가 되었다. 그는 업무 추진력이 뛰어난 것으로 알

1999년 금창태 중앙일보 사장 취임 축하연에서 김길홍(경향신문 정치부장, 국회의원) 천상기(경기대 겸임교수) 등과 환담하고 있다.

려져 있다. 입사 한지 2개월 만에 '공굴리기 도박단' 기사로 중앙일보사 특종상을 시작으로 연달아 사내 특종상을 수상했다. 이후 그의 재능과 열정, 성실한 인간관계를 인정받아 계속 승진했고 경영진으로 합류해 신문본부장, 상임이사, 전무이사, 편집인, 부사장 겸 편집인, 인쇄인, 대표이사 사장, 중앙일보 부회장 자리까지 올라왔다.

영가회 회원인 이용태 박사와 김종길씨의 ㈜두루넷 창업

김종길 사장

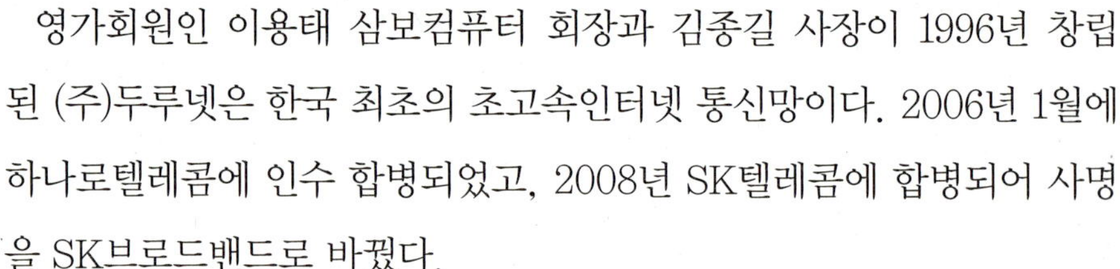

영가회원인 이용태 삼보컴퓨터 회장과 김종길 사장이 1996년 창립된 (주)두루넷은 한국 최초의 초고속인터넷 통신망이다. 2006년 1월에 하나로텔레콤에 인수 합병되었고, 2008년 SK텔레콤에 합병되어 사명을 SK브로드밴드로 바꿨다.

한국 최초의 초고속인터넷 통신망으로 1996년 11월 시범서비스를 거쳐 1997년 7월 1일부터 광대역 케이블TV망을 이용하여 전용회선 서비스를 시작하였다. 광대역 케이블TV망(HFC망)은 방송국에서 각 가정 근처에 옥외형 광송수신기를 설치하여 광케이블로 연결하고, 이 광송수신기와 각 가정은 케이블로 연결하여 네트워크를 이루며 광케이블을 사용하므로 네트워크 서비스와 초고속인터넷 서비스를 동시에 제공할 수 있다.

(주)두루넷은 1996년 창립 이후 기업 네트워크와 케이블TV 연결망 사업으로 꾸준히 성장하였으며, 초고속인터넷 서비스는 1998년 12월에 시작하였다. 이후 다양한 부가서비스를 개발하여 외국인 투자가들로부터 아시아 최대의 인터넷 서비스 업체로 인정받았다. 2000년 9월 코리아닷컴(KOREA.COM)을 개설하였고, 2001년 5월 1일 두루넷 초고속인터텟 서비스 멀티플러스로 개편하였다. 회사명은 드루(through)와 네트워크(network)의 합성어로 두루두루 통한다는 뜻이

다. 그러나 2005년에 하나로텔레콤에 인수되고 2006년 1월에는 합병됨에 따라 두루넷은 하나로텔레콤의 '하나포스'로 서비스를 지속하였고 2008년 SK텔레콤에 합병되어 SK브로드밴드(주)의 broad&(브로드앤)이 되었다.

지난 11월 미국 나스닥시장에 등록된 두루넷에는 다양한 기업들이 투자해 엄청난 평가익을 냈다. 한전이나 대한투신외에 가장 주목할만한 두루넷 수혜주는 삼보컴퓨터다.

삼보컴퓨터는 두루넷주식 322만주(지분률 12.2%)를 주당 6천53원에 투자해 20일 종가기준으로만 무려 1천293억원의 차익을 내기도 했다.

2000년 정기총회 및 신년하례회

영가회는 2000년에 들어오면서도 1월 14일 이사회, 1월 21일 집행부회의를 거쳐 정기총회 및 신년하례회를 개최 하였다.

▶일 시 : 2000년 1월 27일 (목) 18 : 30
▶장 소 : 엠버서더호텔 2층 동궁
▶참 석 : 103명
▶특 강 : 이시형 박사
▶협 찬 : 회장, 부회장, 감사가 행사비 전액 부담.
정동호 안동시장 안동소주 1박스

영가회 정기총회 특강 이시형 박사

이시형 박사

이시형 박사의 강의 내용을 정리하면 다음과 같다.

지난 반세기 세계에서 가장 많이 변한 나라가 대한민국이다. 1960년 초 세발 자전거도 못 만들었다. 미국유학생들은 한국인이라는 사실을 숨겼다. 교회 앞마당 마다 한국을 도웁시다! 하고 피골이 상접한 아픈 어린이들이 죽어가는 모습의 사진을 붙여놓고 모금 운동을 했다.

일본의 자존심이 걸린 두 회사가 있다. 소니와 도요타이다. 세계최고 전자제품 왕과 자동차 왕이다. 1997년 한국이 IMF구제금융을 빌릴 때 일본경제백서에 삼성이 소니를 따라올려면 30년 걸려도 안된다고 하였다. 그런데 8년후인 2005년 소니 이익이 1조원이였고, 이때 삼성 이익은 10조원이었다. 그 이후 한번도 역전은 없었다. 일본에서 난리가 났다.

10년 전만해도 미국시장에서 made in korea를 떼고 점포에 진열했다. 미국대학생 50%가 삼성을 일본회사로 착각했다. 지금은 완전 역전이 됐다. 뉴욕 맨하탄 제일 중심지엔 삼성제품이 소니를 밀어내고 그 자리에 앉아있다. korea 제품이니 비싸다. 중동, 러시아, 유럽시장을 완전 석권하고 있다.

1988년 올림픽을 유치할때 일본과 경합했다. 결과는 따블 스코어였다. 일본이 놀랬다.

2002년 월드컵 유치때 일본은 한국이 전두환 정권이 금방 들어와 혼란할 때인데, 예상을 깨고 한국쪽으로 기울자 2002년 월드컵 유치땐 공동개최 하자고 서둘렀다.

세계 최고 응원단 영국 훌리건 응원단이 7,000명인데 한국 붉은 악마 500만명이 온 천지를 뒤덮었다. 무당기질의 한국의 붉은악마들은 신명나면 물불 안가린다.

한류열풍이 시작된 곳은 일본이었다. 바로 겨울연가이다. 겨울연가에 일본여인은 왜 그렇게도 목을 매는가? 일본은 계산에 철저하다. 3

명이 빵집에 가서 3만원어치 빵을 먹으면 한사람이 만원씩 똑같이 낸다. 한국사람은 서로 자기가 낸다고 떠밀고 난리난다. 경쟁에서 이겨서 자기가 냈으면 즐거워야 하는데 집에와서 생각해보니 억울하다. "난 그게 탈이야" 하고 후회 하면서 다음날 나가면 또 "내가 낼게" 하면서 밀고 당긴다. 겨울연가에서 배용준이가 최지우를 사랑하는데 아무런 계산 안하고 사랑하기 때문에 목숨도 바치려는 그사랑을 나도 한번 받아봤으면 하고 대리만족 한다. 요즘도 겨울연가를 촬영한 남이섬에 일본인 관광객이 단체로 오는 이유가 여기에 있다.

한국인은 IQ가 좋다. 그러나 단합을 잘 못한다. 만나면 편 가르고 편 갈리면 무조건 상대를 헐뜯는다. 양보나 협상은 찾을 수 없다. 외부에서 적이 오면 내부에서 힘을 합하면 그힘이 대단하다. 그러나 외부에 적이 있어도 우리끼리 싸운다.

한국인이여! 정신 차리자!

일본은 미국과의 전쟁에서 많은 일본인이 죽고 결국 패하였지만 반미운동이 없다. 지면 복종하는 것이 일본문화이다. 한국은 지고도 벌떼처럼 달려든다. 농민은 낫들고 나오고 중도 칼들고 나온다. 한국인이여, 우리 장점을 더욱 가꾸고 단점은 과감히 고치자. 절대로 우리끼리 싸우지 말고 성숙된 사회를 가꾸어 나가자.

영가회는 2월 17일 집행부 회의, 5월 18일 이사회에 이어 권오을 의원 당선 축하 조찬회를 개최하기로 하였다.

▶일 시 : 2000년 6월 2일 7시30분
▶장 소 : 조선호텔 2층 코스모스 룸
▶참 석 : 72명
▶신입회원 : 김철현, 박무일, 이동좌, 이성희, 이제홍 회원이 가입함

권오을 의원

권오을의원 재선 축하 조찬회

권오을 의원은 1957년 3월 17일 경북 안동에서 태어났다. 안동초,중학교를 졸업하고 경북고의 학생회장이 된다. “정치인이 될 거야” 안동 촌놈 오을이는 꿈을 키운다.

고려대 정치외교학과 76학번, 전경51기의 청년 권오을은 졸업후 대한상공회의소에 입사한다. 정치입문을 위해 실물경제를 익히고 사회경험을 쌓아 1991년 34세의 나이로 제4대 경상북도 도의원에 선출된다. 현장을 누비던 젊은 도의원은 전국광역의원 의정수행능력평가 최고의원이 된다. 1996년 15대 총선, 안동시민은 39세의 젊은 권오을을 택했다. ‘도둑질 하지말고 정치 똑바로 하라’는 안동시민의 마음을 깊이 새기며 의정활동에 매진했다. 수 차례 국정감사 최우수의원이 되었고 16대 의원에 당선되었다.

김호진 노동부 장관, 김경한, 이유택 송파구청장 취임 축하

영가회는 이어서 8월 22일 이사회를 거쳐서 김호진 노동부 장관, 이유택 송파 구청장 취임 조찬 축하연을 가졌다.

김호진 노사정위원장, 김경한 법무부 차관 취임 축하 조찬회

▶일 시 : 2000년 9월 7일 (목) 07시

▶장 소 : 조선호텔 2층 오키드 룸

▶참 석 : 74명

김호진 노동부 장관

1939년생으로 안동시에서도 제일 골짜기 월곡면 출생으로 안동사범병설중학교와 안동사범학교, 고려대학교 정치외교학과, 서울대학교 행정대학원, 미국 하와이주립대학 대학원 정치학과 졸업, 케임브리지대학 교환 교수, 베를린자유대학 교환 교수를 거쳐 고려대학교 교수,

김호진 노동부장관

한국정치학회 회장, 고려대학교 노동대학원장을 거쳐 1999년 노사정 위원회 위원장(장관급)에 이어 2000년에 김대중 정부 때 노동부 장관에 취임 하였다. 교육부 사학분쟁 조정위원회 초대 위원장, 세종대학교 재단 이사장으로 취임하면서 3개월 만에 학교 분규를 안정 시켰다.

장관 시절 그는 대쪽같은 성품과 함께 청렴한 관료로 유명했다. 해외 출장시 출장비로 받은 5,000달러 중 4,715달러를 반납했던 일화는 당연한 일인데도 유명한 사건이라고들 한다.

그는 장관 시절에 해외 출장을 딱 한 번 갔었는데 나라에서 출장비로 쓰라고 5,000달러를 받았는데 막상 나가보니 일정이 너무 바빠서 돈 쓸 시간도 없어서 285달러 쓰고, 남은 돈은 다 반납했다. 그는 당연하다고 생각했는데 사람들은 놀라는 사건이 됐다.

대쪽같은 성품이 안동의 선비정신의 영향을 받은 때문일까?

김대중 정부 때 노동부 장관을 지낸 김호진(76 · 사진) 고려대 명예교수가 소설가로 등단했다. 하와이대 정치학 박사 출신인 김 명예교수는 노동문제 전문가다. 동떨어진 분야에 도전한 이유는 “고등학교 때 문학에 꿈이 있었다. 나이가 들어선지 자꾸 옛일을 회상하게 돼 생각만 할 게 아니라 써보자고 결심했다”고 말한다. 가뜩이나 고령화 시대에 할 일이 없어 우울증에 걸리는 사람도 있는데 글을 쓸 수 있다고 생각하니 새로운 삶에 도전하는 것 같아서 행복하다고 한다. 주로 스타벅스에서 글을 쓴다고 한다. 집에 앉아 있으면 집사람 눈치도 보이는데 스타벅스에서는 셀프라서 커피 안마셔도 된다고 하면서 미소짓는다.

이유택 송파 구청장

이유택 송파구청장

이유택 회원이 6 · 8 송파구청장 보궐선거에서 한나라당 후보로 나서게 됐다. 이유택 회원은 1939년생으로 경북 안동에서 출생했다. 안동사범학교와 서울대 사회학과를 졸업하고 서울 시립대학교에서 석사학위를 받았다. 73년 행정고시에 합격해 서울시 교통관리사업소 소장, 동대문구 부구청장, 광진구 부구청장, 성북구 구청장 등을 역임했다.

6·8 보궐선거에서 승리하여 지난 15일 맹형규 의원 등 1,500여명의 송파주민 지켜보는 가운데 제8대 송파구청장으로 공식 취임했다.

윤영호 마사회장 취임 축하, 금창태 회장 특강

영가회(회장 류목기)는 2000년 9월 18일 집행부 회의, 10월 5일 임원회의, 11월 6일 영가회보 편집회의를 거듭한 후 아래와 같이 윤영호 회원 마사회장 취임축하 및 금창태 회장 특강을 개최 하였다.

윤영호 마사회 회장

▶일 시 : 2000년 11월 27일 (월) 18시 30분
▶장 소 : 조선호텔 1층 그랜드 볼룸
▶특 강 : 금창태 중앙일보 사장 (최근 남북관계 동향)
▶참 석 : 103명
▶후 원 : 류 진 풍산 그룹 회장 – 행사비용 전액 부담

이날 참석한 100여명의 회원들은 임기가 끝나는 류목기 회장을 만장일치 유임하도록 박수 결의를 하였다. 이에따라 1월 9일 이사회를 열고 새 부회장에 허동진, 금창태, 강제우, 임휘일, 심의용,김계현, 감사에 손영욱, 권오철, 사무국장에 권원오, 총무간사에 김계동을 선임하고 천상기 편집주간은 유임키로 하였다. 한편 권영우 세명대학교 총장은 영가회원 수첩 제작비용 전액을 부담하여 회원들에게 배부하였다.

윤영호 회원 마사회장 취임 축하

윤영호 회장은 경북 영양출신으로 안동 경안고를 졸업하고 ROTC 1기로 육군 본부 예산처장과 육군 경리단장을 거쳐 지난 92년 육군소장 예편이후 남해화학(주) 사장을 거쳐 지난 4.13총선에서 영양, 영덕, 청송 지역구에서 국회의원에 출마했으나 근소한 차이로 낙선후 이번 한국마사회 회장에 취임 했다.

중앙일보 사장 금창태 회원 방북 특강

금창태 중앙일보 사장은 지난번 한국언론사사장단 일행과 함께 김정일위원장의 초청을 받고 평양을 방문, 김위원장과 환담, 만찬 그리고 북한 지역 여러곳을 순회방문 했으며 특히 김정일 위원장과 단둘이 와인잔을 건배하는 사진이 세계적인 미국 시사주간지 NEWSWEEK에 보도돼 관심을 모으기도 했다. 금창태 사장은 오랜 언론인의 시각으로 본 6.15선언과 향후 한반도 문제에 거시적으로 접근, 의미있는 특강을 통해 회원들의 박수갈채를 받았다.

영가회 발전에 공이 큰 류진 ㈜풍산 회장은

2000년 1월 창업주이자 아버지인 류찬우 회장의 뒤를 이어 회장에 부임한 류진 회장은 그룹의 양대 사업인 신 동사업부문과 방위산업 부문을 세계적인 수준으로 끌어 올렸다. 특히 소전(반제품의 동전)은 전 세계 60여개국에 수출되고 있다. 유럽연합(EU) 단일통화인 유로화 동전도 풍산에서 제작되었고 이부분에서 세계시장 점유율 60%로 1위를 하고있다.

류 회장을 비롯한 풍산은 국내에서도 잘 알려지지 않았으나 선대회장 때부터 방위산업을 통해 쌓은 미국내 인맥으로 대통령의 미국 방문 때에는 공화당은 물론 민주당 정계 인사들과도 친밀한 관계인 류 회장이 항상 경제사절단 일원으로 참여한 미국통이다.

풍산그룹은 미래 첨단산업의 기본이 되는 비철금속 전문기업이다.

지난 40년간 풍산은 국가산업 발전의 초석인 자주국방의 중추적 역할을 다 해 왔다. 안동인의 대표적 기업인 류진 회장은 풍산을 국내외 시장에 고품질의 첨단 동제품을 공급하는 세계에서 작지만 강한 기업으로 성장시켰다.

방위분야에서도 군이 사용하는 대부분의 탄약과 각종 스포츠용 탄약을 수출한다.

류진 회장은 미국의 전 대통령 부시 부자를 비롯하여, 애그뉴 부통령, 파월 국무장관 등 세계 유수의 지도자들과 절친한 관계이며, 민간외교활동으로 한몫하고 있다. 류진 회장은 류성용 선생 기념사업회를 설립하여 다양한 문화 활동과 지역봉사활동에 앞장서고 있다. 또 학교법인 병산교육재단을 설립하여 미래 인재양성을 위한 교육장학사업에도 앞장서고 있다. 안동향우장학재단, 대경장학회에 각 1억원씩 기탁하는 등 고향과 재경대구경북시도민회 발전에도 크게 기여하고 있다.

류 진 (주)풍산 회장

안동의 자부심과 긍지를 북돋아 주는 글로벌기업 (주)풍산 회장으로서 고향사랑에 앞장서고 있다. 풍산은 미래산업의 기본이되는 첨단기초소재를 통해 풍요로운 생활을 추구하는 인류의 꿈을 실현코자 노력하는 비철금속 전문기업이다. 지난 40년간 풍산은 국가산업발전의 초석이 되어왔으며 자주국방의 중추적 역할을 다 해왔다. 안동출신의 대표적 기업인 류진회장은 풍산을 국내외 시장에 고품질의 동제품을 공급하는 세계굴지의 글로벌 기업으로 성장시켰다. 소전분야에서도 타의 추종을 불허하는 세계적 기업이다. 또 학교법인 병산교육재단을 설립, 안동지방에서 교육장학 사업에도 앞장서고있다.

2001년 정기총회 및 권정달 회원 자유총연맹 총재 축하

영가회는 2001년 새해를 맞이하여 신년하례회 및 권정달 자유총연맹 총재 취임 축하연을 개최 하였다. 이날 정기총회에서 그간 노력과

정성을 다한 류목기 회장을 만장일치로 연임하도록 박수 통과 시켰다. 매년 신년 초에 많은 회원이 참가해서 회원 서로간에 친목과 화합을 다지는 만남의 잔치가 된 영가회 신년하례회는 해를 거듭할수록 희망과 덕담을 나누는 친교의 모임으로 자리매김했다.

한편 영가회는 1월 9일 이사회를 열고 새 부회장에 김계현, 감사 권오철, 사무국장 권원오, 총무간사 김계동을 선임하고 허동진, 금창태, 강재우, 임휘일, 심의용 부회장, 손영욱 감사, 천상기 편집주간은 유임키로 했다.

▶일 시 : 2001년 1월 29일 18시 30분

▶장 소 : 소피텔 엠버서더 호텔 2층 동궁

▶참 석 : 102명

▶협 찬 : 모든 비용은 영가회 부회장, 리버파크 관광호텔 임휘일 회장이 부담

▶선 물 : ㈜용마 엔지니어링 이성희회장은 회원 모두에게 선물을 증정했다.

류목기 회장 신년사

2001년 1월 29일자

신사년 새해 회원제위의 건승과 복 많이 받으시길 바랍니다. 지난번 조선호텔에서 개최한 정기총회에서 다시 회장으로 연임된 것에 대

해 다시한번 감사드리며 더욱 어깨가 무거워 짐을 느끼고 있습니다. 2001년 새해에도 영가회원 모두 하시는 일에 영광과 번영이 활짝 열리고 특히 건강에 유의 하시길 빕니다. 돌이켜 보면 영가회는 선비의 고장 향토 안동을 사랑하고 추로지향의 전통문화를 기리면서 안동인으로서 긍지를 살리는 우정의 모임으로, 출범한지 어언 20개 성상을 넘어 섰습니다. 그동안 숱한 출향인사들이 각계각층에서 두드러진 업적을 쌓아 인다안동을 유감없이 실천해 오고있습니다.

저가 회장직을 맡고 2년여에 걸쳐 우리영가회는 차분히 회원상호간에 유대강화는 물론 여러 사업에 의욕을 펼쳐 나갔습니다. 영국여왕 안동방문 이후 내고향 찾기 행사에 이어 몇차례에 걸친 조찬모임 등 회원 화합모임을 가진바 있습니다.

특히 회원들의 국회의원, 장관, 단체장 등 취임으로 영가회의 위상과 결집력은 보람을 낳기도 했습니다. 그리고 신진기예 신입회원들을 40명이나 영입함으로서 영가회의 정체성을 바탕으로 보다 큰 향상과 발전을 도모하고 있습니다. 또한 최신판 회원수첩 500부를 발행, 전 회원에게 배포한 바도 있습니다. 이제 우리 회원 수가 200명에 이르렀고 역사도 23년의 전통을 자랑하게 되었습니다. 21세기를 맞아 우리 영가회도 제2의 도약의 가치를 앞세워 전 회원님의 협조와 결속으로 디지털시대를 보람있게 살아가야 겠습니다. 미력하나마 본인도 회장으로서 그 발판의 역할을 충실히 수행할 것을 약속드리겠습니다. 올해도 안동과 회원들을 위한 여러 가지 사업을 추진할 계획입니다. 배전의 협조와 참여의식을 발휘해 주실 것을 거듭 당부드립니다.

진부한 표현이지만 영가회는 회원들에 의한, 회원들을 위한, 회원들의 영가회가 되도록 열과 성을 다할 것을 다짐합니다.

보다 많은 편달과 성원을 기대하며 회원제위께 새해 인사로 가름하고자 합니다.

2001년 1월 29일

영가회장 류 목 기

권정달 영가회원 자유총연맹 총재 취임

권정달
한국자유총연맹총재

권정달 총재는 1936년 경상북도 안동군 안동읍 법상동에서 태어났다.

안동고등학교 졸업 후 육군사관학교를 15기로 졸업하고 대한민국 육군 소위로 임관하였다.

연세대학교, 단국대학교에서 각각 행정학 석사와 경영학 박사 학위를 받았다.

12 · 12 정변 이후 보안사령부 정보처장으로서 언론 통폐합과 검열을 주도했다. 국가보위입법회의 입법의원으로서 민주정의당 창당 작업을 주도하고 민정당 초대 사무총장을 지내는 것으로 시작하여 1981년부터 1988년까지 제11대, 제12대 국회 의원을 지냈다. 당시 권정달총장은 민주정의당 공천뿐만 아니라 민주한국당, 한국국민당, 민권당 등 야당들의 창당과 공천까지도 관여했던 실세 중의 실세였다.

국제의회연맹 준비위원장, 남북고위급회담 수석대표, 민정당 중앙집행위원, 국책조정위원장을 역임한 제5공화국의 핵심 인물이었다.

2001년부터 보수 단체인 한국자유총연맹 총재에 취임하였다.

신년모임에 참석한 정동호 안동시장 "지금 안동에선..."

정동호 안동시장

존경하는 영가회원 여러분! 새해 복 많이 받으십시오.

희망찬 2002년 새해를 맞이하여 어러분의 가정마다 만복이 가득하시고 소망하시는 모든 일들이 이루어지시기를 충심으로 기원합니다.

돌이켜보면 민선이후 지난 7년은 우리 시 역사상 가장 커다란 변화와 발전이 있었다고 생각합니다. 경북북부 오지라 불리우던 지역이 이제는 서울~강릉까지 2시간대, 대구까지 1시간대로 가까워졌고, 낙동강변의 대역사와 태화, 옥동, 강남지구 택지개발로 우리 안동의 모습을 완전히 바꾸어 놓았으며, 영호대교 가설, 안기천, 천기천 복개를 시작으로 시가지 간선도로를 확장하여 늘어나는 교통여건을 수용했습니다.

또한 누구도 믿지 않았던 유교문화권 개발사업이 정부시책으로 확정되었고 탈춤페스티벌이 전국최고 축제로 평가받는 등 세계인들로부터 주목받는 문화가 있는 관광도시로 변모했습니다.

뿐만아니라 경영행정, 도로사업, 지방축제 최우수시, 친절서비스, 정보화추진 우수시 등 모든분야에서 잘하고 있다는 평가를 받았습니다. 그리하여 안동이라는 이미지가 크게 향상되었습니다. 이것은 바로 안동인의 긍지이자 자랑이라 말하지 않을 수 없습니다. 그동안 적극적인 성원과 협조를 보내주신데 대하여 감사의 말씀을 드리면서 새해 시정의 주요시책에 대해 분야별로 말씀 드리겠습니다.

먼저 WTO뉴라운드 출범 등 내외 농업환경변화에 능동적으로 대처하여 농업의 친환경 첨단산업화와 지역경제 기반을 확충해 나가겠습니다.

먼저 어려움을 겪고있는 쌀 산업의 경쟁력제고를 위해 고품질 품종 확대 보급하고 친환경농업으로 기능성 고품질의 쌀을 개발하는 등 안동쌀을 브랜드화 하겠습니다.

둘째, 지역에 풍부한 문화자원을 활용하여 안동만이 가진 격조 높은 문화관광도시를 건설하겠습니다. 168억이 확보된 유교문화권 개발사업과 촬영장 주변의 고가옥박물관 조성, 보조댐 인도교 가설, 음악분수 설치, 공예문화상품 전시, 판매장 등 안동댐 주변을 집중 개발하겠습니다.

하회마을 집단상가와 구군청 도심전통테마파크 조성사업을 완료하고 음식의 거리를 활성화시키겠으며, 육사기념관, 농암선생 유적 정비에 차질없는 추진과 이천동 석불상 주변정비사업을 본격 착수하여 늘어나는 관광객 수요에 부응토록 하겠으며, 실내체육관을 상반기중에 개관하겠습니다. 이미 성공적인 축제로 평가받은 국제탈춤페스티벌은 보다 다양한 볼거리와 지속가능한 축제로 발전시켜 나가고, 세계인의 관심과 이목을 집중받은 유교문화 축제의 발전방향도 모색해 나가겠습니다. 특히 교육중심도시로서의 안동의 명성을 되살리고 활력을 되찾을 수 있도록 교육계 전문가들과 다각적인 대책방안을 연구검토 하겠습니다.

셋째, 북부권 중심도시로서의 기능을 다 할 수 있도록 미래지향적인 도시기반을 구축해 나가겠습니다. 안동~영주간 국도5호선, 용상~신석, 수상~신석간 국도대체 우회도로 사업추진, 군도농어촌 도로와 도시계획도로망 확충과 영주~영덕 우회도로 2단계사업과 퇴계로 청머리 확장사업착수, 그리고 카톨릭 상지대 진입로와 옥동간선도로를 마무리 하겠습니다. 장기 미집행 도시계획시설에 대한매수청구권 부여로 사유재산권을 보호하고, 버스터미널의 조속한 이전과 종합건설사업소 등 북부지역 4개 도사업소를 풍산지역에 합동청사를 건립하겠습니다.

넷째, 사랑과 인정이 넘치는 생산적인 복지기반을 구축토록 하겠습니다. 인구노령화와 교통통신의 발달에 따른 늘어나는 복지수요에 적극 대처하고, 저소득층, 장애인, 여성 등 취약계층에 대한 기초생활 보장과 삶의 질 향상을 위해 다양한 시책을 개발하는 등 취약계층을 포함한 시민 모두가 건강하고 행복한 삶을 영위토록 하는데 최선을 다하겠습니다.

마지막으로 시민과 함께하는 시민 만족행정을 구현해 나가겠습니다. NGO를 시정의 동반자로 육성하고, 분야별 현안 사항에 대해 관련단체와 토론회, 공청회를 활성화 하여 시민여론이 시정에 적극 반영토록 하겠으며, 120 민원 기동대를 더욱 내실있게 운영하고, 각종 민원 편의시책을 개발하여 시민생활의 불편을 최소화 하는 등 친절한 관청으로 거듭나도록 하겠습니다.

존경하는 영가회원 여러분! 2002년 임오년 한해에도 시민여러분의 가정마다 행복이 가득하시기를 기원합니다.

퇴계탄신 500주년 기념특강 및 이희범 산자부차관 취임축하연

이희범 차관

영가회는 2001년 6월 25일 18시 30분 대한상공회의소 12층 상의클럽에서 퇴계탄신 500주년 기념특강 및 이희범 산업자원부 차관 취임축하연을 개최했다. 이날 모임에는 110명이 참석하여 이용태 박약회장의 퇴계선생에 대한 특강을 들었다.

경상북도와 안동시에서도 퇴계탄신 500주년을 기념하는 "세계유교문화축제"를 개최하여 유교가 정신과 도덕적으로 황폐해진 오늘의 세태를 치유하고 온 세계가 주목하는 정신문화의 참된 가치를 재조명하여 21C 새로운 삶의 방향을 모색하고자 세계유교문화 축제 행사를 열었다.

▶행사명 : 『세계유교문화축제』

▶주 제 : "새 천년, 퇴계와의 대화"

▶기 간 : 2001. 10. 5 ~ 10. 31 (27일간)

▶장 소 : 낙동강변축제장, 국학진흥원, 도산서원 등 안동시 일원

조선의 유명한 성리학자인 퇴계선생(1501~1570)은 조선 조정에서 79번이나 내린 관직을 사양하고 고향에서 자연과 더불어 학문과 제자 가르침에 힘을 쏟은 청렴결백한 인물이다.

그가 말한 경(敬)사상이란 마음과 정신이 옳아야하며, 그릇됨이 없어야 한다는 말이다. 나 자신도 존경하고, 남도 존경하는 겸손한 마음과 맑은 마음에 집중하는 것이다. 인(仁) 의(義) 예(禮) 지(智)를 바탕으로한 마음의 집중이 핵심이다. 눈과 입으로 읽기보다 몸과 마음으로 체화하며 자신을 수양한다는 뜻이다. 자기 마음의 주인이 되어 흔들리지 말고 한곳에 집중하라는 것이다. 퇴계는 주리론(主理論)에서 사람의 마음에는 선한 마음인 본심과 악한 마음인 욕심이 공존하는데, 욕심이 들어와서 본심을 밀어내고 주인행세를 하게되면 마음이 집중이 안되고 흔들려서 올바른 판단을 하지못해 인격이 부패되어 올바른 길을 갈수 없게된다 하였다.

성리학자였던 퇴계는 인간이 타고난 본성이 순수하고 선하다고 생각했으며 하늘의 이치를 담고 있다고 보았다. 그래서 시대가 혼란한 근본 원인은 선비가 자신의 선한 본성이 현실적 상황속에서 실현하지 못한 때문이며, 인간은 선한 본성이 있지만 그것을 제대로 드러내기 위해선 마치 먼지가 낀 거울을 닦듯 공부를 통해 몸과 마음을 닦아야 한다고 했다.

즉 퇴계에게 공부란 타고난 선한 본성

을 현실속에서 제대로 실현하는 길이었다.

무릇 선비는 바로 그 올곧은 본마음을 바로 세우는 공부를 통해 자신을 밝히고 세상을 밝혀야 한다고 생각했다. 당시 선비들이 공부하는 가장 큰 대의는 개인적으로 훌륭한 인격을 갖추는 것이며, 사회적으로는 올바른 정치를 통해 백성들의 삶을 편안하게 하는 것이었다. 소수의 깨어있는 선비들은 그 정신을 지키고자 했으며 이들이 조선을 떠받히는 기둥이 되었다.

방대한 퇴계의 경(敬)사상을 한마디로 정의하는 것은 애초에 불가능하지만, 그가 제자들과 다른 선비들 그리고 자신에게 가장 중요하다고 말한 것은 바로 '경'이다. '공경하다' 혹은 '존경하다'라고 할 때의 경인데, 이 경이란 '마음을 하나로 모으는 것'이다. 퇴계는 언제나 공부를 함에 있어 마음을 한결같이 하는 것을 중요시했다. 공부란 어떤 상황에서도 마음의 중심을 다잡는 일이다. 인간 본성의 선함과 자율성을 굳게 믿었던 퇴계는 마음이 흩어지지 않게 하나로 모아 그 본연의 모습을 드러내야 한다고 생각했다.

의관을 바르게 하고 그 시선을 존엄하게 하라. 마음을 가라앉혀 상제를 마주 모신 듯이 하라. 입을 다물기를 병마개 막듯이 하고, 잡생각 막기를 성문 지키듯이 하라. 성실하고 공경하여 감히 잠시도 경솔하게 하지 마라. 서쪽으로 간다 하고 동쪽으로 가지 말며, 북쪽으로 간다 하고 남쪽으로 가지 마라. 일을 당하면 거기에만 마음을 두고 다른 데로 좇지 않게 하라. 두 가지 일이라고 마음을 두 갈래로 나누지 말고, 세 가지 일이라고 마음을 세 갈래로 나누지 마라. 마음을 오로지 하나로 하여 만 가지 변화를 살펴보아라. 여기에 종사하는 것을 '경을 지킨다'고 하니 움직일 때와 정지하여 있을 때도 어김이 없고 안과 밖을 서로 바르게 하라.

– 『경재잠(敬齋箴)』 중에서

2002년 신년하례회 및 정기총회

신입회원 소개

2002. 1. 9 세종문화회관 소회의실

영가회 (회장 류목기)는 2002년 새해를 맞이하여 1월 9일 18시 30분 세종문화회관 소연회실에서 신년하례회를 개최하였다. 매년 신년초에 출향인사들간의 친목과 화합을 다지는 만남의 한마당인 신년하례회는 해가 거듭 할수록 대성황을 이루어 희망찬 새해설계와 덕담을 나누는 친교의 자리가 되었다. 이날 행사비용은 안동병원 강보영 이사장이 부담하였으며 권영우 세명대 총장이 선물을 보냈다. 한편 이번 행사에는 국악계 박소연양(이화여대 황병기교수 사사)의 가야금 산조도 곁들여 하례회를 더욱 빛나게 하였다.

참가회원 전원에게 전세계를 석권하고 있는 소전 1셋트 씩 제공했다.

김광림 회원 특허청장 취임 축하연

영가회는 2002년 3월 16일 07시30분 롯데호텔 36층 벨류룸에서 김광림 특허청장 취임 축하회를 가졌다.

김광림 특허청장은 안동사범 병설중학교, 안동농림고등학교를 졸업하고 영남대학교 경제학 학사, 서울대학교 행정대학원 행정학 석사, 하버드 케네디 스쿨 행정학 석사, 경희대학교 행정대학원 행정학 박사 학위를 받았으며, 제14회 행정고등고시에 합격하였다.

또한 경제기획원 예산 총괄과장, 경제기획원 행정방위예산 심의관, 재정경제부 감사관과 공보관, 기획예산처 재정기획국장, 대통령 비서실 기획조정 비서관등 중앙부처 중요 요직을 두루거친 경험과 실력을 겸비한 인물로 이번에 특허청장에 취임하였다.

영가회원 ㈜풍산 안강공장 견학

영가회(회장 류목기)는 2002년 4월 3일 ㈜풍산 안강공장을 방문하여 많은 환대를 받았다.

이날 70여명의 회원이 대형버스 2대로 서울에서 8시 30분 출발하여 경주 힐튼호텔에서 중식과 차를 마시고, 권순 경북개발공사 사장이 넥타이를 선물하였다

선비정신과 기업경영의 접목을 시도하는 (주)풍산 프로그램의 일환으로 초청되어, 회사에 대한 브리핑을 받고 공장내부를 차량으로 이동하면서 관람하였다.

이날 류목기 (주)풍산 총괄부회장은 과거에는 풍산금속이었으나 지금은 (주)풍산으로 홍보를 해달라고 하셨다. 또한 참가회원에게 전세계를 석권하고 있는 소전 1세트씩 제공했으며 공장의 어마어마한 규모에 감탄하면서 좋은 선물도 받고 즐거운 마음으로 귀경하였다.

영가회원 이유택 송파구청장, 김휘동 안동시장 취임 축하연

이유택 송파구청장

영가회는 2002년 7월 5일 (금) 07시 30분에 롯데호텔 36층 벨류룸에서 회원 100여명이 참석한 가운데 이번 지방자치단체장 선거에 당선된 이유택 송파구청장 취임 · 김휘동 안동시장 축하연을 성황리에 가졌다.

경북 안동 출신으로 안동사범학교와 서울대학교를 졸업하고 서울시립대학교 대학원에서 행정학 석사 학위를 받은 이유택 당선자는 서울시립대학교 총동창회 부회장으로 활동하였으며, 지난 2000년 송파구청장 보궐 선거에 이어 이번 지방선거에서도 당선된 이유택청장은 중앙부처와 언론기관에서 주는 상을 무더기로 받을 정도로 많은 업적을 남겼다.

자치행정이 시작된지 10년을 넘기며 전성기를 맞고있는 송파구는 마치 기업을 전문경영인에게 맡겨야 하듯이 구청의 살림도 행정전문가에게 맡겨야 한다는 그는 조용하며 차분한 행정가이다.

영가회원 김휘동 안동시장

6.13지방자치단체장 선거에서 당선된 김휘동 안동시장은 안동시 길안면 출신으로 안동고등학교를 졸업하고 대구대학교 대학원에서 행정학 박사학위를 취득한 실력자이다.

김휘동 안동시장

내무부 교부세 과장, 대통령 비서실 행정관, 안동군수를 거쳐 이번 선거에서 큰 표차이로 안동시장에 당선되었다. 안동은 예로부터 배산임수의 길지에 터를 잡고 각 지역과 고을마다 상부상조의 정신으로 농경생활을

해온 전통의 고장이다. 1970년대 이후 안동댐과 임하댐이 건설되면서 국토 개발에서 소외되기 시작해 전국에서 가장 낙후된 지역 중 하나로 전락하게 됐다.

안동은 전국 자치단체 중에서도 가장 넓은 면적을 갖고 있다. 농업에 종사하는 인구가 많은 도농복합형 도시 형태를 띠고 있다. 울창한 산림이 많아 맑고 깨끗한 청정지역에서 다양한 농산물이 생산되고 있다. 자연산 특산품과 관련된 브랜드도 다른 자치단체에 비해 많은 편이다.

김시장은 이러한 환경조건으로 이지역의 농특산품이 타지역에 비해 품질과 맛이 월등함으로 상품의 브랜드 가치를 높이고 유통관리의 현대화로 소득을 높이는 일에 열성을 바치겠다고 다짐 했다.

안동탈춤페스티벌에 참석

류목기 회장은 2002년 10월 안동시(시장 김휘동) 탈춤페스티벌에 참석하였다.

안동 MBC 수재의연금 기탁

영가회(회장 류목기)는 지난해 전국을 휩쓴 수해 피해 지역중 엄청난 재해를 입은 고향 안동에 작은 정성이라도 보내야 한다는 생각으로 2002년 8월 10일 안동 MBC에 수재의연금 2백만원을 기탁하였다.

2003년 신년하례회 및 정기총회

영가회(회장 류목기)는 지난해 12월 23일과 금년 6일 시내 세종호텔, 한일관에서 두차례 이사회를 열고 차기 회장에 금창태 상임고문을 만장일치로 선임했다.

2003년 새해를 맞아 1월 15일 (수) 18시 30분 소피텔 엠버서더호

텔 2층 서궁에서 2003년 신년하례회 및 정기총회를 개최하였다. 지난 4년간 영가회를 비약적으로 발전시키고 많은 업적으로 반석위에 올려 놓은 류목기 회장은 다음 13대 회장을 금창태 중앙일보 사장에게 넘겼다.

류목기 회장의 출발은 어려웠다. 연로하신 권화섭 총무에게 140,386원을 이월 받아 많은 사업을 활발하게 진행하며, 영가회에 가입할려는 회원이 줄을 잇고 있었다. 신입회원은 엄격한 이사회의 심사를 통과해야 가입이 되었다. 많은 업적을 남기고 후임자에게 38,215,896원을 이월금으로 넘긴 류목기 회장님 노력에 박수를 보낸다. 매사에 원칙과 소신, 열정과 의지를 바탕으로 정성과 노력을 바친 류목기 회장은 "내가 지난 4년간 한 일중 가장 잘한 일은 후임자를 잘 선정한 일이다"라며 후임자 칭찬에 분주 하시다.

안동차전놀이 세계인이 주목

독인 「하노버 엑스포」 개막식에 참가

안동차전놀이 (중요무형문화재 제24호)가 독일에서 열린 「하노버 엑스포 2000」에서 세계인의 눈길을 끌었다.

하노버 엑스포 2000은 「인간, 자연, 기술」이라는 주제로 170여개 국가가 참여해 6월 1일부터 10월말까지 열린다.

한국의 안동차전놀이, 브라질의 카니발 축제, 에스파이아의 인간탑 쌓기 등 대륙을 대표하는 민속놀이가 개막식에 선보였는데 이 가운데 안동차전놀이는 독인 방송국인 ZDF로 생방송될 만큼 현지 언론의 큰 호응을 받았다.

안동차전놀이는 행사기간중 매일 오전, 오후 두 차례씩 모두 8차례의 공연과 한 차례의 전야제 특별 공연을 가져개막식 문화행사를 총괄하는 조직위로부터 찬사를 받았다.

류목기 회장은 2015년 12월 30일에 수필집 "무서잡록(無序雜錄)"을 출간하였다.

1933년에 안동군 임동면 박실에서 태어나 임동국민학교와 안동농림중학교, 안동사범학교를 나온 후 서울대학교 사범대학을 거쳐 서울대학교 보건대학원을 졸업하였다.

내무부 공무원으로 출발하여 서울시청, 학교 교사, 고려병원, 서울대학교 부설 병원연구소 수석연구위원으로 근무했으며, 여행사 사장, 저축은행장, 풍산그룹 대표이사 부회장을 거쳐 현재, (사)안동향우장학재단 이사장, (사)기산충의원 이사장, 전주류씨 수곡파 종회장, 풍산그룹 상임고문으로 재직 중이다.

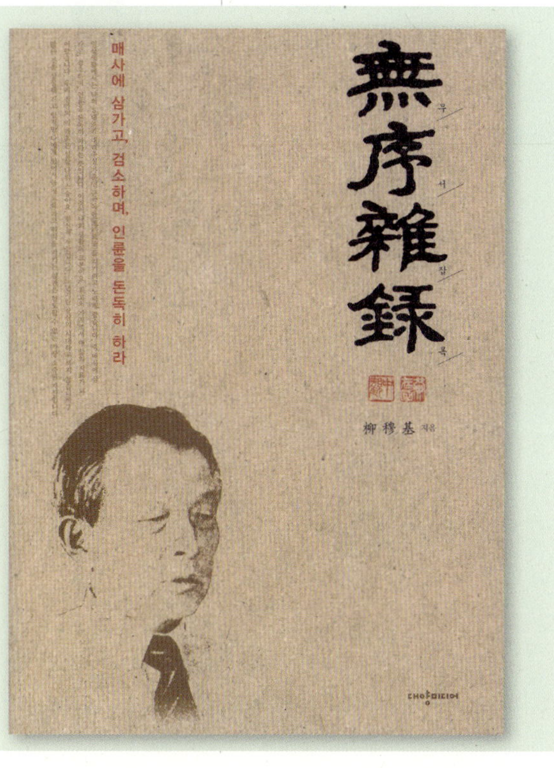

제3대 회장 : 2003 ~ 2006

금 창 태 회 장

제3대 금창태 회장 취임

금창태 제3대 회장
제8대 재경안동향우회장
전 중앙일보사 사장, 부회장

제3대 금창태회장은 2003년 1월 15일 취임하여 2006년 12월 31일까지 연임했다.

금회장은 재임기간에 영가회를 단순한 친목단체가 아닌 안동의 전통문화를 시대의 변화에 맞추어 계승, 발전시키는 데 앞장서는 애향, 문화단체로 승화시켜나가는데 노력을 기우렸다.

그 노력의 구체적이고 실천적 운동의 일환으로 고향의 문화를 보전하고 발전시키는데 남 모르게 공헌한 숨은 인사를 발굴해 격려하고 상찬하는 영가문화상(永嘉文化賞)을 제정했다.

그와 함께 사회 각 분야의 전문가를 초청 특강을 듣는 교양수련의 프로그램을 정례화 시켰다. 정기적으로 실시해 오던 문화유적 탐사활동도 우리고유의 茶문화탐방 등 새로운 영역으로 확장시켰다. 금회장의 재임기간은 영가회 활동을 애향, 문화와 접목시킨 영가회 역사상 매우 뜻깊은 시기로 기록된다.

금회장은 취임 후 아래와 같이 정기총회 및 신년하례식을 갖고 회장단과 사무국을 개편했다.

▶일 시 : 2003년 1월 15일 (수) 18 : 30
▶장 소 : 소피텔엠버서더 호텔 2층 서궁
▶참 석 : 85명

▶ 임원개선

- 신임회장 : 금창태
- 부 회 장 : 허동진, 임휘일, 이명걸, 이광복, 김종길, 류종묵, 김승년
- 감　　사 : 권오철, 김광림
- 편집주간 : 천상기
- 사무국장 : 권원오
- 총무간사 : 김계동

회장을 맡으면서

금창태 신임회장 취임사

존경하는 영가회원 여러분

여러모로 부족한 이 사람이 뜻하지 않게 영가회장이라는 막중한 자리를 맡게된 것을 무한한 영광으로 생각합니다. 그동안 영가회 부회장의 한사람으로 회 운영에 참여해 왔으나 별로 기여한 것 없이 이름만 걸어 놓고 있었던 터였습니다. 그래서 이번 후임자 후보로 여러 차례 권유를 받으면서도 도저히 그 임무를 감당할 능력이 없다고 생각되어 한결같이 사양해 왔습니다.

아시다시피 전임 류목기 회장은 덕망과 능력을 두루 갖추신 분으로 지난 4년 동안 영가회를 비약적으로 발전시켰으며 수많은 업적을 남겼습니다. 이런 직후인 만큼 후임 회장 후보로 지명을 받은 저로서는 솔직히 자신도 없고 망설여지지 않을 수 없었습니다. 그러나 저의 이러한 행동은 영가회를 위해 심부름을 해달라는 회원 여러분의 기대를 어기는 일이 되고 회 발전에 지장을 가져올지도 모른다는 많은 분들의 지적에 따라 적임자가 아닌 줄 알면서도 미력이나마 봉사해야 한다는

금창태 회장 취임사

뜻에서 감히 오늘 이 자리에 서게 되었습니다.

회원 여러분들의 아낌없는 지원과 각별한 지도편달을 머리 숙여 부탁드립니다. 돌이켜보면 '영가상록회'로 출발했던 이 모임이 어언 4반세기의 연륜을 쌓았습니다. 사람으로 말하면 한창 왕성한 청년기를 맞았습니다. 그동안 창업회원 가운데는 고인이 되신 분들도 적지 않고 모임의 이름도 바뀌었으며 변화하는 세태에 따라서 범위와 분위기도 많이 달라졌습니다. 그러나 영가회는 이제 각 분야에서 나름대로 성취를 이룬 향토출신 인사들의 대표적인 단체로 그 위상을 굳게 정립했습니다. 이는 초창기의 어려운 여건 하에서도 열과 성을 기울려주신 발기인을 비롯한 선배회원님들과 뒤를 이어 적극적으로 참여해 주신 회원님들의 헌신이 있었기에 가능했던 것입니다.

이제 청년기에 접어든 영가회는 단단히 다져진 전통과 연륜을 바탕으로 선배님들의 귀한 뜻을 갈고 다듬어 계승시키는 한편, 21세기의 오늘, 그리고 미래의 세계에 적합한 새로운 영가회로 발전시켜 나가야 할 전환점에 서 있다고 하겠습니다. 다행히 우리는 예와 효 사상으로 대표되는 전통문화의 고장에서 태어났고 자랐다는 공통된 자긍심을 가지고 있습니다. 영가인은 오늘 우리를 있게 한 이 근본을 존중하고 아끼면서 새로운 시대의 진운에 맞게 버전 업 시켜 이를 더욱 곱고 아름답게 가꾸고 키워나가야 한다고 믿습니다. 그것은 금후 우리가 안동인으로, 그리고 한국인으로 생존하고 번영해 나가기 위해 발 딛고 설 근본적인 바탕이기 때문입니다. 이제 그것을 어떻게 가다듬고 다듬어 낼 것이냐 하는 것이 우리에게 주어진 과제이고 그 기량은 오로지 우리 영가인 모두의 몫일 것입니다. 그런 의미에서 회원 여러분들의 적극적인 참여와 조언을 다시 한 번 부탁드립니다.

끝으로 새해 여러분들의 가정마다 건강과 행복이 충만하시길 기원합니다. 감사합니다.

영가회원 김원 중앙도시계획위원장, 김광림 재정경제부 차관,이희범 서울산업대학교 총장, 권영건 안동대학교 총장 취임 축하연 개최

영가회(회장 금창태)는 지난해 4월 15일 엠버서더호텔 19층 오키드룸에서 100여명의 회원이 참석한 가운데 회원 4명의 취임 축하연을

가졌다. 이날 축하연은 김원 전 서울시립대학교 부총장이 장관급인 중앙도시계획위원장으로, 김광림 통계청장이 재정경제부 차관으로, 이희범 한국생산성 본부 이사장이 서울 산업대학교 총장으로, 권영건 안동대학교 총장의 연임을 축하하는 자리였다.

김원 도시계획 위원장

중앙도시계획위원회는 국토계획법에 따라 만들어진 심의기구로 도시기본계획, 대규모 사업지구지정 등을 심의한다. 현재 민간위원 25명과 건교부, 국방부, 농림부, 환경부 등 정부위원 4명(1급) 등 29명으로 구성돼 있다. 위원장은 김원 전 서울시립대 교수이며, 민간위원 중 21명이 대학 교수다. 중도위 회의는 매주 한 차례씩 열린다.

김 원 도시계획위원장

김광림 재정경제부 차관

김차관은 농림학교를 졸업 후, 바로 선생님이 될 수 있는 교육대학을 거쳐 초등학교에서 아이들을 가르치다가 집안을 일으키기 위한 생각으로 고시 준비를 했다. 24살에 행정고시 3등으로 합격했다. 그런데 농림고와 영남대학교 야간학부 출신이란 부족한 스펙에도 수재들만 모인다는 경제기획원에 발령을 받았다.

퇴계선생이 말씀하신 인십기천(人十己千 · 다른 사람이 열 번 하면 나는 천 번을 한다)이 좌우명이다. 혼란 속에서도 좌고우면하지 않고 대한민국 경제발전이라는 목표를 위해 성실하게 공직생활을 해왔다고 자신한다. 그는 심지어 결혼식 당일에도 밤 12시까지 업무를 봤던 집념과 열정이 있었기에 지방 야간대학 출신의 그가 재정경제부 차관의 자리에까지 오를 수 있었던 비결이다.

김광림 재경부 차관

권영건 안동대학교 총장

권영건 안동대 총장

권영건 총장은 안동대학교 정외과 64학번이다. 이후 연세대와 고려대를 거쳐 다시 모교에서 박사 과정을 밟았다. 1983년 안동대 행정과 교수로 부임한 이후 20년에 가까운 세월 동안 고향에서 묵묵히 학자의 길만을 걸어온 이른바 '선비'의 대표적인 표상이다.

안동 MBC 강철용 사장 초청 조찬회

영가회 임원들은 2003년 5월 29일 (목) 롯데호텔 36층 칼튼홀에서 안동 MBC 강철용 사장의 초청을 받고 안동시 현황과 발전 방향에 대한 논의를 하였다. 금창태 회장, 류목기 명예회장, 임휘일, 이명걸, 김승년, 부회장, 권오철 감사, 천상기 편집주간, 권원오 사무국장, 김계동 총무간사 등이 참석했다.

류목기 명예회장

영가회는 2003년 6월 25일(수)세종호텔 1층 피렌체룸에서 이사회를, 2003년 12월 9일(화) 같은 장소에서 이사회를 열고 영가 문화상제정, 안양과학대학 방문, 회원수첩제작 등을 협의 결정했다. 회원수첩 제작비용은 류목기 명예회장이 부담했다.

영가 문화상 제정

영가문화상 제정 취지문

안동(安東)은 한국의 고유한 유학(儒學) 사상을 꽃피우고 그 선비를 길러낸 유림(儒林)의 고장이며, 한국의 얼과 문화를 계승 유지한 전통 문화의 고장이며, 수많은 지도자와 일꾼을 길러낸 인재(人才)의 고장이다.

이 고장을 생(生)과 육(育)과 업(業)으로 연(緣)을 맺은 안동인들이 융화(融和) 단결하여 향토의 전통문화 계승과 발전에 기여하고자 영가회(永嘉會)를 발족한지 어언 30개성상(星霜)을 앞두고 있다.

이에 영가회는 우리의 소박한 소망을 구체적 실천으로 승화(昇華)할 단계에 이르게 되었으며, 비록 간접적이나마 그 실천의 한 행보(行步)로서 향토의 사회, 교육, 문화, 예술, 언론, 체육 등의 전 분야에 공헌한 사람이나 단체를 치하(致賀)하는 영가문화상(永嘉文化賞)을 제정하여 그 뜻을 기리므로 써 미래와 후세에 이어 더 큰 보람을 창출(創出)하여 향토발전에 이바지 하고자 한다. 이는 안동인의 책무(責務)이자 오늘을 사는 현 세대의 사명(使命)이다

영가문화상은 어떤 특별한 신분의 상징(象徵)도 아니며, 어떤 전문성의 표상(表象)도 아니며 어떤 특권의 징표(徵表)는 더더욱 아니다.

이는 오직 그 수고에 대한 위로이며 주변으로 넘치는 분수(噴水)이며 미래를 부탁하는 쓴 약(藥)이다. 오늘 우리가 뿌리는 물줄기가 비록 작기는 하나 서서히 뿌리에 스며들어 튼튼한 가지와 탄탄한 열매를 키우고 맺어줄 것을 바라는 바 그것이 이 상(賞)이 바라는 우리의 간절한 소망(所望)이다.

2005년 11월 15일 영가회

위 취지문은 금창태 회장이 초안하고 이광복 교수가 감수한뒤 영가회 이사회의 추인을 받았다.

이광복 단국대 교수

영가문화상 제정

안동인 가운데 자신의 해당분야에서 묵묵히 정진해온 문화예술인(단체)을 뽑아 시상함으로써 안동지역 문화발전에 디딤돌 역할을 하고자

합니다.

수상 후보자를 다음과 같이 추천 받고자 하오니 그동안 지역문화 예술계, 언론 및 출판계에 몸담아 오신 오랜 경륜으로 훌륭한 인재를 추천해 주시기 바랍니다.

영가문화상 시상 개요

1) 시상분야

- 문학 : 음악, 춤, 무용, 공예, 서예, 시, 소설, 수필, 평론 아동문학 등 문학 분야 및 전문 저술분야
- 예술 : 미술, 조각, 사진 등 예술 분야
- 언론 & 출판 : 신문, 방송, 출판의 취재 기획 분야
- 기타 : 안동인의 전통과 안동인의 정신을 고취시키는 내용의 활동분야

2) 시상대상

안동지역에 거주하면서 사회발전과 문화예술 활동에 남 모르게 이바지해 온 숨은 인물.

3) 상금

상패, 부상(3백만원)

4) 심사위원

해당분야의 전문가로 구성하여 수상자 발표와 동시에 명단을 공개함.

5) 추천서 교부 및 접수문의

TEL.02-909-4609 / FAX.02-910-9432

안양과학대학 탐방

11월 1일 안양과학 대학(학장 권재혁 회원)을 탐방했다. 회원 80명이 버스2대로 학교 정문에 크게 쓰여 진 '환영, 영가회원 '현수막을 보

면서 권재혁 학장의 따뜻한 영접을 받았다. 교수식당에서 고급 뷔페로 점심을 함께한 자리에서 금창태 회장은 영가회원 여러분을 초청해준 배려에 감사의 뜻을 전했고 권 학장은 어려운 걸음을 해주신데 대해 영광으로 생각한다고 회답했다. 이어 대학 캠퍼스 곳곳을 둘러보는 순서를 가졌다. 권재혁 학장의 부친이신 안동고등학교 초대교장 권상철 선생님의 육영정신 사업으로 안양과학대학을 설립, 장족의 발전을 거듭하면서 한국과학영재 양성의 메카로 자리매김한 것이다. 수십 개의 강의동과 연구실 그리고 최첨단 과학교육 현장 실습실을 견학하고 산학협동의 산실다운 모습을 두루 살폈다.

이어 대강당에 모인 회원들은 강보영 안동병원 이사장의 '생노병사와 건강'에 대한 현실감 있는 특강을 듣고 이날 일정을 마쳤다.

권재혁 안양과학대학 학장

연성대학교(전 안양과학대학)

금창태회장 국민훈장 동백장 수훈

금창태 영가회장은 2003년 12월 3일 서울 올림픽 공원 역도 경기장에서 개최된 2003년 전국 자원봉사자 대회에서 자원봉사활동에 기여한 공로로 정부로부터 '국민훈장 동백장'을 수훈했다. 금 회장은 언론

사 재직 중 자원봉사 캠페인을 연중사업으로 채택하여 범국민적인 캠페인으로 정착시키는데 크게 기여했으며 한국자원봉사운동에 신기원을 세웠다.

또한 한국자원봉사포럼 회장, 한국자원봉사협의회 공동대표, 자원봉사진흥법 입법추진위원장, 세계청년봉사단 총재, 사단법인 사랑의 보금자리 회장, 제17차 자원봉사 세계대회 공동조직 위원장 등을 맡아 우리나라 자원봉사 활동의 활성화와 봉사단체 지원을 위해 일해 왔다.

전국자원봉사자 대회는 '자원봉사자로 아름답고 훈훈한 세상을 만들자'라는 이념아래 1994년 제정됐다.

영가회(회장 금창태) 는 2004년 새해를 맞아 1월 13일 (화) 18시 30분에 프레지던트호텔 19층 신세계홀에서 2004년 신년 하례회 및 이희범 산업자원부 장관 취임 축하연을 가졌다.

2004년 신년하례회 및 이희범 산업자원부 장관 취임 축하

지난해 4월 15일 엠베서더호텔 19층에서 이희범 서울산업대학교 총장취임 축하연이 있었다.

서울산업대 총장 취임 후 7개월 만에 산업자원부 장관에 취임했다.

이희범(李熙範.54) 신임 산업자원부 장관은 안동중학교, 서울사대부고와 서울공대 전자공학과를 졸업한 뒤 1972년 행정고시 수석으로 합격하여 세상을 깜짝 놀라게 했다. 전자공학과 졸업생이 행정고시를, 그것도 수석으로 합격한 것이다. 1972년 상공부에서 공직생활을 시작했으며 주미 상무관, 산업정책국장, 무역위 상임위원, 차관보, 자원정책실장, 차관을 차례로 역임하고 올해 서울산업대 총장에 취임했었다. 총장 취임 7개월 만에 장관으로 임명됐다.

이희범 산업자원부 장관

그는 ▲상공부 수출1과장 ▲주미 상무관 ▲상공자원부 전자정보공업 국장 ▲통상산업부 산업정책국장 ▲무역위원회 상임위원 ▲산업자원부 차관보 ▲자원정책실장 ▲차관 ▲한국생산성본부 회장 ▲서울산업대총장 ▲대통령자문 정책기획위원 등 중요한 요직을 두루 거쳤다.

이희범 무역협회 회장

제 26대 무역협회 신임회장에 이희범 전 산업자원부 장관이 선출됐다. 지난 1991년 남덕우 전 총리에 이어 15년 만에 다시 정부 출신 인사가 무역협회 회장직에 올랐다. 이 신임회장은 취임사에서 '오늘 총회를 통해 무역협회가 모든 회원사를 돌보지 못하고 있다는 것을 느꼈는데 특히 중소무역인들의 어려움을 헤아리고 해결하는데 노력과 지원을 강화하겠다고 하였다.

김휘동 안동시장 신년사

영가회원 제위께 새해인사 드립니다. 존경하는 영가회원 여러분!

새로운 희망과 기대로 충만한 갑신년 새해가 밝았습니다. 금년 한 해도 회원 여러분의 가정마다 기쁨과 행복이 가득하시고 소망하시는 모든 일들이 성취되는 희망에 찬한 해가 되시길 기원 드립니다.

돌이켜 보면 지난 한해는 태풍 '매미로' 많은 어려움을 겪었으나 세계 27개국이 참여한 대구U대회 농구경기를 성공리에 개최하였고, 시

김휘동 안동시장

승격 40년을 기념하기 위한 「안동 의 날」로 제정하여 18만 안동시민을 비롯한 50만 안동인의 화합과 단결의 장을 마련하였습니다. 또한 어려움 속에서도 70만명 넘는 관람객이 찾은 국제탈춤페스티벌은 4년 연속 우리나라 최고 축제로 선정, 세계 속의 축제로 자리매김 했다는 평가를 받았습니다.

그리고 지난해에 이어 20여개 분야에서 큰 상을 수상했지만 올해는 우리시가 지향하는 자연과 인간과 문화가 함께한 「전통문화유산도시」의 정체성을 확립한 한 해라 평가하고 싶습니다. 한국자치경영대상 문화관광부문 최우수자치경영혁신 전국대회 최우수, 교육인적자원부 선정『평생 학습도시』 지정, 환경문화상 우수상 수상, 전국산림행정 종합평가 우수 등은 우리시가 목표로 하는 꿈과 희망과 미래의 도시 안동이 멀지 않은 곳에 있음을 증명하는 것이라 할 것이며 이는 안동사람 모두가 애정 어린 관심을 가져준 덕분이라 생각합니다.

특히, 지난해 탈춤축제와 안동의 날 행사에 많은 회원님께서 참석 축하해 주시고 또한, 안동 농산물 애용과 고향 안동 발전에 각별한 관심을 보내 주신 영가회 금창태 회장님을 비롯한 200여명의 회원님들에게 18만 시민을 대신하여 감사의 말씀을 드리며 아울러 상락회 회장님과 서울산업대총장을 역임하시고 지난해 12월 산업자원부 장관으로 취임하신 이희범 장관님께서도 이 자리를 빌어 안동사람을 대표해서 축하의 말씀을 전합니다.

존경하는 영가회원 여러분!

우리 안동시는 금년 한해도 행정내부의 변화와 개혁의 고삐를 늦추지 않고 시민사회로 가는 기반을 공고히 다져 나가는데 혼신의 노력을 다해 나갈 각오이며, 안동경제발전의 두 축인 바이오사업과 문화산업 추진을 가속화 할 것입니다. 이밖에 농가소득 증대와 지역경제 활성화, 쾌적한 생태환경도시 건설, 어려운 계층과 더불어 함께 살아가는 복지사회 건설에 중점을 두고 추진해 나갈 방침입니다,

이를 위해 지난해 착공한 생물건강사업 지원센터를 연내에 완공하고 30만평 경북바이오산업단지, 한방자원개발 센터를 조성, 재래시장 환경개선 등을 중점적으로 추진, 지역경제 활성화를 도모하고 유교문화권 개발을 포함한 문화관광 기반시설 확충을 가속화시켜 문화관광도시의 입지를 더욱 굳혀나갈 계획으로 지금까지 안동발전을 위해 밀어주고 끌어주었듯이 앞으로도 많은 애정과 관심을 갖고 도와주실 것을 부탁드립니다.

존경하는 영가회원 여러분!

갑신년 한 해에도 고향 발전에 변함없는 애정과 깊은 관심으로 배전의 성원을 보내주실 것을 간곡히 부탁드리면서 회원 여러분의 가정마다 행복이 충만하시기를 기원 드립니다.

'영월 문화유적탐방' : 류종묵 부회장 모든 경비 부담

영가회(회장 금창태)는 2004년 6월 12일 상반기 '문화유적탐방' 행사를 가졌다. 이날 영가회 60여명 회원들이 참가해 대성황을 이루었다. 회원들은 관광버스 2대에 나누어 타고 소풍가는 기분으로 여주, 이천을 경유 영월 하동면 김삿갓 유적지와 난고 문학관을 관람했다. 이어 영월시내를 지나 동강유역 어라연에서 참가한 회원 모두가 한자리에 모여 송어회와 매운탕 안주로 오랜만에 함께한 회원들끼리 술 한잔 나누면서 친목과 화합을 다지기도 했다.

류종묵 부회장

영월 장릉(단종능)

청룡포 유역 단종 유배지에 들려 단종릉과 전망대, 단종기념관도 둘러보았다. 특히 이날 참석한 60여 회원들은 1차 문화유적참방 소요경비 모두를 부담해준 류종묵 부회장에 뜨거운 감사의 박수를 보낸다.

귀로에 곤지암 소머리국밥으로 저녁까지 해결한 회원들은 한결같이 이 같은 문화유적탐방을 1년에 2번 정도 갖는 것이 좋겠다고 입을 모았다. 전통의 영가회가 고작 1년에 한두 번 모임밖에 없어 회원 간에도 잘 모르는 생소한 경우가 많아 문화유적 탐방을 회원화합의 한마당으로 봄, 가을에 한차례씩 정례화 하는 것이 바람직하다는 한목소리 의견을 제시했다. 이에 집행부는 이사회에서 문화유적 탐방행사를 봄, 가을 2번 정도 개최하자는 회원들의 뜻을 수렴하기로 합의를 보았다.

권오을 의원 17대 국회의원 당선 축하 및 김동기 교수 특강

영가회는 9월 8일 프레지던트호텔에서 지난 4 · 15총선 안동시 17대 국회의원에 당선된 권오을 의원 축하 만찬을 개최했다. 권오을 의원은

15,16,17대 국회의원에 잇달아 당선되어 3선의원의 영광을 안았다. 이날 축하 만찬에는 고려대 명예교수인 김동기 박사의 특강이 있었다.

권오을 의원

"권오을, 그의 외모에서 풍기는 이미지처럼 참 바르고 곧은 모습이다.지난 4 · 15총선 안동시에서 당선으로 15, 16, 17대 연속 3선 국회의원이 되었다. 안동에서 드문 일이다. 그는 스스로 서민으로 살아왔으니 서민으로 살아가기로 작정한 것 같다. 그러나 때로는 외로워 보인다. 한국정치 토양은 차갑다. 그런 만큼 시대정신은 찾는 정치인은 외로운 법이다. 인간 권오을은 너무나 친근하고 털털해 늘 사람이 곁에 있지만 정치인 권오을이 외로워 보일 때가 가끔 있어 마음속으로 걱정을 한다. 그는 권 의원의 아내 배영숙씨는 대단히 훌륭한 내조자이다. 권오을 의원보다 더 훌륭하지 않을까 생각한다.

권오을 국회의원

김동기 교수 특강

"달리는 중국, 다시 일어서는 일본, 한국은 어디로 가는가?"

김동기 교수

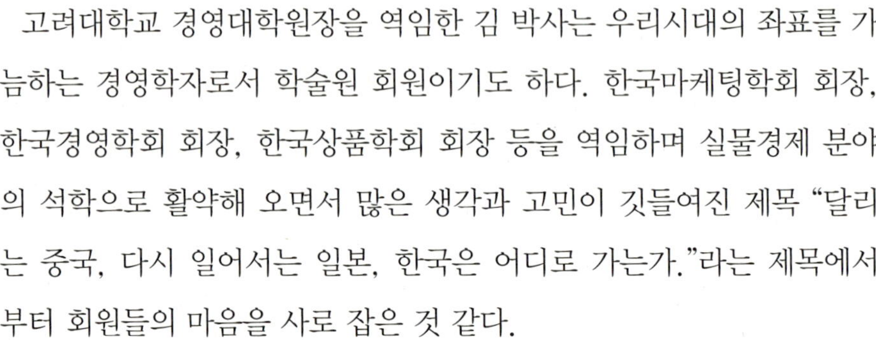

고려대학교 경영대학원장을 역임한 김 박사는 우리시대의 좌표를 가늠하는 경영학자로서 학술원 회원이기도 하다. 한국마케팅학회 회장, 한국경영학회 회장, 한국상품학회 회장 등을 역임하며 실물경제 분야의 석학으로 활약해 오면서 많은 생각과 고민이 깃들여진 제목 "달리는 중국, 다시 일어서는 일본, 한국은 어디로 가는가."라는 제목에서부터 회원들의 마음을 사로 잡은 것 같다.

역사의 섬 '강화도' 일원 답사

2004년 10월 23일 하반기 문화유적 탐방행사를 역사의 섬 강화도에서 가졌다. 오전 8시 50분 구 서부역 앞에서 관광버스 2대에 나눠 탄 회원들은 모처럼 일상을 벗어난다는 즐거운 하루 나들이에 기대를 거

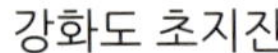

강화도 초지진

는 모습이었다. 상반기 때보다 더 많은 회원들이 참가해 성황을 이루었고 차중에서 오랜만에 만난 출향인사들 끼리 안부와 인사가 설왕설래했다. 이날 탐방에는 금창태 회장의 중앙일보시절 동료인 구종서 박사가 동행했다. 구 박사는 이곳 강화출신 저명인사로 중앙일보 논설위원과 삼성경제연구소를 거쳐 한국문명사연구소 소장으로 역사실록소설 '무인시대'를 쓰기도 했다. 버스에서 구박사의 강화의 역사적 위상과 유래에 대한 소개를 경청하면서 회원들은 강화에 대한 새로운 지적 정보를 터득할 수 있었다. 강화대교를 지나 강화역사관에 도착, 회원들은 삼삼오오 함께 역사의 섬에 얽힌 유적과 전시작품을 관광했다. 외포리 횟집에서 이곳의 싱싱한 회와 매운탕과 김계동 총무가 준비한 동동주로 즐겁게 점심을 나눴다. 이날 중식은 명예로운 안동인 상을 수상한 류목기 명예회장과 강민창 전 안동향우회장 두 분이 부담하겠다고 자청, 참가회원들의 박수를 받았다. 점심식사를 끝내고 석모도 여객선을 탑승한 회원들은 보문사, 전등사, 광성보를 관광하고 덕진진, 초지진을 거처 귀경 길에 올랐다.

금창태 회장 '고대경제인대상' 수상

금창태 영가회장은 2004년 12월 15일 르네상스 서울호텔 다이아몬드 볼룸에서 고려대 경제인회가 선정한 제13회 경제인 대상을 수상했다. 또한 지난 12월 고려대 언론대학원 최고위과정 총 교우회장에 선임되었다.

2005년 신년 하례회 및 김희곤 교수 특강

임휘일 회장

이명걸 부회장

김승년 부회장

영가회 (회장 금창태) 는 2005년 1월 13일 18시 30분 프레지던트호텔 19층에서 영가회 2005년 신년하례회 및 정기총회를 개최하고 안동대학교 김희곤 교수의 '안동독립운동의 특성과 기념방안'을 주제로 특강을 하였다. 김 교수는 경북대학교 사학과에서 한국근대사, 한국 독립운동사를 전공한 문학박사이며 안동대학교 인문대학 사회학과 교수로 안동대학교 안동문화 연구소장, 안동대학교 박물관장, 안동독립운동 기념관 건립추진위원장, 독립기념관 독립운동사연구소장을 맡고 있다. 안동독립운동사, 안동독립운동가 700인 등 20여 편이 있다. 이번 신년하례회 비용은 임휘일, 이명걸, 김승년 부회장이 부담했다.

김희곤 교수 특강

'안동독립운동의 특성'

안동지방의 독립운동은 다른 지역의 그것과 마찬가지로 보편성을 가지면서도 나름대로 특수성도 가지고 있다.

첫째, 안동은 한국독립운동사의 발상지이다. 한국독립운동사의 서막을 장식한 것이 바로 의병항쟁이고, 그것은 갑오의병으로 나타났다. 1894년 갑오의병의 첫 걸음을 안동에서 내디뎠다. 비록 공주 유생이었던 서상철에 의해 준비되었지만, 안동 유림들은 대의명분을 내세워

김희곤 안동대 교수

적극적으로 참여함으로써 역사의 한 장을 장식할 수 있었다. 따라서 안동은 한국독립운동의 출발지로서의 역사성을 가진다.

둘째, 의병항쟁이 이후에 전개된 안동인들의 각종 항일 투쟁에는 혁신유림이 그 중심에 있었다.

의병항쟁 실패이후 대부분의 유림들이 처사를 자처하고 은둔생활을 하였지만, 안동유림들은 자기 반성과 자각을 통해 새롭게 거듭나는 길을 선택하였다. 이렇게 등장한 혁신유림은 국내뿐만 아니라 국외에서도 진보적이고 통일 지향적인 활동을 전개하였다.

셋째, 전국에서 가장 많은 독립유공자를 배출하였다. 시군 단위로 보아 대개 30여명을 배출하였는데, 안동의 경우는 2004년 현재 265명 정도나 된다. 이 수치는 시, 군 단위가 아니라 도 단위의 것이다. 그런데 일찍 서울이나 다른 도시로 본적을 옮긴 경우는 다른 지역사람으로 분류되어 있기 때문에, 실제로는 300명을 웃돌 것이라고 추정된다,

넷째, 안동인들은 전국에서 가장 많은 순국 자정자를 배출할 만큼 절개와 의리를 지니고 있었다. 준 식민지상태와 국권상실이라는 위기 속에서 약 60여 명이 스스로 목숨을 끊었는데, 이중 10명이 안동인 들이다. 이들은 스스로 목숨을 끊음으로써 국가와 임금에 대한 충성을 몸소 실천하였고, 이후 항일투쟁의 정신적 좌표가 되었다.

다섯째, 1920,30년대 사회주의운동에도 어김없이 안동인들이 그 중심에 있었다. 특히 이들은 기득권을 포기한 것이다. 소작인회를 지주가 중심이 되어 투쟁한 사례를 남긴 곳이기도 하다.

여섯째, 지역과 시기를 불문하고 각종 항일투쟁에 적극적으로 참여한 것이 바로 안동인들이다.

사상적인 갈등, 그리고 나이를 따지지 않고 오직 독립이라는 공동의 목표를 위해 그 어는 분야에서든지 최선을 다 하였다. 이러한 노력은 항일투쟁의 핵심적인 역할을 담담할 수 있게 하였고, 뛰어난 지도자들을 배출할 수 있는 원동력이 되었다.

일곱째, 안동출신 독립 운동가는 퇴계학 맥이라는 씨줄과 통혼을 통

한 혼반이라는 날줄로 촘촘히 얽힌 그물과 같은 연결망을 갖고 있었다. 그러한 조직력이 결국 처음부터 끝까지 독립운동을 밀고 나가는 에너지원이 된 것이다. 그 바탕 위에 근대화를 지향한 점은 한결 돋보이고, 그래서 오늘까지도 생명력을 갖고 있다.

여덟째, 안동인들이 펼친 독립운동은 지식인이자 지배층이 역사적인 책무를 지고 나간 전형적인 모범에 속한다.

종가가 훼손되는 고통 속에서도 진행된 의병, 기득권을 모두 포기하고 떠난 만주지역독립군 기지건설과 투쟁, 소작인들을 위해 지주들이 앞장선 양반 종가출신 청년들의 활동 등은 하나같이 가지고 배운자가 역사적인 의무를 다하려고 힘을 쏟은 특성을 보여준다.

요즈음 널리 이야기되는 Noblesse Oblige를 실천에 옮긴 대표적인 곳이 안동이요, 안동문화권의 특징이 바로 거기에 있다.

안동, 영주, 문경 일원 탐방

★안동병원 강보영 이사장 : 버스, 중식제공

영가회는 2005년 6월18일 제3차 문화유적탐방 순회지로 안동, 풍기, 영주 선비촌, 문경 태조왕건 세트장과 차 박물관을 탐방했다. 강보영 안동병원 이사장의 초청을 받고 경북북부권역 응급센터 개원에 때맞추어 최첨단 의료시설을 둘러보고 13층 식당에서 '안동의 맛'으로 점심식사를 했다. 안동 가는 길에 영주 소수서원과 영주 선비촌 관광도 덤으로 즐겼다. 이어 귀로에 회원들은 문경에 들러 태조왕건 세트장을 탐방했다. 회원들은 문경에서 저녁 만찬을 함께 한 후 귀경 길에 올랐다. 이날 김휘동 시장과 권우석 사장이 각각 안동 간고등어를 참가회원들에게 선물했다.

★순흥 소수서원과 선비촌, 안동병원, 문경 세트장

▶ 08 : 00 탑골공원 정문 출발
▶ 10 : 30 순흥 소수서원 (박물관, 선비촌)
▶ 11 : 20 풍 기 출 발
▶ 11 : 40 봉 정 사
▶ 12 : 20 안동도착(중식)
▶ 13 : 10 안동병원 방문
▶ 13 : 40 안 동 출 발
▶ 14 : 30 문경 도착(도립공원)
유교 문화관
도자기전시관
▶ 15 : 00 새재도립공원 → 새재박물관(제 1 관 문)
→ KBS촬영장
→ 팔왕폭포(교귀정)(제2관문) → 장원급제길
▶ 18 : 30 도립공원출구(석 식)
귀 경

문화유적 탐방, 산정호수 일원

영가회는 2005년 11월 5일 하반기 문화유적 탐방 및 야유회를 경기도 포천 산정호수와 명성산 일원에서 가졌다. 오전 9시 탑골공원 정문 앞에서 관광버스로 출발, 국립수목원, 조각공원, 재인폭포 등 가을의 산정호수 주변 명소를 관광하는 일상 탈출의 즐거운 하루 나들이에 40여 회원이 참가했다. 맛 자랑으로 유명한 수중궁 갈비 마당에서 이동갈비 정식으로 점심식사를 마친 후 산정호수 일원을 산책하고 명성산 등반팀은 별도로 산행을 하기로 했다. 어둑어둑할 때까지 회원들은 산정호수 광장에서 끼리끼리 모여 담소하면서 술잔을 주고 받았다. 서

산정호수

울로 돌아와서도 그냥 헤어지기 아쉬운 회원들은 이문설렁탕에서 저녁식사와 막걸리 주고받으며 산정호수 문화탐방이 생활의 스트레스를 풀어주는 보람있는 모임이었다고 입을 모았다.

산정호수(山井湖水)는 경기도 포천시 영북면 산정리에 위치한 인공호수이다. 이 호수의 이름은 '산중에 묻혀있는 우물 같은 호수'라 하여 산정 이라는 이름이 붙여졌다. 1977년 국민관광지로 지정되면서 승용차로든 대중교통편이든 모두 접근성이 좋아 연간 80만 명의 관광객이 찾고 있다.

영가문화상 첫 수상 '안동문화지킴이'

영가회(회장 금창태)는 제1회 영가문화상 수상자로 '안동지킴이' 단체에 시상키로 발표했다. 시상식은 1월 9일 하오 6시 30분 영가회 2006 신년하례회서 갖는다. 영가문화상 심사위워회(위원장 금창태)는 지난 11월 세종호텔과 12월 프레지던트 호텔에서 두 차례 심사위원 전체회의를 열고 영가문화상 취지에 가장 걸 맞는 '안동문화지킴이' 단체에 시상키로 합의했다.

첫 수상의 영광을 차지한 '안동문화지킴이'는 1999년 6월 28일 창립한 이후 현재까지 지역문화재 관리활동, 청소년 전통문화 체험학습, 문화재 답사활동, 시민문화유산 해설사 교육, 지역문화 단체 교류 활동을 펼치고 있다.

회원수 655명이 안동문화지킴이(대표 임재해)는 전통문화의 본고장인 안동지역이 문화재 관리인원 절대 부족과 문화재에 대한 인식수준이 낮아서 대부분의 문화재가 방치되고 있는 현실이 안타까워 앞장서 문화재 가꾸기 활동을 실현하고 있는 단체이다.

또한 설립목적으로 자라나는 어린이와 청소년들에게 안동문화의 참모습을 이해시키고, 이를 통한 정서함양에 도움을 주며, 안동시민으로서 자긍심과 건전한 시민의식을 심어주어서, 지역문화에 대한 바른 이해와 터전을 마련하고 질 높은 한국문화 창조의 토대를 다진다고 천명했다.

문화유적 탐방 '하동 남도 차 문화'

하동군수의 영접

영가회(회장 금창태)는 2006년 상반기 문화유적 탐방을 4월 15일 가졌다. 회원들간의 친목을 도모하고 국내 문화유적을 탐방하는 당일로는 너무 멀어 1박2일 장거리 여정을 마련했다. 남도 차 문화 탐방 1박2일 코스는 1인당 비용 10만원 중 영가회와 회원이 각각 5만원을 부담하기로 했다. 80여명

차도시법현장

의 회원들이 관광버스 2대에 나누어 타고 서울을 빠져 나갔다. 하동군수의 영접을 받아 TV드라마 '토지' 촬영지에 들려 최참판 집도 살펴보고 하동 차 시음회관에서 하동 차 문화 홍보도우미들로부터 차 대접을 받기도 했다. 말로만 듣던 화개장터와 자연산 차밭도 관광했다.

남도 차밭을 견학하고 직접 재배한 차의 진맛을 볼수 있는 기회였다. 차 맛도, 깊은 맛이 우러났지만 찻집 분위기와 차에 대한 예절이 품위가 돋보였다.

우리나라 차(茶) 문화는 바로 여기, 지리산 자락에서 시작됐다. 신라 흥덕왕 3년(828년) 중국 당나라에서 사신으로 갔던 김대렴이 차나무 씨앗을 가져오자 왕이 지리산에 심게 했다고 〈삼국사기〉는 전한다. 쌍계사 장죽전은 우리나라에서 최초로 차가 재배된 곳으로 천년을 내려오면서 소중한 문화유산이 됐다.

하동시장과 기독교 차문화협회원들

지리산 자락 이슬을 먹고 자란 하동 야생차는 은은한 향으로 '왕의 녹차'라는 별명이 있다. '하동茶문화센터'에는 야생차에 대한 궁금증 해결은 물론 찻잎 따기, 찻잎 덖기 등 차를 직접 만들고 맛보는 다례체험까지 가능했다. 1

층에는 야생차 관련 제품들을 판매하고 2층에서는 찻잎을 덖는 체험을, 3층에서는 차를 마시는 다례체험을 할 수 있었다. 분위기가 색다르고 차를 따라주는 자원봉사자들의 품위있는 접대에 도취되기도 했다.

1천년의 수령을 자랑하며 높이 400cm가 넘는 전국 최대이자 최고 차나무로 알려진 정금리 야생차나무는 이곳이 차의 본고장을 알려주며 자태를 뽐냈다.

김휘동 안동시장, 김도현 강서구청장, 이희범 무역협회장 축하연

영가회(회장 금창태)는 2006년 7월 11일(화), 프레지던트 호텔 31층 슈벨트홀에서 5 · 31일 지방선거 에서 당선된 회원 축하연을 개최했다. 김휘동 안동시장, 김도현 강서구청장, 이희범 한국무역협회회장 축하연을 100여명의 회원이 참석하여 잔치를 베풀었다.

김도현 강서구청장

김도현 강서구청장 당선자는 경북 안동 출생이며 영남일보 논설위원, 제2대 문화체육부 차관, 한국물류센터 초대회장, 소비자생활협동 중앙회장을 거처 강서구청장에 취임 하였다.

김도현 강서구청장

영가회는 2006년 9월 20일 프레지던트 19층 신세계홀에서 세명대학교 총장에 선임된 김광림 전 재정경제부 차관과 권영진 서울시 정무부시장 취임 축하연을 개최했다.

김광림 세명대학교 총장

김광림 세명대학교 총장

김광림 세명대 신임총장은 '기획 · 예산통'이다. 그는 지난 1975년 경제기획원 예산총괄과 사무관을 시작으로 예산정책과장, 대통령비서실 기획조정 비서관, 국회 예결위 수석전문위원, 특허청장, 재경부 차관에 이르기까지 기획 및 예산 일을 주로 해왔다.

권영진 서울시 정무부시장

1962년 경북 안동시 남선면에서 태어나 청구고등학교와 고려대학교 영문학과를 졸업하고 동대학원에서 북한 핵문제 등 통일 관련 연구로 정치학 석사학위와 박사학위를 받았다. 1987년 대학원 재학 중 한국 최초로 대학원 총학생회를 창립해 초대회장으로 민주화 운동을 이끌었고 통일원 정책보좌관으로 7년간 근무했다.

그는 한나라당 미래연대 공동대표를 맡아오다 서울시 정무부시장에 취임하게 되었다.

권영진 서울시 정무부시장

경북 도민의 날 최동섭 특별상 수상

경북도는 김천에서 열린 2006년 경북도민의 날에서 안동향우신문 최동섭 회장에게 특별상을 수여했다. 최동섭 회장은 환경감시 중앙연합회장으로, 그리고 언론매체를 통해 경북도의 발전과 지자체 도정 홍보에 기여한 공적을 기리기 위해 특별상을 받았다.

금창태 회장 '한국인체조직기증지원본부' 초대 이사장

금창태 회장은 2008년 '한국 인체조직 기증지원본부' 초대 이사장을 맡아 수많은 환자와 장애인에게새 삶을 선물하는 조직기증문화를 정착시키는데 지대한 공헌을 하였다.

금창태 회장 자서전 출간

금창태 회장은 2018년 자서전 "노을지는 언덕위에서"를 비매품으로 출간 했다, 금회장이 스스로 연주한 아코디언곡 12개를 USB에 동영상으로 첨부한 이 책자는 디지털과 아나로그의 접목형태로

구성되어 출판사상 새로운 이정표를 세웠다는 평을 들었다. 이 책은 희망하는 향우들에게 무료로 증정하고 있다.

제4대 회장 : 2007 ~ 2010
허 동 진 회 장

제4대 허동진 회장 취임

제4대 허동진회장은 2007년 1월 10일 취임하여 2010년 12월 31일까지 연임했다.

영가회(회장 금창태)는 2006년 12월 29일 송화정에서 이사회를 갖고, 허동진 부회장(풍림화섬 대표이사회장)을 만장일치로 차기회장으로 선출하였다. 그리고 2007년 1월10일 신년 하례회 및 정기총회를 프레지던트호텔에서 개최하기로 하였다.

허동진 회장

풍림 허동진 대표는 영남일보와 경향신문사 기자를 거쳐 1969년 코오롱그룹에 입사하면서 섬유업계에 첫 발을 내디뎠다. 이후 오늘날까지 개발, 마케팅, 경영 등을 두루 거치며 섬유인의 외길을 걷고 있다.

허동진 대표는 조직의 발전이 곧 기업의 경쟁력의 원천이라는 인식하에 원활한 소통과 효율적 협업을 도모하고 있다. 1983년 설립한 풍림화섬(구미시 산동면 소재)은 기능성 원사를 개발·생산하고 있다. 특히 신합섬 가공사가 업계에서 호평을 받으며 강소기업의 면모를 보이고 있다.

이는 허동진 회장이 주축이 되어 연구 개발에 매진한 결과로 땀과 노력의 결정체인 것이다.

특히 최신 정보를 습득해 다양한 수요 패턴에 부응하는 제품을 생산

손현수 대현그룹 회장

이용태 박약회 회장

이종훈 전 한전 사장

권익부
전 롯데 중앙연구소장

한 뒤 철저한 기록과 빈틈없는 점검으로 적기에 납품하고 있는 것이 강점이다.

현재 풍림화섬은 코오롱패션머티리얼(주)과 주요 파트너십을 구축하고 있다.

이 회사는 인재를 소중히 여긴다. 인성과 기능을 겸비한 교육훈련은 직원의 동기부여와 애사심을 향상시키고 있고 이는 고스란히 경영성과로 나타나고 있다.

섬유계의 최고상인 삼우당 대상을 받았으며, 회사 측은 이번 삼우당 대상 수상을 계기로 창조경제의 모멘텀인 대기업과 중소기업의 협업을 바탕으로 동반성장은 물론 최고의 제품을 개발·생산하기 위해서 더욱 노력할 것이라고 밝혔다.

2007년 신년하례회 및 정기총회

- ▶일시 : 2007. 1. 10. (수) 18시 30분
- ▶장소 : 프레지던트 19층 신세계홀
- ▶참석 : 100여명
- ▶회원축하 : 한국을 일으킨 엔지니어링 60명에 이용태, 이종훈, 권익부 회원선정
- ▶협찬 하신분
  - –손현수 대현그룹 회장 : 당일경비 일체 부담
  - –권우석 안동농특산물 사장 : 간고등어 120손
  - –권익부 롯데연구소 상임고문 : 양주 6병
- ▶임원 : –부회장 : 류종묵, 김봉구, 권순한, 김광림, 이희범
  - –상임부회장 ; 권원오 –감사 : 권오철, 이명걸
  - –편집간사 : 천상기 –사무국장 : 김계동

영가회원 3인(이용태, 이종훈, 권익부) 한국을 일으킨 엔지니어 60인에 선정됨을 축하

서울대 공대가 개교 60년을 맞아 한국공학 한림원과 공동으로 선정한 '한국을 일으킨 엔지니어 60인'에 영가회원 3명이 선정됐다. 이용태 전) 삼보컴퓨터 회장, 이종훈 전) 한국전력사장, 권익부 롯데 중앙연구소 상임고문 등이 영광의 주역이다.

영가회는 2007년 신년하례회를 하는 자리에 이들 세 회원의 공로를 기리고 축하하는 뜻에서 축하패를 증정했다. 시상식은 2006년 12월 5일 서울대 공대 엔지니어하우스에서 열렸다.

원로회원 초청 오찬회

2007년 2월 26일 (화) 12시 광화문 안동국시집에서 원로회원 30여 명이 모여 오찬을 함께하며 정담을 나누었다.

故 **김해길** 회장

상반기 문화탐방 '통일전망대와 도라산 역'

영가회(회장 허동진)는 2007년 상반기 문화유적탐방을 4월14일 통일전망대, 임진각, 도라산역, 황포돛단배 등의 코스를 견학했다.

허동진 회장은 "우리의 분단이라는 현실을 새로이 인식하고 이를 통해 통일에 대한 발전적인 사고를 고취하는데 회원들에게 도움이 되었으면 좋겠다는 차원에서 분단의 현장으로 모셨다." 라고 인사말을 했다.

이날 분단현장 탐방에는 50여 회원이 참가하여 민물장어 요리로 점심을 맛나게 들었으며 황포돛단배를 타고 한탄강을 유람했다.

권태원 원로회원

故 **권화섭** 사무국장

석기홍 원로회원

故 **조주목** 원로회원

손병도 원로회원

영가회 30주년 기념행사, 발기인 회원들에 기념품

2007년 9월 7일 프레지던트호텔 19층 신세계홀에서 영가회 창립 30주년 기념행사를 성대히 개최했다. 100여 회원이 참석한 가운데 창립 발기회원. 역대회장들에게 기념패를 증정하고 모든 회원에게도 기념품을 나누어 주었다.

金海吉 초대회장은 축사를 통해 창립당시를 회고하면서 30세를 맞은 청장년이 되었으니 보다 성숙한 영가회의 진면목을 보여주자고 당부했다. 이어 한국 무역협회 회장인 이희범 회원의 기념특강을 통해 회원들의 많은 박수를 받았다.

▶창립회원(11명) ▶ 공로패
김해길, 장원석, 권원기, 권태원, 권화섭, 김명년, 류동주, 석기홍, 손병도, 이용태, 조주목

▶역대회장 (3명) ▶ 기념품(은수저)
김해길 초대회장, 류목기 2대회장, 금창태 3대회장

▶기타 참석 회원 ▶ 간고등어 1손

해외 문화유적 탐방행사

베트남 하롱베이의 티톱섬

영가회(회장 허동진)는 창립 30주년 기념행사로 첫 해외문화유적 탐방행사를 계획하고 2007년 11월 1일 출발하여 11월 7일까지 6박 7일간의 하반기 해외문화유적 탐방을 가졌다. 동남아 명소인 베트

남, 캄보디아를 순회하면서 하노이, 하롱베이, 씨엠립, 호치민, 앙코르왓 등을 둘러보고 즐거운 여정을 통해 추억을 만들고 회원들 간 친목과 화합을 이루었다. 첫 해외탐방을 성공적으로 이끈 집행부는 하반기에도 해외탐방을 고려하기로 했다.

2008 신년하례회 및 정기총회

2008년 새해를 맞아 1월 9일 (수) 프레지던트호텔 신세계홀에서 신년하례회 및 정기총회를 가졌다. 신년하례회에선 영가 문화상 시상식과 이희재 안동대학교 총장과 김종갑 하이닉스 사장 취임 축하연을 겸했다. 해마다 신년초에 영가회 200여 회원 모두가 참가해서 친목과 화합을 다지는 신년 하례회는 해를 거듭할수록 대성황을 이루어 희망찬 새해 설계와 덕담을 나누는 안동인 우정의 한마당으로 그 연륜을 더해가고 있으며, 지난 한 해 동안 해외문화유적 탐방 등 여러 행사를 통해 명실상부한 안동인들 화합의 구심점이 되고 있다.

강보영 안동병원 이사장 공로패 증정

영가회는 이날 그간 영가회 발전에 크게 공을 세운 강보영 안동병

강보영 안동병원 이사장

원 이사장에게 특별 공로상을 증정하였다. 안동병원은 경북지역의 의료메카로 자리매김하면서 지역경제 활성화와 주민복지를 위한 새장을 열었다. 안동병원은 1100병상의 초대형 규모의 병원과 암센터를 개원했다. 대지 1만 5925m, 건축연면적 6만 5954m규모로 지난 2002년 5월에 착공하여 공사기간 5년 만에 1100병상으로 완공했다.

제2회 영가문화상 시상 : 하회별신굿 탈놀이 보전회

제2회 영가문화상 수상자로 중요문화문화재 제69호 하회별신굿 탈놀이보전회(회장 임형규)를 선정했다. 하회별신굿 탈놀이보존회는 하회별신굿탈놀이의 전승 및 보급 활동을 통하여 안동의 소중한 문화유산을 계승 발전시켜 한국문화의 우수성과 독창적인 아름다움을 널리 알렸으며, 특히 한국정신문화의 수도 안동을 알리는데 이바지한 공로가 크므로 이에 영가문화상을 증정하였다.

永嘉文化賞

(중요무형문화재 제69호)
하회별신굿탈놀이보존회

귀 회는 하회별신굿탈놀이의 전승 및 보급 활동을 통하여 안동의 소중한 문화유산을 계승 발전시켜 한국문화의 우수성과 독창적인 아름다움을 널리 알렸으며, 특히 한국정신문화의 수도 안동을 알리는데 이바지한 공로가 크므로 이에 영가문화상을 드립니다.

2008년 1월 9일

영가회 회장 허 동 진

영가문화상 수상 공적사항

하회별신굿탈놀이 보존회(이하 보존회)는 중요무형문화재 제69호인 하회별신굿탈놀이의 전승 및 보급 활동을 통하여 안동의 소중한 문화유산을 계승발전 시키고 한국문화의 우수성과 독창적인 아름다움을 널리 홍보하기 위하여 1986년 11월 1일 설립된 단체이다. 1997년부터 가장 아름다운 볼거리를 제공해 주기 위해 기획된 상설공연을 통해서 2007년 말까지 689회 공연에 108만 여명 (외국인 5,600명 포함)관람하였으며, 해외 초청으로 미국, 일본, 영국, 독일, 프랑스 등 10개국 총 30여회의 공연을 하여 한국의 전통문화를 전 세계에 널리 홍보하였다. 하회 별신굿 탈놀이를 모체로 시작된 안동국제탈춤 페스티벌은 매년 100만 명의 관광객을 모으는 기록을 세웠으며, 문화관광부 지정 최우수축제 중심도시로 국제적 위상을 정립하는데 이바지하였다.

이러한 보존회의 활동과 성과를 바탕으로 2004년에는 세계역사도시연맹에 가입하였으며, 2005년에는 IOV가 선정한 '올해의 최고축제'로 선정되었고, 2007년에는 한발 더 나아가 세계문화유산도시연맹에 가입하였고, 세계 35개 국가가 참여하는 '세계탈춤문화예술연맹'을 창립하였으며 그해에는 '세계 탈 기획전'과 '세계의 탈과 문화'란 주제로 학술총회를 개최하였다. 한편 보존회에서는 일반인, 대학생, 청소년, 초등학생, 주부클럽, 종교단체, 여성단체, 교사 등을 대상으로 활발한 전수활동을 하고 있으며, 하회별신굿탈놀이의 공연뿐만 아니라 우리의 전통문화를 전승 및 전수하는 문화예술단체로서 더욱 노력 할 것으로 기대된다.

귀 영가회에서 시상하는 영가문화상 수상 후보자를 위와 같은 내용으로 추천합니다.

2007년 12월 일

추천인 소속 : 경북 안동시
직위 : 안동시장
성명 : 김휘동
영가문화상 심사위원회 귀중

이희재 안동대학교 총장, 김종갑 하이닉스 반도체 사장 취임 축하

이희재 안동대 총장

이희재 전 안동대 총장

지난 6월 12일 안동대학교 솔뫼문화관에서 이희재 총장 취임식을 가졌다.

이 총장은 안동시 월곡면 출신으로 안동고등학교와 서울대학교 경제학과를 졸업하고 성균관대학교에서 경제학 박사학위를 취득하였다.

1981년에 안동대학교 무역학과 교수, 기획연구실장, 교수회 운영위원장, 인문사회과학 연구원장, 안동지역 사회개발 연구소장, 안동국제 춤페스티벌 추진위원회 위원, 안동시의회 의정 자문위원, 재단법인 안동축제 관광추진위원회 이사, 경북 성과평가 관리위원회 위원, 경북지방재정공시심사위원회 위원 등 여러 방면으로 많은 활동을 해왔다.

이 총장은 앞으로 안동대학교의 취업률을 높이기 위해 사회가 필요로 하는 인재양성을 위해 최선의 노력을 하겠다며 각오가 대단했다.

김종갑 하이닉스 반도체 사장

김종갑 하이닉스 사장

1951년생인 김종갑 사장은 경북 안동출신으로 대구상고, 성균관대 행정학과를 졸업하고 뉴욕대에서 경제학 석사, 인디애나대에서 경제학 박사학위를 받았다. 1975년 행정고시에 합격하였으며 상공자원부 통상정책과장, 통상산업부 미주통상담당관, 통상협력심의관 등을 거쳐 산업자원부 산업정책국장, 차관보, 특허청장, 산업자원부 1차관 등을 역임했다. 2007년 공직을 마치고 하이닉스 반도체 사장으로 취임하였다. 김종갑 사장은 취임사에서 "공직생활을 통해 긴밀한 협조관계를 맺어온 하이닉스반도체 사장으로 취임하게 된 것도 인연이라고 하면서 2010년까지 세계 반도체 업체 3위로 끌어 올리겠다"고 자신감을 가졌다.

영가회(회장 허동진)는 2008년 5월 23일 프레지던트호텔 19층 신세계홀에서 회원 5명의 국회의원 당선과 김경한 법무부 장관 축하회를 가졌다. 고향 안동에서 당선된 김광림 의원, 친박연대 비례대표 김노식 의원, 자유선진당 비례대표 김용구 의원, 서울 노원을 권영진 의원, 서울 광진갑 권택기 의원 등이다. 시 · 군단위지자체 한곳에서 국회의원 5명을 한꺼번에 배출한 것은 처음이라고 모두들 기뻐했다. 5명의 국회의원과 김경한 법무부장관은 모두 영가회원이다. 이날 축하연에는 100여명의 회원이 참석, 영광의 여섯 회원들을 즐거운 마음으로 축하하고 영가회 발전과 고향 안동의 자랑거리라고 화기애애한 분위기였다.

김경한 법무부 장관

김경한 장관은 안동시 예안면 오천리에서 태어났다. 경북고등학교를 졸업하고 서울법대를 졸업했다. 사법고시 11회에 합격한 후 32년간을 검찰과 법무부에서 근무하면서 인사에 신화적인 대 기록을 남겼다. 일반적으로 검사는 서울과 지방에 반반정도로 근무하게 되는데 김 장관은 대구지검에 2년, 거창지검장으로 1년, 춘천지검장으로 7개월을

김경한 전 법무부 장관

제외하고는 모두 서울에서 근무한 것이다. 또한 김 장관은 중요보직으로 꼽히는 검찰1과장, 기획관리실장, 법무부 차관 등을 역임하며 장관까지 16년간을 법무부에서 근무한 대기록을 세웠다. 최고의 엘리트 코스로 아주 잘나가는 검사였다.

젊은 시절부터 글쓰기를 좋아하는 문학 소년이었으며 신문에도 많은 글을 연재했다.

안동댐 건설로 고향 마을이 수몰되어 실향민이 되었다. 수몰지역에 있던 종택이나 정자, 사당 등 문화재적 가치가 있는 건물들을 모아서 인근 와룡면에 이전하고 '오천 문화재단지'라는 새로운 동네를 만들었는데 이제는 그곳이 이름난 관광명소가 되었다. 친척들이 모두 이곳으로 왔기에 이제는 그곳이 새로운 고향이 되었다.

김광림 국회의원

김광림 국회의원

경북 안동시에서 무소속(기호8번)으로 출마한 김광림(60세) 전)세명대학교(충북 제천) 총장이 4월 9일 전국적으로 실시된 제18대 총선에서 한나라당 허용범 후보를 이기고 국회의원으로 당선됐다. 김 당선인은 지난 1973년 제17회 행정고시 합격으로 공직생활을 시작, 경제기획원 문교예산과장, 예산정책과장, 대통령비서실 경제수석실 행정관, 특허청장, 재정경제부 차관, 남북경제협상 수석대표, 세명대학교 총장 등을 역임했다.

김광림 의원은 자타가 공인하는 '기획 · 예산통'이다. 그는 지난 1975년 경제기획원 예산총괄과 사무관을 시작으로 예산정책과장, 대통령비서실 기획조정 비서관, 국회 예결위 수석전문위원, 특허청장, 재경부 차관에 이르기까지 기획 및 예산 일을 주로 해왔다.

특히 그는 옛 경제기획원 출신 '예산맨'들 사이에서 '대형(大兄)'으로 통한다. 묵묵히 일하는 실무자를 잘 다독이지만, 은퇴한 선배도 잘 챙기기 때문에 붙은 별명이다.

이는 세명대총장 취임식 때 참석한 내빈들의 면면만 봐도 짐작이 간다. 김진표 전)경제부총리, 안병우 전)국무조정실장, 이석채 전)청와대 경제수석, 이헌재 전)부총리, 최종찬 전)건교부 장관, 김용덕 건교부 차관 등 정부 고위인사들이 총출동하다시피 했다.

김 총장은 엄격한 유교 집안에서 어린 시절을 보냈다. 그가 마음에 담고 있는 고사성어도 퇴계 선생의 '군자는 愼基獨(신기독)'하고 '懲忿窒慾(징분질욕)' 해야 한다.와 논어의 '화이부동(和而不同)'이다. "후자의 경우 군자는 두루 어울리지만 편협하거나, 편을 가르지 않는다는 뜻이고, 전자는 혼자 있을 때나 누구와 같이 있을 때나 한결 같아야 한다는 말이다.

그가 참여정부 최장수(2년 3개월) 재경부 차관으로 용퇴할 수 있었던 것도 이 같은 배려심 때문이라고 평가한다.

권영진 국회의원

한나라당 권영진 의원은 통일부를 비롯하여 서울시 정무부시장을 거친 행정 관료출신으로 지난 선거에 노원을에서 당선되었다. 정무부시장 이전부터 교육분야에 대한 관심과 연구를 해온 권 의원의 상임위는 교육과학기술위원회이다. 그는 당내에서도 교육분야 전문가로 통한다. 그의 정치철학도 교육복지의 개선이 우리나라의 미래를 책임질 수 중요한 수단이라고 밝혔다. 한나라당내 개혁적 성향의 민본 21의 멤버이기도 하다. 그는 실물경제가 어려운 시기에 사회약자를 위한 정책마련과 사회안전망 구축도 시급하다고 지적했다. 또한 그는 정치란 나눔과 배려를 통해 조금 뒤쳐지고 사회의 약자인 사람들에게 희망을 주는 역할을 해야 한다고 말했다.

권영진 전 국회의원

그는 노원을 대한민국에서 명실상부한 최고의 교육도시로 만드는 것이 큰 소망이었다. 학교 교육환경을 계속해서 업그레이드 해 나가고, 특목고를 유치해서 다양한 교육 인프라를 확충해 나갈 것이라며 각오가 대단했다.

지역마다 발전의 전략이나 비전이 다를 수 있는데 이제 이지역도 브랜드 이미지가 중요한 시대이다. 그동안 노원구 하면 떠오르는 브랜드가 상계동이다. 서울의 변방이자 낙후된 지역의 상징이었다. 그는 교육과 더불어 문화와 환경이 어우러지는 품격 있는 노원을 만들겠다고 자신감을 보였다. 노원은 자연환경이 뛰어난 곳이다. 뒤로는 수락산과 불암산이 드리워져 있고 앞으로는 중랑천이 흐르고 있고 중간에 당현천이 있다며 많은 그림이 그려지는 모습이었다.

큰일을 저지를 인물임에 틀림없어 보였다.

김용구 국회의원

김용구 국회의원

'뼛속까지 중소기업인'임을 자부한다는 말로 그가 대한민국 중소기업을 위해 열과 성을 바쳐 노력하고 있음을 읽을 수 있었다.

1988년 서울 올림픽을 앞두고 호주와 합작하여 카누, 카약, 조정 등을 생산하는 선도적 중소기업을 일으켰다. 그 후 자원을 개발하는 주식회사'신동'을 세웠고 지금도 해외개발에 앞장서고 있다. 최근에는 우주베키스탄 정부로부터 양국우호증진에 기여한 공로를 인정받아 외국인에게 주는 최고훈장을 받았다. 이 정부로부터 서훈을 받은 한국인은 이만섭 전)국회의장과 김 의원 뿐이다.

성균관대학교를 졸업한 이후에 성균관대학교, 제주대학교 등에서 초빙교수를 역임하였다.

2004년부터 2007년까지 제22대 중소기업중앙회장을 역임하였다. 재직시 영세상인을 위한 공제사업 '노란우산'제도를 창안하였고, 그 규모는 확대되고 있다.

현재 사단법인 중소기업 진흥회회장으로 있으며, 제18대에 자유한국당으로 국회에 진출하였다. 특히 일자리 창출 및 중소기업 경쟁력강화 특별위원회 위원장으로 활약하고 있다.

저서로는 2010에 발간한 '9988'가 있다.

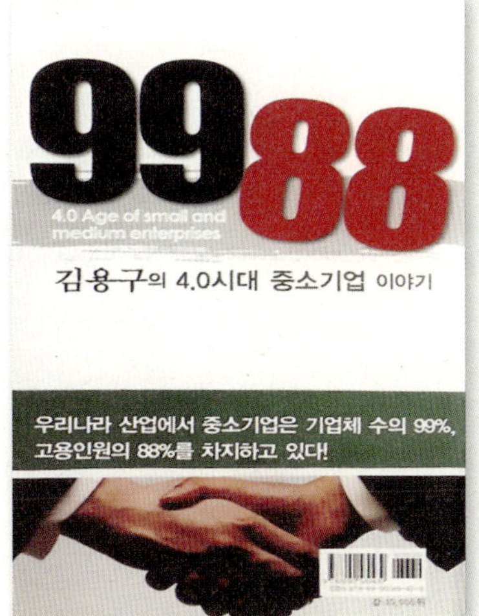

권택기 국회의원

안동고등학교, 서강대학교 경영학과를 졸업하고 이명박 대통령 당선인 정무기획 2팀장, 이명박 대통령후보 비서실장, 한나라당 미래연대 사무처장, 존스홉스킨대 국제관계대학원 객원연구원 등을 두루 거친 권택기 18대 국회의원 후보가 광진갑에서 당선되었다. 아래 당선사례를 보면 솔직하고 겸손한 그의 마음을 읽을 수 있다.

권택기 국회의원

당선 인사

이번 18대 총선에 출마하여 광진갑에 계시는 많은 분들의 성원에 힘

입어 당선 인사를 올리게 되었습니다. 감사드립니다.

선거기간 많은 분들을 만나 뵈었습니다. 아픈 몸을 이끌고 종이를 주으러 다니시던 할머니, 이른 아침을 깨우며 바쁜 발걸음을 옮기던 직장인들, 내일의 꿈을 위해 배움에 열중하는 학생들, 하루가 다르게 오르는 물가에 한숨짓던 주부님들... 이 모든 분들이 저를 바라보며 무언의 눈빛으로 제게 하신 말씀은 절대 잊지 않겠습니다. 국민과 광진 주민을 위해 밤잠 설쳐가며 고민하고 일하는 국회의원이 되겠습니다.

비록 선거는 끝났지만 이제 새로운 시작입니다. 더 겸손해지겠습니다. 더 낮아지겠습니다. 한 분 한 분 소중히 만나가며 국민을 섬기는 정치, 서민을 챙기는 정책으로 보답하겠습니다. 항상 국민들의 목소리에 귀를 열겠습니다. 언제 어디서라도 저를 보시면 서슴없이 말씀해 주십시오. 잘못한 점이 있다면 꾸짖어 주시고, 우리가 나아가야 할 더 좋은 방향에 대해 언제라도 좋은 의견 들려주시기 바랍니다.

다시 한 번 보내주신 성원에 감사드립니다. 열심히 일하는 일꾼이 되겠습니다. 부끄럽지 않은 국회의원이 되겠습니다.

감사합니다.

제18대 국회의원 당선자 권택기 올림

김노식 의원

김노식 국회의원

1945년 경상북도 안동군에서 태어났다. 안동사범병설중학교, 안동경안고등학교, 경기대학교 경영학과, 동 대학교 대학원 경영학 석사, 연세대학교 경영대학원, 고려대학교 노동대학원 등을 졸업 · 수료하였다. 경기대학교 학부 졸업 후 기업인으로 범화종합건설 부사장, 용마건설, 설악음료, 백룡음료주식회사 대표이사 등을 역임하였다.

1981년 제11대 국회의원 선거에서 민주한국당 전국구 국회의원(제16번)으로 당선되었다. 제11대 국회의원 재임 중 경기대학교 동창회장을 역임하였고 이후 민주화추진협의회에서 상임운영위원으로 활동하였으며, 1987년 통일민주당에 입당해서 상도동계에 속하였다.

2008년 제18대 국회의원 선거에서 친박연대 비례대표 국회의원(제3번)으로 당선되었다.

영가회(회장 허동진)는 2008년 5월 1일부터 6일까지 일주일간 두 번째 문화유적탐방을 가졌다. 앙코르와트, 하롱베이에 이어 2차는 중국 산동반도 일원을 순례하는 공자 유적 탐방이었다. 회원들은 공자사당, 공묘, 공림 등 유교문화 유적지를 둘러보고 한국정신문화의 수도 안동인으로서 유교문화에 대한 인식을 새롭게 하는 공감대를 형성했다.

영가회는 2008년 하반기 문화유적탐방을 9월 27일 청남대 일원에서 가졌다. 탐방코스는 대청댐, 팔각정, 문화재단지, 옥새봉, 장군봉, 오각정, 초가정 등 청남대 역사문화관을 둘러보았다.

영가회(회장 허동진)는 2008년 11월 25일 하반기 산업문화 탐방행사로 울진원자력발전소를 견학하고 덕구온천에서 1박하는 행사를 가졌다.

– 울진 원자력발전소 시찰 기행문 –

海山 김 만 연 씀

김만년 원로회원

〈2008년 11월 25일 火 날씨 맑음. 봄 날씨같이 따뜻하였음〉

미리 예약된 11, 25 ~ 26 이틀간 친환경 에너지기업 한국수력원자력(주)에서 초청한 여론주도층인사 蔚珍 原電시찰단(울진원전이해하기모임인 영가회원 일부 40명)은 이른 아침 집을 나서 전철을 타고 삼성역에서 내리는데 金鱗九 회우를 반갑게 만나 둘이서 7번 출구로 나

가 한전 본사건물 앞으로 걸어가니 울진원전 시찰단(永嘉會)이란 표시가 붙어있는 서울 고려관광버스(서울72 바2277)가 대기하고 있었다.

9시까지 예약된 40명이 모두 도착, 버스에 승차해서 韓.水.原의 姜信憲 홍보실장으로부터 한전의 자회사로 2001,4,2에 한국수력원자력(주)가 설립되어 친환경에너지로 삶을 풍요롭게라는 기업이념으로, 인간. 환경. 기술을 중시하는 세계 최우수 發電회사 란 VISION하에, 대한민국이 원전 세계6대강국 중 하나로 원전기술을 수출하고 있다는 내용의 친절한 인사말씀을 듣고 鄭羊起 대리의 예의바른 안내를 받으며 9시 10분에 출발하여

4시에 울진원자력본부 상황실에 도착하여 "영가회원님들의 방문을 환영합니다."란 영상화면을 보았다.

우리나라의 원전 발전량이 1,429억KWH로 세계6위이며 이곳 新울진 1,2호기(1,400MWex2기)를 건설준비 중에 있다는 설명을 들었을 때 석유가 고갈되어가고 있는 현실에서 에너지자립의 초석은 원자력이며 특히 청정에너지가 필요한 시점에서 일행들은 매우 가슴뿌듯하게 생각했었다. 일행들은 평소에 원전에 대한 관심과 궁금증이 많아서인지 한참동안 열띤 질문이 계속되었었다.

홍보관을 잠시 둘러보고 울진 원전 1,2,3,4,5,6호기 중 5호기 발전현장을 시찰하였다. 현장을 보니 모두가 불안해하는 원전시설에 직원들이 평화롭게 근무하고 있고 시설외벽은 160cm의 두께로 콘크리트 방어벽에 폐기물도 완벽하게 처리되고 있음을 보았을 때 적의 안심이 되었다. 그리고 방대한 시설 주제어실(MCR)에서 4명의 기술자가 컴퓨터로 조정하는 것을 볼 때 인간두뇌의 위대한 힘을 재발견하는 것 같았다.

2009 영가회 신년하례회 및 정기총회

영가회 (회장 허동진)는 2009년 1월9일 신년하례회 및 정기총회를 프레지던트호텔 신세계홀에서 가졌다. 지난 5월 회원 5명이 국회의원에 당선되고 김경한 법무부 장관이 취임하면서 영가회는 더욱 위상이 높아지고 자긍심을 가지게 되었으며, 한국정신문화의 수도 안동인의 대표되는 모임으로 성장발전하고 있다. 금년은 120여명의 회원이 참

석하였으며 회원 모두 들뜬 분위기 속에서 덕담을 나누며 친목과 화합을 다지는 한마당 잔치였다.

영가회는 상반기 해외문화유적탐방을 2009년 6월 20일부터 24일까지 4박 5일간 백두산 및 고구려 유적지를 답사하였다.

〈고대사를 찾아서〉

- 직접경험의 즐거움과 보람 -

글쓴이 : 李 準 五 (시인, 문학박사)

이준오 작가

안동출신들의 모임인 「영가회」에서 2009년 6월 20일부터 4박 5일간 일정으로 옛 우리민족의 영토였던 고구려 북단지역을 탐방하는 문화답사(文化踏査)를 하게 되었다. 어쩌다가 필자도 함께 동행하기로 했다.

우선 황하유역에서 기념촬영을 했다.

고구려는 기원전 37년에 졸본(卒本) 지방 즉 지금의 집안(集安), 통화(通化) 지역에 일어난 한반도 북부와 만주를 무대로 하여 등장하였던 우리의 중고대사에 나오는 국가이다. 간접지식으로만 알고 있었던 역사탐방은 현지 유적을 보고 체험함으로써 고고학적인 지적 호기심을 충족시켜 주며 직접경험의 즐거움과 보람을 안겨다 주는 여행인 것이다. 기대와 부푼 꿈을 안고 여행길에 올랐다.

1. 고구려의 용맹성과 숨결이 살아있는 천리장성(千里長城)을 올라가다.

2009년 6월 20일 여행 첫날 필자와 더불어 허동진 회장을 비롯한 권태수 사장, 신상학 사장, 김균융 부사장, 김계동 사장 등 일행 21명은 오후 1시 KAL 비행기로 인천국제 공항을 떠나 1시간 여 만에 중국 대련(大連) 공항에 도착했다. 오후 날씨는 약간 덥기는 했지만 맑고 좋았다.

대련은 중국 요동반도 서쪽 끝자락에 붙어있는 작은 섬으로 형성된 현재인구 600-700만 명으로 번창한 항구도시다. 고대 무역의 거상 장보고 이후부터 중국의 3대 항구도시 중 하나로 자리매김 한 비교적 큰 항구이다.

공항에 마중 나온 안내원을 따라 우리일행은 관광버스를 타고 제일 먼저 가까운 천리장성으로 향했다. 도보로 한 시간 헐떡거리며 올라가 보니 눈앞에 「비사성(卑沙城)」이라는 표시가 붙은 거대한 성문이 웅장한 모습으로 나타났고 그 양옆으로 길게 뻗쳐있는 난공불락의 성이 우리 일행을 감탄스럽게 했다.

'자중지란'으로 수나라가 망하고 당나라가 들어서면서 세력을 펼친 당태종의 침공을 막기 위해 16년이란 긴 세월동안 연개소문 장군이 직접 축성지휘를 하며 세운 성이라고 한다. 고구려가 망한 후 400년이 지나고 고려조 덕종(1033년)때 또한 중건 된 방어벽으로서 고구려는 당나라를, 고려는 거란과 여진족의 침입을 방지하기 위한 양대국을 걸쳐 축성된 것으로 기록되어 있는 성이다. 기념사진을 몇 장 찍고 성을 내려와 버스가 4시간가량 달려서 마침내 옛 고구려의 안동도호부가 있었던 단동에 입성한다. 지도상으로 보면 지척 간에 조선 땅의 의주와 붙어있다. 임진왜란때 선조대왕이 백성을 버리고 마지막으로 도망했던 곳이다. 선조대왕을 따라간 유성룡 대감의 피나는 간언(징비록참조)으로 국경을 넘지 못하도록 만류하지 않았다면 아마도 중국땅으로 월경을 하여 도망쳤을 것이다. 그랬다면 우리 조선은 어떻게 되었으며 오늘의 한국이란 나라가 과연 존재할 수 있었을까. 참으로 현기증 나는 국가 존립의 운명적 순간이었다.

이런 저런 생각으로 잠을 설치다가 밤늦게야 과거로 여행의 꿈속에서 깊은 잠에 빠져들었다.

두만강을 뒤로하고 필자와 같이 서다.(허동진 회장 외)

2. 찬란했던 시대 고구려 땅 단동, 당나라의 옛 「안동도호부」와 한많 「의주」를 바라보다.

6월 21일 둘째 날도 아침날씨는 참으로 맑고 좋았다. 식사를 '단동가일호텔'에서 마친 후 무거운 몸으로 한(恨)많은 단동과 신의주를 연결했던 압록강 철교를 관광하기위해 일행은 유람선을 탔다. 유람선은 중국 단동과 북한 신의주 연안을 끼고 쏜살같이 달렸다. 양해안을 번갈아 살피며 이따금 작은 모터를 부착한 목선을 타고 관광하는 빨간 마후라의 북한 어린이들의 모습을 보면서 우리는 분단의 아픔과 전쟁의 상흔을 가슴아파하며 미군기의 폭격으로 무너진 신의주쪽 다리사이를 지나갔다. 만감이 교차되는 유람을 마치고 우리는 다음 관광지인 졸본지역으로 떠났다.

3. 졸본지역으로 가는 길

졸본지역은 현재 집안현과 통강 일대를 두고 부르는 지역이름이다. 버스는 압록강 지류를 따라 장장 5시간 달려야만 했다. 차창 밖으로 보이는 중국의 전원풍경이 평화롭고 아름답기만 했다. 집단농장의 모습은 찾아볼 수 없었고 개인농장으로 변하여 그런지 깨끗한 산비탈까지 밭으로 조성하여 옥수수가 줄지어 한참 자라고 있는 푸른 모습이 마치 가르마를 타 놓은 듯 잘 정돈되어 있었다.

우리는 지금 압록강 서쪽 어귀에서 백두산이 있는 동쪽으로 달리고 있다. 옛 졸본지역인 집안(集安)으로 들어가는 길은 험한 비포장도로가 대부분이였고 간간히 확장공사를 하는듯한 모습도 눈에 띈다.

기원전 37년에 부여족을 이끌고 주몽이 정착한 통강이라는 곳으로 들어가는 길이다. 10세기경 남송(南宋)으로부터 그놈의 성리학(性理學)만 받아들이지 않았더라도 만주의 중원을 지배했던 고구려인의 용맹성과 거대한 웅지를 자손만대에 펼치어 청태종(병자호란)의 발아래에 엎드린 치욕의 역사도, 임난때 백성을 버린 선조왕의 국치의 날도 없었을텐데, 하는 생각에 빠져들었다. 조선왕조의 정치이념으로 받아들였던 성리학은 참으로 현실성이 없는 나약성으로 국가 경쟁력을 약화시켜서 약소국가로 무력화시킨 마약과도 같은 것이리라 여겨졌다. 도학(道學)정치 그것이 과연 강대국을 만들 수 있는 현실적 정치 이념이 될 수 있었을까.

4. 고구려의 400여 년간의 수도였던 국내성과 역사의 애틋한 무상

이런 생각 저런 생각에 잠겨 있는 동안 버스는 어느새 고구려의 두 번째 수도였다고 하는 국내성(國內城) 유적지 앞에 섰다. 겨우 흔적만이 남아있을 뿐이어서 허탈한 심정을 어이 표현할 수 있으랴. 작은 안내판 하나가 달랑 서 있을 뿐 참으로 허망한 유적이었다. 그 위대했던 나라의 수도 국내성이 1500년 동안 풍상을 겪고 이토록 허망한 잔해만 남았구나. 기원전에 건립한 그리스의 판테농 신전의 모습을 떠올리면 너무나 보잘것없고 허망하다.

버스를 타고 676M높이의 환도성이 있었다는 천혜의 요새를 멀리서 바라보면서 국내성과 환도성은 같은 곳이라고 주장하는 학자들의 이견을 생각하며, 아마도 국내성이 환도성과 연결되어 있는 것은 아닐까 생각해본다. 어쨌든 고구려인의 정기와 용맹성은 흔적도 찾아볼 수 없는 역사의 애틋한 무상을 느끼지 않을 수 없었다. 다만 고대사

성곽 입구에서 필자와 함께

의 기록에 의하면 "주몽이 저 멀리 북동쪽에서 남서쪽 졸본에 이르렀다."고만 기록 되어 있는 것으로 보아 확실한 고고학적 유적은 발견되지 않아서 학자들간의 주장이 각기 다른듯하다.

어쨌든 이 국내성에서 AD.3-427년, 즉 고구려 2대왕인 유리왕에서 3대왕인 장수왕에 이르기까지 425년 동안을 도읍지로 삼았다가 장수왕15년인 AD.427년에 지금의 평양으로 천도한 것으로 기록에 남아있다.

5. 광개토왕의 비문과 일본역사의 날조

우리일행은 시나브로 국내성을 돌아본 후 곧장 통화(通化)로 들어가 고구려 19대 왕이였던 광개토왕(375-413년)의 비문(碑文)이 세워져 있는 곳으로 갔다. 이 비(碑)는 광개토왕이 직접 세운 비로서 1.고구려 건국내력과 2.광개토대왕의 즉위 후 대외정복 업적 3.묘지의 관리 문제 등을 기술하고 있는 것이다.

내부에 광개토대왕 비석과 비문

이 비문이 일제 강점기에 일본군대위에 의해 발굴되어 세상에 소개 될 당시 변조되었다고 한다. 신묘년(4세기경)기사부분인 왜(倭)...도(渡)...파(破)...로 교묘하게 변조함으로써"왜(倭)가 4세기경에 바다로 건너와 백제와 신라를 파(破)해 신민으로 삼았다."라고 날조 해석함으로써 그야말로 역사왜곡을 위한 의도적으로 강행한 대목이다. 이 또한 못나고 약한 나라가 겪어야 했던 서러움이 아니었던가.

마치 광개토왕이 우뚝 서있는 듯한 높이 5M의 이 거대한 비문을 관람한 후 이제 우리는 광개토왕릉으로 향했다.

이어서 광개토왕의 다음왕인 장수왕(394-491)의 능을 찾았다. 광개토대왕이 이룩해 놓은 업적과 영광속에서 고구려역사상 가장 번창하여 영광과 부를 누렸던 왕이다. 그의 능의 규모와 웅장한 모습으로 보아 가히 그때의 부강한 상황을 짐작 할수 있다.

6. 성산(聖山)인 백두산과 단군신화를 찾아서

6월 20일 여행 3일째 날도 맑은 아침이었다. 우리는 식사를 마치고 4시간동안 줄곧 전원산길을 따라 북동쪽으로 우뚝 솟아있는 백두산 서쪽아래에 있는 서파에 도착했다. 넓은 주차장에서 셔틀버스가 백두산 중턱까지 여행객을 실어다 준다. 올라가면서 V 형으로 형성된 용암계곡을 바라보며 넓은 분지를 수차례 지나서야 중턱에 도달할 수 있었다.

현기증이 조금 나더니 마침내 정상에 도착했다. 높이 2744M의 정상에는 안개로 앞을 볼 수가 없었으나 알프스의 융프라우(3444M)보다도 남불의 몽블랑산 보다도 훨씬 낮은 산이지만 산소가 부족하기는 마찬가지다. 백색부석(白色浮石)을 머리에 얹고 있어서 백두산(白頭山)이라고 부른단다.

필자는 이 역사적인 순간을 기념하기위해 부스러지기 쉬운 흰색돌(素石) 몇 개를 주워서 여행가방에 넣었다. 백두산은 단군신화에 따르면 우리 민족의 탄생신화를 낳게한 성산인 것이다. 먼저 왔던 관광객들은 천지연을 보지 못하고 그만 하산하는 사람도 있었다. 그런데 20분쯤 지났을까? 짙은 안개바람에 갑자기 땅과 하늘이 열리는 천지창조의 순간과도 같은 장관이 벌어진다. 하늘색 파란 연못이 무대위로 솟아 오르는게 아닌가! 안개가 갑작스레 걷히고 천지연이 그 참모습을 보인 것이다. 눈을 감고 통일을 기원하던 사람 중에는 이 같은 갑작스런 장관에 기쁨의 환호성을 터뜨리는 이도 있었다. 우리는 참으로 극적인 이 순간을 사진으로 남기기 위해 좋은 자리를 찾으려고 서로 법석을 치면서 기념사진 몇 장을 찍고는 아쉬운 마음으로 맑은 하늘을 머리에 이고는 조심스런 발걸음으로 하산했다.

이 같은 장관을 좀처럼 보기 힘들다는데도 하나님이 우리를 도우셔서 극적으로 보게 해준 기쁨과 높고 먼 길을 올라 온 터라 우리는 셔틀버스를 타고서도 줄곧 벅찬 보람을 마음으로 새기면서 서파주차장에 도착했다. 관광버스로 갈아타고 오후 4시경에야 비로서 도중에 발견한 도로가에 이름 없는 식당에서 늦은 점심으로 허기진 배를 조금 채울 수 있었다. 야생돼지 바베큐 몇 꼬지가 그토록 맛이 있기는 처음 경험한 것이다. 통화시내로 들어와 저녁을 푸짐하게 한 후 북한 처녀들이 노래하는 공연장에 들러 약간의 휴식을 취한 후 저녁 10시경에야 통화시 휘풍호텔로 돌아왔다.

6월 23일 넷째날 아침. 같은 곳에서 우리는 식사를 한 후 버스를 타고 멀리 오녀산성이 바라보이는 환인(桓仁)이라는 곳으로 와서 백두산 비류봉(沸流峰)에서 흘러내려온다는 비류수(沸流水)를 보고서 4시간을 달려온 끝에 다시금 신의주 옆 단동에 도착하였다. 그곳에서 발마사지 체험으로 4일간 여행피로를 잠시 풀고 마침내 여행길의 마지막 밤을 보낼 단동가일 호텔에 투숙하였다.

6월 24일 다섯째날 여느 때처럼

호텔에서 아침식사를 한 후 서둘러 대련 항구에 4시간이나 걸려서 도착했다. 오찬은 시내의 한식당에서 푸짐한 메뉴로 끝내고 남은 시간을 대련시 성해광장에서 바다를 관광한 후 오후 2시40분 인천행 비행기로 무사히 귀국행에 올랐다.

–하나님 우리 일행을 넓은 지경으로 인도하시어 당신의 존재를 깨닫게 하시고 여행일정동안 무사하도록 지켜주심을 감사드립니다. 항상 우리와 함께 계신 당신께..

2009. 11. 30

하반기 문화유적탐방, 청송 주왕산 일원

영가회(회장 허동진)는 하반기 문화유적탐방을 2009년 9월 25일, 9월 26일 1박 2일 일정으로 청송 및 주왕산 일원을 답사하기로 했다. 회원 50여명이 참가하였으며 대현실업(손현수 회장)이 협찬하였다.

손현수 회장

영가회 2009년 하반기 문화유적탐방(청송 주왕산) 기행문

〈海山 김만연〉

〈9월 25일 金 날씨 맑음〉

永嘉會에서 1박 2일간 청송 주왕산 일원에 문화유적탐방 여행하는 날이어서 통지된 잠실종합운동장역에 아침8시 반까지 모였다. 일부 회우는 8시 20분 종로3가역에서 출발한 버스(현대관광 서울70 바 7286)를 타고 30분 후 운동장역에 도착해서 신청자 전원이 동승하여 영가회우 孫賢秀 대현그룹 회장을 대신한 김회동 본부장이 손현수 회장께서 와병 중에 계시기에 孫 회장의 뜻이라면서 자기회사의 관광버스로 오늘 주왕산 온천관광호텔에 정중하게 모시어 수질 좋은 청송 솔

기온천욕을 한 후 저녁만찬과 내일 아침조찬을 성의를 다해 모시겠습니다. 하는 친절한 인사말을 듣고

일행(姜玟昌, 權　純, 權宅烈, 金啓東, 金均融, 金萬淵, 金元鎭, 金源隆, 金鳳九, 金龍浩, 金鱗九, 金鳳會, 金海吉, 金海榮, 金澈顯, 權五澈, 權泰守, 權宅興, 南起鉉, 柳相蕃, 柳榮蕃, 柳昌奭, 柳必烋, 朴武日, 朴秉燦, 徐昌熙, 孫永煜, 辛尙學, 李載植, 李明杰, 李裕澤, 李準五, 李增求, 鄭弘明, 李羲弼, 李衡重, 張元碩 許東鎭)을 태운 버스는 안동을 향해 9시에 송파의 浮里島(잠실7동의 옛 이름)를 출발하였다.

버스가 출발하자 이형중 회우의 합부인(안사병중 본과 출신)이 출발 직전에 싣고 왔던 따뜻한 송편을 버스 안에서 배식해주어 모두들 조반

대신으로 맛있게 잘 먹었었다. 서창희 회우가 이른 아침 자택에서 급하게 조반을 들고 온 것이 달리는 버스 안에서 滯症을 일으켜 진땀을 흘리며 꽤나 고생을 했는데 동승한 김용호 회우께서 지압으로 체증을 다스려주니 徐회우는 신통하게 나았다 하며 감사의 인사를 하였다.

10시경 여주휴게소에서 잠시 휴식을 취하고 계속 달려 점촌IC를 지나 12시 20분경 안동시 풍산읍 안교리 '황소곳간' 식당에 도착하였다. 이미 그곳엔 金啓顯, 姜普英, 金源喆 회우가 미리 도착해 있었다. 오찬을 마련한 스폰서 안동병원 이사장인 강보영 회우께서 '황소곳간'의 쇠고기는 1등급 고급스테이크 등심구이며 야채 또한 청정식품이니 안심하고 마음껏 드시고 혹시 배탈이나 체증 신종플루 등 염려되시는 회우께서는 안동병원의 의료전담팀이 구성되어 대기하고 있으니 이틀간 마음을 푹 놓으시고 기쁜 마음으로 오찬을 양껏 즐겨주세요. 하는 다정한 건배사가 있었다.

오찬장에서 지근거리에 있는 경북도청이전지 등 고향이야기로 꽃을 피우며 즐거운 점심시간이 끝나고 잠시 휴식을 취한 뒤 주왕산을 향해 달렸다.

黙溪서원 옆을 지날 땐 옆에 앉은 이준오 박사가 寶白堂 서원의 현판(我家無寶物 寶物唯淸廉) 등 두 서원의 내력을 잘 설명해주어 고마웠었다. 注山池 제방의 李公堤堰成功 頌德碑에는 乾隆 36年 辛卯 10月 設立이라고 새겨져 있었으며 안내 간판에는 1720년 8월 경종 元年착공. 1721년 10월 준공. 이래 아무리 가물어도 한 번도 못 바닥이 드러난 적이 없고 길

이 200m 폭 100m 수심 8m의 아담한 저수지로, 저수지 안쪽에는 수령 150년 된 왕 버드나무 30그루가 자생하고 있어 풍치가 아름다워 탐방객이 많다고 적혀있었다. 명성주산지휴게소에서 버스에 승차하려는데 김계동 회우의 고향후배라면서 崔石煥 靑松경찰서장이 교통계장을 대동하여 그곳까지 마중 나와 일행을 반가이 맞아주며 관내 주왕산온천관광호텔까지 친절하게 안내해주었었다. 호텔 안 만찬장에는

〈환〉 영가회 2009년도 하반기 문화유적탐방 〈영〉

2009. 9. 25 ~ 26 주왕산온천관광호텔

이란 대형현수막과 함께 종업원들이 우리 일행을 공손히 맞아 환대해주었다.

만찬장에서 최석환 경찰서장은 고향선배님들 1박 2일간 즐거운 여행이 되시길 바랍니다. 란 예의바른 인사말과 사과 3박스를 놓고 돌아갔다.

이어서 孫永煜 원로회우께서 朴世煥 회우가 오늘 재향군인회 회장에 피선되었다는 희소식을 알림과 동시에 건배사를 하고 큰 박수로 화답하며 '불고기 버섯전골' 만찬을 즐겼다. 만찬 후 밤 9시에 사우나문을 닫기에 천연 알칼리성 중탄산나트륨온천(Ph9,54)으로 지하 710m 아래에서 솟아올라오는 최고의 수질인 청송솔기온천욕을 서둘러하고 일행 모두는 룸 배정을 받았다.

〈9월 26일 土 날씨 맑음〉

모두들 8시에 호텔 안 식당에서 '사골우거지 설렁탕'으로 조찬을 하고 9시에 버스에 올라 청송군 파천면 덕천리 松韶古宅(국가지정 중요민속자료 제250호)으로 향해 달렸다. 일행들은 소슬橋를 지나 靑松沈氏本鄕에 들어서 종손 되시는 분의 정중한 인사를 받고 英祖 때 萬石의 富를 누린 沈處大의 7대손 松韶 沈琥澤이 호박골에서 조상의 본거지인 덕천동에 이거하면서 1880년경에 건립되었다는 김영식 해설사의 설명을 들어가며 99칸으로 지어진 사랑채, 안채, 별당아씨의 방 등을 비교적 세심하게 둘러봤다.

청송심씨 집안은 조선시대 500년을 통해 영의정이 아홉, 좌의정이 넷, 왕비가 넷, 부마를 넷씩이나 낳은 영남사색의 주류인 서인 집안이라고 소개하였다. 필자의 陳外家 조모님이 이곳 집안에서 1894년에 8명의 轎軍이 교대로 메는 가마를 타고 하루 종일 걸려 옛 월곡면 미질동 金寧金臯門으로 出嫁해 오신 淑人청송심씨여서 더욱 주의 깊게 관찰을 했었다.

청송군 파천 덕천리 송고고택 입구

姜玟昌(前치안본부장)회우의 생가마을이 보이는 안동댐 안 舟津橋를 건너 臥龍면을 경유 綠轉면에 들어서 허동진 영가회장의 四新里 생가 앞을 지날 때 許회장의 안내 설명을 듣고 元川리 '예'고개에서 잠시 휴식을 취한 뒤 榮州시 순흥면 읍내리의 40년 전통 묵 집으로 향해 달렸었다. 그런 뒤 인근에 있는 조선명종의 賜額서원인 소수서원과 선비촌을 구경하는데 모두가 유학자가 된 듯 최옥자 문화해설사 이상의 실력으로 설명을 보태가며 관람했었다. 그리고 1243년 중국에서 주자학을 들여온 우리나라 최초의 주자학자인 회헌 安珦 선생의 유물 기록관을 영주시가 순흥안씨 종친회 대표 晩惺 安千學 學兄의 도움을 받아 선비촌 입구에 추가 건립한다는 의욕적인 계획도 오래전 鄭弘明 회우와 함께 이미 들은바 있어 관람에 도움이 되었다.

계속 달리는 버스 안에서 김인구 회우가 손현수 회장이 몇 년前 喜壽 때 '하루를 살아도 불꽃처럼'이란 회고록을 발간 회우들에게 나누어 준 바있는데 읽어보니 그 안에는 "돈만 모우는 이는 장사꾼이요, 모은 돈을 사회에 환원하며 이웃에 베풀고 사업에 정진하는 사람은 참 사업가"라고 적혀있었노라고 소개해주어 기억을 새롭게 했었다. 손현수 원로회우의 쾌유를 영가회 회우들 다 같이 기원하고 1박2일간의 경비를 부담해준 손현수 대현그룹회장에게 감사의 뜻으로 박수를 보내며 8시경 잠실종합운동장역에 도착하여 許동진 회장의 마무리 인사말을 듣고 해산하였다.

박세환 회원

김두현 대표이사

김종갑 사장

2010년 신년하례회 및 박세환 재향군인회장 축하연

새해를 맞아 아래와 같이 신년하례회 및 정기총회를 개최하였다.

▶일시 : 2010년 1월 13(수) 18 : 30

▶장소 : 프레지던트 호텔 19층 신세계홀

▶참석 : 회원 130여명

▶행사 : 영가문화상 시상: 안동문화원 (원장 김준식)

▶회원 축하 : 재향군인회장 박세환

▶공로패 : 대현실업 손준석 사장

▶협찬

- 김종갑 ㈜하이닉스 사장 : 2백만원
- 류종묵 ㈜흥국 회장 : 기념품 130세트
- 심의용 (화성상운(주) 대표이사) : 1백만원
- 김두현 ((주) 중일 대표이사) : 1백만원
- 김연박 (안동소주 사장) : 민속주 안동소주 2박스
- 선물 : 안동간고등어 1세트

류종묵 회장

심의용 사장

올해 신년하례회에선 제3회 영가문화상 시상식도 겸한다. 제3회 영가문화상엔 '안동문화원'(원장 김준식)이 영광의 수상을 차지했다. 안동문화원은 안동지역의 30여개 단체와 연계하여 지역 고유의 문화를

김 두 현 (주)중일 대표이사

계발, 보급, 보존, 전승하면서'한국 정신문화의 수도 안동'을 알리는 등 지역문화발전에 기여한 공로가 지대하다고 안동시(시장 김휘동)가 후보 추천을 해와 영가문화상 심사위원회가 수상자로 결정했다. 또한 33대 재향군인회 회장에 취임한 박세환 4성장군, 전 국회의원 축하연도 아울러 갖기로 했다. 올해 창립 33주년을 맞이하는 영가회는 추로지향 안동 출향인사들의 구심체로 이 시대 노블레스 오블리주의 정체성을 실천해오고 있다. 향토문화를 기리며, 안동인의 긍지를 발전적으로 업그레이드 시키면서 연륜을 더 할수록 그 가치를 빛내고 있다. 해마다 새해 벽두에 영가회 200여 회원 모두가 참가해서 덕담을 나누고 친목과 화합을 다지는 새해 교례회는 대성황을 이루고 희망찬 새해설계와 우정, 그리고 향토애를 나누는 안동인의 한마음 한마당으로 우뚝 자리매김 했다.

김준식 전 안동문화원장

永嘉文化賞

제3회 영가문화상 안동문화원 공적사항

안동문화원은 지역사회의 계발 및 문화진흥을 목적으로 1960년 사설문화원을 설립하여 시민계몽활동을 전개하여 오다가 1966.12.3 지방문화사업조성법에 의한 사단법인 안동문화원 인가를 받아 지역축제, 향토사료 발굴, 교양강좌 등의 사업을 전개하였으며, 1994. 8. 16 지방문화원진흥법에 의한 특수법인으로 제인가를 받아 지역 고유문화의 계발, 보급, 보존, 전승 및 그리고 향토사의 조사, 연구 및 사료의 수집, 보존과 지역문화행사의 개최, 지역 전통문화의 국내 · 외 교류, 지역문화에 대한 사회교육활동 등을 활발히 전개하여온 단체이다.

안동문화원은 다양한 지역문화행사를 주관하고 있으며, 그 가운데 전국 유일의 여성축제인 '여성민속한마당'을 8회째 개최하였고, 절기행사인 정월대보름 달맞이행사, 한가위한마당을 매년 개최하고 있다. 특히 2008년도까지 38회 개최한 '안동민속축제'는 지역의 다양한 민속과 시민화합한마당 등 시민이 함께 참여하는 축제로 그 역사가 전국에서도 다섯 손가락 안에 들며 차전놀이, 놋다리밟기, 차전농요 등 30여 가지의 우수한 안동민속을 선보이고, 1997년부터는 안동국제탈춤페스티벌과 동시에 개최함으로써 시너지효과를 거두었다고 사료되며, 지역 민속문화를 보존, 전승하고 선양하는데 앞장서 왔다.

문화원 고유업무의 하나인 향토사료 조사와 발굴 사업은 「안동김씨와 소산마을」등 마을지 4권, 「안동의 분묘」등 역사문화관련자료집 25권, 「안동의 뿌리찾기」 등 안내자료집 10권 그리고 연간지인 「안동문화」를 16집까지 발간하였으며, 분기간인 「안동문화회보」를 28호까지 간행하였다.

안동문화원에서는 사회교육사업으로 1992년 문화학교를 개설하여 사군자, 서예, 분재, 국악, 의상나염, 다도예절, 꽃꽂이, 전통음식, 한문, 사진, 문예창작, 전통문화 등의 강좌를 개설하여 시민들의 문화향수권 신장에 노력하여 왔으며 수강생 중에는 중견 예술인으로 활동하는 사람도 상당수에 이르며, 1998. 3. 6 문화예술진흥법에 의한 한국문화학교로 지정을 받았다.

2004년 12월부터 2007년 9월말까지 추진한 안동 군자문화역사마을 가꾸기 사업은 유교문화와 접목된 전통 생활문화를 재창조하고 군자마을의 다양한 생활상을 체험할 수 있는 여건을 마련하기 위해 군자마을 일대의 유무형 역사자료를 수집하고, 50여 가지의 체험프로그램을 개발하여 방문객을 대상으로 시행되고 있으며, 풋굿축제 및 기로연 등

마을행사도 개최하였다.

안동문화원에서는 중요 민속의 발굴 무대인 한국민속예술축제에 경상북도 대표로 지정된 단체를 지도하고 출전시켜 입상케 하였는바, 제1회 대회에 '하회가면극'이 대통령상을 수상한 것을 시작으로 제9회 대회에 '안동차전놀이'가 대통령상 수상, 제14회 대회에 '저전동농요'가 공보부장관상 수상, 제16회 대회에 '안동응굴놋다리'가 장려상을 수상하였고, 제10회 대회에 '하회별신놀이'가 문화공보부상을, 제45회 대회에 '한두실행상소리'가 은상을 수상케 되었다.

그밖에 '향토사료 발표회' 및 '명사초청 강연회' 등을 개최하였으며, 지역문화교류사업으로 회원들의 문화 유적지 답사를 매년 2~3회 실시하여 안목을 넓혔으며, 2007년 조성된 문화공원이 시민의 휴식공간으로 거듭나게 하기 위하여 '해설이 있는 열린음악회'를 5월부터 10월까지 매월 2회 정도 열고 있으며, 퇴계선생의 운동법인 '활인심방 배우기'를 매일 저녁시간에 하고 있다.

이상과 같이 안동문화원은 안동지역의 30여개의 문화단체와 연계하여 지역 고유의 문화를 계발, 보급, 보존, 전승하면서 『한국정신문화의 수도 안동』을 알리는 등 문화발전에 기여한 공로가 지대하므로 영가문화상 수상단체로 추천합니다.

귀 영가회에서 시상하는 영가문화상 수상자를 위와 같은 내용으로 추천합니다

2009년 10월
추천인 소속　경상북도 안동시
지위　안 동 시 장
성명　김 휘 동 인
영가문화상심사위원회 귀중

박세환 재향군인회장 취임

박세환 회장은 경북 영주중학교, 안동고등학교, 고려대학교 정치외교학과를 거쳐 고려대 대학원에서 경영학 박사를 취득했다. 군 경력으로는 육군소위로 임관(ROTC 1기) 월남참전(중 · 소대장) 청와대 국방담당 비서관, 보병 제12사단장, 육군 제8군단장, 육군 교육사령관, 육군 제2군사령관(육군대장)으로 예편 했다.

25일 월남참전군인 출신이자 국회의원을 지낸 박세환 신임 재향군인회 회장이 취임했다.

박세환 신인 회장은 선거인단 투표자 367표 가운데 217표(59.1%)를 얻어 선출됐다.

그는 "어느 때보다 향군이 어려운 상황에 처해있는 이 시대에 향군회장의 중책을 맡게 되어 참으로 그 책임에 어깨가 무겁다."며 "일생에 마지막 국가에 봉사하는 기회라 생각하고 남은 여력을 국가안보와 향군발전에 열정을 바칠 것을 엄숙히 다짐한다."고 밝혔다.

이어 이 시대가 향군에 요구하는 소명은 명실상부한 국가안보 제2보루가 되라는 것이라면서 자유민주주의체제 수호를 근간으로 종북세력들의 준동을 저지하고 향군의 밝은 미래를 위해 낡은 의식과 제도를 바꾸고 인적쇄신으로 개혁을 단행해 나갈 것을 다짐했다.

허동진회장의 2010년 신년사

33살 영가회 ... 발전적 내실 다질 때

2010 경인년 희망의 새해를 맞아 200여 영가회원 제위께 신년인사 올립니다. "새해 복 많이 받으시고 건강하십시오. "창립 33주년을 맞은 영가회는 초창기의 목표와 회원의 자격과 범위 그리고 분위기도 변

화 했지만 향토 안동을 사랑하는, 향토문화를 기리면서 안동인으로서 긍지를 살리는 우정과 친목의 모임으로 거듭나고 있습니다. 2010년 신년 하례회에선 제3회 영가문화상 시상식과 박세환 회원의 재향군인회 회장 축하연도 함께 갖기로 하였습니다. 3번째 영가문화상은'한국 정신문화의 수도 안동'을 국내외에 홍보하는데 중추적 역할을 담당했던 안동문화원(원장 김준식)이 수상의 영광을 안았습니다. 또 4성 장군 박세환 회원은 육군대장 출신으로 2군사령관, 국회의원을 거쳐 재향군인회 회장에 취임함으로써 영가회를 빛낸 자랑스러운 인물입니다. 돌이켜 보면 작년 한해 영가회는 백두산 및 옛 고구려유적지 해외문화 유적 탐방과 청송 주왕산일원 1박2일 국내 문화유적탐방 등 두 차례 회원 단체나들이를 통해 회원 간 친목과 우의를 다지는 행사를 성공리에 마쳤습니다. 그리고 2009년에 이어 연부역강한 신입회원 15명을 영입하였습니다. 우리사회가 각 분야에서 일가를 이룬 이번 신입회원들은 영가회의 발전적 활성화에 기폭제 역할을 할 것으로 많은 기대를 모으고 있습니다. 영가회의 재정문제도 새로운 전기를 맞았습니다. 정기예금 4천 5백만원과 그 이자를 결산, 5천만원의 영가회 기금을 적립하여 자립 영가회의 체제를 구축했습니다. 저의 연임에서 앞으로 우리 영가회는 제2의 도약과 내실에 충실한, 안동인 출향 인사들의 명실상부한 구심체로 자리매김 하겠습니다. 지난 한해 온 국민이 몸 고생 마음고생을 하며 글로벌 경제위기를 잘 헤치고 나와 맞이한 2010 새해여서 감회가 새롭습니다. 영광과 치욕이 교차한 격동의 역사를 넘어 일류 선진국, 선진국민으로 세계속에 우뚝 설 날을 기약하는 새해를 우리 영가 회원들이 함께 만들어 나갑시다. 회원을 위한, 회원들의 영가회가 되도록 열과 성을 다할 것을 다짐합니다. 보다 많은 편달과 격려를 기대하며 회원 제위께 새해 인사로 가름 하고자 합니다.

2010년 1월 1일 영가회 회장 허 동 진

영가회(회장 허동진)는2010년 5월 14일~15일 상반기 역사문화탐방으로 남해안 통영, 외도, 미륵산 일원을 탐방하였다.

海山 김만연 〈전 부산해운대 구청장〉

5월 14일 金 날씨 맑음

탑골공원을 출발 2차 집결지인 압구정동 현대백화점 앞에서 거제도를 향해 달렸다.

달리는 버스 안에서 영가회를 대표한 권원오 상임부회장이 참여한 회우들에게 감사의 표시로 덧붙여 예의바른 안동인의 긍지로 32명 회우가 상부상조해서 명랑하고 즐거운 여행이 되길 희망한다는 인사 말씀과 김계동 사무국장으로부터 1박 2일간의 자상한 여행안내 설명을 들은 뒤 김장미 안내양이 배식해주는 朝飯을 들게 되었다.

아침식사를 마치고선 김봉회 회우가 이틀 동안 같은 車를 타게 된 34명 전원이 공동운명체가 되었으니 우리들 모두 자기소개의 시간

을 가져 친형제가 되다시피해서 보다 줄거운 여행을 합시다. 란 발의에 따라 신병도 운전기사. 김장미 안내양을 비롯해서 앞자리에서부터 마이크를 잡고 32명(康東爀 權五澈 權源吾 權宅烈 權宅興 金康植 金啓東 金均融 金得年 金萬淵 金鳳會 金鱗九 金鉉大 柳相蕃 柳錫根 朴武日 朴秉燦 辛尙學 辛承玟 李東佐 李尙鎬 李裕澤 李增求 李衡重 林世煥 鄭弘明 권헌식 김기대 김성일 금원섭 류철기 박교흠)의 회우가 모두들 특징 있는 자기소개를 해서 서로를 기억하고 친교를 다지는데 많은 도움을 주었었다.

15분간 휴식을 취하고 계속 달려 얼마 후 거제시 일운면 구조라里〈어판장회센타. 펜션〉에 도착 청청해역에서 금방 잡은 생선회 오찬을 하였다.

김장미 가이드가 유람선 탤런트호(정원 98명) 승선권을 구입해 와서(1인당 14,000원) 유람선을 타고 구조라에서 해금강으로 거기에서 외도로 가서 둘러보는 세 시간 남짓 걸리는 바다관광을 떠났다.

필자와 같이 외도에서

外島港에 정박해선 1인당 8,000원의 입장료를 지불하고 뒤따라 유람선의 계속적인 입항으로 줄을 서서 기다려 바다 한가운데 떠있는 녹색 아일랜드 아름다운 식물의 낙원 OEDO-BOTANIA에 입장했다.

외도엔 늘 푸른 840여종의 아열대식물과 조각공원 유럽풍 정원 등 이국적 자연환경이 어우러진 국내 유일의 해상농원으로서 아름다운 환상의 섬으로 동양의 하와이라 불리기도 한다.

1971, 6 ~ 1975, 9까지 4년 남짓 필자가 경남도청 농정과장. 감사실장으로 在職시에 업무상 외도를 확인해볼 기회가 있어 오늘의 외도를 가꾼 故이창호씨(1934년생)가 1973년도

에 거제군 일운면 와현리 산109번지 외 24필지 145,448평방미터를 매입 소유권 이전 등기를 할 때 너무나도 의아스럽게 생각했었는데 2008년도 한해에 100萬명이 넘는 관광객이 다녀간 이렇게도 훌륭한 해상농원을 만들 꿈을 가지고 있었음에 경탄을 금치 못했었다.

2005년부턴 ㈜외도-보타니아로 이름을 바꾸어 그 부인 최호숙씨(1936년생 서울 사범출신으로 18년간 초등학교 교사로 근무한 경력)가 남편 못지 않게 운영을 잘 해가고 있었다.

5월 15일 土 날씨 맑음 약간의 구름

가이드가 매물도(등대섬)와 한산도(제승당)를 둘러보는 '뉴 월드유람선' 승선권을 구입(1인당 23,000원)해 와서 출항을 기다리는 사이 일행은 인근의 동개섬에 올라 통영요트학교도 구경하고 터미널 내 '쌍용건어물 유통 상회'에서 건어물 한 두 박스씩 선물을 구입하여 관광버스 아래층 창고에 실었다.

날로 늘어나는 통영바다관광객에 대비하여 최근엔 정원 600명의 대형 '해피킹 유람선'을 건조해서 운행하고 있었다.

선장은 한산도를 비롯해서 저도 송도 오곡도 우도 연화도 욕지도 비진도 용초도 죽도 등 29개 섬의 비화(공룡바위 신랑바위 신부바위 주

례사바위 촛대바위 등)를 신명나게 설명 해 주었다. 약간의 구름이 있어 바다는 더 선명하게 보였으며 물이 맑다 못해 새파랗게 보였다.

절벽에 꼬막과 같이 붙어 앉아 고기를 낚는 낚시꾼들의 모습은 퍽이나 위태롭게 느껴졌다.

한산도 제승당 수루에 올라 주변을 살펴보니 海戰하기엔 要塞 중 요새지였으며 살고자하면 죽을 것이요. 죽고자 하면 살 것이니(必死卽生 必生卽死) 목숨을 바꿔서라도 조국을 지키고 싶은 자는 나를 따르라는 이순신장군의 말이 귓전을 울리는 것만 같았다.

한산竹島 制勝堂을 나와 1시반경 통영유람선 부두에 도착하였다.

버스로 잠시 이동하여 통영시 항남동 '해오름'식당에서 멍게비빔밥과 해물뚝배기로 오찬을 한 뒤 다시 버스로 통영 미륵산 한려수도 케이블카 승강장으로 갔다. 케이블카 탑승권을 구입(1인당 8,000원) 많은 관광객 틈에 차례로 도열하여 국내 최장 1,975M의 삭도. 8인승 곤돌라에 몸을 싣고 상부정류장에 도착하여 약 400M 길이의 산책데크가 미륵산 정상 해발 461M까지 설치되어 있어 안전한 등반을 할 수 있었다.

정상에 오르니 동양의 나폴리라는 바다의 땅 통영港과 閑麗水道의 多島海 조망이 표현할 수 없을 정도로 아름다우며 청명한 날이라 일본 대마도. 지리산 천왕봉. 여수 돌산도가 다 보일 정도로 탁월한 전망을 자랑하였다. 고려 말부터 외적을 칩임을 알리는 봉수대가 설치되었으며 한산대첩의 현장을 한눈에 바라 볼 수도 있었다.

또한 울창한 수림사이로 흐르는 맑은 물과 함께 진달래, 동백꽃, 팔손이나무, 단풍, 통영병꽃 등이 만개해있어 정말 아름다운 명산이었다.

권헌식 사진작가 회우가 단체 기념촬영을 하고 4시경 정상을 내려오니 승강장 마당에서는 '통영명품 한려리더스클럽'에서 〈케이블카탑승객 200만 돌파!! 경축 한려수도 케이블카 열린 음악회〉가 열리고 있었다.

歸家 길을 생가하며 서둘러 버스를 타고 귀경길에 오르니 운전기사는 안전운행으로 열심히 달렸다. 6시경 '인삼랜드 휴게소'에서 휴식을 취하고 계속 달러 죽전휴게소에서 잠시 쉬어가며 감자 호두과자 등을 사와서 저녁식사를 대신하였다.

회우들이 이틀간의 문화탐방 소감을 피력하는데 모두가 자연환경을 잘 보존하고 가꾸어나가는 길만이 먼 훗날에는 그것이 관광자원이 되고 살기 좋은 고장을 만드는 것이라고 힘주어 말하였다.

안동향우장학재단 인가

재단법인 안동향우장학재단 설립신청서는 재경안동향우회 금창태 회장의 열정 아래 권원오 상임부회장, 김경진 사무국장, 김영길 ㈜휴다임 상무가 동분서주로 준비한 끝에 2009년 12월 20일 안동시 교육청에 인가서류를 제출 했다. 신청당시 기본재산은 권웅열 고문이 출연한 1억원과 류목기 명예회장이 총괄 부회장으로 근무하는 ㈜ 풍산 류진 회장이 1억원, 그리고 이준승 이사장이 출연한 2천만원 중 5백만원을 합해 2억 5백만원(우리은행 예금잔고증명 첨부)으로 했다. 신청서는 안동시교육청을 경유하여 경상북도 교육청에 송부되었으며 2010년 1월 6일 정식인가를 받았다. 재단 사무실은 김황평 회원 (㈜휴다임 회장)이 제공한 안동시 태화동 666-157번지 2층에 개설하고 서울사무소는 이준승 장학재단 이사장 사무실인 서울 강남구 삼성동 141-33 리치타워 빌딩 9층 한성합동법률사무실에 두기로 했다. 2009년 12월 31일 접수된 기금총액은 4억5천2백65만원으로 집계되었다. 출발할 때는 2억을 모을 수 있을까 하고 걱정했는데 금창태 재경안동향우회장의 의지와 열정이 받침 되어 좋은 성과가 나왔다.

김경동 교수 서울시 자원봉사 앞장

김경동 교수

요즘 명함을 내밀면 사람들이 의아해 한다. 40년 넘게 대학 강단만 지킨 노교수 명함에 '봉사'라는 말이 3번 들어 갔기 때문이다. '한국자원봉사 포럼 회장', '서울특별시 자원봉사센터 이사장', '국무총리실 자원봉사 진흥위원회 위원'을 맡고 있다. 사실 지금이 서울대학교 재직 때보다 더 바쁘다. 9년 전 퇴직을 한 뒤 전국을 누비며 자원봉사에 대한 강의로 바쁘다. '불우이웃에게 음식을 만들어 주는 일을 함께하자는 제의도 받지만 "나는 음식을 만드는 데는 소질이 없고 강의는 잘하니까 강의로 봉사하겠습니다."라며 사양했다. 단순한 육체적 노력봉사를 넘어 의료, 법률, 교육, 문화, 생태환경, 시민의식 등 다양한 분야에서 실질적 도움을 줄 수 있도록 개인과 시민단체, 민간기업과 사회적기업이 함께 노력해야한다. 재능나눔은 어려운 것이 아니다. 자신의 직업과 특기를 조금씩 나누면 된다. 음악교사는 저소득층 아이들에게 음악을 가르치고, 도배업자는 이웃에 도배봉사를 하면 된다. 일주일에 1시간, 한 달에 1시간 재능나눔이 모이면 우리사회가 1도 더 따뜻한 사회로 바뀔 것이란다.

허동진 회장 '건국포상'

국가보훈처는 2009년 4월 19일 서울 강북구 수유동 국립 4.19민주묘지에서 정부주요인사와 4.19혁명관련 단체회원 및 학생 등 2천여명이 참석한 가운데 4.19혁명 제50주년 기념식을 열고 자유민주주의 수호를 위해 독재정권의 불의에 항거한 혁명정신을 기렸다. 이날 기념식에서 이명박 대통령은 4.19혁명은 험난한 시련에도 불구하고 자유대한민국이 지켜야 할 숭고한 가치를 회복하고자 민주주의를 향한 거대한 첫걸음을 내딛는 웅장한 걸음이었다고 회고하며 이 자리에서 4.19

혁명에 앞장섰던 허동진 영가회장등 7명의 유공자에게 '건국포상'을 일일이 수여했다. 한편 허동진 회장은 지난해 추석을 맞아 '병만이네 물길여행'이란 서적을 구입하여 모든 회원들에게 우편으로 발송했다.

허동진 부회장 '우당장학 문화재단' 설립

허동진 부회장

허동진(풍림화섬, 풍림섬유 대표이사 사장) 부회장은 고향 안동의 후학들을 돕기 위한 장학재단을 설립했다. 본인의 호를 딴 '우당장학재단'은 현금 3억, 주식 2억, 총 5억원의 장학기금으로 설립되었다. 안동관내 초,중,고 학생 18명에게 1천 5백만원을 지원한 바 있다. 앞으로 매년 1천 5백만원 ~ 2천만원의 장학금을 지급할 예정이다. 허 재단이사장은 향후 2차 장학기금 5억원을 증액하여 총장학기금 10억원을 조성할 계획이다. 이미 고향 안동의 애향심을 북돋우는 체육기금조성 등 많은 지원 활동을 해온 허부회장의 쾌거에 대하여 각계의 찬사를 받고 있다. 또한 허 대표이사는 7월 28일 베트남에 투자회사를 설립했다. 투자금 총 300백만 달러를 들여 HYOSUNG VINACO>LTD를 인수 운영하게 되었다. 공장규모는 대지 2만 4천평, 건물 3천 7백평, 직기 150대, 기타 50대이다. 효성비나 회사의 연매출은 5백만 달러 정도이다.

암을 넘어 100세까지

제5대 회장 : 2011 ~ 2014
류 종 묵 회 장

제5대 류종묵 영가회장 취임

류종묵 회장

제5대 류종묵회장은 2011년 1월 7일 취임하여 2014년 12월 31일까지 연임했다.

영가회(회장 허동진)는 지난 12월 3일 세종호텔에서 4/4분기 정기이사회를 열고 차기(5대)회장에 류종묵 부회장을 만장일치로 선임하였다.

제5대 류종묵 영가회장

류종묵 회장은 안동고등학교, 서울대학교 상과대학을 졸업하고 1978년 4월 (주)흥국 대표이사로 취임 당시만해도 국내 단조산업의 영세한 규모와 열악한 환경에서 자동차와 건설기계 시장의 미래 성장성을 내다보고 열정과 집념, 도전정신으로 국내외로 영업네트웍을 구축했다. 그는 건설기계와 자동차부품 등 단조품 분야에서 40여년간 외길을 걸어오면서 가공조립공장, 열처리 공정, 자동 조립공정 등 자체기술을 개발, 자동차, 건설기계부품 제조분야에서 독보적인 경쟁력을 갖춘 기업으로 성장, 확장시켰다.

류 회장은 지난 5월 28일 안동대학교 경영연구소에서 수여하는 최고경영자 대상을 수상하였다. 안동대학교 경영연구소 운영위원회는 '최고 경영자 대상'은 안동 및 경상북도 북부지역 출신으로 건전한 경영철학을 소유하고 탁월한 경영능력을 발휘, 국가경제와 기업발전에 공로가 큰 국내 기업경영자를 발굴 시상함으로서 지역의 자긍심을 고취하고자 1997년 11월 최고 경영자 대상을 제정 안동대학교 경영연구소에서 수여하고 있다.

류종묵 회장은 중소기업인의 자세로서

1) 말보다는 행동으로 보여주는 솔선수범(率先垂範)
2) 맡길 것은 믿고 맡기되 최종책임은 경영자가 지는 책임경영(責任經營)
3) 사원과 고객으로부터 믿음을 얻는 신뢰경영(信賴經營)
4) 소명의식을 가지고 자기 주도적 삶을 살아가는 천직궁행(天職躬行) 해야 할 일로 강조했다.

류 회장은 건설기계와 자동차부품 등 형단조 분야에서 40년 외길을 걸어온 (주)흥국 류종묵 회장의 이 회사는 2012년 매출외형 900억원,

2013년 1,100억원 목표, 2015년 1,500억원을 목표로 하고 있다. 과묵한 성품의 소신이 뚜렷하고 겸손한 류 회장은 주변 어려운 이웃을 돕는데는 항상 앞장서고 있다. 안동고등학교 장학재단 이사장을 오래 지내면서 주변 사람들을 깜짝 놀라게 할 만큼 거금을 희사하였으며, 박약회 인성교육사업, 안동향우 장학회 등에 통 큰 기여를 하고 있다.

2011년 신년하례회 및 회원 축하회 – 이희범 경총회장, 권오을 국회사무총장

▶일 시 : 2011. 1. 7. (금) 18 : 30

▶장 소 : 프레지던트호텔 31층 모차르트 홀

▶참 석 : 회원 120여명

▶취 임 : 류종묵 제5대 영가회장 취임

▶축 하 : 이희범 경총회장, 권오을 국회사무총장

▶경비협찬

– 허동진 명예회장 : 1,000,000원

이희범 경총회장

권영복 새서울그룹 회장

- ㈜ 인피니티 권영복 대표이사 : 1,000,000원
- ㈜ 흥국 류종묵 회장 : 기념품 세트 130세트

▶광고협찬
- ㈜ 흥국 류종묵회장 : 1,000,000원
- 대정상사 ㈜ 금경수 회장 : 1,000,000원

▶기념품 : 간고등어 1세트

▶임원 : 부회장 : 권순한, 강석인, 이희범, 권숙창, 김종갑
상임부회장 : 김계동 감사 : 심우영, 권원오
사무국장 : 류덕상 총무 : 김영일

이희범 경총회장

이희범(70 · 사진) STX에너지 · 중공업 회장이 제5대 한국경영자총협회 회장을 맡는다. 경총이 지난 2월 이수영 회장의 사퇴 이후 '선장 없는 배'로 지낸지 약 6개월 만이다. 비 오너 출신이 경총 회장이 되는 것은 처음이다. 경총 회장직은 비상근이어서 이 회장은 STX에너지 · 중공업 회장직은 그대로 유지한다.

경총의 회장 자리는 재계의 노사관계의 전담창구로 모두가 맡기 꺼리는 자리다. 노동계와 경영계 양쪽으로부터 비난과 원성을 들을 수 있기 때문이다.

이 회장은 1972년 상공부에서 공무원 생활을 시작해 산업자원부 장관까지 오른 정통 상공관료 출신이다. 뚝심과 친화력, 열정과 소신이 뚜렷한 그는 갈등 해

결에 탁월한 능력이 있는 것으로 평가받고 있다. 산업자원부 장관 취임시 부안군 방사선 폐기물 처리장 문제를 해결한 것으로 증명된다. 경총회장 자리를 3개월 고사한 이 회장의 마음을 돌려놓께 한 것은 재계의 원로들이었다. 조석래 전국경제인연합회 회장, 박용성 전 대한상공회의소 회장, 김창성 경총 명예회장, 이장한 종근당 회장, 정지택 두산중공업 부회장 등 회장 추대위원회 위원들이 이 회장의 STX 집무실로 찾아가 최종적으로 이 회장의 수락을 얻어 냈다고 한다.

이 회장이 "경총 회장은 노사 간 이해관계가 대립되는 부분이 있어 매우 어려운 자리"라고 말한 것을 보면 많이 고민하고 어려운 결단을 했다는 의미다.

권오을 사무총장

권오을 국회 사무총장

국회는 2010년 6월 15일 오전 본 회의를 열어 18대 후반기 국회사무총장에 권오을 전 한나라당 의원을 선출했다. 이날 표결 결과 총 투표수 177표 중 찬성 167표, 반대 7표, 기권 3표로 권 사무총장의 임명이 확정됐다. 권 사무총장은 인사말에서 "국민의 대표기관인 국회의 위상과 역할을 강화하기 위해 의원 여러분을 보좌하는데 최선의 노력을 기울이겠다."고 소감을 밝혔다. 국회 사무총장은 정무직으로, 보수는 국무위원, 즉 장관의 보수와 동액으로 한다. 또한 국

회의 사무를 통할하는 직책을 수행하므로 정치적 영향을 받지 않는 중립적인 위치에서 의정활동을 지원해야 한다는 차원에서 정당의 발기인이나 당원은 사무총장에 임명될 수 없다. 사무총장의 사무통할권은 일반 행정사무에 관한 사무전반에 미친다. 그러나 직무의 성격상 행정사무가 아닌 의안의 심의와 직접 관련된 사무에는 사무총장의 사무통할권이 미치지 못한다. 국회사무총장이 권한을 행사함에 있어서 절차상 국회의장의 감독을 받지만 일반 행정사무에 관한 경우에는 의장의 감독권은 일반적 · 형식적 감독에 지나지 아니한다.

소속공무원에 대한 지휘 · 감독권은 국회사무처 소속공무원에 대한 일반적인 지휘 · 감독권이다.

권 사무총장은 경북 안동출신으로 안동중, 경북고, 고려대학교 정외과 출신으로 30대에 15대 국회에 당선돼 정계에 입문한 3선 의원이다. 지난 17대 대선에서는 중앙선대위 유세지원단장을 맡았으며, 20년간 정치력과 행정력을 겸비했다.

또한 17대 대선 한나라당 중앙선거대책위 유세지원 단장, 18대 대선 새누리당 총괄본부 부본부장, 새누리당 대표경선 김무성 캠프 총괄본부장 등 매 순간마다 당의 중책을 맡아 훌륭히 수행하였다.

감사패 증정

영가회(회장 류종묵)는 2011년 4월 19일 프레지던트호텔 19층 신세계홀에서 2/4분기 임시총회를 갖고 허동진 명예회장에게 감사패와 행운의 열쇠를 증정하고, 이어서 "암을 넘어 100세 까지" 제목으로 홍영재 강사의 특강이 있었다.

또한 회칙을 개정하여 원로회원 연령을 77세에서 75세로 하향 조정하기로 하였다.

홍영재 박사 초청 특강 '암을 넘어 100세까지'

홍영재 박사는 1943년 전북 전주 출생으로, 연세대의대 의학과, 동 대학원 박사학위 취득, 차병원 산부인과과장, 건국대 민중병원 산부인과 과장등 역임.

현재 홍영재 산부인과를 운영하고 있으며, 연세대의대 외래교수, 전국산부인과 개원의 협의회 부회장, 아시아 성학회 부회장, 대한의사협회 이사, 서울특별시 의사협회 부회장, 대한 노화방지 연구소소장, 대한 여성비만노화방지학회 회장 등을 맡고 있다.

저서로는 '암을 넘어 100세까지' '나는 아기에요.' '임신과 출산' '아기의 첫 365일' '타이밍 임신법' '아기는 총명하게 키워라' 등 다수가 있다.

암에 걸린 의사는 일반인보다 충격이 몇 배가 더 크다고 한다. 의사가 환자된 것이 부끄럽기도 하지만 자기 몸도 챙기지 못한 무능한 의사로 보일 것 같아 마음이 많이 위축 된다. 그러나 이런 시련을 극복하고 제 2의 인생을 사는 의사가 있다. 홍영재 박사는 서울 강남에서 유명한 산부인과 원장이었고, 잔병치레 하나 없이 건강했는데, 2001년 대장암 3기 판정을 받았으며 암이 신장까지 전이되어 남은 삶이 3개월 정도라는 선고까지 받았다. 6개월간의 항암치료로 체중이 18kg이나 빠졌고 온 몸에 포진이 번졌다. 그는 "더 이상은 치료를 못 받겠다."고 포기하려고도 생각했으나, "하나님께 맡기라."는 목사님의 말씀을 듣고 다시 힘을 내어 치료를 했다. 그는 "암 때문이 아니라 못 먹어서 면역력이 떨어지면 죽겠다."는 생각이 들어서 어릴적 먹었던 청국장과 연두부를 먹으면서 기적적으로 기운을 회복했다고 한다. 그는 대장암이 치료되고 난 후 자신의 직접 경험을 통해 얻은 지식을 전국을 다니면서 건강한 삶과 암 예방에 대해 특강도 하면서 고통받는 암 환자들에게 희망과 길을 전해주는 역할을 하고 있다. 암치료에서 정신력과 의지력의 중요성을 강조하고 있다. 그는 말기 암 환자가 안되는 길은 조기 암 건강검진이라고 강조한다. 홍 원장은 이날 강의에서 세로토닌적인 삶을 화두로 던졌다. 세로토닌이란 뇌에서 분비되는 신경전달물질 중 하나로 평화와 쾌적한 행복을 느끼게 해주는 호르몬으로 알려졌다. 홍 원장은 "잘 씹고, 잘 걷고, 사랑하고, 심호흡 하고, 명상 등을 자주 하는 것이 면역력(세로토닌)을 증진시키는데 도움이 된다고 한다. 홍 원장은 사람도 좋고 자연, 물건도 좋으니 감사할 일을 일부로라도 찾아서 하루에 열 번이고 스무 번이고 '감사합니다.' '고맙습니다.'란 말을 하라고 권유했다. 홍 원장은"건

강이란 육체적 요인이 5%이고 감정이 95%를 차지하고 있다."며 "마음이 곧 건강이다."고 강조했다. 홍 원장은 이어 자신의 암투병 극복을 계기로 직접 출간한 '5가지 색으로 전하는 삶을 다스리는 컬러 푸드이야기 오색섭생'의 내용에 대해 언급했다. 그는 식물이 가지고 있는 기능성 유기물질인 파이토케미컬이 비타민에 버금가는 중요한 생리활성 물질이며 특히 인체의 노화와 질병 예방에 중요한 물질이라고 소개했다. 대표적으로 토마토와 수박, 호박, 고구마, 브로콜리, 마늘, 양파, 가지 등을 언급했다. 홍 원장은 "토마토의 빨간색은 암과 대적하고 수박은 노화를 막아준다"며 "수박의 빨간색 과육에 함유돼 있는 라이코펜은 활성산소를 없애주고 세포들의 노화를 막아주는 심장질환과 암을 예방하는 대표 성분이다."고 말했다. 또 대장암 예방을 위해서는 붉은색 고구마를 섭취해야 하고 혈전을 막아주는 청국장을 먹을 것 등을 당부했다.

홍 원장은 끝으로 행복한 삶을 위한 방법으로 7가지를 제시했다.(출처: 전북일보 발췌정리)

△ 현명하고 지혜로운 선택을 하라

△ 자신의 존재 가치에 대해 믿음을 가져라

△ 기회가 왔을 때 확실히 잡아라

△ 자신의 능력을 의심하지 말라

△ 좌절을 두려워 하지 말라

△ 인생을 좀 먹는 허영심을 걷어내라

△ 긍정의 마인드로 반전하라 등을 행복한 삶을 위한 방법으로 소개했다. 또 그는 120대까지 살아가는 법으로

1. 청국장
2. 돼지고기는 푹 삶아 먹어라.

3. 붉은색고구마, 가지 많이 먹어라.
4. 많이 움직여라.
5. 명상의 시간을 가져라.
6. 옷은 젊게 입고 청바지를 입어라, 인생은 마음먹는 대로 된다.
7. 긍정적으로 생각하라. 할 수 있다는 생각이 인생을 바꾼다.
8. 꿈을 몇 가지 되던 가지라고 한다.

암은 싸우는 대상이 아니라 여행을 함께하는 친구이자 그동안 살아온 삶을 반성하라고 찾아온 친구처럼 생각했다는 홍 박사는 "사랑만큼 귀중한 보약은 없다."고 말한다.

사랑 앞에 인간은 그 어떤 명약으로도 얻어질 수 없는 기적을 선보이기도 한다는 것이다.

회칙개정(2011. 1. 7) – 원로회원 연령제한

정기총회에서는 회칙을 개정했다.(2011. 1. 7.) 그 내용은 입회비와 회비의 인상이나 인하 등은 이사회에서 조정하는것이 더 현실적이고 합리적이므로 이를 고치고자 함.

종　전	개　정
제5장 財政 제18조[수입] 본회수입은 입회비, 회비, 찬조금, 기부금으로 한다. 1. 입회비 : 300,000원 이상 2. 일반회비 : 연 100,000원 이상 3. 특별회비 〈이하생략〉 4. 찬조금 및 기부금 〈이하생략〉 5. 기타 수익금 〈이하생략〉	제5장 財政 제18조[수입] 본회수입은 입회비, 회비, 찬조금, 기부금으로 한다. 1. 〈삭제〉 2. 〈삭제〉 1. 특별회비 〈이하생략〉 2. 찬조금 및 기부금 〈이하생략〉 3. 기타 수익금 〈이하생략〉

♦ 이 개정(안)은 21010. 12. 3 본회 이사회에서 확정된 (안)으로서 2010년 귀속정기총회에 그 승인을 요청합니다.

◆ 4/4분기 이사회 참석이사 (11/13 참석)
김해길, 류목기, 금창태, 허동진, 류종묵, 권원오, 권순한, 이희범, 권오철, 이명걸, 김계동

박석무 초청 특강 '안동의 사림정신'

2011년 1월 7일(목) 18시 30분, 프레지던트 호텔 31층 모차르트 홀에서 3/4분기 임시총회 겸 특강을 가졌다. 특강 강사는 다산연구소 박석무 이사장이다.

박석무 이사장은1942년 전남 무안 출생으로 전남대학교 대학원 법학석사, 고려대학교 언론대학원 최고위과정 수료.

경력으로는 제21대 단국대학교 이사장, 성균관 대학교 석좌교수, 한국고전 번역연구원 원장, 다산연구소 이사장, 제13, 14대 국회의원을 역임 하였으며,

저서로는 '다산 정약용 유배지에서 만나다.' '다산 기행', '풀어쓰는 다산이야기'

역서로는 '유배지에서 보낸편지' '다산시 정선상하' '흠흠신서' 등이 있다.

정신문화의 수도 안동

정신문화의 수도 안동은 통일신라와 고려시대의 지도 이념이었던 화엄사상이나, 조선시대의 지도 이념이었던 성리학, 일제강점기의 독립운동과 같은 당대의 새 사상을 생활 속에서 실험하고 튼튼한 근거지 역할을 했던 곳이다. 그뿐만 아니라 일제에 의해 전통 사회가 무너지자 이를 온몸으로 지키려는 과정에서 오히려 새 시대의 혁신 사상을 앞장서서 실험하였던 곳이기도 하였다.

정신문화의 수도 안동의 특색

1. 유교 문화의 원형을 간직한 추로지향(鄒魯之鄕)의 도시 안동

추로지향은 공자가 태어난 노(魯), 맹자가 태어난 추(鄒)와 같은 정신적 고장이란 뜻이다. 조선 정조가 퇴계 치제문에서 '추로지향'으로 치하하였고, 1981년 공자 77세손인 공덕성(孔德成)이 도산서원을 방문하였을 때 도산서원 원장으로 추대되어 '추로지향'이란 휘호를 남기

기도 하였다. 앞으로의 세계는 문화적 동질성을 가진 국가끼리 연합한 초국가 형태를 띠면서 치열한 문화 경쟁 체제로 들어가게 될 것으로 보인다. 세계적 석학들은 한국이 중국 · 일본과 더불어 유교 문화를 바탕으로 한 초국가를 형성하게 될 것으로 예측하고 있다. 그러나 한국 · 중국 · 일본의 문화적 동질성이 유교 문화라는 점에는 동의하지만 중국과 일본에서는 실질적 기반으로서 생활을 통해 확인할 수 있는 유교 문화의 원형은 대부분 파괴되었고, 지금은 한국의 안동에 유일하게 남아 있다.

2. 우리나라 유일의 지역학인 안동학(安東學)의 위상

안동학은 안동에 남아 있는 무속, 불교, 유교, 기독교, 근대의 신사상 등 온전히 보전되어 있는 다양한 문화 지층을 면밀히 탐구하여 우리 정신의 특징과 가치를 재발견하여 지역학의 독자성뿐만 아니라 동북아시아의 문화적 동질성으로 정립해 나가고자 하는 학문이다.

안동대학교와 경북대학교, 지역 연구기관인 한국국학진흥원, 국제적 연구기관인 하와이대학 한국학연구소가 공동으로 뜻을 모아 이미 5년 전부터 진행해 오고 있으며, 그 결과물로 『안동학』 5권을 발간하였다. 2004년 10월 27일 이와 같은 문화적 · 정신적 토대를 바탕으로 안동은 세계역사도시연맹(세계 65개 도시)의 회원 도시가 되는 영예를 얻게 되었다.

3. 선비 정신을 이어 가고 있는 평생학습 도시

정신적 가치를 탐구하는 일은 전문가의 역할이지만 그것을 삶 속에서 실질적으로 지키는 일은 그 사회 구성원이다. 전통시대 서원에서 제시한 성리학적 생활 규범이 마을에서 향약의 형태로 실천되어 뿌리내렸듯이 새 시대에는 안동 시민 모두가 평생학습과 공동체적 참여 윤리로 삶을 건강하게 만들고자 노력하고 있다.

현재 안동은 평생학습의 기운이 무르익어 예컨대 안동향교의 사회교육원, 한국국학진흥원의 국학시민교양강좌, 안동문화원의 문화대학 · 박물관대학 · 신우대학, 도산서원 선비문화수련원, 안동예절학교 수련원, 노인대학 등 51개 평생교육 기관에서 매년 15,000명이 학습하고 있다. 2003년 9월 26일 교육인적자원부는 대구 · 경북 지역에서 최초로 안동을 '평생학습 도시'로 선정하였다.

4. 우리나라 최초의 독립운동 발상지

안동은 1894년 갑오의병(甲午義兵)에서 1945년 안동농림학교(安東農林學校) 학생항일운동에 이르기까지 많은 인사들이 독립운동에 투신하여 가장 많은 독립운동가를 배출하였다. 2005년 국가보훈처에 등록된 독립유공자 700명(대구 120명, 서울 233명) 가운데 안동 출신은 277명에 이른다. 또한 1894년 일어난 갑오의병이 독립운동 최초의 역사로 기록됨으로써 안동은 우리나라 최초의 독립운동 발상지로 자리매김하였다.

2007년 8월 10일 사단법인 안동독립운동기념사업회는 안동 지역의 민족정신을 고취하고자 국가보훈처와 안동시의 지원을 받아 안동독립운동기념관을 건립하고 을미의병(乙未義兵) 당시의 기록인 『안동의소파록(安東義疏爬錄)』, 류인식(柳寅植)의 『대동사(大東史)』, 조선노동공제회(朝鮮勞動共濟會) 안동지회 임명장, 안동조선물산장려회(安東朝鮮物産奬勵會)의 취지서, 「신간회(新幹會) 국내외 정세 보고서」 등의 유

안동독립기념관

물을 전시하고 있다.

5. 전통과 예절이 살아 숨 쉬는 인보협동(隣保協同)의 고을

안동은 향약의 실천을 이어받아 이웃과 더불어 어려움을 함께 극복하는 사회적 결속력이 강하게 남아 있다. 기초 자치단체 중 가장 많은 복지시설(62개소)을 갖추고 있는 도시로 2004년 자치경영혁신전국대회에서 최우수상, 2005년 주거복지 부문 전국 최우수상을 수상하였다.

6. 신명나는 한마당, 안동국제탈춤페스티벌과 안동민속축제

안동에서는 해마다 가을에 안동국제탈춤페스티벌과 안동민속축제 등 세계인과 함께할 수 있는 장을 만들어 문화적 변화에 능동적으로 대처하고 우리 문화를 적극적으로 수용하고 계발하는데 앞장서고 있

다. 이처럼 안동지역에서 행해지고 있는 축제는 민족정신을 잘 반영하고 화합과 단결을 이끌어내는 구심점 역할을 하고 있다.

특히 안동지역에서 이루어지는 축제는 우리민족의 번영뿐만 아니라 세계인이 하나가 되는 뜻 깊은 장으로서 문화관광부에서 6년 연속 전국 650여 축제 중 최우수 축제로 선정하였고, 2005년에는 안동에서 열린 IOV(유네스코 산하 국제민간문화예술교류협회) 185개 회원국 총회에서 '올해의 세계 최고 축제 자격 인증패'를 받기도 하였다.

안동은 또한 한국에서 가장 많은 문화재를 보유한 지역으로 남성 대동놀이인 안동차전놀이, 여성 대동놀이인 안동놋다리밟기, 화전놀이, 저전논매기소리, 내방가사, 행상소리 등 다양한 유형 · 무형의 문화재가 전승되어 전통을 이어 가고 있다.

7. 과거의 지식 정보를 집대성하고 미래의 비전을 설계하는 한국국학진흥원

한국국학진흥원은 한국학 자료의 수집 · 보존과 연구 및 보급을 통합적으로 수행하기 위해 설립된 국내 유일의 한국학 전문연구기관이다. 안동 시내에서 동북쪽으로 20여㎞ 되는 지점, 퇴계가 만년에 학문을 연마하고 제자를 가르치던 도산서원으로 가는 길목에 있다.

안동을 중심으로한 경상북도 북부권은 퇴계학의 본산으로서 영남학파의 근거지라는 문화사적 중요성을 지닌다. 이런 까닭에 안동 지역은 한국뿐만 아니라 세계적으로도 유교 문화의 흔적을 가장 많이 보존하고 있는 곳으로 유명하다. 한국국학진흥원의 유교문화박물관에 만인소 등 250여 종 300여 점의 유물이 전시되어 있고, 장판각에는 목판 53,000여 장과 고문서 20만 점이 보관되어 있다.

한국국학진흥원은 유네스코 기록문화유산 등재를 위한 목판 10만 장 수집운동을 추진하고 있으며, 국내외 한국학 관련 기관과의 활발한 교류와 학술대회를 통해 매년 많은 학자들의 참여를 이끌어내고 있다.

아울러 국제적인 유교문화 연구기관과 네트워크를 구성하고 공동 연구를 수행함으로써 국학의 세계화 기틀을 마련해 가고 있다.

[네이버 지식백과]精神文化-首都安東] (한국향토문화전자대전, 한국학중앙연구원)

2011년 10월 10일 (목) 프레지던트호텔 31층 모짜르트홀에서 4/4분기 특강을 가졌다. 특강강사는 한반도 선진화재단 박세일 이사장이며 제목은 '21세기 대한민국의 꿈'이다.

박세일 한반도 선진화 재단 이사장 특강 '21세기 대한민국의 꿈'

한국의 대표적 지식인, 경세가, 정치 · 사회 개혁운동가이며 현재는 한반도 선진화재단 이사장과 서울대 명예교수로 활동하고 있다. 1995년 문민정부 시대의 '세계화개혁'을 주도했고, 2000년부터는 국민통합과 국가발전의 이념으로, 공동체적 가치와 연대, 그리고 개인의 자유와 창의를 소중히 하는 '공동체 자유주의'를 주장해오고 있다. 2006년부터는 '대한민국의 선진화'를 산업화, 민주화 이후의 국가비전으로 제시하였으며, 2010년 이후에는 동북아에 '세계중심국가'로 우뚝 서는 '선진통일'을 21세기 한반도 비전으로 주장하고 있다.

서울고, 서울대 법과대학 졸업 후 미국 코넬대에서 경제학 박사학위를 받았다. 한국개발연구원(KDI)을 거쳐 1985년부터 서울대 법과대학교수로 '법경제학'을 가르쳐왔으며, 1989년에는 개혁적 시민운동단체인 경제정의실천시민연합(경실련)의 탄생을 주도했다. 1995년부터 청와대 정책기획수석 · 사회복지수석으로 김영삼 정부의 핵심국정과제였던 '세계화'를 국가전략으로 제시하고, 사법, 교육, 노동, 복지, 문화 분야의 국정개혁에 앞장서 왔다. 2004년, 제17대 국회에 들어가 여의도연구소장과 정책위의장을 역임하던 중, 2005년 세종시특별법이 국회를 통과하자 '포퓰리즘의 전형'이라고 비판한 뒤 여의도를 떠났다. 2006년 선진화와 통일을 연구하는 개혁적 보수의 싱크 탱크인 '한반도 선진화재단'을 창립하여 현재까지 이사장으로 활동하고 있다.

그는 1987년에 한국경제학회 청람상, 1997년에 황조근정훈장을 수훈했고, 2010년에는 4.19 문화상, 2011년에는 도산교육상을 받았다. 주요 저서로는『법경제학』『대한민국 선진화전략』『대한민국 국가전략』『공동체자유주의』『창조적 세계화론』『위대한 선진 행복한 통일』『이 나라에 국혼은 있는가』등이 있다.

21세기를 살아가는 우리 국민들은 하나의 공통된 꿈을 갖고 있다. 산업화와 제도적 민주화를 이룩했으니 이제는 '선진 일류국가'로 진입하는 것이다. 그런데 선진국으로 가는 길은 결코 쉽지 않다. 20세기 들어 미국과 유럽을 빼고 선진국 진입에 성공한 나라는 일본뿐이다. 잘 나가던 남미의 아르헨티나와 브라질, 동구의 체코처럼 선진국 현관 입구까지 갔다가 주저앉아버린 나라들이 적지 않다. 더욱이 20세기 초반 선진국 진입에 실패한 나라들은 한결같이 중진국 위치도 유지하지 못하고 후진국으로 추락해 버렸다. 우리가 긴장해야 하는 이유다. 이 문제와 관련된 주장들을 재음미해 보자. 첫째, 선진국이 무엇이며 선진국을 이루려면 무엇을 혁신하고 선진화해야 하는가. 박세일은 '교육 · 문화의 선진화, 자유 · 공정 · 개방의 선진경제, 선진정치와 행정을 통한 국격의 선진화, 시민사회의 선진화를 통한 문화대국 · 정신강국, 국제관계의 선진화'를 핵심 전략으로 내세웠다. 그는 이를 통해 '

정치적으로는 자유민주주의를 완성하고, 세계를 향해 개방하고 경쟁하는 시장경제와 경제정책, 국민들의 애국심, 그리고 사회정의를 세우고 변화와 국가발전을 지향하는 정치와 그 리더십, 믿음과 배려와 덕을 갖춘 나라'를 선진국으로 규정했다. 그는 선진화를 이룩하기 위해선 '수정주의 역사관, 결과평등주의, 집단주의, 반 법치주의, 포퓰리즘, 반 기업정서' 등 반(反) 선진화사상과 의식이 문제라고 했다. 특히 과거에 대한 성찰과 반성의 단계를 넘어 정치적 시비, 격렬한 비난과 투쟁의 단계로 확산됨으로써 미래에 대한 구상과 토론, 모색과 고뇌의 소리가 사라졌다고 했다. 예컨대 19세기 동학혁명을 21세기에 끌어내 개인의 시시비비를 가리는 것보다 당시 지도자들이 무엇을 잘못해서 조선 근대화에 실패하게 되었는지를 밝히고 반성하는 게 올바른 자세라고 했다. (예스24제공)

2012년 신년하례회 및 정기총회

▶일 시 : 2012년 1월 9일 18 : 30

▶장 소 : 프레지던트호텔 31층 모짜르트홀

▶참 석 : 127명

▶협 찬

- 류종묵 회장 : 기념품 130점
- 안동시장 : 안동소주 3박스
- 예총 안동시 지부 : 안동소주 2박스
- 김연박 사장 : 민속주 안동소주 1박스
- 선 물 : 안동간고등어 130세트
- 회원수첩 배부 (수첩제작 비용으로 남상덕 회원 2백만원 협찬)

▶임 원 : –부회장 ; 이규혁, 권영규 추가선임

–사무국장 ; 김영일

권영세 안동시장

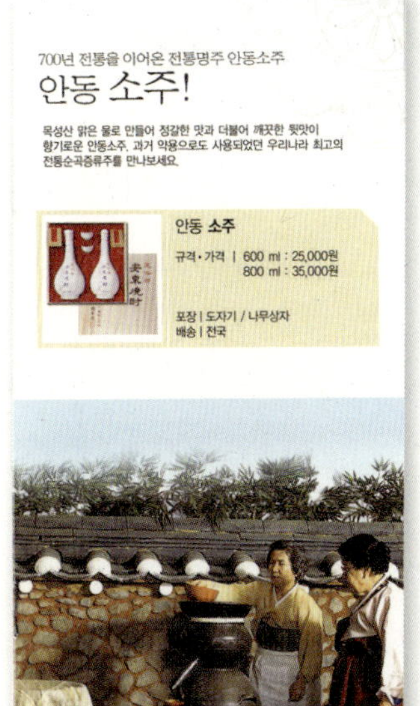

이날 신년하례회와 정기총회 다음에 금년도 영가문화상(상금 3백만원)을 시상했다. 수상자는 한국예총 안동시지부가 선정되었다.

한국예총 안동시 지부

남상덕 부회장

공적조서

우리 안동은 민족문화의 요람지로서 각 시대별 문화유산이 잘 보존되어 오고 있으며 수많은 명현석학들이 탄생한 전통문화의 고장으로 대내외적으로 가장 한국적인 도시로 각광받고 있다. 이러한 전통문화의 터전아래 활동 또한 어느 지역보다도 활기차게 이루어자고 있으며 연중 내내 예술행사가 열리고 있는 문화예술의 도시라고 자부하고 있다.

안동예총은 8개 회원협회 (문인 50, 미술 160, 음악 80, 사진 71, 연예 34, 국악 60, 연극 30, 무용협회 21) 1,000여명의 회원으로 구성된 순수예술단체이다. 또한 70여개 관련단체 2,000여명의 동호인들이 지역예술문화 발전에 기여해오고 있다.

안동예총은 선인들이 이룩한 찬란한 전통문화를 바탕으로 내일의 예술문화를 힘차게 걸어가고자 한다. 그리고 예술 문화인들의 소중한 재능과 아이디어를 공유하여 시민여러분의 많은 성원과 참여를 받을 수 있도록 노력하고 있다.

조직도

1. 회　　　장 : 류윤형
2. 수석부회장 : 이인우
3. 부　회　장 : 김상옥, 강성안
4. 사 무 국 장 : 김연수
5. 사 무 차 장 : 권순덕
6. 감　　사 : 김원진, 홍주표
7. 지부장
   - 문인협회지부장 : 신영희 외 50명 회원
   - 사진협회지부장 : 강성안 외 71명 회원
   - 무용협회지부장 : 김향난 외 21명 회원
   - 국악협회지부장 : 김원진 외 60명 회원
   - 미술협회지부장 : 권오수 외 160명 회원
   - 음악협회지부장 : 홍주표 외 80명 회원
   - 연예협회지부장 : 서준교 외 34명 회원
   - 연극협회지부장 : 김상옥 외 30명 회원

류윤형 회장

사단법인 한국예술문화단체 총연합회

경상북도연합회 안동지회는 예술문화인 상호간의 친목을 도모하고 그 권익을 옹호하며, 안동지역사회의 예술문화 발전과 민족예술 창달에 기여함을 목적으로

1)회원 상호간의 친목을 도모하는 사업

2)회원의 사회적 지위 향상을 위한 권익을 옹호 사업

3)예술문화 창달을 위한사업

4)지역 간의 예술문화정보 교류사업

5)지역 예술문화의 발굴소개 및 보존사업 등을 전개 하고 있다.

2012년 신입회원(당당한 모습)

2012년 4월 24일 (화) 프레지던트호텔 19층 브람스홀에서 상반기 분기회를 갖고 지난 4월 11일 19대 국회의원 선거에서 안동시에서 당선된 김광림 의원과 대구에서 당선된 류성걸 의원 축하회를 가졌다.

김광림 국회의원

19대 총선에서 재선에 성공한 김광림 새누리당 의원은 서울대 출신이 끼리끼리 문화를 형성하는 경제부처에서 그는 안동농림고와 안동교육대학, 영남대 야간학부를 다닌 고학생의 열정으로 차관까지 승진했다. 나이 쉰아홉에는 18대 총선에서는 새누리당 텃밭인 경북 안동에서 무소속으로 당선했다. 그 후 새누리당에 입당해서는 국회 예산결산 특별위원회에 있으면서 동료 의원이 시샘할 정도로 예산을 따냈다. 올해 초에는 이렇다 할 계파색이 없던 그는 여의도연구소장으로 발탁하면서 이목을 끌었다.

김광림 국회의원

그는 항상 말한다. "홈런보다 안타를 많이 쳐서 타율을 높이는 타자가 되고 싶다."는 말을 자주한다. 여야 정당이 앞 다퉈 강조하는 '경제 민주화' 공약을 현실 가능한 것부터 정성을 다하여 구체적인 정책으로 만들어 실행하겠다는 말이다.

그는 "경제 민주화의 '타율(가능성)'을 높이기 위해서는 정책의 우선순위를 정해야 하고 한 번에 다하려고 하지 말고 작은 것을 하다보면 큰 것도 하게 된다는 것이다.

김 의원은 "대기업의 규모를 키워서 미국 등 해외 기업과 경쟁하게 하되 대기업이 골목상권에 진입하는 것도 막아야 한다"고 지적하였다.

류성걸 국회의원

1957년 경상북도 안동군에서 태어났다. 경북고등학교, 경북대학교 경제학과를 졸업하였다. 이후 행정고시에 합격하여 경제 관료로 근무하였다. 이명박 정권 때 기획재정부 예산실장, 기획재정부 제2차관을 역임하였다. 미국 시라큐스 대학교에서 행정학 석사, 경제학 석사, 경제학 박사학위를 받았다.

제19대 국회의원 선거에서 새누리당 후보로 대구광역시 동구 갑 선거구에 출마하여 당선되었다.

(전) 기획재정부 예산실장

류성걸 국회의원

(전) 기획재정부 차관

(전) 제18대 대통령직 인수위원회 경제1분과 간사

(현) 국회 기획재정위원회 · 예산결산특별위원회 위원

(현) 예산재정개혁특별위원회 위원

(현) 공공의료 정상화를 위한 국정조사 특별위원회 위원

(현) 새누리당 제3정조위원회 위원

그는 자신의 삶에 대해 이렇게 말한다. "이제는 내 삶 전반이 늘 절차탁마 자세로 살았다고 느꼈다. 끊임없이 자신을 갈고 닦는 일은 어떤 면에서는 숨이 막힐 정도로 답답하고 무미건조한 삶이라고 여겨질 수도 있을 것이다. 그러나 단순하게 보이는 돌덩어리가 정성어린 세공과정을 거쳐 조금씩 아름다운 예술품으로 승화되는 모습을 떠올리면, 그 과정이 결코 무미건조하지 않고 오히려 탄성과 기쁨으로 감사해야 할 순간들의 연속임을 알 수 있을 것이다. 나는 내 삶에서 절차탁마의 즐거움을 일찍부터 알았기에 이 기회에 그 즐거움을 함께 나누고 싶다." 라고

하반기 문화유적 탐방 (서산, 아산만 일대)

2012년 10월 13일 하반기 문화유적 탐방을 서산, 아산만 일원으로 결정하고 귀로에 류종묵 영가회장이 경영하고 있는 ㈜홍국을 견학하기로 했다. 이번 문화유적탐방 행사의 모든 비용은 류종묵 회장이 부담하였다.

조선시대 역사를 고스란히 간직한 해미읍성

충남 서산시 해미면 남문2로에 위치한 읍내 한 가운데 우뚝 선 성은 퍽 인상적이었다.

해미읍성은 조선 태종 때 왜구를 막기 위해 쌓기 시작해 세종 3년(1421)에 완성된 것으로 보이며, 높이 5m, 둘레 1.8km로 남북으로 긴 타원형이다. 우리나라 읍성 중 원형이 가장 잘 보존되었다고 평가받으며 전남 순천의 낙안읍성, 전북 고창의 고창읍성과 더불어 조선시대 '3대 읍성'이라 불린다. 해미읍성은 조선 초기 충청병마절도사가 근무한 영(사령부)이 자리한 곳이다. 충무공 이순신 장군도 1579년(선조12) 훈련원 교관으로 부임해 전라도로 전임될 때까지 10개월간 근무했다.

읍성으로 들어서기 전에 성곽의 돌을 살펴봐야 한다. 돌에 청주, 공주 등 희미하게 고을명이 있다. 축성 당시 고을별로 정해진 구간을 맡아 성벽이 무너질 경우 그 구간의 고을이 책임지도록 한 일종의 공사실명제다. 읍성 안에는 동헌과 객사, 민속 가옥 등이 있다. 초가지붕을 인 민속 가옥에서는 서산 지역 노인들이 재현하는 다듬이질이며 짚공예 등을 볼 수 있다. 남쪽의 정문 격인 진남루에서 동헌으로 가는 길 중간에는 둥근 담장을 두른 옥사(감옥)도 있는데, 이 옥사에 가슴 아픈

사연이 깃들었다. 서산과 당진, 보령, 홍성, 예산 등 서해 내륙 지방을 내포(內浦) 지방이라 일컫는데, 조선 후기 서해 물길을 따라 들어온 한국 천주교가 내포 지방을 중심으로 싹틔웠다. 19세기 이 지방에는 주민 80%가 천주교 신자였을 정도다.

당시 옥사에는 충청도 각지에서 잡힌 천주교 신자로 가득했다. 옥사 앞에 커다란 회화나무가 있는데, 이 나무 가지 끝에 철사를 매달고 신자들의 머리채를 묶어 고문 · 처형했다고 전한다. 지금도 이 나무에는 사람을 매단 철사 자국이 있다. 신자가 많아 처형하기 힘드니 읍성 밖 해미천 옆에 큰 구덩이를 파고 생매장했다고 한다.

순교의 역사를 뒤로하고 바라보는 읍성은 평화롭기만 하다. 읍성 안에는 넓은 잔디밭이 펼쳐지는데, 벤치에 앉아 휴식을 즐기는 주민과 관광객의 모습이 유적지가 아니라 공원에 들어선 느낌이다. 굴렁쇠를 굴리며 뛰어노는 아이도 있고, 투호나 연날리기, 제기차기 등 전통 놀이를 즐기는 가족의 모습이 마냥 정겹다.

읍성 인근에 충청지역 무명 순교자를 기리는 해미순교성지(해미성지 성당 일대)가 있다. 원형 성당은 무명 순교자들의 넋을 위로하고 어루만지듯 웅장하게 섰다. 성당 뒤편 일대는 '여숫골'로 불린다. 처형장으로 끌려가던 신자들이 '예수 마리아'를 끊임없이 외쳤는데, 이것이 '여수머리'를 거쳐 '여숫골'이 됐다고 한다. 성지 한쪽에는 발굴된 유해를 안치한 기념관도 있다. 해미읍성에 얽힌 이런 사연으로 지난해 한국을 찾은 프란치스코 교황이 해미읍성을 방문하기도 했다.

수덕사

서해를 향한 차령산맥의 낙맥(落脈)이 만들어 낸 덕숭산(德崇山)은 북으로는 가야산(伽倻山), 서로는 오서산, 동남간에는 용봉산(龍鳳山)

이 병풍처럼 둘러쌓인 중심부에 서 있다. 이 덕숭산 자락에 많은 고승들을 배출한 한국불교의 선지종찰(禪之宗刹) 수덕사가 자리하고 있다. "백제는 승려와 절과 탑이 많다"라고 중국사서(史書)인 '북사(北史)', '수서(隨書)', '주서(周書)'에 기록되어 있다. 그 문헌에 나타난 백제 사찰로는 흥륜사(興輪寺), 왕흥사(王興寺), 칠악사(漆岳寺), 수덕사(修德寺), 사자사(師子寺), 미륵사(彌勒寺), 제석정사(帝釋精寺) 등 12개가 전하지만 현재까지 큰 규모를 유지하고 있는 사찰은 수덕사 뿐이다. 백제사찰인 수덕사의 창건에 관한 정확한 문헌 기록은 현재 남아있지 않으나, 학계에서는 대체적으로 백제 위덕왕(威德王, 554~597) 재위시에 창건된 것으로 추정되고 있다. 또한 수덕사 경내 옛 절터에서 발견된 백제와당은 백제시대 창건설을 방증할 수 있는 자료이다. 수덕사의 고려시대 유물로는 충렬왕 34년(1308)에 건축된 대웅전과 통일신라 말기 양식을 모방한 삼층석탑, 수덕사 출토 고려자기, 수덕사 출토 와당 등 있다. 임진왜란으로 대부분의 가람이 소실되었으나 수덕사 대웅전은 다행히 옛모습을 그대로 유지하고 있다. 1937~40년 보수 당

시 발견된 대웅전 동측 내부 전면에 기록된 단청개칠기 (丹靑改漆記)에 의하면 중종 23년(1528)에 대웅전 색채보수, 영조 27년(1751), 영조 46년(1770)에 대웅전 보수, 순조 3년(1803)에 대웅전 후면의 부연보수와 풍판의 개수 등 4차례 대웅전 보수가 있었음을 알수 있다. 1673년 조성된 수덕사 괘불과 18세기 제작된 수덕사 소종은 조선후기 수덕사의 꾸준한 불사활동을 보여주는 유물들이다.

* 주요문화재 : 수덕사대웅전(국보 제49호), 수덕사3층석탑(지방유형문화재 103호), 수덕사 7층석탑, 육괴정, 황하루, 근역성보관, 사리탑 외

* 전설

백제시대에 창건된 수덕사가 통일신라시대에 이르기까지 오랜 세월이 흐르는 동안 가람은 극히 퇴락이 심해 대중창불사를 하여야 했으나 당시의 스님들은 불사금을 조달하기에 많은 어려움을 겪고 있었다. 그러던 어느 날 묘령의 여인이 찾아와서 불사를 돕기 위해 공양주를 하겠다고 자청하였다. 이 여인의 미모가 빼어난 지라 수덕각시라는 이름으로 소문이 원근에 퍼지게 되니, 이 여인을 구경하러 연일 인산인해를 이루었다. 그중 신라의 대부호요 재상의 아들인 '정혜(定慧)'라는 사람이 청혼을 하기까지에 이르렀다. 이 불사가 원만성취되면 청혼을 받아들이겠다고 하는 여인의 말을 듣고 이 청년은 가산을 보태어 10년 걸릴 불사를 3년만에 원만히 끝내고 낙성식을 보게 되었다. 낙성식에 대공덕주로서 참석한 이 청년이 수덕각시에게 같이 떠날 것을 독촉하자 '구정물 묻은 옷을 갈아 입을 말미를 주소서'하고 옆방으로 들어간 뒤 기척이 없었다. 이에 청년이 방문을 열고 들어가려하자 여인은 급히 다른 방으로 사라지려 하였다. 그 모습에 당황한 청년이 여인을 잡으려하는 순간 옆에 있던 바위가 갈라지며 여인은 버선 한짝만 남기고 사라지니, 갑자기 사람도 방문도 없어지고 크게 틈이 벌어진 바위 하

나만 나타나 있었다. 이후 그 바위가 갈라진 사이에서는 봄이면 기이하게 버선모양의 버선꽃이 지금까지 피고 있으며 그로부터 관음보살의 현신이었던 그 여인의 이름이 수덕이었으므로 절이름을 수덕사라고 부르게 되었다고 한다. 여인을 사랑한 정혜라는 청년은 인생 무상함을 느끼고 산마루에 올라가 절을 짓고 그 이름을 정혜사라 하였다고 한다.

마애삼존불상

개심사 범종각

해미읍성에서 나온 길은 운산면 목장 지대를 지나 개심사로 이어진다. 일주문에는 '상왕산 개심사'라는 편액이 걸렸다. 이응노 화백의 스승인 해강 김규진의 글씨다. 일주문을 지나 10분 정도 솔숲을 걸어가면 무심한듯 서있는 절집을 만난다. 개심사는 백제가 망하기 불과 6년 전인 654년(의자왕14)에 창건되었으니 말 그대로 천년 고찰이다. 절을 창건한 혜감스님은 절의 이름을 개원사(開元寺)로 했으나, 고려 때인 1350년에 처능스님이 중건하면서 '마음이 열리는 절'이라는 뜻을 담아 개심사(開心寺)로 바꿨다고 한다.

개심사 해탈문에 들기 전, 외나무다리와 만난다. 반듯한 직사각형 연못에 큰 통나무 다리가 걸쳐 있다. 굳이 외나무다리를 건너지 않아도 경내로 들 수 있지만, 열에 아홉은 이 풍경에 반해 다리를 건넌다.

개심사에는 외나무다리 말고 눈길

끄는 것이 하나 더 있다. 각 가람을 받치는 기둥이다. 하나같이 굽었고 배가 불룩하며, 위아래 굵기가 다르다. 지금까지 봐온 매끈하고 다듬어진 기둥이 아니다. 나무를 전혀 손질하지 않고 원래 모습대로 썼다. 해탈문이며 범종각, 심검당 등이 모두 그렇다. 특히 범종각 지붕을 받치는 네 기둥은 제대로 된 것이 하나도 없다. 이모습이 오히려 파격적이다. 굽은 나무로 이토록 아름다운 집을 지을 수 있다는 사실이 놀라울 뿐이다.

(주) 흥국 공장

귀경길에 류종묵 회장이 경영하는 ㈜ 흥국 공장을 견학하였다. 공장이 마치 교실처럼 깨끗하게 정돈되었고 자동화된 로봇트 기계가 사람을 밀어내고 그 자리에서 열심히 일하고 있었다. 저녁식사를 하러 구내식당에 들어갔다. 마치 호텔 식당처럼 음식도 고급스럽고 분위기도 일반식당과 달랐다. 이런 환경에서 일하고 생활하면 저절로 능률이 오를 것 같았다. 회원들은 즐겁고 흐뭇한 마음으로 출발장소에 도착했다.

2012년 11월 13일 프레지던트 호텔 브람스 홀에서 하반기 분기회를 갖고 김경동 서울대학교 명예교수의 '선진한국의 꿈과 현실'이란 제목으로 특강을 가졌다.

김경동 교수 '선진한국의 꿈과 현실'

김경동 교수

김경동교수는

서울대학교 사회학과 졸업.

미국 미시간대학교 대학원 사회학 석사

미국 코넬대학교 대학원 사회학 박사를 취득하였으며,

한국사회학회 회장, 미국 듀크대 및 프랑스 사회과학대학원 초빙교수, 서울대학교 사회과학연구소 소장, 서울대학교 기획실장 등 역임. 현재 서울대학교 사회과학대 사회학과 교수, 한국정보사회학회 이사장등을 역임 하였다.

저서로는 『현대의 사회학』·『경제성장과 사회변동』·『현대 사회학의 쟁점』·『사회학의 이론과 방법론』·『한국인의 가치관과 사회의식』·『한국사회변동론』·『한국교육의 사회학적 진단과 처방』·『그래도 한국에는 비전이 있다 : 비전의 사회학』 등이 있다.

김경동 교수의 '선진 한국의 꿈과 현실'이란 제목으로 특강한 내용을 요약하면 다음과 같다.

'대한민국은 현재 선진국인가'란 질문에서 한국인은 10%만이 그렇다고 답한다. 하지만 외국인에게 같은 질문을 하면 많은 이가 '한국은 이미 선진국'이라고 답한다. 한국인은 스스로 한국에 대해 긍정적이기보다 비판적인 태도를 취하고 있다. 김 교수는 끊임없이 자기반성을 하는 한국인의 태도는 더 잘 되려고 노력하는 긍정적인 힘으로 작용한다고 볼 수 있으나 한국인은 스스로를 폄하하는 태도를 보인다고 했다. 역사적으로 열등감이 한구석에 자리잡고 있기때문이라고 한다.

우리 대한민국은 단군이래 경제적으로는 가장 풍요로운 삶을 살고 있다. 세계 유례가 없는 경제성장으로 한강의 기적을 만들었다. 그러나 이웃간의 인심은 더 각박해졌고 삶의 질이 더 천박해졌다. OECD국가중 자살율 1위, 이혼율 1위, 행복지수 최하위 그룹에 속한다.

이처럼 긍정적 부분도 많지만 부정적인 부분도 많이 있다. 선진 한국의 꿈과 현실이란 면에서 바라보면 3가지 문제가 있다고 하겠다.

첫째, '런닝머신론'이다. 달려도 계속 제자리걸음에 머무르는 런닝머신처럼 제자리에서 맴돌고 있다. 한국의 1인당 국민소득이 8년째 2만 달러대에 머물고 있다. 현재 국민소득 3만 달러를 달성한 23개국은 2만 달러에서 3만 달러로 전환하는데 평균 8년이 걸렸다. 하지만 현재 상태라면 한국은 10~15년이 걸릴 것으로 전망된다.

둘째, '샌드위치론'이다. 이건희 삼성전자 회장이 회장 취임 20주년을 맞아 일본은 앞서가고 중국은 쫓아오는 사이에서 샌드위치처럼 끼여 있는 대한민국은 이를 극복하기위해 노력해야 한다고 하였으며 많은 기업인들에게 공감을 얻었다.

셋째, 한국은 '조로증(早老症)'에 걸려 있다. 고속 성장의 모범국가로 농업사회가 산업사회로 변화 발전하였으나 너무 빨리 나이를 먹어 중년이 되어 버렸다. 파이낸셜타임스는 정치적 리더십만 제대로 갖추면 다시 발전 지속이 가능할 것이라고 지적했다.

김 교수는 이러한 한국의 현주소와 문제점의 원인을 한국 사회변화에서 찾는다. 1970년대 시작한 공업화 · 도시화, 고도 경제개발의 결과 생활수준 향상, 가치관, 라이프스타일등, 사회적 관계에서 매우 복합적인 변화가 일어남으로 인한 혼란과 갈등이 넘쳐났다는 것이다.

또한 공동체 의식이 약화되고 집단 이기주의로 한국 사회는 변질됐고 자살, 범죄, 폭력, 고발, 고소 등이 만연해졌다는 것이다.

이러한 문제들은 결과적으로 이러한 문제로 인해 사회적 갈등이 고조되고 '대한민국'이라고 일컬어질 정도로 대결과 폭력 · 불법 집단행동으로 혼란이 거듭되고 있다. 만나면 편 가르고 한번 편이 갈리면 무조건 상대를 공격하고 헐뜯는다. 이러한 사회적 갈등의 예방은커녕 제도적 해결 방법도 미숙하고 합리적 접근은 실종됐다. 한국에서는 대화를 통한 갈등 해결을 보기 힘들다. 갈등이 발생하면 '너 죽고 나 죽자' 식의 기 싸움만 만연한다. 조금도 양보나 타협을 할 생각은 없다. 국가적으로 엄청나게 많은 갈등비용으로 에너지가 낭비되고 사회적 분열이 심화되고 있다. 이것이 바로 선진 한국 문턱을 넘지 못하고 있는 이유이다. 현재 한국 사회의 모습으로는 미래에 대한 희망이나 비전을 찾을 수 없다.

김 교수는 갈수록 확대되는 글로벌화 시대에 한국뿐만 아니라 서구의 선진국에서도 나타나는 여러 사회병리 현상의 해법을 동방사상에서 뿌리를 찾을 수 있다고 말한다. 방황하는 세계 문명의 해법으로 선진국이 아닌 '선진 문화 사회를 만들어 나가야 한다고 말한다.

우리는 민주주의가 독재주의보다 나은 정부 형태이며 자본주의가 사회주의보다 더 좋은 경제체제라는 결론을 내렸다. 지금 대한민국은 정신문화가 정신을 잃고 있고 도덕이 땅바닥에 떨어졌으며 참다운 삶의 가치의 방향을 잃고 있다.

김 교수는 "20세기는 서구 문명의 세계에 의존해 발전해 왔지만 21세기에 와서는 도덕적인 모범 사회를 건설하는데 동양의 사회 정서가 더 바람직 할 수 있다"고 말한다. 그리고 선진 문화 사회의 핵심 원리로 정신문화의 중심인 유교에 뿌리를 둔 '인의예악지신(仁義禮樂智信)'을 강조한다.

사회가 성립되고 바로 서는 기초는 '인의(仁義)'다. 불쌍히 여기는 마음이 인의 근본이기 때문이며 '의'로서 옳지 못함을 부끄러워하고 착하지 못함을 미워하는 마음은 '의'이다. 사회를 바로 세우는 질서인 인의를 생활 속에서 실천하는 덕목이 예악(禮樂)이다. 정연한 질서 속에 하나 되고 하나 된 화해 속에 정연한 질서를 만들어 주는 것이 바로 예악의 세계인 것이다. 그리고 지식정보사회의 사회적 자본으로 지신(智信)을 꼽았다. 옳고 그름을 가리는 지식과 슬기로운 판단의 '지'와 불신의 시대에 믿음으로 사회를 지탱하는 자원 '신'이 요구된다.

선진 문화 사회는 유연한(flexible) 사회다. 삶의 질적 향상을 위한 자원의 양적 증가와 질적 성장을 추구한다.

2013년 1월 11일 신년하례회 및 정기총회

영가회(회장 류종묵)는 아래와 같이 2013년도 정기총회 및 신년하례회를 개최하였다.

▶일 시 : 2013년 1월 11일
▶장 소 : 프레지던트 19층 신세계홀
▶참 석 : 120여명
▶협 찬 : ㈜흥국 류종묵 회장 기념품 세트 130점
▶선 물 : 안동 간고등어

2013년 10월 17일 프레지던트 호텔 31층 모차르트홀에서 하반기 분기회를 갖고 김용직 서울대학교 명예교수의 특강을 가졌다.

강의 제목은 '동북아시아의 문화전통과 한국현대시'였다.

김용직 교수 특강

동북아시아의 문화전통과 한국현대시

1932년 경북 안동에서 태어난 고인은 서울대 국문과를 졸업하고 같은 과 대학원에서 석 · 박사 학위를 받았다. 1968년부터 30년간 서울대에서 후학을 가르쳤고 대한민국학술원 회원이다.

김용직 교수

고인은 1961년 자유문학에 '우리 현대시에 나타나는 두 양상에 대하여'를 발표하며 등단한 뒤 평론활동을 통해 한국 현대시를 체계적으로 연구하는데 힘썼다. '한국현대시 연구'(1974), '현대시원론'(1988), '임화문학연구'(1991) 등의 저서를 냈다.

현대문학상(1977), 세종문화상(1978), 대한민국문학상(1992), 삼일문화상(1997), 국민훈장 모란장(1998) 등을 받았다. 한국문학번역원 이사장과 한국현대문학회 · 한국비교문학회 · 한국시학회 회장을 지냈다.

약력 및 경력

- 경북 안동출신
- 서울대학교 문리과대학 국문학과
- 동대학원 석사, 박사
- 서울대학교 인문대학 교수,
- 한국비교문학회 회장
- 한국문학번역원 이사장
- 서울대학교 명예교수
- 학술원 회원
- 만해대상 (학술부문) 수상
- **저서** : 한국근대시 1. 2권 / 한국현대시가 상 · 하권 외

"동북아시아의 문화전통과 한국 현대 시"

1. 이식문화론의 파고 넘어서기

우리세대가 문과대학에 입학했을 때 문학연구는 서구근대문예비평이론의 강한 영향권 속에 있었다. 특히 한국현대문학을 이해, 평가하기 위해서는 서구근대문예비평만이 통용화폐가치가 되는양 생각되었다. 이런 분위기 속에서 우리세대는 암중모색의 상태에서 문학연구의 새로운 길을 모색하지 않을 수 없었다. 그 초입에서 주목하게 된 것이 절대주의 분석비평, 곧 신비평의 방법이었다.

2. 이육사의 광야. 내재론과 그 이상의 것

처음 우리는 신비평이 철저하게 '시와 문학의 자족론'인줄 알았다. 그러나 공부가 진척되면서 그 엄격한 외부차단설에 한계를 느끼지 않을 수 없었다. 웰릭에 따르면 시의 언어 자체가 역사적인 것이다. 또한 하나의 작품은 반드시 어떤 양식에 속하며 의장을 택한다. 그것들은 모두가 비역사적인 것이 아니라 전통이나 습관의 소산이다.

까마득한 날에
하늘이 처음 열리고
어데 닭 우는 소리 들렸으랴.

모든 산맥들이
바다를 연모해 휘달릴 때도
차마 이곳을 범하던 못하였으리라.

끊임없이 광음을
부지런한 계절이 피어선 지고
큰 강물이 비로소 길을 열었다.
지금 눈내리고
매화 향기 홀로 아득하니
내 여기 가난한 노래의 씨를 뿌려라.

다시 천고의 뒤에
백마 타고 오는 초인이 있어
이 광야에 목놓아 부르게 하리라

—이육사, 광야

3. 김소월, 초혼

한국 현대시를 공부하는 사람들에게 김소월은 참으로 매력적이며 사랑스러운 울림을 가지는 시인이다. 그는 한국시단이 아직 서구추수주의의 늪을 벗어나기 전에 우리말의 결과 맛을 기능적으로 살린 시를 썼다. 우리 시단 안팎에 끼친 반응으로 보면 김소월은 우리 모두에 받들어야 할 시인, 곧 국민 시인의 이름에 값한다.

김소월이 살다간 시대는 일제 식민지 체제하였다. 일제는 우리 강토를 강점한 다음 곧 우리 민족의 노예화를 기도했다. 그들은 우리 역사를 부정했으며 우리 민족의 경제적 토대를 뒤엎고 오랜 전통을 가진 문화를 부정했다. 마침내는 우리말과 글을 쓸 자유를 박탈해 갔다.

여기서 빚어지는 논리적 한계는 김소월의 대표작을 다시 검토하는 것으로 그 돌파구가 열린다. 김소월은 그 많은 작품을 통해 님을 노래했다. 그런데 님 가운데 일부는 이성의 애인에 그치는 것이 아니라 그 개념이 나라, 겨레로 잡히는 것이 있다. 이경우의 좋은 보기로 떠오르게 되는 것이 '초혼'이다. 널리 알려진 대로 이 시는

상산히 부서진 이름이여!
허공에/ 헤어진 이름이여!
부르다가 내가 죽을 이름이여

심중에 남아 있는 말 한 마디는
끝끝내 마저 하지 못하였구나
사랑하던 그 사람이여!
사랑하던 그 사람이여!

붉은해 서산 마루에 걸리었다.
사슴의 무리도 슬피 운다.
떨어저 나가 앉은 산위에서
나는 그대의 이름을 부르노라.

설움에 겹도록 부르노라
설움에 겹도록 부르노라
부르는 소리는 비껴가지만
하늘과 땅 사이가 너무 넓구나.

선채로 이 자리에 돌이 되어도
부르다가 내가 죽을 이름이여!
사랑하던 그 사람이여!
사랑하던 그 사람이여!

이 작품에서 화자가 비통한 목소리로 부르는 것은 '사랑하던 그 사람'이다. 이 '그 사람'을 또 하나의 고유한 우리말로 바꾸면 '님'이 될 수밖에 없다. 여기서 님은 사적인 차원의 애인이 아니다. 국가 민족으로 확대될 가능성은 화자가 울린 처절한 목소리를 고려에 넣는 것으로 유추가 가능하다

4. 형이상시의 전경화. 만해 한용운

만해 한용운은 김소월 다음에 등장하여 한국 시단에 강한 충격파를 던진 시인이다. 연령으로 보면 그는 김소월을 훨신 앞섰다. 그러나 시단에 등장하기 전 그는 민족운동에 투신하고 그 후 곧 사문에 적을 두었다. 그의 시집' 님의 침묵' 가운데 한편인 '알 수 없어요'는 그 바탕을 이룬 선정의 차원과 그것을 형상화 한 말솜씨로 하여 우리와 동시대의 비평가들에게 까지 주목의 과녁이 되고 있다.

바람도 없는 공중에 수직의 파문을 내이며 고요히 떨어지는
오동잎은 누구의 발자취입니까?

지리한 장마 끝에 서풍에 몰려가는 무서운 검은 구름의 터진 틈으로
언뜻언뜻보이는 푸른 하늘은 누구의 얼굴입니까?

꽃도 없는 깊은 나무에 푸른 이끼를 거쳐서 옛탑위에 고요한 하늘을 스치는 알 수 없는 향기는 누구의 입김입니까?

근원은 알지도 못하는 곳에서 나서 돌부리를 울리고 가늘게 흐르는 작은 시내는 굽이굽이 누구의 노래입니까?

연꽃같은 발꿈치로 가이 없는 바다를 밟고 옥같은 손으로 끝없는 하늘을 만지면서 떨어지는 해를 곱게 단장하는 저녁놀은 누구의 시입니까?

타고 남은 재가 다시 기름이 됩니다. 지칠줄 모르고 타는 나의 가슴은 누구의 밤을 지키는 약한 등불입니까?

첫 연에서 다섯 연에 이르기 까지 만해의 이 시는 자연의 일부를 주제로 했다. 그리고 그에 대응되는 모체를 인간의 몸집에서 빌려 썼고, 그 앞에 제법 긴 수식어절을 선행시켰다. 그러면서 각 연 마지막에는 앞서 한 말들을 의문형으로 돌려 다시 한번 한 연의 내용에 새 의미의 단계를 열어 보였다. 그것이 불교의 연기설에 끈이 닿은 형이상의 차원이다.

님의 침묵 이전에 이미 만해는 이렇듯 형이상시의 요체를 터득한 것이다. 이것으로 우리는 만해의 시에 끼친 한시의 전통을 새삼 실감하게 된다. 한국현대사와 현대문학에 끼치고 있는 동북아시아의 문화전통은 이처럼 절대적이다.

2013년 10월 3일 '안동의 날' 행사

매년 10월 3일은 안동에서 '안동의 날' 행사가 성대하게 치루어진다.

원로회원들과 안동의 날 행사장에서

해외문화유적 탐방 (중국의 정주, 낙양, 소림사, 운대산 등)

2013년 10월 22일부터 26일 까지 해외문화유적 탐방행사를 가졌다. 참가회원은 류종묵 허동진, 신상학, 김계동 등 20여명이었으며 탐방장소는 중국의 정주, 낙양, 소림사, 운대산 등이었다.

정주

당나라의 중심지였던 정저우는 '중국의 8대 고도' 중 하나다. 오늘날의 정저우는 허난 성의 정치 · 경제 · 문화의 중심지이자, 중국을 사통팔달로 연결하는 철도 교통의 심장부로 통한다.'정저우를 지나지 않는 기차는 없다'라고 할 정도로 철도가 눈부시게 발달했다. 신 실크로드 프로젝트의 일환으로, 유라시아 대륙을 가로질러 중국과 유럽을 잇

는 10,214km 열차 노선을 2013년 7월 시험 개통했는데, 중국의 기점이 바로 정저우였다. 여행자에게도 정저우는 교통의 요지이다. 다른 도시로 이동하는데 있어서 경유지로 선택하기에 이상적이다.

그러나 애석하게도 고도였음을 증명하는 문화 유적은 남아있는 게 거의 없다. 산업화가 급속도로 진행되어서 오랜 역사에 비해 볼거리가 전무하다 해도 과언이 아니다. 다만 허난성 박물원만은 예외이다. 과거 찬란했던 중원의 역사를 증명하는 13만 점의 유물이 흥미진진하다. 활기 넘치는 도심을 보고 싶다면 2 · 7 기념탑으로 가 보자. 20대들이 즐겨 찾는 보행가가 조성되어 있고 다양한 분식을 판매한다.

중국의 역사는 서안과 정주에 다 있다고 해도 과언이 아닐 정도라고 하는데, 갑골문자의 은나라부터 삼국지 조조의 나라였던 위를 거쳐 현재에 이르기까지 5천년의 역사를 가지고 있는 도시라고 한다. 하지만 세계적으로 인정받은 역사는 갑골문자에서부터 시작하여 3천만년이라고 한다.

소림사

495년 북위 시대 때 불교 사찰로 문을 열었다. '사오스 산의 울창한 숲속에 있는 사찰'이라는 뜻에서 소림사라 부른다. 527년 인도에서 온 달마 대사가 주지로 정착해 선종을 적극 전파하면서 소림사는 '중국 선종의 본산'이 되었다. 달마 대사는 부리부리한 눈과 다소 험상궂은 표정으로 우리에게도 친숙한 인물이다. 그는 이곳에서 9년간의 면벽

수행을 통해 큰 깨달음을 얻고 불교의 큰 스승이 되었다. 흥미로운 점은 그가 소림 무술 '쿵푸'의 창시자라는 것이다. 온종일 면벽 수행을 하는 승려들의 건강이 염려되어서 '동물의 5가지 대표적인 행동'을 본떠 만든 운동 동작이 소림무술의 시초다. 수나라 때 이르러 불교가 전국적으로 성행하면서 소림사는 북방 최대의 선종 사원이 되었다.

소림무술이 명성을 날리게 된 건 당나라 때다. 당나라를 건설할 때 이세민은 활거 세력들과의 다툼에서 무술을 연마한 소림사 승려들에게 큰 도움을 받았다. 이세민은 태종으로 즉위하자 소림사 승려들에 한해서 살계를 풀고 육식과 음주를 허가했다. 뿐만 아니라 승병을 전문적으로 훈련시키고 자체적으로 병영을 설치할 수 있는 특권을 부여해서 소림무술이 부흥기를 맞았다. 이 시기에 무술을 연마하고자 모여든 승려가 2,000명에 달했다고 한다. 소림무술은 송나라 때 체계를 완벽하게 갖추면서 '소림파'로 불렸다. 그러나 문화대혁명 때 소림무술은 전폐 위기를 겪었고, 1999년에는 승려가 4명에 불과했다.

참선하는 선종 불교의 고유한 정신을 망각하고 상업화에 짙게 물든 게 사실이다. 그러나 긍정적인 시각에서 바라보면 스토리텔링의 대성공이라 할수도 있다. 산문, 종루, 고루를 비롯해 사원 내부에 장경각(藏经阁), 대웅보전(大雄宝殿), 천불전(天佛殿), 면벽영석(面壁影石)이 있다. 그중 유심히 봐야 할 곳은 천불전이다. 실내의 정교한 벽화와 무술 수련의 결과로 바닥에 움푹 파인 돌들을 흔히 볼 수 있다.

낙양

낙수(洛水)의 양지(陽)에 자리잡고 있다하여 이름 붙여진 낙양은 화하문명(華夏文明)의 주요 발상지 중 하나로 하남성(河南省) 서부의 황하 중류에 위치해 있으며 중 · 서부지역으로 진입하기 위한 관문의 역할을 하고 있다. 기원전 770년 주평왕(周平王)이 이곳으로 도읍지를 정한 이후 역사상 동주, 동한, 조위, 서진, 북위, 수, 당, 수양, 수당 등의 13개의 왕조가 이곳에서 수도를 삼았었다.

이곳은 중국 정부가 맨 처음으로 지정한 역사문화의 도시이자 7대고도(七大古都)중의 하나로서 풍부한 인문경관을 보유하고 있다. 그 중 용문석굴은 중국 삼대석굴 중 하나이며, 백마사는 중국 제일의 국가관할 불교사원이다. 낙양고묘박물관은 세계에서 가장 큰 고묘군이기도 하며, 이외에도 이정묘(二程墓), 백원(白園), 관림등을 비롯한 찬란한 문화유산들이 낙양을 역사도시로서 더욱 빛나게 해주고 있다.

또한, 그 역사만큼 수공업제품의 수준 역시 매우 뛰어난데 당삼채(唐三彩), 궁등(宮燈), 방청동(傍青銅) 등의 제품이 매우 유명하다.

운대산

운대산은 하남성 성도인 정주에서 서북부쪽으로 70km 떨어진 쟈오즈오시(焦作市 초작시) 수무현(修武縣) 경내에 속한 윈타이산(云台山 • 운대산)은 기이한 산, 절묘한 물, 아늑한 수풀, 유구한 역사로 표현되는 산으로 험준한 산세와 기암괴

석이 즐비하며 협곡의 깊이가 168m에 달하는 홍석협(紅石峽), 낙차 314m의 중국에서 가장 높은 폭포 운대천폭(云台天瀑), 중국에서 가장 맑은 물을 자랑하는 담폭협(潭瀑峽) 등이 자리잡고 있다. 윈타이(운대산)산은 유네스코 지정 세계지질공원이자 중국 국가중점풍경명승구, 국가5A급풍경구, 국가지질공원, 국가삼림공원, 국가수력풍경구, 국가미후자연보호구 등 다양한 국가급 칭호를 가진 아름다운 명산이다. 중국에는 수많은 명산이 있지만 운대산(雲臺山:윈타이산)은 중국인 특히 중원사람들이 가장 좋아하는 산 중 하나다. 2004년 중국이 지정한 10대 명산 가운데 황산•노산에 이어 3위가 운대산이었다. 우리에게 잘 알려진 숭산과 장가계가 각각 7, 8위에 머무르는 것을 보면 짐작이 간다. 홍석협(紅石峽)은 운대산에서 가장 유명한 곳으로, 붉은 색의 기묘한 절벽이 장관을 이루고, 녹색의 절묘한 물로 명성을 떨쳐 일찌기 화하 제일기협(華夏第一奇峽)으로 알려진 곳이다. 총길이 2km의 협곡으로 샘물, 폭포, 계곡등 여러 경치가 한 골짜기에 모여 있다. 붉은 색의 석영사암층(石英砂岩層)이 2천 3백만년 전부터 조산(造山) 작용과 물의 침식을 거쳐 지금의 홍석협을 만들었다고 한다.

2014년 신년하례회 및 정기총회

영가회는 2013년 12월 24일 종로3가 안동국시에서 이사회를 열고 2014년 신년하례회 및 정기총회를 아래와 같이 개최하기로 했다.

- ▶일 시 : 2014년 1월 10일 (금) 18:00
- ▶장 소 : 프레지던트 호텔 19층 브람스홀
- ▶참 석 : 120여명
- ▶영가문화상 : 안동독립기념관장 김희곤 안동대학교 교수

안동독립기념관장 김희곤 교수

김희곤 교수

- 경북대학교 사학과, 동 대학원 석사, 문학박사
- 하버드대학 방문학자(1996-1997)
- 안동대학교 사학과 교수 (1988-현재)
- 안동대학교 박물관장 (2001-2003)
- 독립기념관 한국독립운동사연구소장 (2004-2006. 8)
- 백범김구선생 기념사업회 이사(2004-현재)
- 안동독립운동기념관장(2006. 9-현재)
- 주요저서
  - 중국관내 한국독립운동단체연구 (지식산업사, 1995)
  - 대한민국임시정부의 좌우합작운동 (한울아카데미, 1995, 공저)
  - 안동의 독립운동사(안동시, 1999)
  - 새로 쓰는 이육사평전(지영사, 2000)
  - 안동독립운동가 700인(안동시, 2000)
  - 박상진 자료집(독립기념관, 2000)
  - 신돌석 백년만의 귀향(푸른역사, 2000)
  - 잊혀진 사회주의운동가 이준태(국학자료원, 2003, 공저)
  - 대한민국임시정부 연구(지식산업사, 2004) : 제5회 학술상 수상작
  - 조선공산당 초대책임비서 김재봉(경인문화사, 2006)
  - 순절지다 이중언(경인문화사, 2006)
  - 안동사람들의 항일투쟁(지식산업사, 2007)

김희곤 안동독립운동기념관장(안동대학교 교수)이 2014년 영가문화상을 수상하게 되었다.

위의 약력과 저서에서 보듯이 평생을 독립운동, 특히 안동사람들의 항일투쟁과 독립운동사를 연구한 독보적 인물이다. 그는 "안동은 한국독립운동의 발상지고 국가로부터 훈포장을 받은 독립유공자가 시군단

위에서 가장 많고 나라를 위해 목숨 바친 자정순국자가 가장 많아 우리 나라 독립운동사를 한 지역의 것으로 모두 담아낼 수 있는 유일한 곳"이라고 말했다.

김희곤 교수는 안동인이 중심역할을 한 대한민국임시정부는 26년간 어려운 여건 속에서도 온갖 고난을 무릅쓰고 일제와 항쟁하면서 대일선전포고를 발표한 독립운동의 구심체이자 민족의 대표기관이었음을 강조하였다. 대한민국 임시정부는 민족의 독립을 쟁취하기 위해 외교활동을 펼쳤을 뿐만 아니라, 한국광복군을 창설하여 군사력 양성에도 힘을 쏟는 등 '총체적인 방략'을 구사하였다고 하였다. 또한 김희곤 교수는 대한민국임시정부가 좌우합작을 위한 끈질긴 노력과 성과에 주목하면서 임정의 정신사적, 사상사적 위상과 남북통일을

위한 이론적 근거를 찾으려고 노력하고 있다. 특히 김희곤 교수는 대한민국임시정부의 현장을 샅샅이 뒤지는 현지답사를 통해 대한민국임시정부의 참모습을 찾기 위해 많은 노력을 하였으며, 대한민국임시정부의 안동인을 중심으로 한 주역들의 왕성한 활동을 생생하게 복원하기 위해 노력한 흔적을 지면 곳곳에서 드러내고 있다.

김희곤 교수의 노력이 바탕이 되어 경북도는 그동안 구 안동독립운동기념관을 경북도독립운동기념관으로 통합하는 준비를 하고 있다.

2016년 완공을 목표로 총 296억원의 사업비를 들이는 기념관 건립사업은 현재 건립추진단을 구성해 적극 추진 중이다.

해외문화유적 탐방 (중국 남경, 무석, 소주, 항주, 상해 등)

2014년 4월 17일부터 21일까지 4박 5일간 해외문화유적 탐방으로 중국 남경, 무석, 소주, 항주, 상해 등을 다녀왔다.

항저우

저장성의 성도이자 중국의 7대 고도(故都) 중 하나이다. 12세기 금나라에 패하고 중원(中原)에서 피난 온 왕조가 남송(南宋)의 도읍으로 삼으면서 150년간 남송의 중심지였다. 경항 대운하(京杭大运河)의 남쪽 끝에 위치한 항저우는, 그보다 앞선 609년에 강남 대운하(江南大运河)가 완성되면서부터 수로 교통의 요지가 되었다. 경

항 대운하(京杭大运河)가 시작되는 중국 동남 연해의 첸탕강(钱塘江) 하류에 위치한 항저우는 저장성의 성도로, 정치 · 경제 · 문화의 중심지다. 신석기 시대 말기에 양저문화(良渚文化)를 이룬 도시로, 2,200년 전 진나라 때 이곳에 현(县)을 설치한 이래 중국의 7대 고도 중 하나에 들어간다.

항저우는 창강 델타 지역에 자리를 잡고 있으며 중화인민공화국 저장성의 성도이다. 상하이에서 180 km 떨어져 있으며, 상하이에서 고속열차로 30분 거리에 있다. 항저우는 2,200년 전 진나라 때 건립되었으며, 중국의 7개의 고도 중 하나로 손꼽힌다. 시 지역에는 7000년 전의 중국 신석기시대에는 양저문화의 발상지이다. (출처 : 위키백과)

소주

사방이 운하로 둘러싸여 있으며, 작은 운하들이 교차하고 있는 도시이다. 호수 · 강 · 연못과 세계적으로 유명한 정원이 있고, 타이후 호 동안을 따라 풍경이 아름다운 구릉이 이어지며 자연미와 인공미가 조화되어 대단히 매력적이다. 뿐만 아니라 사찰 · 누각 · 석각벽화 등과 함께 150여 개의 우아한 정원을 자랑하는 도시이다. 중국 동부 장쑤성 남부, 타이후 호 동쪽에 위치하며 인구는 10,684,000명 (2017 추계) 면적은 8,488.42㎢이다

춘추전국시대 때 오나라의 수도였던 쑤저우는 7세기 초 대운하가 연장되면서 줄곧 경제적 풍요를 누렸다. 강남에서 생산된 쌀의 수송기지이자 쑤저우에서 생산된 고급 비단이 선박을 통해 멀리까지 유통되었기 때문이다. 이런 환경 덕분에 자연스레 문화가 고도로 발달했다.

쑤저우는 옛날부터 아름다운 정원으로 유명한 곳이다. 춘추 전국 시대에는 오나라의 수도였으며, 수나라 때 대운하가 개통된 이후 양쯔강 유역에서 가장 먼저 개발되어 시내 운하 망을 중심으로 강남의 무역 · 행정의 중심지로 발전해 왔다. '물의 도시', '동양의 베니스'라는 명성도 그때 얻은 것이다.

쑤저우 시(소주)는 중화인민공화국 장쑤성 남동쪽의 타이후 동쪽에 있는 운하 도시이다. 춘추전국시대에는 오의 수도로, 수나라 때에 대운하가 개통된 이후 창 강 유역에서 가장 먼저 개발되어 시내 운하망을 중심으로 강남의 무역, 행정의 중심지로 발전해 왔다.(출처 위키백과)

남경

산업 · 교통의 중심지이며, 상하이에서 북서쪽으로 약 260㎞ 떨어진 양쯔 강 남동쪽 연안에 있다. 전국시대 초가 이곳에서 건국한 이래 동진 · 송 · 양 · 진 등의 수도였다. 1912년 중화민국 임시정부가 세워진 후 1927년 수도가 되었고, 중일전쟁 때는 일본의 괴뢰정권인 왕자오밍 정권이 이곳에서 수립되었다. 중국 장쑤성 남서부, 양쯔강 남안에 위치하며, 인구는 8,216,100명 (2015 추계) 면적은 6,582.31㎢이다.

10개 나라가 도읍으로 삼았던 난징은 베이징, 시안, 뤄양과 함께 '4대 고도(古都)'로 꼽힌다. 난징이 역사에서 가장 큰 비중을 차지했던 시기는 1368년 주원장(朱元璋)이 명나라를 세우고 도읍으로 삼았던 때이다.

무석

중국 무석시의 동포사회는 2005년 초부터 한국학교 설립추진위원회를 구성하고 2006년 3월 한국학교 재단이사회를 설립하였다. 2006년 9월 4일 무석한국학교를 개교하고 9월 15일 준공식을 거행하였다. 같은 날 중국 교육국으로부터 설립인가 승인을 받았다. 2008년 2월 19일에는 교육인적자원부로부터 학교법인 무석한국학교 재단 설립승인을 인가받았다.

한국 정부의 정식 파견 교장이 선임되어 김재근이 초대 교장이 되었다. 2008년 3월 5일에는 교육인적자원부에서 허가한 후 한국학교로 제3회 입학식이 진행하였고 4월 8일 개교식을 거행하였다. 2009년 2월 14일에는 교육과학기술부로부터 중등부 학교 개설 운영을, 2009년 8월 24일에는 고등부 학교 개설 운영을 승인받았다. 2010년 1월 14일에는 제4회 졸업식을 하였다. 중국에서 여덟 번째 설립된 학교로 무석시 지역에 거주하는 우리 교민의 자녀들에게 한국의「초중등교육법」에 의한 정규학교 교육과정과 국제화 교육을 위한 학교이다. 교훈은 '꿈을 키워 미래를 열자'이며, 학습목표는 외국어 능력신장과 다양한 교육과정 운영이다.

교직원은 교육과학기술부에서 파견된 교장 1명, 유치원을 위한 초등예비반 교사 3명, 초등과정 교사 6명, 중등과정 교사 9명, 외국어 전담 교사 9명, 보건 교사 1명, 특기적성 강사 17명, 행정실 3명 등 모두 48명이 재직 중에 있다. 통학거리가 먼 학생들은 위해 기숙사 시설을 갖추었고 현재 28명의 학생들이 생활하고 있다.

외국어 학습능력 신장을 위해 지원체제를 강화하고 수요자 중심의 교육과정을 운영하고 있다. 특기·적성 교육활동을 다양하게 운영하며 학생들의 창의력과 사고력을 향상시키기 위해 초등부에서는 영어로 하는 수학/과학반, 과학 원리 실험반, HSK시험 준비반 등이 있고, 중등부에서는 구술/논술반, IBT토플 준비반, 수리논술반 등의 방과 후 수업을 운영하고 있다. 한국문화 사랑을 위한 한국 전통문화강좌, 한국 무용, 태권도 등의 강좌도 개설하고 있다.

상해

베이징이 중국 정치의 중심이라면, 상하이는 중국 경제의 핵심이다. 작은 어촌에 불과했던 상하이의 근대 200년 역사는 어떤 소설과 영화보다도 흥미진진하다. 1842년 아편전쟁 종결을 위해 영국과 체결한

난징조약은 상하이를 '아시아 최대의 금융시장'으로 변모시켰다. 푸둥강변을 따라 유럽 고전미가 물씬 풍기는 와이탄의 건물들이 바로 당시를 주름잡았던 금융의 중심가이다. 1937년 중일전쟁이 발발하기 전까지 상하이는 뉴욕, 런던에 이어 세계 3위의 금융시장으로 급성장하면서 '아시아의 월 스트리트'라는 애칭을 부여 받았다. 30여 개에 달하는 외국계 은행들이 진출해 100년 가까이 호황을 누렸다. 그러나 1949년 공산당에 의해 중화인민공화국이 수립되면서 쇠퇴의 길을 걸었다. 외국 자본가들이 홍콩, 싱가포르 등지로 떠났기 때문이다. 상하이가 긴 잠에서 깨어난 것은 1978년 개혁 · 개방정책을 추진하면서다. 2011년에는 싱가포르를 밀어내고 세계 제1의 컨테이너항에 등극했다. 최고급 브랜드숍이 밀집한 거리, 분위기 좋은 노천의 카페와 갤러리가 모여 활기찬 대도시로 변모했다.

세계에서 가장 큰 항구의 하나이며 중국의 주요 산업 · 상업의 중심지. 동중국해 연안에 있으며 북으로 양쯔강[揚子江] 어귀와 남으로 항저우[杭州] 및 위판만[玉盤灣] 사이에 자리잡고 있다. 전체면적에는 상하이시뿐 아니라 주변의 교외지역과 내륙의 농업지역도 포함된다. 중국에서 가장 인구가 조밀한 도시지역...

중국 중동부 양쯔강 하구에 위치하며 인구는 23,416,000명 (2016 추계), 면적은 6,340.5㎢이다.

상하이는 중국 본토 동부의 창강 하구에 있는 중화인민공화국의 직할시이다. 현대 중국의 대표적인 경제 중심지 중 하나로 알려져 있으며, 실제 중국에서 가장 중요한 문화, 상업, 금융, 산업, 통신 중심지이기도 하다. 행정적으로는 성과 동급인 성급시이다. (출처 위키백과)

2014년 6월 12일 (목) 상반기 분기회를 프레지던트 호텔에서 개최하고, 6.4 지방선거에서 당선된 권영진 대구광역시장과 권영세 안동시장 당선 축하연을 가졌다.

권영세 안동시장

1953년 경상북도 안동군 길안면 현하리에서 태어났다. 경북고등학교, 영남대학교 법학과를 졸업하였다. 이후 행정고시에 합격하여 공무원으로 근무하였다. 관선 영양군수, 안동시 부시장, 소방방재청(대한민국 소방청) 정책홍보본부 본부장, 대구광역시 행정부시장 등을 역임

권영세 안동시장

하였다.

2010년 제5회 지방선거에서 한나라당 후보로 안동시장 선거에 출마하여 당선되었다.

2014년 제6회 지방선거에서 새누리당 후보로 안동시장 선거에 출마하여 당선되었다.

학력

- 경북 고등학교
- 영남대학교 법학 학사
- 경북대학교 대학원 법학 석사

약력

- 제21회 행정고시 합격
- 안동시 부시장
- 제41대 영양군수(관선)
- 대통령비서실 정무수석실
- 소방방재청 정책홍보본부장
- 대구광역시 행정부시장

안동은 고택과 서책 등 생활문화 자체가 문화재이자 역사가 살아 숨쉬는 한국 정신문화의 수도다. 지난해 경북도청과 경북교육청이 안동으로 이전하면서 이제 안동은 경북의 새로운 중심도시로 우뚝 섰다. 도청소재지라는 성장 동력을 발판으로 백신클러스터 조성 등 안동 경제도 점점 활기를 띠고 있다. 또한, 당진-영덕고속도로 개통에 이어 2020년 중앙선 복선전철화 사업이 마무리되면 전국 어디든 2시간대로 움직일 수 있는 교통망도 갖추게 된다. 그야말로 한반도 허리경제권으로 자리하게 된다.

안동은 자타가 공언하는 역사가 살아 숨쉬는 한국정신문화의 수도

이다. 다양한 전통문화 자원과 수자원 등을 활용해 세계적 역사문화관광 도시로 나가기 위한 관광 전략도 추진되고 있다. 또한 안동의 정신적 가치를 기반으로 21세기 정신문화를 이끌어가기 위한 인문학교육이 활발하게 진행되고 있으며, '21세기 세계인문가치포럼'도 매년 열고 있다.

안동은 시대별로 중요 사상을 꽃피운 곳이자 그 사상을 고스란히 지켜온 한국의 추로지향(鄒魯之鄕) 도시이다. 공자와 맹자가 태어난 노(魯)나라와 추(鄒)나라와 같은 정신적 고장이란 뜻이다. 지역학의 선구라 할 수 있는 안동학(安東學)도 존재하고 있다. 또 전국에서 가장 많은 40여 개의 서원 등에서 학문을 닦던 선비정신이 있고, 도산서원과 병산서원, 봉정사는 세계유산 등재를 눈앞에 두고 있다.

전국에서 가장 많은 357명의 독립유공자를 배출한 '독립운동의 성지'이자 '경상북도독립운동기념관'이 자리한 점도 한국 정신문화의 수도인 이유 중 하나다.

권영진 대구광역시장

권영진 대구시장

- 1962년 경북 안동 출생
- 고려대 영문과 졸업
- 고려대학교 대학원 정외과 석 · 박사
- 한나라당 미래연대 공동대표
- 서울시 정무부시장
- 18대 국회의원
- 새누리당 대선캠프 기획조정단장
- 새누리당 여의도연구원 부원장
- 제33대 대구광역시장

2014년 제6회 지방선거를 앞두고 대구광역시장에 야심찬 도전을 하였다. 권영진을 아는 사람이 거의 없을 정도로 생소한 곳이고 인지도는 바닥에서 대구시장 도전은 무모한 도전으로 받아들여졌다. 그런데 예상외로 당내경선에서 새누리당 대구광역시장 후보로 선출됐다. 그리고 김부겸 후보와의 대결이란 벅찬 싸움의 과정이 기다리고 있었다. 박빙의 선거전을 거친 끝에 그는 마침내 승리를 거머쥐었다.

국회의원 때에는 국정과 당 쇄신, 당 화합에 앞장서 왔으며 몸싸움 없는 국회를 위한 국회개혁 5대 법안을 발의하기도 하였다. 2009년 황조근정훈장을 비롯하여 시민단체와 언론이 수여하는 각종 상을 받았다.

영가회(회장 류종묵)는 2014년 10월 29일 하반기 문화유적 탐방 행사로 한탄강과 연천 일원을 탐방하였다.

하반기 문화유적탐방 (연천 일원 탐방)

연천

한탄강 일대는 화산 활동의 영향으로 이루어진 용암석이 많다. 이 용암들은 현무암으로 용암이 식을 때 생긴 기포 때문에 구멍이 숭숭 뚫려서 곰보돌이라고 부른다.

또, 한탄강 일대는 경관이 아름다워 일찍부터 유원지로 이름이 높았다. 한탄강 하류에 위치한 한탄강 국민관광지는 연천군 전곡리 한탄교와 사랑교 사이 1.5km 강변에 조성되어 있다.

북한의 평강쪽에서 시작하여 철원, 포천, 연천지역을 흘러 임진강과 합류되는 한탄강은 계곡이 장쾌하고 좌우 절벽이 진귀한 바위들로 이루어져 곳곳에 경치좋은 곳이 많다. 강 위쪽 고석정, 순담계곡과 더불어 아래쪽의 유원지 근처는 각종 위락시설이 들어서고 관광지로서의 면모를 갖추고 있다.

재인폭포

가마골 입구에 있는 18.5m 높이의 폭포, 현재 이 폭포는 고을원의 탐욕으로 인한 재인의 죽음과 그 아내의 강한 정절이 얽힌 전설로 널리 알려져 있으나, 문헌에는 전설과는 상반된 기록으로도 전해 내려온다.

옛날 어느 원님이 이 마을에 사는 재인(才人)아내의 미색을 탐하여 이 폭포 절벽

에서 재인으로 하여금 광대줄을 타게한 뒤 줄을 끊어 죽게 하고 재인의 아내를 빼앗으려 하였으나, 절개 굳은 재인의 아내는 남편의 원수를 갚기 위해 거짓으로 수청을 들며 원님의 코를 물어 뜯고 자결하였는데, 그 뒤부터 이 마을을 재인의 아내가 원님의 코를 물었다 하여 '코문리(古文里)'라 불리게 되었으나, 차츰 어휘가 변하여 '고문리'라 부르게 되었다는 전설이 있다.

고석정

신라 진평왕이 짓고 고려 충숙왕이 노닐었다는 고석정이건만 훗날 전쟁의 소용돌이에 휘말려 피로 물들고 말았으니 시인은 오욕의 인간사가 부끄러웠을 터이다.

후삼국시대 궁예가 태봉을 세울 당시 수도로 삼았던 철원 중에서도 최고의 명승지로 꼽히는 고석정. 지금은 뱃놀이와 낚시를 즐기는 관광 유람지로 변했지만 이곳의 건너편에는 조선 명종 때 의적 임꺽정이 돌벽으로 쌓은 집에서 조공물(朝貢物)을 탈취해 빈민을 구제했다는 기록이 있다.

고석정의 고운 자태와 임꺽정의 전설을 뒤로하며 천혜의 절벽이 드리워진 한탄강을 거슬러 올라가면 강의 양안을 어찔하게 걸친 다리 하나가 나그네의 눈길을 끌어당긴다.

고석정은 한탄강 계곡의 절벽에 세워진 정자 이름이지만 통상적으로는 바위의 아랫도리를 휘감고 흐르는 물줄기와 모래톱까지를 포함합니다. 고석정 랜드, 고석정국민관광지는 바로 그 바위에 힘입은 바 크지요. 또 철원에서 드물게도 온천욕을 할 수 있는 한탄리버스파호텔도 고석정 국민관광지에 있습니다. 온천수에 게르마늄 성분이 함유돼 있어서 피로회복에 좋답니다.

철원에서 가볼만한 곳 중 첫손가락에 꼽히는 고석정은 높이가 10m쯤 되는데, 그 뜻이 외로운 바위라니 이름 지은 사람의 심정이 꽤나 착잡했었나 봅니다.

신증동국여지승람에 신라진평왕과 고려 충숙왕이 고석정에서 노닐었다는 기록이 있답니다. 옛날부터 명승지였네요. 기록에 의하면, 바위 위쪽에 있는 구멍을 통해 안으로 들어가면 10여 명이 앉을 만한 공간이 있답니다.

임꺽정이 1559년 '대적당(大賊黨)'이라는 조직을 만들어 약 3년 동안 관가나 탐욕에 눈이 먼 양반집을 털어 배고픈 서민들에게 재물을 나눠주다가 관군에게 쫓기면 고석정 자연석실에 은신했답니다. 그러다 발각될 위기에 처하면 꺽지로 변해 강물 속으로 숨어버렸답니다.

고석정에서 한탄강 상류로 2km 정도 가면 한국의 나이애가라(나이아가라)로 불리는 직탕폭포가 있고, 하류쪽으로 2km를 가면 순담계곡과 한탄강CC가 있습니다.

고석정을 비롯해 삼부연폭포, 직탕폭포, 매월대폭포, 순담, 소이산 전망, 용양늪, 송대소 주상절리, 학저수지 여명을 통틀어 철원9경이라 합니다.

순담계곡은 한탄강 물줄기 중에서 가장 아름다운 계곡이죠. 기이한 바위와 절벽 연못, 모래밭 등이 조화롭게 발달해, 물소리 들으며 경치 감상하기 좋습니다. 뒤편에는 한탄강 래프팅 명소인 뒷강이 있습니다.

인생 가사로 풀어보세"

제6대 회장 : 2015 ~ 2016
김 봉 구 회 장

제6대 김봉구 회장 취임

김봉구 회장

영가회는 (회장 류종묵) 2014년 12월 9일 종로 안동국시집에서 이사회를 열고 제 6대 회장으로 김봉구 고려대학교 명예교수를 만장일치로 선임하였다.

김봉구회장은 2015년 1월 9일 취임하여 2016년 12월 31일까지 연임했다.

아래와 같이 정기총회 및 신년하례회를 갖고 제6대 회장에 김봉구 고려대학교 명예교수가 취임하였다.

▶일시 : 2015년 1월 9일 18 : 00시

▶장소 : 프레지던트 호텔 31층 모짤트홀

▶참석 : 120여명

▶임원개선

- 회　　장 : 김봉구
- 상임부회장 : 김계동
- 감　　사 : 류승번, 권원오
- 부 회 장 : 이규혁, 금경수, 문상부, 김대원
- 사 무 국 장 : 김영일

김봉구 회장은 영가회에 나오면서부터 높은 자긍심을 갖게 되었다고 유난히 강조하였다. 훌륭하신 고향 어르신들로부터 많은 것을 배운다는 점 때문이라고 했다. 배운다는 것은 내적으로는 즐겁고, 또 생활함에 있어서 자만, 오만, 교만에 빠지지 않도록 인성을 키워주기 때문이다. 고려대학교 교수 시절에도 원로교수님들이 울타리가 되어주신 것을 생각하면 영가회 조직도 다르지 않아 원로회원들로부터 많은 격려가 있을 것이라고 생각한다면서 인사말을 시작했다.

이어서 영가회는 회원들 간에 존경심과 보살핌의 정신이 깃들어 있고, 신뢰감이 확립된 단체이다. 조직의 운영에 대해서 일체의 말이나 잡음이 없다. 더욱이 재정이 건전한 단체이다. 기업이나 외부에 손을 벌리지 않고, 폐를 끼치지 않는 모임이다. 우리나라에서 유래를 찾기 어려울 만큼 회원들께서 남에게 피해를 주지 않고 모범을 보이며 예의와 염치

를 소중히 생각하는 회원들로 구성된 단체로 규정했다.

2015년 3월 6일 강남구청역 부근 이천쌀밥집에서 원로회원 초청 오찬회, 3월 21일에는 같은 장소에서 일반회원 오찬회를 가졌으며, 5월 16일~5월 20일 까지 해외 문화탐방 행사로 중국 사천성 일원(중경, 양자강등)을 20여명 회원이 다녀왔다.

해외 역사문화 탐방 : 중경, 양자강

사면이 산으로 둘러싸인 중경시는 중국 내륙 양자강의 상류와 중류로 나누어지는 지역이다.

양자강 유람선 출발지로 유명한 重慶은 장강과 가릉강이 합류한 곳에 발달된 도시로 중국에서 4번째로 직할시가 되었다. 시가지는 마치 반도처럼 3면이 강물에 싸여 있으며 비탈과 돌계단이 많고 안개가 많은 도시로 유명하다.

사면이 산으로 둘러싸인 양자강 하행의 기점이 되는 중경은 옛날부터 수로를 중심으로 교통과 교역이 활발한 곳이다. 이곳에서부터 의창. 무한. 남경을 거쳐 상해까지 갈 수 있다. 양자강의 본류는 황토물이 흐르고, 가릉강은 맑은 물이 흐른다. 이 두 강물이 합쳐지는데, 분명한 선이 있는 것을 볼 수 있다. 위수의 맑은 물과 경수의 흐린 물이 분명히 갈라지기 때문에 경위분명(涇渭分明)이란 말이 생겼다.

중경에서 가장 볼 만한 곳인 인민대회당은 장중한 느낌과 예술미가 있는 것으로, 북경의 천단(天壇) 모양을 닮고 있는 건물이다.

1951년에 공사하여 1954년에 완공된 명조시대의 건축기술을 모방하여 세워진 곳으로 유명하다. 이 건물을 지을 때 건축 장비가 없어 대나무 3만 여 개를 쓰면서 운반은 사람들의 힘을 빌려 완공한 곳으로 높이 57m이다. 대형공연이나 음악회 큰 회의가 있을 때 사용되는 곳이다.

서기 314년 동진의 장군이 장이가 파(巴)나라를 멸망시킨 후 이곳에다 성을 쌓고, 천자(天子)의 문서를 받는 곳이라 하여 조천문(朝天門)이라 한다.

아령공원은 중경시내에 제일 높은 곳에 있어 시내를 한눈에 내려다 볼 수 있는 곳이다. 그런데 아침에는 안개가 많은 도시이기 때문에 시내 전체를 보기가 힘들며 항일전쟁 시기에는 장개석의 거처이기도 하였다.

인민광장은 바닥이 모두 대리석으로 되어있으며, 97년에 직할시로 승격되었다는 기념비가 있다. 중경사람들은 북경의 중국인들과는 얼굴색이 조금 다르며 약간 거무스레하여 서역 지방의 냄새가 풍긴다. 이곳 음식인 사천요리는 맵고 짜기 때문에 한국인들에게는 음식이 제일 맞다. 또한 한국인에게도 낯설지 않는 도시인데 중일전쟁 당시 피신해온 국민당 정부를 따라 한국도 이곳에 임시정부를 둔 적이 있다.

넓은 면적의 중국에서 중경직할시는 그 크기가

우리 남한만 하여 그 지역을 모두 합하여 3,000만명이다. 중경 도시 자체로는 540만명 규모의 도시이며 샹하이에 견줄 도시는 아니다.

중경은 마치 오리 머리처럼 생겼는데 공항은 위쪽에 있고 어리에 속하는 것이 시내 중심가이다. 오리 입에 해당하는 곳이 조천문이라는 곳인데 유람선이 출발하는 곳이다. 중국의 다른 도시에 비해 관광자원이 많지는 않으나 장강삼협 유람선의 출발지로서 관광객이 많이 모이는 곳으로 하루관광을 다니는 외국인 손님들이 많이 보인다.

중경은 언덕이 많은 도시이다. 실제로 이곳은 공업의 중심지로 자전거의 생산량은 많으나 북경이나 상해처럼 자전거는 볼 수가 없다. 서울보다 언덕이 더 많아 자전거를 타고 다닐 수가 없기 때문이다. 그 대신 우리나라 티코보다 훨씬 작은 장난감자동차처럼 생긴 빨간 택시가 많이 눈에 띤다.

중경에 미인이 많은 것을 실감한다. 이곳은 안개의 도시라고 일컬어지고,'해가 나오면 개가 짖는다.'라는 말처럼 해 뜨는 일이 없이 하루종일 안개에 젖어 있다. 중경의 여인들은 햇빛에 그을리지 않아서 피부가 곱고 언덕길을 걸어 다녀서인지 모두 날씬하다.

영가회는 2015년 9월 17일 프레지던트호텔에서 하반기 임시총회를 개최하고 정부락 통일부 교수 초청 특강을 가졌다.

정부락 교수 특강

북한정세와 남북관계 전망

2015. 9. 17 정부락

1. 서

우리는 동서냉전의 역사적 희생물로 남북분단의 고통을 감내하며 70년을 살아온 것입니다. 더욱이 90년대 이후, 탈냉전 시대가 되어서도 냉전시대의 유물로 남은 채, 북한의 핵, 미사일 위협 등 육 · 해 · 공으로 도발위협에 시달리고 있습니다. 마치 겨울이 지나 봄이 왔지만 봄을 외면하고 사는 것 같습니다.

더구나 이제는 북한의 위협, "핵 불바다, 핵 전쟁" 위협속에서 죽기 아니면 살기라는 생각으로 참고 시달리며 잘아 온 것입니다.

최근 8.25남북합의로 대화와 교류 재개의 가능성이 보이자 겨우 안도 하기도하는 등 언제나 북한의 강 · 온 물타기 전술에 운명을 시험받고 있습니다. 그러나 통일의 꿈은 변하지 않고 있습니다. '통일 대박, 통일준비'등 정책으로 통일의 임박감에서 일부 들뜬(?) 분위기를 연출하고 만족하기도 했습니다. 특히 최근 중국의 전승기념열병식 과정에서 한 · 중관계가 가일층 밀접한 분위로 보였고 이런 가운데 한국의 평화통일을 위한 중국의 협력이 현실로 나타나는 듯한 느낌마저 해 보았습니다. 통일의

열망은 한층 현실로 가까워진 기분을 느낀 것입니다.

그러나 우리는 이 모든 현상들을 냉철한 자세로 엄밀하게 조감하고 올바른 판단과 선택을 한다는 여유 있는 자세를 가질 필요가 있습니다. 우리의 관심은 무엇보다 한반도의 평화와 평화적 통일 실현 이라 하겠습니다. 따라서 오늘은 국민누구나 각종 정보 매체를 통해 익히 생각 해 본 내용들이지만, 다음과 같이 주변국제정세와 북한상황, 남북관계 전망 등 순으로 간략히 말씀 드려 보려합니다.

2. 주변국제정세

◉ '90년도 공산권의 해체로 탈냉전시대에 진입, '지구 공동체'시대 개막

- 소련 등 동구 공산권 각국들이 민주주의 국가로 변신
- 독일, 예멘 등 분단국들은 통일하고 소련연방해체로 소수민족들이 독립
- 핵무기감축(NPT), 미사일통제(MTCR)등 대량살상무기 감축운동과 인권운동 전개 등 인류사회의 평화와 인간존엄 시대를 지향
- 무역 시장 개방화, 권역별 경제 협력체 발생으로 시장의 개방 경쟁 시대 대두

◉ 그러나 도처에 갈등과 대립문제가 발생하는 등 냉전시대 후유증은 잔존

- 한반도는 남북 갈등과 대립이 지속하는바, 냉전시대의 유물로 잔존
- 중동지역은 종교적 갈등 대립으로 국제적 평화 분위기를 위협
- 중국 • 러시아 등 신흥세력은 영향력 팽창전략으로 국제적 긴장요인으로 작용

◉ 한반도 주변은 강대국들의 이해관계가 상충, 서로 갈등과 타협을 반복하는 상황

–미국은 세계전략의 중심을 중동에서 아 · 태로 선회, 환태평양 경제권역 형성

–일본은 역사왜곡으로 주변 관계를 악화, 이를 빌미로 재무장화의 구실 조성

–중국은 G2로 부상, "중국 '崛起'", '中華中心'의 세계화를 추구, 영향력 향상

• 전승절 70주년기념 열병식; 변방 안정화 및 군 현대화를 과시 (북쪽)러시아, (동쪽)한국, (서쪽)카자흐스탄, 인도 등 변방의 협력관계 과시

• 그 전략은 '신韜光養晦'(은밀히 힘 배양) 전략 구상

–시진핑 주석, '병력 30만 명 감축' 선언 (전승 70주년 기념사)

◉ 결국, 한반도 주변 국제질서는 미 • 중을 중심으로 재편되는 양상이며 모든 관계국들은 한반도 비핵화와 평화, 안정에 초점두고 있다는 것입니다.

3. 오늘의 북한 상황

(북한 3대 세습체제)

◉ 김정은은 2011년12월, 김정일의 사망 과 동시에 최고사령관으로 등장, 군 통수권을 장악한 이후, '15년9월현재까지 약3년 10개월동안 당 • 정 • 군의 전반적 지휘통제권을 장악, 외견상 이른바 "최고 존엄"(수령)으로서의 위상 확립

–'3대세습'의 명분은 "백두혈통" 계승

–독재권력의 정당성은 '계급독재 '및 '주체사상', '수령 영도' 론

◉ 독재기반 구축 과정

–1단계; 최측으로 권력승계 실현

–2단계; 권력도전 위험세력(김경애, 장성택, 현영철, 변인섭 등 80여명) 숙청,

대동강

-3단계; 맹목적 추종세력들로 당 · 정 · 군의 조직 재편, 장악
인민무력부장교체; 김영춘→ 김정각→ 김격식→ 장정남→ 현영철 → 박영식

- 대내 수령우상화, 충성심유도 등 사상교육 강화, 체제찬양 용 문화예술 선전
- 군사긴장 조성, 반미반한 감정 유발, 통제체제의 결속력 재고

(북한 군사력)

◉ '선군정치'이념을 당면 정책기조로, "2015년을 '강성대국 건설' 과 '통일의 원년"으로 표방

-"핵 보유국"(헌법 전문)이라 명문화 하고 대남 "불바다"를 공언

◉ 병력 120만 명 등 육해공 재래식 전력 한국의 2배

-전 군(육 · 해 · 공) 전투준비" 전력 70% 전진 배치

◉ 핵, 미사일 개발

-핵 무기 (7-10기) 보유 추정

※핵 위력 TNT6-7kt (1차 '06.10.9, 2차 '09.5.25, 3차 '13.2.12)

※'소형 핵무기' 보유시 대남위협 수위향상 우려

-다탄두 미사일 개발, 스커드- B(사거리 300km)⇒KN-08(사거리

1만 2000km) 미국- 유럽-북극 위협

⁂이는 결국 국제사회의 대북제재를 초래

-6자회담, 유엔안보리결의(1718호, 1874호, 2087호, 2094호; 무역 제재, 금늉통재

-NPT및 IAEA, 남북합의(한반도비핵화 선언), 미 · 북 제네바합의

(경제 사회)

◉ 경제 정책기조로 "핵, 경제 병진정책"을 표방하나 사실상 핵, 미사일 개발에 역점

◉ 전통적 중앙집권계획경제의 모순과 한계를 탈피하는 조치로 '7.1 경제관리개선조치'(2002년)를 보강,

-농업 및 경공업분야 의 기초경제 환경 개선, 생산성 향상 도모

-"새로운 경제관리방법"(2012년) 제시, '협동농장내의 포전담당책임제'(가족단위분조)도입; 연구단계 수준

-'6.28 경제조치"(2013년11월) 표방, 신의주를 특구, 청진 등 13개개 발구로 구분, 지역별 특화 개편

◉ 주민 경제생활 방식의 변화로 농업분야의 생산성 향상, 시장유통분야의 안정화국면이 조성된 것으로 평가

-물가는 안정추세, 외제공산품의 시장점유율이 증가

-식량(곡물) 자급율 향상 ;

('14년) 필요량 약 650만t에 480만2천t-부족량 약 78만t +중국 곡물 수입(36만톤)으로 충당

◉ 대외 교역 규모는 호전

-'13년 교역규모, 73억4천$ (대중국 교역 90%)

※2010년 규모(41억7천만$) 대비 41% 증가 추세

• 수입 36만3천$(쌀, 밀), 수출 29만1천$ (해산물, 견과류))

◉ 사회적 신생활문화 유입 현상

-휴대폰 250만대 사용, 상층부의 전기 전자 생활문화 변화

북한의 장마당

–한국, 중국 경공업제품, 문화상품 등 인기 상승

(결론적으로)

◉ 북한 김정은정권은 외관상 안정 기류를 탄듯하며

–경제사회적으로는 식량 자급율 향상 등 생화환경이 개선되는 조짐이며 사회 전반적인 생활 환경변화의 영향력 증가로 개방 개혁의 조류 유입 불가피

◉ 북한의 전쟁도발 위험성

–북한의 체제적 모순으로 한반도 긴장분위기 상존, 군사적 충돌 위험성 상존

–국지전 등 파괴력을 갖춘 도발 가능성은 우려 요소

–핵, 전면남침 도발 등의 가능성은 북한 급변사태, 주변정세, 한국의 안보태세, 남북 갈등 등의 상황적 변수에 영향

4. 남북대화와 교류 관계 전망

(남북관계)

◉ 남북한 주요정책 발언 비교

–한국 박근혜대통령은 새해 첫국무회의시, "현시점에서 중요한 것은 북한이 남북관계 발전에 대한 진정성과 실천의지"라 강조

• 대남도발 포기, 합의사항 존중, 개방 개혁등 경제 지원 환경 조성 등 요구

–북한 김정은 신년사를 통해 다양한 회담으로 "남북관계의 대전환"을 주문

• 5.24조치 해제와 금강산관광사업 재개, 중단된 대북 식량 및 비료지원 재개 등 기대 , 개성 공단 및 기타 특구개발 지원 등 희망

◉ 지난 8월초, 지뢰 및 포격 도발을 감행, 한반도 군사적 긴장을 조성한 직후, 대화와 교류를 주장, 강 · 온 양면 전술을 교차

※8.25 남북합의시 도발책임에 대한 '시인, 사과, 재발 방지' 등 내용은 애매한 외교적 수사("유감")로 희석, 시인도 부정도 아닌 전술 구사

(남북교류협력 사업)

◉ 5.24조치 해제문제

–남측은 천안함 폭침도발 관련 북한의 시인 사과 및 재발방지를 요구

–북측은 이를 강력 부정, '유감'표명 정도로 넘어가려는 입장

◉ 적십자회담과 이산사족상봉 사업

–오는 10월20일 금강산 면회소에서 실시 예정

–그러나 북한 측이 당창건기념행사의 일환으로 미사일 시험발사를 고집, 이와 관련 남측은 8.25 합의 위반, 군사도발로 간주, 이산가족상봉행사에 장애가 발생

◉ 한국측은 이미 당국간 대화는 물론 민간차원의 교류 협력을 촉구한 가운데 교류협력 사업과 기금 운용계획을 준비 한 상태

–이산가족찾기사업, 겨레말 큰사전편찬 사업, 개성 만월대 공동발굴사업, 국내외네트워크 구축사업, 체육교류지원사업 등

※ 2015년도 남북교류협력기금 운용계획을 준비

• '15년도 기금 사업비 : 1조 2,348천억 원 확립

• 기금 관리심의원회 운영 및 사업별 집행 관리 철차 준비

◉ 결론은 남북관계의 문제는 북한의 진정성있는 개방 개혁의 자세와 군사모험주의의 포기 여부에 따라 모든 정책이 진전 가능

5. 맺는 말

한반도의 남북문제는 주변 4대강국들의 이해관계가 맞물려 있는 바, 지정학적 특성으로 주변정세 변화에 많은 영향이 미치는 입장이며 남북한중 어느 한편이 갈등과 대립상태를 지속하는 한 불안과 긴장은 지속될 수밖에 없는 상황입니다.

불행중 다행한 일은 주변 각국들이 한반도의 평화와 안정을 추구한다는 사실입니다. 북한이 비이성적인 행동으로 한반도의 긴장과 위기상황을 조성할 경우, 주변 모든 국가들은 북한의 위험한 도박을 자국의 이익침해로 간주, 그 대로 외면 할 수 없다는 점이 중요합니다.

따라서 북한의 대남도발이 일시적이거나 국지적 차원에서 이루어질 가능성은 배제할 수없으나 전면전 형태의 도발 가능성은 예상하기 어렵다하겠습니다.

그리고 북한은 지금 김정은 체제로 유지하지만, 불원간 권력상층부의 권력 갈등과 대립이 깊어지는 가운데 외부 선진문물이 지속적으로 유입 되는 등 기존 사회주의적 가치관이 근본적으로 흔들는 등 격변의 가능성도 없지 않은 듯 합니다.

따라서 한반도의 분단 상황은 주변 국제사회가 북한의 변화에 영향을 미치는 바, 한국이 국제관계의 중심에서 북한 변화, 그리고 통일을 향해 모든 힘을 경주해야 할 시기가 온 것입니다. 그러나 문제는 우리 내부의 갈등과 분열입니다. 통일문제와 관련, 국론을 모으고 국력을 결집하여 하나된 정책으로 통일의 힘을 배가 시켜야 합니다. 우리는 구서독의 양대정당이 통일정책과 관련해서 서로 의견을 함께 결집

시키고 정권이 바뀌어도 통일정책은 일관성있게 계승, 추진한 결과 통일을 원활하게 이루었다는 사실을 기억해야 할 것입니다.

감사합니다.

하반기 역사문화 탐방 : 분천, 철암, 영월

2015년 10월 23일 국내 문화탐방 행사로 회원 60여명이 강원도 분천, 철암, 영월 등을 다녀왔다.

강원도 태백 철암역과 경상북도 봉화 분천역을 잇는 V-train은 깎아 지르는 듯한 협곡을 바라보기 좋게 의자를 배치하여 시속 30km 로 천천히 달려 계곡을 구경하기 좋게 만들어 졌다.

백두대간의 비경을 가로지르는 이 열차는 남녀노소 불문하고 인기가 대단하다. 창문을 활짝 열고 달리는 옛 기차의 낭만과 자연이 내뿜는 신선한 공기, 여러색깔의 단풍이 서로 자기 색깔을 자랑하며 우리 일행을 반겼다. V-트레인은 하루에 총 세 번 철암-승부-양원-분천 구간을 왕복한다. 중부내륙관광열차 운행은 국내여행의 패턴을 크게 바꿔 놓고 있다. 열차여행의 장점은 이루 열거하기조차 어려울 정도로 많지만 무엇보다도 자동차 핸들을 놓을 수 있다는 점이다. 정체

된 도로 위에서의 짜증을 피할 수 있고, 저마다 승용차를 이용함에 따른 고비용의 낭비적 여행패턴에서 벗어날 수 있다는 얘기다. 그야말로 '힐링'의 여행이 가능하다는 얘기다.

분천은 여우천에서 흘러내려온 냇물이 갈라져 낙동강으로 흐른다고 해서 분천이라 이름 붙여졌다. 분천역 인근에 있는 '민들레 이야기'에서 육개장과 동동주, 그리고 감자전을 시켰다. 주인여자의 경상도 사투리가 매력 있었다. 육개장도 경상도 사람 입에 맞아 한 그릇을 몽땅 비웠다. 식사 후 남는 시간에 분천역 주변을 산책했다. 얕은 집들, 거의 담이 없는 집들이다.

100년이 넘는 수양버들과 대형 호랑이가 관광객들을 기다리고 있다. 또한 스위스 체르마르역과 자매결연을 맺은 분천역은 스위스 분위기의 외관이 독특했다. 역에서는 자전거와 카셰어링 서비스도 운영하고 있다. 주변에는 청옥산 자연휴양림, 불영사, 덕구온천 등 다양한 볼거리들이 즐비하다.

철암역 주변에는 삼방벽화마을과 천연기념물 417호인 구문소, 용연

동굴 등 다양한 관광지가 있다. 가장 먼저 찾아간 곳은 구문소. 역에서 약 10분 거리에 있는데 '죽기 전에 꼭 가봐야 할 여행지 1001'에 꼽힐 만큼 유명한 곳이다. 우리나라에서 유일하게 산을 가로지르는 강이 있는 곳으로, 황지에서 시작하는 낙동강 상류가 이곳에 이르러 큰 산을 뚫고 깊은 소(沼)를 이뤘다. 구문소 주변에는 고생대 자연사박물관이 자리하고 있는데, 박물관 주변에는 고생대에 생존하던 해양생물의 흔적까지 찾아볼 수 있다. 태백 매봉산 풍력단지 안 배추밭 정상에 위치한 바람의 언덕에서 바람을 맞고 있자니, 산과 신선한 공기와 인심 좋은 사람들로 행복한 시간의 순간이었다.

영월하면 청룡포(淸泠浦)가 먼저 떠오른다. 섬 아닌 섬 같은 곳이다. 서강(西江)이 삼면을 휘감아 돌아나가고, 남서쪽 육육봉은 벼랑 같은 절벽이라 퇴로가 없다. 그야말로 육지 안에 섬이다.

배를 타고 건너니 하나같이 굵고 큰 소나무들이 저마다 아름다움을 뽐내며 위풍 당당 모양을 자랑한다. 한을 안고 있는 장군들이 한데 어울려 무슨 다짐을 하는 것 같다.

청령포 숲엔 700그루쯤의 금강송이 주림을 이루어 산다. 촌장은 숲

영월 청룡포

복판에 선 관음송(觀音松). 높이 30여 m에 600살쯤의 나이를 자셨다. 위풍당당한 거목이다. 나무 아래에 선 순간 나는 물방개처럼 납작해진 자신을 발견한다. 관음송인들 풍진 세파를 피할 길 있었으랴만, 하늘 괸 기둥처럼 그저 헌칠하고 묵연하다. 둥치 곳곳에 땜질을 입은 건 비바람의 농간이 극심했다는 증명이겠지. 상처 없는 지속이 있는가. 장애 없는 활보가 가능하겠는가. 풍상이 곧 비결임을 암시하는, 저 향기로운 노거수!

소년 하나가 숲길을 걸어간다. 관음송 가지 틈새 턱에 걸터앉는구나. 누군가? 나이어린 임금 단종(端宗)이다. 단종은 여기 청령포 숲에서 유배를 살다가 사약을 받았다. 정적(政敵)이 정적을 부리로 찍고 발톱으로 찢어발겨 피 묻은 권력을 틀어쥐는 게 인간세의 생리. 단종은 악마와 협약을 맺은 숙부 수양대군에게 왕위를 탈취 당했다. 1452년 12세의 어린 나이에 임금이 되었으나, 3년 만인 1455년 계유정난으로 실권을 장악한 숙부에게 왕위를 넘기고 형식상 상왕(上王)으로 물러났다. 그러나 이듬해 6월, 이른바 사육신(死六臣)의 단종복위 음모가 발각되면서 노산군(魯山君)으로 강봉, 청령포로 유배되었다.

야사는 전한다. 소년 유배객 단종이 저 관음송 가지 턱에 자주 걸터앉아 궁궐을 그리워했다고. 명민한 준재였다 하니 사념이 깊었을 게다. 슬픔이 북받치면 소나무를 붙들고 울고 바위를 치면서 울었을 게다. 강물 가에 웅크려 소쩍새처럼 흐느껴 울었을 게다. 울었던 건 단종만이 아니었다지. 충신들이 문안을 왔다가 핏줄이 떨리게 울었다. 고을의 백성들이 서강 저편에서 절을 하며 울었다.

청령포 솔숲이 비경이라지만, 여기에 서린 서러운 역사란 꿈자리 어지러운 구렁텅이와 다를 바 없다. 청령포 물가에 놀빛 잠긴다. 붉은 해는 반드시 서쪽으로 지는데, 어린 유배객의 혼령은 어디로 흘러갔는가.

영월군 남면 광천리 서강변에 있다. 소나무 숲속 곳곳에 단종의 유적이 있다. 단종 어소(御所), 영조의 친필을 음각한 비(碑), 금표비, 왕방연 시조비 등등. 인근에 있는 장릉과 관풍헌도 단종 유적이니 연계

답사한다. 영월군 남면 광천리 남한강 상류에 위치한, 청령포는 단종의 유배지로써 2008년 12월, 국가지정 명승 제50호로 지정되었다. 조선 제6대 왕인 단종은 숙부인 수양대군에게 왕위를 찬탈당하고 상왕으로 있다가 1456년 박팽년 하위지 성삼문 등 사육신들의 상왕 복위 움직임이 사전에 누설되면서 모두 죽임을 당하는 사육신사건이 일어나고 다음해인 1457년 노산군으로 강등되어 첨지중추원사 이득해가 거느리는 군졸 50인의 호위를 받으며 원주, 주천을 거쳐 이곳 청령포에 유배되었다.

영월 청령포 소나무 숲길(주민욱 프리랜서 minwook19@hanmail.net) 발췌정리

2016년도 신년하례회 및 정기총회 개최

영가회는 2016년 1월 8일 프레지던트 호텔에서 신년하례회 및 정기총회를 가졌다. 사무국장에 김영일을 선임하였다.

이날 김봉구회장의 '세계경제의 저성장과 양극화 문제'에 대한 특강에 이어서 영가문화상 시상이 있었으며, 안동 내방가사 보존회 (회장 이선자)가 수상하였다.

김봉구 회장 : 세계경제의 저성장과 양극화 문제

안녕하십니까? 지난해는 너무나 다사다난했던 한 해였습니다. 새해에는 우리 앞에 드리워져 있는 먹구름이 빨리 지워지고 희망찬 한 해가 되기를 염원해 봅니다. 제가 인사 말씀 드리려 나온 김에 우리가 직면하고 있는 경제문제를 잠깐 말씀드리고자 합니다.

지금 세계 경제는 저성장과 양극화의 문제가 심각합니다. 이에 대해서 경제학은 명쾌한 답을 내놓지 못하고 있습니다. 그저 (1)재정지출 확대나, (2)교과서에 없는 통화량 무제한 공급에 이어, (3)심지어 마이너스 금리정책이라는 수요확대방식으로 대응하고 있습니다. 마치 자본주의의 위기를 보는 것 같습니다.

그런데 전후 세계는 경제 평등이라는 복지국가 추구로 기업투자보다 소비가 주도하는 경제를 지향해 왔습니다. 이에 흑자 주체가 되어야 할 가계는 적자에 허덕이게 되고, 적자부문이어야 할 기업은 흑자로 뒤바뀌게 되었습니다. 자본주의 시스템이 흔들리고 있다는 증거입니다. 기업의 투자와 일자리 창출이 없으니 가계소득이 증가할 수 없습니다. 이로 인해 중산층이 무너지고 있습니다. 총수요가 정체되니 기업의 투자가 정체되는 악순환에 빠져 버렸습니다. 더욱이 세계 경제 정책은 기업투자보다는 개인소비 친화적이었습니다. 성장보다 분배를 중시했습니다. 소득보다 많은 소비를 장려하는 정책에 문제가 있었습니다. 바로 이것이 저성장, 양극화의 원인입니다. 여기에 마이너스금리 정책이 도입되면 은행의 신용창출과 자금중개 기능이 축소될 것입니다. 현금경제로 퇴행하면서 총통화가 줄어들고 통화의 유통속도와 유동성이 감소하게 될 것입니다. 기업투자와 소비가 위축될 것은 뻔합니다.

세계적으로, 지금은 빚이 많아서 발생한 불황이므로 정부가 나서서 돈을 푸는 것이 정답입니다. 기존 경제학의 불황과 대차대조표불황

(Balance sheet)은 다릅니다. 대차대조표불황이란 리처드 쿠 박사(노무라증권 수석이코노미스트 : 존홉킨스대 박사, 대만계 미국인)가 제시하는 새로운 형태의 경기침체를 가리킵니다. 빚을 많이 진 경제 주체들이 대차대조표상의 부채를 줄이고자 소비와 투자를 줄인다는 것이 핵심입니다. 일본이 부동산거품이 꺼진 후 1990년대에 겪은 경기침체나, 최근 미국, 유럽 등 선진국들이 겪는 불황이 대표적입니다. 기존 경제학에서는 금리를 낮추면 경제 주체들이 돈을 더 빌리고, 투자함으로써 돈이 돌고 경제가 살아납니다. 그런데 대차대조표불황 아래에서는 개인, 기업 등 민간 경제 주체들이 빚 갚는데 주력합니다. 자산가격이 치솟았다가 갑자기 거품이 꺼지면서, 빚을 내서 투자했던 경제주체들은 파산합니다. 이 때문에 빚을 지고 있는 민간부문은 먼저 부채를 줄이려고 합니다.

우리 경제는 일본의 "잃어버린 20년"을 닮아가고 있다는 지적이 있습니다. 일본의 장기침체 원인으로는 생산성 저하를 강조합니다. 당시 일본의 생산성이 멈춘 것은 일본의 고성장을 이끌었던 성장방정식이 한계에 이르렀기 때문이었습니다. 우리나라 역시 최근 수출흐름이 심상치 않습니다. 2015년 통관기준 수출액은 5,270억 달러로 2011년보다 줄었습니다. 과거 우리나라 수출주도 고성장을 이끌었던 주력산업들이 대부분 힘을 잃어가고 있습니다. 가장 큰 타격을 입고 있는 부분은 철강, 석유화학, 정유, 선박 등이 대표적입니다. 우리나라와 과거 일본의 유사성을 비교할 때 강조되는 점이 바로 인구 고령화에 따르는 노동력 부족 현상입니다. 2016년 15-64세 인구는 3,704 만 명으로 정점에서 20년 후인 2036년에는 3,045만 명으로 줄어들게 됩니다. 20년 동안 22%, 매년 1% 이상씩 생산가능 인구가 줄어들게 됩니다. 일본은 생산가능 인구가 1995년의 8,726만 명을 정점으로 줄어들기 시작했는데 2010년 8,174만 명으로 연평균 0.5%씩 감소했습니다. 우리나라의 생산가능 인구 감소가 2배에 달합니다.

우리나라 잠재성장률은 최근 3% 초반까지 떨어졌습니다(한국은행). 잠재성장률이란 자본, 노동력 등 가용자원을 최대한 활용해 인플레이션 등 부작용을 초래하지 않고 달성할 수 있는 최대성장률을 말합니다. 2000년대 초만 해도 우리나라 잠재성장률은 5% 안팎(4.8 - 5.2%)이었으나, 글로벌 위기 이후 2014년에 3.2 - 3.4%로 떨어진 뒤, 앞으로 3.0 - 3.2%에 그칠 것으로 예상됩니다. 한 마디로 구조적 문제로 인해 경제체력이 약화 됐다는 뜻입니다.

2016년 한국경제는 구조개혁과 구조조정으로 경제체질을 개선해야 했던 해였습니다. 경제성장률이 세계성장률을 밑돌고 제조업 가동률, 투자, 가계부채 같은 주요 경제지표가 1997년 외환위기 때 보다 더 나빠졌습니다. 우리나라 경제사에서 지워버리고 싶었던 한 해였습니다. 한국은 금리인하 보다는 재정확대를 통한 경기부양이 바람직하다는 지적이 나오고 있습니다. 이미 기준금리는 현재 1.25%로 충분히 내렸습니다. 금리정책으로는 이제 할 것이 거의 없습니다. 현시점에서 통화정책보다는 재정정책이 더 중요합니다. 한국은 아직 국가부채비율이 38% 정도(2015년)로 낮은 편이기 때문에, 재정확대를 통한 경기부양 여력이 충분하기 때문입니다.

현재 우리가 직면한 위기의 근본 원인으로는 미국과 중국에 대한 수

출의 감소를 들 수 있습니다. 미국경제는 1-2년 전부터 확연히 회복세를 보이고 있지만 이는 내수 서비스업종이 이끄는 것이어서, 한국으로부터의 수입은 늘지 않고 있습니다. 또 중국의 완제품 수출이 계속 감소하면서 대 중국 중간재 수출량이 가장 많은 한국에 큰 악재로 작용하고 있습니다. 지난해 중국은 우리나라에서 반도체, 전기, 전자, 자동차 부품 등 중간재 수입물량의 15%를 수입했습니다. 무역량 감소로 세계경제는 저성장이 이어지는 데도, 한국은 여전히 수출주도경제를 유지하고 있습니다. 한국경제는 생산성이 제조업의 절반 수준에 불과한 서비스업의 생산성을 획기적으로 끌어올리는 것이 시급합니다.

아무쪼록 영가 회원님들 모두께서 올 한 해 동안 건강하시고 가정에 평화와 행복이 깃들기를 기원합니다. 감사합니다.

2016년 영가문화상은 안동내방가사 보존회에서 수상

안동 내방가사 전승 보존회는 현대 사회에서 내방가사를 전승 보존할 수 있는 기관단체가 전무하여 이선자 회장이 중심이 되어 오늘날 여성 문화와 조화로운 전통의 숨결을 찾아가기 위하여 설립하였다. 가가호호 방문을 하여 안방 깊숙이 간직되어 있는 내방가사를 찾아내어 수집하고 있으며, 실제로 내방가사를 부르는 할머니를 발굴하고,

이를 바탕으로 경창시연회와 가사경창대회를 개최하고 있다. 또한 내방가사의 보존을 위한 향유자 교육, 내방가사 창작사업, 내방가사 연구 · 수집, 내방가사경창대회와 전국적인 홍보 등의 활동을 펼치고 있다.

안동문화콘텐츠박물관 ‘안동의 소리’에 내방가사 향유자인 조남이 할머니와 권분성 할머니가 각각 「도산별곡」과 「붕우사모가」로 참여하였다. 그리고 여성민속한마당 축제에서 화전놀이를 시연하였으며, 문화사랑방 행사에 내방가사 향유자를 초청하여 공연하였다. 2014년 6월 17일에는 제18회 전국내방가사경창대회를 개최하였다.

안동 내방가사 보존 전승회는 안동 지역의 전통문화를 계승하는 여성들의 모임으로 전통시대의 내방가사를 오늘날의 문화로 새롭게 부각시키고 있다. 전통적인 방식으로 경창을 하는 향유자를 꾸준히 길러내고, 가사문학을 수집 · 창작 · 연구하며 우리에게 전통의 힘이 무엇인지를 잘 보여 주고 있다.

〈안동의 내방가사〉

현대에 들어 내방가사의 전승이 중단되거나 약화되고 있다. 시대적 상황에 따라 안동 역시 그러한 경향을 보이고 있다. 그럼에도 불구하고 안동시에서는 내방가사를 보존 · 전승하고, 나아가 가사의 창작력을 이어가기 위해 꾸준히 노력하고 있다. 1997년 안동시에서는 안동내방가사전승보존회를 발족하여 해마다 내방가사경창대회를 주최하고 가사모음집을 발간하고 있다. 처음에는 안동의 내방가사를 중심으로 하였지만 지금은 그 범위를 확대하여 2008년 현재 전국적으로 185명의 회원을 보유하고 있으며 여러 지역의 여성들이 내방가사경창대회에 참여하고 있다. 2008년 6월 10일 안동내방가사전승보존회(회장은 「여름휴가가」를 경창한 임정숙이 받았으며, 우수상은 권옥순(「숭례문 탄식가」, 안동시 풍산읍), 창작우수상은 고영필(「봉선화가」, 포항시 효자동), 특별상은 서혜숙(「새류가」, 영덕군 인량동), 장려상은 박명임(「애향가」, 안동시 송현동) · 권순주(「소회가」, 대구시 신천동) · 김노대(「나의회고다」, 안동시 금곡동), 인기상은 권남이(「부아가」, 대구시 수성동) 등이 각각 수상하였다.

〈계녀가(誡女歌)〉

「계녀가」라고도 불리는 이 가사는 이용경이 짓고, 이사화(안동시 서후면)가 제공하였다. 양반 가문에서 어머니가 시집가는 딸에게 혼인 후 시댁에서 어떻게 살아가야 하는가 하는 교훈을 담고 있어서 「계녀가사(誡女歌辭)」라고도 한다. 비슷한 내용의 가사가 경상북도에서만 수백 편 이상 발견되었는데, 이는 조선 후기에 영남 지역에서 혼인하는 딸에게 「계여가」를 직접 짓거나 대물림으로 두루마리를 만들어 물려주는 것이 유행하였기 때문이다. 내용은 다음과 같다.

자축의 천계지벽 민생어인 되어서라 근부곤모 깊은 은덕 진손이 남녀로다 오행

으로 기운받아 인의예지 성품타서 청명할사 이목구비 삼강오륜 가졌으니 만물중에 신령하다 행지가 조심이야 남녀가 다를소냐 세상에 비겨앉아 나의말씀 자세듣고 참고하라 우리집을 볼작시면 삼백년 좋은문호 세세문장 명필이요 부모님전 효행이며 동기종반 우애돈독 친척구고 화락하니 뉘아니 칭찬하리 슬프도다 흥망성쇠 뉘라서 없을손고 을축년 풍우후에 산천이 변경되고 고목이 황락하고 수목이 변경되니 안팎노인 사환이며 집집이 소년참상 단취일동 좋은문호 차차로 이산되니 변화하던 건너터는 육토여몽 초공제라 년년시운 극심하여 동도로 나려와서 수십년 지나다가 불원천리 이건하니 천운을 어찌하리 망극하신 우리부모 춘초탄산 영결하고 근존에 만년유택 산성못 모시니 불효한 나의인생 만번죽어 속애할까 슬전에 자공늦어 만득에 여아얻어 금은보화 공주같이 너를 길러 못쓸것이 자정이라 한가지도 교훈없어 적만탄산 이고촌에 견문이 있을손가 그럭저럭 보낸세월 방면이 다쳤구나 무무한 너의체질 신체만 숙성하여 여기저기 구혼하니 월노인연 명령없이 가지마라 가라고 하시거든 의복남누 추치말고 의복호사 용모단장 꾀를받은 근본이라 놀음에도 조심하고 본대없이 담소마라

구고전 꾸중할때 대책하면 발명되고 웃고보면 충효된다 잘못을 사과하고

동동촉촉 거행하며 밤이면 늦게자고 아침에 일어나서 방이차지 않으신가 묻자온후

무슨음식 하오리까 무슨일을 먼저할까 영역히 묻자올때 언어를 나직나직 가래침도 뱉지마라 개와닭을 차지마라 앞만보고 다니면서 백사를 주밀키로 알뜰이 하였어라 어느부모 좌정없이 자식자부 미워하리 미움도 제게있고 귀염도 제게있다 가지가지 물어보고 낱낱이 시킨대로 위격없이 하지마라 아해야 비오고 달밝거던 이것내여 손에들고 글씨는 얼굴본듯 사연은 말들은듯 잠시위안 될것이라.

[출처] 한국학중앙연구원 - 향토문화전자대전

2016년 3월 10일 경북 신청사 개청식에 참석

경상북도청 신청사가 2016년 3월 10일 개청되었다.

영가회(회장 김봉규)는 많은 회원들이 도청개청식에 관심을 가지고 참석했다.

영가회(회장 김봉구)는 상반기 문화탐방 행사를 2016년 6월 4일 충북 괴산군 일원을 다녀왔다.

괴산

괴산군 칠성면 산막이 옛길과 구곡으로 에워싸인 괴산호(괴산수력 발전소 댐) 일대가 새로운 관광명소로 급부상했다. 괴산군은 이곳을 찾는 관광객들이 산막이옛길과 괴산호의 수려함을 만끽할 수 있는 유람선을 운항하면서 이곳을 찾는 관광객들의 기대감을 높여주고 있다. 일명 소금배로 불리는 황포돛배도 관광객 맞이에 합류하고 있다.

이 유람선은 16t급 45인승이며 산막이옛길 입구 주차장 인근 차돌바위에서 산막이선착장, 갈론도선장을 거쳐 청천면 운교리 새뱅이까지 약 10 구간을 왕복 운항한다. 40분~1시간이 소요되며 운항시간은 일출 전 30분부터 일몰 후 30분까지다. 한국관광공사가 추천하는 한국관광 100선 충북 괴산의 아름다운 자연, 가족과 함께 괴산을 여행하면서 푸른 괴산호를 끼고 사오랑 마을에서부터 산막이 마을까지 이어지는 괴산 산막이옛길에서 여름을 나고 따뜻한 지방을 찾아 이동한 철새를 대신해 요즘은 천연기념물이자 한국의 대표적 텃새인 원앙새 수백마리가 산막이옛길 괴산호 주변에 둥지를 틀고 서식하고 있어 유람선을 타고 하늘로 비상하는 원앙새의 장관을 보는 것도 장관이다. 괴산호는 지금 자연친화적으로 조성한 길 덕분에 생태환경이 잘 보존돼 청둥오리, 물병아리, 원앙 등 철새가 날아들고 있다.

충북 괴산군 칠성면 사은리 산막이 옛길은 괴산호를 따라 4km의 산길을

천혜의 자연 그대로 복원하고 나무 테크길을 따라 테마가 있는 26개의 스토리텔링을 담아 볼거리를 만들었다. 일년에 100만명 이상이 찾아 인산인해를 이루는 우리나라 대표 명품길로 자리 잡았으며, 또한 지난 2013년 3월 산막이옛길에 충청도양반길이 일부 개장되어 군자산 일대에 '길'을 주제로 갈은구곡~용세골~덕평운교리~출렁다리까지 이어지는 아름다운 비경과 다양한 볼거리를 제공하고 있다.

괴산군 지도를 보고 있으면 온통 파랗다. 그만큼 산이 많다는 증거다. 산이 많으니 계곡도 많다. 쌍곡계곡과 선유동계곡, 화양동계곡, 갈은계곡 등 대한민국에서 내로라하는 계곡들이 밀집해 있는 곳이 바로 괴산이다. 산으로 막힌 마을로 불리는 산막이마을은 달천을 가로질러 건너야 들어갈 수 있을 만큼 오지 중 오지였다. 산에서 채취한 버섯, 나물, 약초 등을 강 건너 읍내 장에 내다파는 것이 유일한 외출이었다. 그런데 댐이 건설되면서 물길마저 사라졌고, 마을은 더욱더 오지가 되었다. 그래서 태어난 길이 지금의 산막이옛길이다. 발아래로 가슴을 조아리는 목숨을 노리는 호수와 벼랑이 버티고 서 있는 굽이굽이 위태로운 길이 그렇게 만들어졌다. 세상과 단절되지 않기 위해, 악착같이 버티고 살아가기 위해 만든 길이다. 이곳이 이제는 관광객들로 붐비면서 오지라는 이름을 벗게 되었다.

괴산댐은 남한강으로 흘러드는 달천을 가로막아 건설한 댐식 발전소다. 한국전쟁 이후 파괴된 전력시설을 재정비, 복구하기 위해 우리나라 최초로 우리 기술로 건설했다.

소나무 출렁다리를 지나면 산막이옛길에 재미를 더하는 다양한 볼거리가 이어진다. 지금은 연못이지만 예부터 벼를 재배했던 논으로 빗물에 의존해 모를 심었다는 연화담을 비롯해 노적봉, 성재봉, 옥녀봉, 군자산 등이 겹겹이 보인다.

호수전망대를 지나면 또 한 차례 장관이 펼쳐지는 포인트를 만난다. 괴음정과 고공전망대다. 특히 40m 벼랑 위에 설치된 고공전망대는 바닥에 강화유리를 설치해 마치 공중에 떠 있는 듯한 느낌이 들게 한다.

배를 타면 선상에서 새로운 풍경들을 만난다. 삼성봉, 천장봉, 등잔봉, 국사봉 등을 잇는 둥글둥글한 산세가 하늘 위로 펼쳐지고, 벼랑을 따라 구불구불 산막이옛길이 이어진다. 고공전망대, 괴음정, 호수전망대 등이 호수 위로 모습을 나타낸다.

영가회 (회장 김봉구)는 2016년 9월 23일 18시 프레지던트 호텔에서 특강을 가졌다. 김봉구회장이 '원어민 영어 듣고, 말하기'를 직접 강의하였다.

김봉구 회장 특강 : '원어민 영어 듣고, 말하기'

영어식사고와 말하기(원어민 영어)

1. 들어가며

한국 사람들은 영어공부를 그토록 오랫동안 해도 마스터하지 못하는 것으로 생각해왔다. 여기에는 두 가지 이유가 있다. 하나는 미국

사람들은 영어로 말할 때 발성이 한국 사람과 다르다는 것이다. 우리는 발음으로 말하고 미국 사람들은 발성으로 한다는 것이다. 모든 단어 마다 액센트를 주어서 말하므로, 말할 때 가슴 밑에서 부터 호흡이 올라오면서 발성한다. 다른 하나는 미국 사람들은 소리로 듣고 말하기를 익힌 후에 글로 공부한다는 점이다. 이러한 차이점은 아이들이 말을 배우는 과정에서도 잘 증명된다. 아이들은 세 살 때부터 말을 소리로 수 없이 듣고 흉내 내면서 배우기 시작한다. 그리하여 일곱 살이 되어야 비로소 모든 말을 하게 된다. 그때 까지 글은 전혀 모를 수도 있다.

이 책은 원어민영어를 듣고 말하기 위한 발성연습용 교재로 편집한 것이다. 중학교를 졸업한 사람이면 누구나 원어민영어를 할 수 있다. 또 미국에 안가도 원어민 영어를 할 수 있다. 영어로 말하는 것은 영어실력과는 아무런 관계가 없다. 현대생활에서의 모든 수준의 대화내용은 중학교에서 배운 영단어 2,000개를 활용한 문장들에 불과하기 때문이다. 미국의 Voice of America 방송은 1500 단어를 사용하여 모든 방송 프로그램을 진행하고 있다. 원어민영어를 완성하는 지름길은 미국사람들의 발음과 액센트를 정확하게 듣고, 발성연습을 얼마나 집중적으로 하느냐에 달려있다. 또 얼마나 빨리 영어식 사고방식을 받아들이느냐에 좌우된다. 이 말은 원어민들이 자라면서 갖게 되는 문장을 만들거나 인식하는 방식을 이해할 필요가 있다는 뜻이다.

이 교재는 혼자서 발성연습을 할 수 있도록 기획되었다. 먼저, 원어민의 발성원리를 파악하는 것이 중요하다. 또 영어 말하기에 있어서는 정확한 발음이 필수다. 사전에 나와 있는 발음표기만으로는 아주 부족하다. 미국인들의 빠른 대화 속에는 축약, 연음, 탈락, 동화 등의 발음현상이 나타나기 때문이다. 따라서 원어민의 발성원칙에 맞게 한글로 작업해 놓은 영단어와 비표준 발음 단어를 액센트에 유념하면서 소리 내어 발성연습을 하는 것이 핵심이다. 다음으로 영어로 의사소통을 하기 위해서는 먼저 주장을 말하고 이유와 예를 뒷받침 할 수 있어야 한다.

영어 문장구성의 원리를 이해하고, 영어어순에 맞게 누가(S)-어쩐다(V)-무엇(O)을 찾아내서 연결하는 노력이 필요하다. 영어의 어순은 앞 단어에 덧붙여 설명하는 방식이다. 이 말은 문장에서 뒤의 단어는 항상 앞의 단어를 설명하는 데서 비롯된다. 영어 구문에 대한 이해와 준비가 되면, 영단어에 대한 철저한 발성훈련을 하고, 다음에는 영어동사별 문장과 영어문장 표현들을 입에 익히는 노력을 해야 한다. 동사의 활용법에 익숙해져야 말하기를 잘 할 수 있다. 따라서 영어동사별 문장들을 집중적으로 발성연습 한다. 여기서 다루는 문장들은 문학, 영화, 예술분야를 망라한 현대생활의 각 분야에서 사용되고 있는 표현들이 포함되어 있다.

품위 있는 말은 만들어 하는 것은 아니다. 전해 내려오는 좋은 표현들을 익혀서 사용하는 것에 불과하다. 같은 문화권에서 오랫동안 사용해온 언어 고유의 특성 때문이다. 여기서 수준 높은 말이란 교양 있는 사람들이 사용해온 언어로서, 교육을 통해 또는 문학작품들을 통해 전해 내려오고 있다. 우리가 발성연습하게 되는 문장들은 영미문화권에서 읽히는 소설, 수필 등 문학작품 400여권에 등장하는 격언, 속담, 속어 등을 포함하고 있다. 또 시대를 거쳐 전해 내려오는 영어표현들을 여러 형태의 영어사전들에서 소개하는 것들을 정리한 것이다. 이 표현들을 소리로 익혀서 발성연습하게 되면 수준 높은 영어 말하기를 완성할 수가 있다.

끝으로, 영어말하기를 잘 하려면 영어식 사고를 이해하는 것이 필수이다. 영미문화권에서 효과적인 말하기를 잘하기 위해서는 지켜야할 유의사항들이 많다. 그중에서 문장을 의미단위로 짧게 끊어서 말하는 것은 아주 효과적이다. 다음으로 원어민들은 무의식적으로 영어식 사고의 틀에 맞춰 문장을 만들거나 이해하려고 한다. 특히 메시지를 전할 때는 말하는 사람의 주장이 앞에 나오고 이유와 예시가 뒤 따르는 것이 효과적인 말하기의 기본이다. 이어서 연음을 이해해야 유창하게 말할 수 있다. 또 문장을 말할 때 강조하는 단어는 높은 톤으로 말하는 등 멜로디도 유의해야 한다.

2. 영문장 발성연습

영미문화권에서 영어 말하기를 효과적으로 하기 위해서는 다음의 다섯 가지는 지켜야 할 필수적인 유의사항들 이라고 할 수 있다.

첫째는, 문장을 의미단위로 짧게 끊는다. 영어 말하기의 최소단위는 의미단위인 구(phrase)이다. 이처럼 짧은 표현으로 전달할 때 상대방은 듣기가 쉬워지고, 말하는 이는 전달력이 좋아진다.

둘째로, 영어식 사고방식은 단도직입적으로 결론부터 먼저 말하는 것이 특징이다. 메시지 전달방식은 우리와 다르다. 영어식 사고는 말하는 사람의 주장으로 시작한다. 주장이 먼저 나오고 그 뒤에 뒷받침하는 근거가 나온다. 영어로 의사소통을 할 때는 먼저 주장을 말하고 이유와 예로 뒷받침 할 수 있어야 한다. 한편, 말을 들을 때는 적극적인 청취 자세를 취한다. 이는 상대방의 말을 들으면서 생각하고 평가가 가능하기 때문이다.

셋째로, 연음을 이해해야 유창하게 말을 할 수 있다. 원어민의 영어는 끊어지지 않고 매끄럽다. 원어민들의 빠른 대화 속에는 축약, 연음, 탈락, 동화 등의 현상이 나타나는 것을 유의해야 한다.

넷째로, 문장을 말할 때 올릴 때는 확실히 올리는 멜로디가 중요하다. 영어 멜로디는 넓은 음역에 속하기 때문에 톤의 폭을 넓히는 연습이 필요하다. 강조하는 단어는 높은 톤으로 말한다. 이는 억양이라고도 한다. 의문문에서는 문장 마지막 톤이 높아진다. 이 유형은 is, are, do will 로 문장이 시작된다. 여기서는 보통 강조하는 단어가 없다. 6하 원칙의 의문문은 먼저 강조 의문사에 높은 톤을 둔다. 그리고 문장의 끝부분은 낮춘다. 여러 항목이 나열된 문장은 각 각 높은 톤을 두고, 마지막 단어는 낮은 톤으로 내린다.

마지막으로, 영어문장의 5가지 형식의 비밀을 이해해야 한다.

기본원리는 두 가지이다. (1)주어 다음에 동사가 온다. 동사는 주어의 상태(동작)를 설명한다. (2)동사 다음에 동사를 설명하는 목적어가 온다. 목적어를 보충하는 말이 그 다음에 오고, 다시 그 말을 보충하는 말이 오면서 문장이 길어진다. 이 원리가 바로 영어원어민들이 문장을 만들고 말하는 사고방식이다.

영어문장 만들기는 기초 영문법을 알면 단어 연결이 쉬워진다.

누가(S) + 어쩐다(V) + 무엇을(O)(하기를, 할 것을) 순서로 단어를 연결한다.

(1)인칭 – I, you, he/she

(2)지시 – it, this, that, these, those

(3)부정 – one, the other, another, others

(1)상태 Be 동사 – am, are, is, was were

(2)동작 일반 동사 – study(동작), love(감정)

(3)조동사 + 동사원형– do, will

(1) to 부정사 – to work, to hate

(2) that 접속사 – the book that I read

(3) –ing(동명사) – saying goodbye

영어의 사고방식 중에서 가장 빈도가 높은 누가(S)+어쩐다(V)+무엇을(O)의 순으로 문장을 만들고 말하는 훈련을 하자. 실제로 원어민들의 대화내용은 70-80%가 여기서 제시한 것과 같은 주어+동사+목적어로 구성된 제3형식의 문장을 사용한다. 보어(C)는 부사구로서 장소, 방법, 시간을 나타낸다. 의문문은 의문사 (who, what, how, when, where, why)를 맨 앞에 놓고, 다음에 조동사(do, will 등)를 붙인다. Be 동사는 조동사 위치로 옮겨온다. 영어어순은 의문사, 조동사, 주어, 동사, 목적어, 보어의 순이다.

3. 영단어 발성연습

◉ 단어(어휘)를 많이 알아야 영어 말하기를 잘 할 수 있다.

◉ 발음이 정확해야 영어 말하기를 잘 할 수 있다.

① 영어단어 발성연습(1,200 단어)

◉ 단어 발음은 액센트가 핵심이다. 단어발성 때에 강세를 유념하자.

◉ 단어 마다 장 · 단음을 구분하여 발성하는 것이 가장 중요하다.

◉ 장모음[i :]은 [–] 로 표시했으며, 길게 두 박자로 처음에는 높게 다음에는 낮게 발음한다. 이중모음[ai, ou, ei]도 똑같이 계단을 두어 발음한다. 그러나 단모음은 한 박자로 끝난다.

◉ 또한, 단어 마다 고 · 저음을 구분하여 발성연습 하는 것도 필요하다.

◉ [th] 발음은 '쓰'로 표기했으나 '쓰'와 '드'의 중간 발음이고, 또 '오' 와 '아의 중간 내지 '아'로 발음하는 경우가 있다.

◉ 알파벳 발음을 미국인의 발음대로 다시 익히자

(1) 장 모 음 : b 삐–, c 씨–, d 디–, e 이–, g 쥐–, p 피–, q 큐–, t 티–, u 유–, v 브이–, z 지– 이고

(2) 이중모음 : a 에이, h 에이취, i 아이, j 줴이, k 케이, o 오우, r 아–얼, w 더블류, y 와이 이다. 장모음과 이중모음은 모두 길게 계단을 두어 발음한다.

(3) 단 모 음 : f, l, m, n, s, x 는 한 박자로 떨어지게 발음한다.

② 비표준발음 단어 발성연습(600 단어)

◉ wa'ter 워'러, pa'rty 파'-리, mi'ddle 미'를, bo'ttom 바'름

◉ song 쏭, po'ssible 파'써블

◉ ho'spital 하'스삐럴 ha'ppen 해'쁜, left o'ver 랩또'우붜, che'mical 케'미껄, na'pkin 냅'낀, look루끄, skill 스낄, wo'rking 워'낑, sta'r 스따'알, Atla'nta 얻'레나, Hi'tler힛'-러

◉ milk 미엌, film 퓌엄, short 쇼어트, did it 디릿, tell me 테오미

4. 발성연습 방법

마지막으로 발성연습 방법은 대략 다음과 같다. 먼저, 소리영어(윤재성, 2014) 발성을 철저히 익힌다. 여기서 원어민의 발성원칙을 터득하고, 원어민처럼 발성할 수 있도록 모든 단어에 액센트를 주어서 발성하는 습관을 기른다.

다음으로, 영어로 말하는 것은 기술이다. 정복이 어려운 지식이 아니고 반복과정을 통해서 익힐 수 있다. 그러므로 소리로 듣고 원어민 발성을 따라 연습하면 누구나 영어 말하기를 완성할 수 있다. 왜냐하면 기술은 반복하면 완성이 가능하기 때문이다.

영어발성 연습은 큰 소리로 영어발성을 함으로써 소리를 귀와 입에 익히는 것이 목표이다. 올바른 발음을 입에 익혀야 한다. 나아가 꾸준한 발성연습을 통해 이 목표에 도달하게 되면 입에서 우리말 하듯이 영어가 튀어나오게 된다. 반복하면 반드시 그렇게 된다는 신념을 갖는 것이 중요하다. 영어말하기는 반복연습이 관건이기 때문이다.

대략 1,000시간 정도만 집중적으로 노력하면 원어민 영어를 할 수 있다. 만일 고등학교 1학년 학생이 매일 1시간씩 영어문장들을 꾸준히 발성연습 한다면 3년 후 졸업 때에는 원어민 영어를 유창하게 할 수

있게 된다. 무엇보다 중요한 것은 집중적으로 반복연습을 하는 것을 생활화 할 필요가 있다.

끝으로, 발성훈련의 순서는 먼저, 중학 교과서의 핵심 영단어를 원어민의 발성원칙에 맞게 한글로 작업해 놓은 본 교재의 내용을 큰 소리로 발성 연습한다. 이어서 미국인들의 일상생활 속에서 사전의 발음표기와 다르게 발음하는 단어에 대한 발성연습을 한다. 다음으로, 3개월 이후부터는 원어민들 사이에서 가장 빈번하게 사용하는 동사별 문장과 영어문장 표현들을 매일 집중적으로 연습한다.

영가회 (회장 김봉구)는 2016년 10월 31일부터 11월 4일까지 하반기 해외문화 탐방 행사로 라오스 일원을 다녀왔다.

해외문화탐방 행사 : 라오스로

라오스는 근래에 젊은 층들에게 매우 사랑받는 여행지 중에 하나이다. 세계인들에게도 매우 사랑받고 있는데, 라오스는 지만 열대야가 나타나지 않으며 대체적으로 건조하고, 폭염이 엄청난 곳이다. 근래 라오스 관광이 빠르게 성장을 하고 있는 중이다. 일단 잘 보존된 천혜의 자연환경을 이용한 수상 레저 및 사원 유적 등이 관광 자원으로 활용이 되어서 매우 많은 이들을 만족시키고 있다. 그래서 젊은 사람들은 이런 액티비티를 즐기기 위해서 여행을 가고, 혹은 관광을 위해서 나이드신 분들도 방문을 하고 있다. 그렇다면 라오스 가볼만한 곳이

어디가 있을까?

라오스의 종교는 전체 인구의 약 60%가 소승불교를 믿고 있는 불교국가로 라오스 곳곳에 다양한 사원들을 관광 가능하다. 라오스의 대표적인 사원으로는 탓루앙 사원, 왓 시사켓 사원, 왓 호파깨우 사원 등이 있으며 빠뚜싸이도 가볼만한 곳에 해당한다.

▶**탓루앙 사원** : 라오스의 랜드마크라고 할수 있는 곳으로 비엔티안 시내에 위치해 있어서 매우 가기 편리하다. 이곳은 〈위대한 불탑〉이라는 뜻으로 라오스 주권을 상징하며 가장 신성시하는 불교 사원 중에 하나이다. 특히 황금색 부처의 사리탑이 가장 중요한 명소로 라오스를 상징한다.

▶**왓 시사켓 사원** : 1818년 건축된 비엔티안에서 가장 오래된 사원으로 1829년 대화재로 단 하나의 탑만 남아 있다.

▶왓 호파깨우 사원 : 1565년 루앙프라방에서 비엔티안으로 왕도를 옮길때 옛 란상왕국의 상징인 에메랄드 불상을 모시기 위해 지어진 사원이라고 한다. 전쟁으로 에메랄드 불상은 소실되어 있지만 1936년 ~1942년 프랑스에 의해서 재건되었다.

▶빠뚜싸이 : 빠뚜싸이는 1957년에 건립된 라오스를 상징하는 건축물로 프랑스의 개선문과 매우 닮아 있다. 약 7층 건물 높이의 빠뚜싸이 꼭대기에 오르면 베엔티안 시내 전체를 조망 가능하기 때문에 야경을 보기에도 적당하다.

라오스 여행에서 가장 먼저 생각이 나는 곳이 있다면 바로 블루라군 호수가 아닐까 싶다. 이곳은 비엔티안에서 100km 떨어진 국립공원으로 지정된 자연도시로 정글에 온 것 같은 청정 자연 환경을 느낄 수가 있어서 라오스 여행의 백미라고 해도 과언이 아닌 곳이다. 특히 나무 다이빙을 하게 되면 정말 시원하고 청량감 가득한 느낌을 받을 수가 있어서 특히 젊은 층들의 여행 코스로 각광받고 있다.

예전에는 고즈넉한 방비엥의 느낌이 가득했지만 지금은 관광객들이 너무 몰려서 그런지 예전의 그런 고즈넉한 느낌은 느낄 수가 없다. 특히나 꽃보다 청춘의 방송 이후 한국인 관광객들이 엄청나게 몰리면서 블루 라군 같은 곳에서는 한국의 워터파크와 같은 느낌을 받을 수도 있다고 하니 여행에 참고하면 좋을 듯하다.

방비엔을 여행할 때에는 다양한 액티비티를 즐길 수가 있어서 매우 매력적인 여행지로 인식되어지고 있다. 대표적인 액티비티로는 짚라인, 카약킹, 튜빙, 버기카 등을 들 수가 있는데 각종 방송에서 짚라인이나 카약킹이 나와서 그런지 특히 한국인에게 인기 있는 액티비티 중에 하나라고 한다. 버키카는 한국의 사륜오토바이와 비슷하여 그렇게 크게 특색이 있다고 생각을 하지는 않지만 천혜의 자연환경을 가로지르는 맛을 느낄 수가 있다.

방비엔 액티비티 중에서 특히 추천하고 싶은 것은 튜빙체험으로 짚라인이나, 카약킹, 버기카는 한국에서도 어느 정도 즐길 수가 있다고 하지만 튜빙체험은 탐방튜브를 타고 동굴을 참여하는 체험이기 때문에 라오스만의 느낌을 받을 수가 있어서 매우 색다른 여행을 만들어 준다. 다만 외국인들이 체험을 많이 하고 있어서 장난끼 가득한 사람이라면 튜브를 심하게 흔드는 장난을 경험할 수가 있으니 참고하면 좋을 듯하다.

▶**광시폭포** : 루앙프라방 남쪽에 위치하고 있는 '광시폭포(Kuang Si Falls)'는 여러 여행 프로그램에서 소개가 되었을 만큼 라오스에서 가볼만한 곳 중에 하나이다. 광시폭포는 계단식을 이루는 크고 작은 폭로로 정말 아름다운 절경을 자랑하고 있는데, 폭포 아래 푸른 물줄기에서 수영과 다이빙을 즐기기에 더없이 좋다고 한다. 그래서 더운 라오스 여행을 즐기기에 더없이 좋은 곳이라고 한다.

특히 이번에'뭉쳐야 뜬다.'의 촬영지로 알려져서 그런지 한국인들에게 더욱더 많은 인기를 끌고 있다. 광시폭포는 해외에서 즐기는 이색 계곡 휴양으로 해변에서 즐기는 휴양과는 좀 더 다른 느낌을 주기 때문에 더욱더 이색적인 코스가 된다. 라오스의 자연환경은 매우 맑고 깨끗해서 그런지 맑은 계곡물에서 휴양을 즐길 수가 있어서 매우 시원한 느낌을 준다.

▶**루앙프라방 야시장** : 라오스 여행의 꽃이라면 야시장을 빼놓을 수가 없다. 야시장에서는 다양한 먹거리와 기념품들이 준비되어 있는 것은 물론이고 다양한 먹거리와 기념품, 수공예품 등 구매를 할 수도 있

어서 라오스 여행을 더욱더 풍족하게 만들어 준다. 그리고 저렴한 물가 또한 라오스 여행의 매력 중에 하나인데 라오스의 밤을 야시장에서 즐겨보는 것은 어떨까?

라오스의 대표적인 관광상품이라면 단연 액티비티다. 예능프로그램 〈뭉쳐야 뜬다〉를 통해 라오스에서의 액티비티를 조명하기도 했는데, 젊은 여행객들이 저렴한 비용으로 짚라인, 버기카, 카약래프팅 등 여러 종류의 액티비티를 부담 없이 즐길 수 있다. 액티비티에 중점을 둔 여행은 비엔티엔에서 차로 3시간 거리의 방비엥을 중심으로 진행된다. 60대 이상 여행객들의 경우 우리나라의 60~70년대 모습을 연상시키는 풍경 때문에 옛 향수를 느낄 수 있는 곳이다. 라오스는 시골마을 같은 특유의 분위기 덕분에 여유로운 휴식을 누리고 싶다면 제격일 목적지다.

또한 라오스 수도인 비엔티안 시내에서 차로 30분 내 거리에 골프장이 자리하고 있어 합리적인 가격의 골프여행도 가능하다. 라오스의 대표 골프장인 레이크뷰골프클럽(Lakeview.g.c.)과 롱비엔 골프클럽(LongVien g.c.)은 고급 골프가 가능한 곳이며, 부영씨게임골프클럽, 라오컨트리클럽, 메콩골프클럽에서도 실속있는 골프를 즐길 수 있다.

출처 : 여행신문 전용언 기자)

2017년 신년하례회 및 정기총회

2017년 신년 하례회 및 정기총회를 아래와 같이 가졌다.

▶일시 : 2017년 1월 6일 (금) 18시

▶장소 : 프레지던트호텔 19층 브람스 홀

▶임원개선

– 김봉구 회장 유임

– 감　　사 : 김원철, 류상번

– 부 회 장 : 부회장 이하 회장에게 위임

– 사무국장 : 김영일

김봉구 회장은 취임하자 집행부구성에 이어 영가회 모임이 즐겁고 유익하고, 재미있도록 프로그램을 개발하고, 조직이 활성화 되도록 정성을 쏟겠다고 다짐했다. 또 좋은 전통을 이어가고 정규행사들도 잘 집행되도록 공을 들였다. 상반기 국내 문화 탐방과 하반기 해외 문화 탐방행사를 위해 회원들을 참여를 독려하여 성사시키기도 하였다.

임기 동안에 년 2회에 걸친 정기총회와 임시총회시에는 개회사를 겸한 인사말 시간을 할애하여 회원들에게 시사경제문제, 학교에서 가르치지 않는 〈나는 누구인가?〉와 〈돈에 대하여〉라는 교양문제, 그리고 영어식사고와 말하기 주제의 특강기회를 통해서 미국 안가도 원어민 영어 할 수 있다는 의식을 심어주고, 미래세대에는 영어말하기는 필수라는 점을 역설한 바 있다.

독 도

김병렬 교수

김병렬 교수는

◆학력

1978 육군사관학교 졸업

1986 고려대학교 대학원 법학과 법학석사

1992 고려대학교 대학원 법학과 법학박사

1996 캐나다 법무감실 전쟁법과정 수료

◆경력

2007.12-2009.12 국방대학교 교수부장

1989- 현재 국방대학교 연구교수, 조교수, 부교수, 교수

2002.12.-2003.12. 미국 오하이오주립대 방문교수

2005.4-2006.12 청와대 독도대응팀장(파견근무)

2011.12-2012.12 미국 오하이오주립대 방문교수

※ 중앙공무원교육원, 국세공무원교육원, 통일공무원교육원, 경기도인재교육원, 행정자치부, 기획예산처, 비상기획위원회, 국가정보원, 서울시청, 충남도청, 광주광역시청, 금융결제원, 한국은행, 국민은행, 기업은행, 도로공사, 농협, 수협, 대한항공 등 강의

독도는 512년에 이사부가 우산국을 정벌하면서 우리나라 땅이 되었으나, 러일전쟁 직후, 일본이 시네마 현으로 편입한 후부터 일본은 아직까지도 독도 영유권을 주장하고 있다. 하지만 독도는 국제법상으로도 명백한 우리나라 땅이며 일본의 저명한 지리학자 하야시가 그린 삼국접양지도 에도 독도는 조선땅으로 표기 되어있다. 독도는 먼 바다에 홀로 외롭게 있는 섬이라 하여 (홀로독)(섬도)라고 불린다. 외국에서는 독도를 발견한 배 이름을 따 리앙크루라고 부르기도 한다.

독도는 경상북도 울릉군에 속해 있는 동도, 서도와 바위섬 89개로 이루어진 화산섬이다. 독도는 한반도에서 화산 활동이 활발히 진행되던 신생대 제3기 말에서 제4기 때, 울릉도 보다 더 먼저 생성 되었으며, 서도가 동도보다 좀 더 높다. 또 독도는 한류와 난류가 만나는 조경수역에 위치해 있어 어장이 풍부하다. 독도는 원래 토양이 부족하고 바위섬이기 때문에 이끼등만 자랐지만 지금은 사람들이 울릉도에서 소나무와 동백나무를 옮겨 심어 총 70~80종의 식물이 자라고 있다. 조류로는 괭이 갈매기, 바다 슴새등이 있으며 이를 보호하기 위해 1982년 독도해조류 번식지로 지정되었다. 독도 인근 해역에는 미래의 자원이라고 불리는 불타는 얼음,하이드레이트가 묻혀있다.

독도는 우리나라 땅이다. 독도를 위하여 할 수 있는 방법들 중 가장 좋은 방법은 일본의 말도 안되는 주장에 반박할 수 없도록 독도에 관해 자세히 아는 것 이다. 일본이 독도를 시네마 현에 편입하기 전 이미 우리나라는 울릉도 관청을 통해 독도를 관할하고 있었다.

김병렬 교수는 국내최고의 독도문제 권위자로 알려져 있다. 그는 국제법을 전공했으면서도 역사학자보다 더 많은 고문서를 보았으며, 이를 바탕으로 많은 가치있는 논문 및 저서를 집필했다. 그리고 세계 여러 곳에서 강연과 세미나를 통해 잘못 알려진 부분을 바로잡고 있다. 이번 주 '주간인물'에서는 항상 원칙과 신뢰를 바탕으로 연구와 교육을 하고 있는 김 교수를 초청하여 '독도문제에 대한 올바른 이해'에 대한 강의를 들었다.

김병렬 교수는 국내최고의 독도 전문가로서 30년 가까이 독도문제에 관한 연구를 해왔다. 10년 이상 관련 문서를 수집하여 '독도자료총람'이라는 자료집을 만들었다. 삼국사기, 세종실록 등 국내 고문서는 물론 일본, 러시아, 독일 등 세계 여러 나라에 있는 독도와 관련된 자료를 가능한 한 전부 수집하였다. 철저한 자료 고증을 통해 독도가 우리 땅이라는 주장의 당위성을 피력하기 위해서이다. 그리고 2005년에는 일본에서 안용복의 2차 도일활동을 조사한 문서가 발견되었다고 지방신문에 보도된 것을 보고 바로 날아가 그 문서를 전부 촬영해 오기도 했습니다." 김 교수는 국내 최초로 샌프란시스코강화조약의 초안을 발굴하여 국내 학계에 공개하였으며, 초안이 작성되는 과정에서의 문제점을 파헤치기도 한 장본인이다. 김병렬 교수는"대일강화조약이 최초에 작성될 때에는 독도가 한국 영토라고 분명히 명시되어있었습니다. 그런데 일본의 로비에 의해 일본의 섬으로 바뀌게 됩니다. 결국 최종안에서는 독도가 빠지게 되었지만요. 하지만 일본은 이를 근거로 독도가 자신들의 땅이라고 주장합니다." 또 김교수는 "독도문제에서 쟁점은 여러 가지가 있습니다만은, 우선 한국과 일본에 존재하는 여러 사료를 통해서 1905년에 일본이 독도를 편입한 것이 무효임을 입증하는 것이 가장 중요하다고 할 수 있습니다. 저는 각종의 역사자료와 국제법을 심도 깊게 연구하여 독도편입이 무효임을 입증할 뿐만 아니라 일본 측에서 나온 모든 주장을 하나하나 전부 반박하고자 합니다." 김 교수는 일본이 끝까지 포기하지 않는다면 국제사법재판소에 의뢰하여 해결하지 않으면 안되는 상황이 올 수도 있기 때문에 이에 대한 대응책도 필요하다고 말했다. 또 김교수는 "물론 국제사법재판소에 의뢰하여 판결로 인정받는 것이 가장 확실하다고 봅니다. 하지만 재판에는 여러 가지 변수가 있을 수 있고, 또 현재 우리가 영유권을 행사하고 있기 때문에 구태여 우리가 앞장서서 재판으로 가자고 할 필요는 없습니다. 다만 충분한 시간을 가지고 연구를 하고 대비를 한다면 설사 먼 훗날 재판으로 간다고 하더라도 큰 문제는 없을 것으로 보입니다."라며 강의를 마쳤다.

임시총회 개최 : 2017. 5. 26 프레지던트호텔 19층

영가회는 2017년 5월 11일 영가회(김봉구)는 인사동 선천에서 이사회를 개최하여 현 회장의 사임을 받아들이고, 차기 회장에 상임부회장 김계동을 선임하였다.

慶
祝
2018년도 영가회 임시총회
특강 : 김동기 학술원회장
- 4차산업혁명시대가 요구하는 바람직한 한국기업의 대응전략 -

제7대 회장 : 2017 ~ 현재
김 계 동 회 장

신임회장에 김계동 상임부회장

김계동 회장

영가회(회장 김봉구)는 2017년 5월 26일 (금) 프레지던트호텔에서 임시총회를 열고 김봉구 회장의 부득이한 일신상 이유로 회장직무를 계속할 수 없어 김계동 상임부회장을 만장일치로 차기회장으로 선임하였다.

김계동 신임회장은 영가회 총무, 사무국장, 상임부회장, 감사를 두루 맡으면서 남다른 열정과 노력, 그리고 빈틈없는 정확한 업무능력과 자료정리 등 영가회의 산 증인이며 20여년을 영가회와 함께 살아온 영가맨이었기에 마지막 단계인 회장으로 선임되었다.

김계동 회장 취임사

존경하는 영가회원님께
일년중 가장 무더운 삼복중입니다.
그간 회원님 가내 두루 강녕하시온지 문안 드립니다.

여러 가지로 모자라고 부족한 제가 영가회장이라고 하는 중책을 맡게 되었습니다. 솔직히 이 자리가 저에게는 영광스럽기보다는 마음이 긴장되고 걱정이 앞을 가려 어깨가 무겁습니다. 그러나 저를 믿고 만장일치로 추대해주신 회원님들께 고개 숙여 감사드리며, 있는 힘을 다해 정성과 노력을 바치겠습니다.

오늘날 우리들의 생활은 많이 편리해졌고, 경제적으로 엄청 풍요로워졌으나 인심은 더욱 메말라졌고 삶의 질은 더 천박해졌습니다.

배고픈 시대는 지나갔으나 마음이 고픈 시대가 왔습니다.

도덕이 무너지고, 한국정신문화가 정신을 잃어버렸지만 우리 안동인들은 한국정신문화의 수도인 안동에서 태어남을 자랑스럽게 여기며 안동인으로서 옛 선인들의 정신적인 풍요로움을 이어가야겠습니다.

존경하는 영가회원 여러분!

저는 우선 아래 세 가지 일에 우선순위를 두었습니다.

첫째는, 우리 영가회의 목적 사업인 회원 간에 서로 이해하고 존중하며 배려하는 가운데 인정을 나누는 친목단체로 성장하기 위해 모든 회원의 뜻과 마음을 모으겠습니다.

둘째는, 젊고 참신한 신입회원을 영입하여 새로운 활력이 넘치는 모임으로 성장발전 시키려 합니다. 그렇게 하기위해 입회비를 30만원에서 낮춰 20만원으로 하겠습니다.

셋째는, 한국정신문화 수도인 답게, 먼저 우리자신을 성찰하고 새로운 희망과 비전을 창출하는 성숙한 사회를 만들어 나가는데 정성을 다하겠습니다.

이러한 일들은 저 혼자의 힘으로는 물론 불가능 합니다. 그러나 지혜롭고 현명하신 우리 회원님들이 한마음으로 똘똘 뭉친다면 반드시 이룰 수 있다고 생각합니다.

다시 한 번 아낌없는 지도와 편달을 기다리며 거듭 감사의 인사를 올립니다.

더운 날씨에 회원님들 건강에 각별히 유념하시고 가내 행복이 충만

하시기를 기원 드립니다.

2017. 5. 26

영가회장 김 계 동 올림

영가회(회장 김계동) 이사회 개최

영가회 (회장 김계동)는 2017년 7월 13일 세종호텔 베르디룸에서 하반기 이사회를 갖고 임원을 선임하였다.

신임부회장

순서	이 름	직 업	휴 대 폰	비고
1	김 강 식	금강유치원 이사장	010-5388-0065	48
2	금 경 수	(주)대정산업 대표	010-3746-2953	54
3	김 대 원	경기대 예술대교수	010-5449-3713	55
4	남 상 덕	한양대대학원 교수	010-5470-4000	55
5	박 대 섭	예비역 육군소장	010-9647-6435	56
6	김 시 은	(주)미도물산 대표	010-3799-6771	57
7	김 시 호	한국전력 부사장	010-3815-1407	58
감사	김 원 철	안동산업경제연구원 원장	010-37241963	46
감사	류 상 번	(주)세동 회장	010-6251-8788	50
신 입 회 원 〈접수순〉				
1	정 재 철	(주)부성자카드 대표	010-2215-2912	59
2	김 경 한	파이씨스 대표	010-5475-1800	51
3	홍 일 선	법무사 대표	010-3776-2551	58
4	김 시 준	고려세무법인 대표	010-3737-1702	60
5	이 승 홍	행정사사무소호우 대표	010-7678-1555	59
6	홍 성 규	한전 파주지사장	010-3537-2447	61

영가회 (회장 김계동)는 2017년 9월 12일 국내 문화 탐방 행사장소로 강원도 정선 5일장을 선정하였다.

정선 5일장

정선군은 북쪽으로는 강릉시와 접하고, 북서쪽으로는 평창군이, 남쪽은 영월군이, 동쪽으로는 동해시 · 삼척시 · 태백시와 인접한다.

또한 강원도의 산간오지로, 도 면적의 7.8%를 차지한다. 영서 산악지대로서 태백산맥이 관통하는 중심부에 자리한다. 영동과 영서의 분수령이 되고, 군 전역에 걸쳐 산악이 겹쳐 있어, 겨우 남한강 유역 연안의 계곡에만 좁고 길다란 평지가 있을 뿐이다. 무연탄 · 철 · 금 등 지하자원의 보고다.

정선군은 대부분 높고 가파른 산으로 둘러싸여 있다. 북쪽에는 석병산(石屛山:1,055m) · 노추산(老秋山:1,322m)이, 서쪽에는 가리왕산(加里旺山:1,561m) · 중왕산(中旺山:1,376m) · 청옥산(靑玉山:1,256m)이, 남쪽에는 직운산(織雲山:1,172m) · 두위봉(斗圍峰:1,466m) · 백운산(白雲山:1,426m), 예미산(禮美山:989m)이, 동쪽에는 최고봉인 함백산(咸白山:1,573m) · 고적산(高積山:1,354m) · 중봉산(中峰山:1,284m) · 문래산(文來山:1,082m) 등 1,000m 이

상의 산으로 둘러싸여 있다. 군의 중심부에는 고양산이 위치해 정선읍, 화암면, 임계면의 일부를 형성한다.

대부분의 하천은 계곡을 따라 심하게 곡류하고, 군의 중앙부를 남한강(南漢江)의 지류인 동강(東江)이 동서쪽에서 흘러드는 여러 하천과 합류해 북에서 남으로 흐른다. 즉 북부 여량(餘糧)에서 임계천(臨溪川)을 합류한 골지천(骨只川)과, 황병산(黃柄山:1,407m)에서 발원한 송천(松川)이 나전(羅田)에서 합류하고, 오대산(五臺山:1,563m)에서 발원한 오대천, 정선읍 화암면(畵岩面)에서 흘러온 동대천(東大川), 가수리(佳水里) 부근 고한(古汗)으로부터 흘러온 동남천(東南川)을 합친 뒤, 동강(東江)이 되어 영월군으로 흘러들어가 심한 곡류를 이루어 서류하면서 남한강 본류에 합류한다. 평야는 대체로 조양강을 따라 좁게 분포하며, 조양강과 오대천이 합류하는 북평면, 정선읍 일대에 농경지와 취락이 형성되어 있다.

지질은 평안계와 조선계에 속하는 지층이 잘 발달해 석탄 · 석회석 등 지하자원 매장량이 풍부하다. 특히 회동(檜洞)-용탄(龍灘)과, 남면의 무릉리(武陵里) 발구덕 마을, 임계면 직원리(稷院里) 부근 등지에 석회암 지층인 카르스트 지형이 발달해 군내 각지에 여러 개의 석회동굴이 분포한다. 정선읍 광하리(廣河里)에는 옛 하도(河道)의 지형이 잘 드러난다.

기후는 내륙 산간에 위치하여 대륙성 기후의 특성이 나타나므로 기온의 교차가 심하고, 여름은 서늘하고 겨울은 몹시 춥다. 해발고도가 높은 산간지역이 많아 고랭지 분포가 넓고, 겨울이 길어 식물의 생육기간이 짧은 편이다. 연평균기온은 10.3℃, 1월 평균기온 -5.7℃, 8월 평균기온은 24.6℃, 연강수량은 1,029㎜이다. 수종은 온대낙엽활엽수림이 주종을 이루며, 산간지방에서는 침엽수림도 자란다.

[네이버 지식백과]정선군 [Jeongseon-gun, 旌善郡] (두산백과)

정선 5일장은 전국 최대규모의 민속장(재래시장)으로, 1966년 2월

17일 처음으로 열렸다. 장은 매달 2 · 7 · 12 · 17 · 22 · 27일에 열린다. 처음에는 인근 산골에서 채집되는 각종 산나물과 생필품을 사고파는 작은 규모의 장이었는데, 인근 지역이 강원 내륙의 오지에 자리하여 천혜의 자연환경을 잘 보존하여 최근 들어 주위 관광지와 연계한 체험 여행코스로 널리 알려졌다.

정선군은 철도와 연계하여 정선5일장을 관광상품으로 개발시키고 1999년 3월부터 서울 청량리역에서 '정선5일장 관광열차'가 운행되도록 힘썼다. 관광객은 1999년 6만 3380명이었는데, 2003년에는 8만 700여 명으로 늘어났고 경제효과도 1999년 27억 3000만 원에서 2003년에는 약 48억 원으로 늘어났다.

장이 서는 날에는 평소보다 긴 약 800m 길이의 시장이 형성되는데, 면적은 7600㎡에 이른다. 거리 양편으로는 호미 · 쇠고랑 등 농기구를 비롯한 각종 물품을 진열한 230개 상점들이 있고 길 가운데에는

160여 개의 노점좌판들이 늘어선다. 시장에는 정선 토산품 외에 전국 각지의 토속품이 많이 나오는데, 특히 봄에는 냉이 · 달래 · 참나물 · 곰취 등 각종 산나물이 흔하고, 여름에는 찰옥수수와 감자 등이, 가을에는 정선에서 생산된 각종 농산물과 머루 · 다래 · 아가위 · 산초 등 산열매들이 많이 나온다. 겨울에는 근처 조양강(朝陽江)에서 잡은 민물고기로 끓인 매운탕과 수수노치 · 메밀전병 · 옥수수술 등이 눈길을 끈다.

정선군에서는 장이 열리는 날에 3개 관광코스를 도는 관광버스를 운행한다. 제1코스는 정선공설운동장 입구~화암동굴~석공예단지~약초시장~정선역, 제2코스는 정선공설운동장 입구~화암약수~정선소금강~약초시장~정선아리랑 공연장~정선역, 제3코스는 정선공설운동장 입구~아우라지~항골계곡~난향로원~약초시장~정선아리랑 공연장~정선역이다. 조양산(朝陽山:620m) 등반과 연계한 관광코스도 있다. [네이버 지식백과]정선5일장 [旌善五日場] (두산백과)

정선은 산간벽지로 교통은 불편하지만 산수가 아름답고 인심이 좋다. 그래서 예로부터 "울고 왔다가 울고 간다"는 말이 전해 오며, 고려 망국(亡國)의 한이 담겨 500여 년 간 민족의 노래로 불리어온 정선아리랑의 본 고장이다.

관광지로는 화암면의 화암팔경, 정선읍의 가리왕산, 여량면의 아우라지, 임계면의 구미정(九美亭) 등이 유명하다. 화암팔경은 화암면 화암리에 있는 절경 중 특히 아름다운 8곳을 가리키는 말로,화암약수터 · 거북바위 · 용마소(龍馬昭) · 화암동굴 · 화표주(華表柱) · 신선암(神仙巖) · 설암[小金剛] · 몰운대 등이다.

화암약수터는 주변의 산세가 아름다워 설악산에 비길 만하고, 약수도 위장병 · 피부병 · 안질 등에 특효가 있다고 한다. 설암은 옛날부터 소금강으로 널리 알려진 명승이다. 수천 척의 층암절벽이 하늘 높이 솟아 있는 기묘하고 장엄한 형상은 금강산을 방불하게 한다.

몰운대는 화암8경 중 제일 가는 곳이다. 층암절벽으로 된 천연의 누대로 100여 명이 앉을 수 있는 광활한 반석이 있고, 반석 아래에는 몰운계곡의 푸른 물이 폭포를 이루고 있다. 군내에서 제일 높은 가리왕산에는 주목과 잣나무 등이 자라고, 특히 산삼을 비롯하여 각종 약초의 산지로 유명하다.

이들 외에 고한읍의 정암사에는 수마노탑 · 적멸보궁 · 열목어 서식지가 있다. 남면에는 고려 유신들이 살았다는 거칠현동과 전국에서 가장 아름다운 억새풀이 자라는 민둥산이 있다.

정선읍에서는 세계적으로도 희귀한 목문석(木紋石)과 칠보석(七寶石)이 채석되는데 이것으로 화병 · 항아리 · 재떨이 · 담배통 등의 석조공예품을 만든다. 특히 정선 5일장이 널리 알려져 관광열차가 운행되고 있으며, 관광버스 및 승용차 등을 이용한 관광객의 수요가 크게 증가하여 지역경기 활성화에 기여하고 있다.

지역 축제로는 읍 · 면별로 두위봉 철쭉제 등의 7개의 다양한 관광이벤트 행사를 개최하여 정선 관광홍보에 앞장섰으며 이를 통하여 지역주민들의 관광소득이 향상됨으로써 침체된 지역경기가 회생하는 국면을 맞이할 수 있었다.

특히 정선아리랑제를 개최하여 향토문화의 보존과 계승 발전 및 군민화합과 참여의 축제문화를 실현하는 데 크게 기여하였다. 정선읍 일대에서 매년 10월 펼쳐지는 정선아리랑제는 정선아리랑제위원회가 주관하며, 주요 행사는 칠현제례, 뗏목아라리 재연, 주막아라리 한마당, 정선아리랑 시연 등이 있다. [네이버 지식백과]정선군 [旌善郡] (한국민족문화대백과, 한국학중앙연구원)

유교문화재로는 정선읍 봉양리에 자리한 정선향교(旌善鄕校, 강원도 문화재자료 제101호)가 있으며, 건축물로는 임계면 봉산리의 정선이종후가옥(旌善李鐘厚家屋, 강원도 유형문화재 제88호), 정선읍 봉양리의 정선고학규가옥(旌善高學圭家屋, 강원도 유형문화재 제89호)이 있다. 특히 이종후가옥에는 외재이단하내외분옷(중요민속자료 제4호)

으로 중치막 · 대례복 · 누비저고리 · 도투락댕기 · 다래 등이 보존되어 있어서 조선시대의 복식사연구에 귀중한 자료가 되고 있다. 임계면 봉산리에는 구미정(九美亭)이 있다.

천연기념물로는 정암사 경내에 있는 정암사의 열목어서식지(천연기념물 제73호)와 북면 반론산의 철쭉나무 및 분취류자생지(천연기념물 제348호)가 있으며, 정선읍 봉양리 뽕나무(강원도 기념물 제7호) · 은행나무 등은 수령이 500년 이상 된 거목이다. 그밖에도 정선읍 신월리에 정선읍성, 애산리에 애산성 · 기우산성 등의 성터가 남아 있고, 북평면 남평리에는 왜군과 격전을 벌이다 전사한 군사들을 합장한 의총이 있다.

산세가 수려하고 지형상 개발이 늦어져 수려한 자연미를 그대로 간직하고 있는 관광자원이 많다. 우리나라 5대 적멸보궁의 하나인 정암사를 비롯한 문화재와 가리왕산을 위시하여 많은 산과 계곡, 폭포 등이 절경이다. 동면의 화암리–몰운리에 이르는 4km의 강변절경인 정선소금강은 몰운대 · 용마소 · 신선암 · 십이용추폭포 등 자연경승지가 산재해 있고, 화암리의 화암약수터는 1977년 국민관광지로 지정되었다. 그밖에 정선읍의 의상대, 남면의 찰어대 · 관어대 등은 기암괴석이 이루어놓은 관광명소이며, 군내에 석회암층이 분포하여 곳곳에 석회동굴이 발달했다.

동면 화암리의 화암굴(강원도 기념물 제33호)은 돔형의 거대한 석회동굴로 석순 · 석주 · 종유석 등이 신비스러운 지하경관을 이루고 있으며, 특히 투명한 결정체의 석화가 아름다움의 극치를 보인다. 그밖에도 북면의 산호굴, 정선읍의 정선비룡굴(강원도 기념물 제34호) 등이 있다. 주요 관광지의 방문객 수는 2013년 기준 유료관광지의 경우 658만 9,273명으로 꾸준히 증가추세를 보이고 있다.

[출처 다음백과]

영가회 (회장 김계동)는 2017년 10월 26일 (목) 안동회관 3층에서 하반기 분기회를 갖고 권원오 교수의 특강'어떻게 살 것인가?'(안동의 정체성 확립)이란 제목으로 특강을 하였다.

권원오 교수 특강 '어떻게 살것인가? '(안동의 정체성 확립)

권 원 오 교수

인생사 새옹지마

박 교수는 어느 날 고향에서 찾아온 친구들과 집근처에서 술을 마셨다.

집에서 가까운 거리이고 그 길에서 한 번도 음주 측정한 적이 없기에 차를 직접 운전하고 왔다. 그런데 하필이면 도중에서 경찰차가 음주측정을 하고 있었다. 창문을 열자 술 냄새가 풍기자 차에서 내려오라고 한 뒤 음주측정을 하려는데, 길 건너편에서 쾅하는 소리와 함께 큰 사고가 난 것이다. 경찰은 황급히 그쪽으로 달려갔다. 박 교수는 정신이 왔다갔다 하는 순간인데도 이때다 하고 차를 몰고 집으로 와버렸다. 단잠이 들었는데 누가 문을 두드리는 소리에 바깥에 나가보니 경찰이 박 교수 차를 타고 와서 이 차가 선생님 차가 맞느냐? 고 묻는다.

박 교수는 술이 취해 자기 차 인줄 알고 경찰차를 타고 온 것이었다.

경찰은 권총과 차를 잊어버리면 크게 문책을 받기 때문에 없는 것으로 하자고 하며 돌아갔다. 지옥과 천당을 헤매었다.

중국의 변방에 한 노인의 말 이야기이다. 어느 날 이 노인이 기르던 말이 달아나 버렸다. 이 소식을 듣고 동네 사람들이 찾아와서 위로를 한다. "소중하게 기르던 말을 잃어 버렸으니 상심이 크시겠습니다."하며 위로하자 노인은 "글쎄요, 나에게 덕이 될지 손해가 될지 있어봐야지요."라고 한다. 그런데 얼마 지나자 잃어버린 숫말이 암말 한 마리를 데리고 왔다. 이번엔 동네 사람들이 모여와서 축하를 한다. 그러나 노인은 "글쎄요, 이것이 나에게 덕이 될지 손해가 될지 있어봐야지요." 라고 대답한다. 그 얼마 후에 이집에 3대독자 아들이 이 순한 암말을 타다가 떨어져 다리를 다쳐 절름발이가 되었다. 또 동네 사람들이 와서 위로를 한다. "그 귀한 아들이 다리를 다쳤으니 어쩌면 좋아요?" 그러자 이 노인은 "글쎄요, 이것이 나에게 덕이 될지 손해가 될지 두고 봐야지요."라고 대답한다.

수년이 지난 후에 북쪽에서 오랑캐가 쳐들어왔다. 동네 청년들은 모두 전쟁에 나가게 되었다. 그런데 이 노인의 아들은 절름발이여서 면제되었다. 이때 전쟁에 나간 청년들이 대부분 전사했다. 인생사 어떻게 될지, 마음대로 안 된다. 그러니 현실을 받아들이고 최선의 노력을 하며 살아가는 것이 인생사이다.

퇴계선생의 경사상

마음을 한곳에 집중하면 옆에서 시끄럽게 떠드는 소리가 안 들린다.

조선의 유명한 성리학자인 퇴계선생은 조선 조정에서 79번이나 내린 관직을 사양하고 고향에서 자연과 더불어 학문과 제자 가르침에 힘을 쏟은 청렴 결백한 인물이다.

그가 말한 경(敬)사상이란 마음과 정신이 옳아야하며, 그릇됨이 없어야 한다는 말이다. 나 자신도 존경하고, 남도 존경하는 겸손한 마음에, 맑은 마음에 집중하는 것이다. 인(仁) 의(義) 예(禮) 지(智)를 바탕으로 한 마음의 집중이 핵심이다. 눈과 입으로 읽기보다 몸과 마음으로 체화하며 자신을 수양한다는 뜻이다.

퇴계선생의 4단 7정에서 사단(四端)은 사람의 마음에 들어 있는 도덕적 감정이고, 칠정(七情)은 욕망을 포함한 일반감정이다.

사단은 인간의 본성은 착하다고 본 맹자의 성선설에 근거를 한 다음의 네 가지다.

1. 남의 어려움을 보고 불쌍히 여기는 마음인 측은지심(惻隱之心),

2. 자기의 잘못을 부끄러워하고 남의 잘못을 미워하는 마음인 수오지심(羞惡之心)
3. 남에게 양보하는 마음인 사양지심(辭讓之心)
4. 옳고 그름을 따지려는 마음인 시비지심(是非之心)

자기 마음의 주인이 되어 흔들리지 말고 한곳에 집중하라는 것이다. 퇴계는 주리론(主理論)에서 사람의 마음에는 선한 마음인 본심과 악한 마음인 욕심이 공존하는데, 욕심이 들어와서 본심을 밀어내고 주인행세를 하게 되면 마음이 집중이 안 되고 흔들려서 올바른 판단을 하지 못해, 인격이 부패되고 성과가 떨어진다는 것이다.

성리 학자였던 퇴계는 인간이 타고난 본성이 순수하고 선하다고 생각했으며 하늘의 이치를 담고 있다고 보았다. 그래서 시대가 혼란한 근본 원인은 선비가 자신의 선한 본성이 현실적 상황 속에서 실현하지 못한 때문으로 생각, 인간은 선한 본성이 있지만, 그것을 제대로 드러내기 위해선 마치 먼지가 낀 거울을 닦듯이 공부를 통해 몸과 마음을 닦아야 한다고 하였다.

퇴계의 사상을 한마디로 정의하는 것은 애초에 불가능하지만, 그가 제자들과 다른 선비들 그리고 자신에게 가장 중요하다고 말한 것은 바로 '경(敬)'이다. '공경하다' 혹은 '존경하다'라고 할 때의 경인데, 이 경이란'마음을 하나로 모으는 것'이다. 퇴계는 언제나 공부를 함에 있어 마음을 한결 같이 하는 것을 중요시했다. 공부란 어떤 상황에서도 마음의 중심을 다잡는 일이다. 인간 본성의 선함과 자율성을 굳게 믿었던 퇴계는 마음이 흩어지지 않게 하나로 모아 그 본연의 모습을 드러내야 한다고 생각했다.

의관을 바르게 하고 그 시선을 존엄하게 하라. 마음을 가라앉혀 상제를 마주 모신 듯이 하라. 입을 다물기를 병마개 막듯이 하고, 잡생각 막기를 성문 지키듯이 하라. 성실하고 공경하여 감히 잠시도 경솔하게 하지 마라. 서쪽으로 간다 하고 동쪽으로 가지 말며, 북쪽으로 간다 하고 남쪽으로 가지 마라. 일을 당하면 거기에만 마음을 두고 다른 데로 좇지 않게 하라. 두 가지 일이라고 마음을 두 갈래로 나누지 말고, 세 가지 일이라고 마음을 세 갈래로 나누지 마라. 마음을 오로지 하나로 하여 만 가지 변화를 살펴보아라. 여기에 종사하는 것을'경을 지킨다.'고 하니 움직일 때와 정지하여 있을 때도 어김이 없고 안과 밖을 서로 바르게 하라.

–『경재잠敬齋箴』 중에서

심보를 바르게

어느 노인대학에서 강의를 끝내고 질문을 받는 시간이었다.

한 할머니가 일어서더니

"그놈의 인간 없으면 도저히 살수 없을 것 같아서 결혼을 했는데, 38년을 살고 보니 지금은 그놈의 인간 때문에 도저히 살수 없으니 어떻게 하면 좋아요?" 하는 당황스러운 질문을 받았다.

나의 대답은 "그놈의 인간을 바꾸려고 하지 말고 할머니의 마음을 바꾸어 보라"고 하면서 다음의 사례를 이야기 해주었다.

"빛나는 성벽"을 쓴 델마톰슨 부인은 뉴욕에 살고 있었다.

전쟁 중이라 캘리포니아에 있는 사막근처의 육군훈련소에 근무하는 남편과 떨어져 살았다. 부인은 남편을 따라 그곳으로 이사를 갔으나 그곳은 환경이 아주 마음에 들지 않았다. 조그마하고 초라한 움막집 생활인데다가 사막에서 불어오는 모래바람으로 모래가 음식에 섞이고 숨도 편하게 쉴 수 없을 정도였다. 그녀는 남편이 훈련에 나가면 통나무집에 혼자서 쓸쓸한 시간을 보내야했다. 무더위 속에 이야기 상대는 멕시코인 아니면 인디언뿐이어서 이웃에 나가기도 싫증났다. 도저히 견딜 수 없어서 부모님께 편지를 썼다.

"더 이상 참을 수가 없어서 집으로 돌아가겠습니다. 이런 곳에서 사느니 차라리 감옥에서 사는 것이 더 좋겠어요." 며칠 후 간단한 아버지 회답이 왔다.

"저는 제 생활을 바꿔놓은 그 문구를 평생 잊을 수가 없습니다." 그녀에게 충격을 준 두 줄의 글은 "두 사나이가 감옥에서 창문 밖을 바라보았다. 한 사람은 진흙탕 물을 보았고 또 한 사람은 하늘에 별을 보았다."였다.

그는 이 글을 수차례 읽고 읽었다. 그리고 주어진 환경에서 더 좋은 점을 찾으려고 노력하였다. 그 별을 찾으려고 노력하였다. 멕시코인과 인디언들은 따뜻한 친구가 되었고, 선인장과 난초를 기르고 사막의 아름다운 석양을 바라보고 바다를 거닐며 조개껍질을 모으기도 하고 기묘한 자연을 벗 삼으며 재미나는 생활을 할 수 있게 되었다. 저녁엔 남편과 사랑을 속삭이는 행복한 나날을 보냈다. 무엇이 그녀를 변하게 하였을까? 사막도 그대로이고 인디언도 변하지 않았다. 바로 그녀 자신의 마음이 변한 것이고, 그녀의 정신이 변한 것이다. 부정적인 흙탕물을 보지 않고 긍정적인 별을 바라보았던 것이다. 그녀는 그동안 보아온 세계를 소재로 "빛나는 성벽"이라는 책을 써서 베스트작가가 되었다.

시작도 하기 전에 부정적으로 생각하면 아무것도 이룰 수 없다. 할 수 있다는 긍정적인 생각을 가진 사람은 열정이 솟아난다. 결국 모든 일의 승패는 본인의 긍정적인 의지, 마음에 달렸다.

정체성 확립

우리 한국 사람은 열등감이 심한 편이다. 내 집보다 큰 평수, 더 좋은 학교, 더 좋은 차, 명품 옷, 더 좋은 직장인에게 열등감을 느끼고 있다.

우리는 나 자신보다 남의 강점을 부러워하고 시기 질투하면서 피곤해 한다. 서양인을 높이 보며 스스로 위축되고 있다. 이런 열등의식은 정체성이 흔들리기 때문에 나타난다. 지나친 경쟁의식과 물질주의 사고로 모두 열등감에 빠지고 있다.

모든 면에서 일등을 하는 개인이나 국가는 없다. 이 열등감을 버리고 자신을 옳게 아는 정체감을 찾는 일은 우리의 과제이다. 몸 키우기에 급급하다 보니 서양 것을 무조건 모방하고 우리 것은 저급한 것으로 착각하기에 이르렀다. 백화점 옷가게 이름의 90%가 서양이름이고 음악 그룹, 영화제목, 방송프로도 그렇고 도무지 한국인지 미국인지 모를 정도이다.

이제부터라도 우리말을 지키고 우리문화의 소중함을 알아야한다.

우리전통문화를 소중하게 생각하고 가꾸며 외국문화를 수입하되 우리문화와 조화를 이루어 나가야 한다. 지금처럼 하다가는 우리의 정체성을 송두리째 잃어버릴 수 있다. 우리의 장점을 발견하고 자신의 삶의 목적을 분명히 하고 목표를 세워서 바른 자아를 형성하도록 노력하자.

열등감에 허덕이고 남의 것을 부러워하고 모방하는데 급급하다보면 자기를 잃어버린다. 자신의 발견과 동시에 사회와 국가와 민족에 대한 이해를 넓혀야 한다.

세상을 옳고 바르게 보도록 바른 자세를 갖도록 노력하자.

한국인은 자기가 자기를 보는 것보다 남이 나를 어떻게 보느냐 에만 관심이 있다. 고급 그릇, 명품 옷, 다이아 반지 등 남한테 보이기 위해 준비한다. 자기 혼자 있을 때는 옷이고, 음식이고, 그릇이고 아무 것이나 사용하지만 외출할 때는 고급으로, 제일 좋은 것으로 꾸며 나간다. 나의 정체성이 확실하면 이럴 필요가 없다.

정체성이란 존재로의 본질을 깨닫는 특질이다. 다양한 상황 속에서도 유지되는 기준, 가치관, 사고의 틀이라 할 수 있다.

정체성의 출발은 '나'에게서 시작된다. 내가 나를 알고 나를 좋아하면 내가 소중해지고 나에게 관심이 더 많아지고 나를 더 좋은'나'로 가꾸고 싶어진다. 집에 정원에 있는 꽃나무가 좋으면 더 아름답게 가꾸고 싶어진다. 물도 주고 김도 매주고 비료도 준다. 꽃나무가 싫으면 내버려두게 되고 그러면 망가진다. 사람도 자신이 좋은 줄 모르면 내버려둔다. 그러면 망가진다. 내가 나를 좋아하고 나와의 관계가 좋아지면 더 좋은 내가 되게 하려고 가꾸고 싶어진다. 개도 그렇다. 요즘 개가 자기가 사람으로 착각한다. 사람이 개를 이뻐하고 좋아하고 관심을 갖고 마치 사람 대하듯 한다. 시장 다녀온 아주머니가 집에 들어서자마자 "해피야, 엄마 왔다. 엄마 왔어."하고 끌어안고 입을 맞추니 개는 더 이쁜 짓을 한다. 사람이 개를 사람으로 생각하니 개는 자기가 사람인줄 착각하는 것이다.

개인의 정체성이 확립되면 자신이 소중하고 가꾸게 되며, 비전과 희망이 넘치고 목표가 생기고 자신감 있게 살 수 있게 된다. 경북인의 정체성이 확립되면 경북인이 좋고 소중하며 경북인을 가꾸게 된다. 대한민국이 정체성이 확립되면 모든 국민은 대한민국이 좋고 더 좋은 국가로 가꾸고 싶고, 애국심이 넘쳐나고 부강한 국가가 된다.

안동은 역사적으로 보아도 정체성 확립이 분명하였다. 견훤군에 쫓긴 고려 왕건을 도와 삼태사 중심으로 고려건국을 도왔으며 조선시대 의병을 일으키고 전국에서 가장 많은 독립운동가가 나왔다. 선비의 고장인 안동인의 정신이 남달랐기 때문이다. 신라가 삼국을 통일하였다. 신라 옆에 있는 백제는 호남평야라는 곡창지대를 가진 부자 나라였고, 북쪽에 있는 고구려는 중국과 전쟁을 해도 모두 이기는 막강한 군사력을 가졌다.

지금 우리 대한민국은 대단한 위기에 처해있다. 바깥에서 우리를 옛날 생각하며 깔보고 있다. 사드문제도 그렇다. 중국은 자기네는 핵을 가지고 있으며, 북한이 핵을 만든 것은 제재하지 않으면서 대한민국이 주권국 행동을 못하게 하는 것은 무례를 넘는 황당한 일이다. 더욱 큰 문제는 바깥에서 우리에게 달려들면 우리는 한마음으로 단결하여 막아야 함은 당연한데 우리끼리 싸우고 외세를 옹호하는 웃음꺼리 짓을 하고 있는 것은 안타깝다 못해 한스럽다. 정체성이 흔들리고 있기 때문이다.

김계동 회장 안동고 총동창회 참석

지난 2017년 10월 1일 김계동 회장은 안동고 총동창회 참석차 고향인 안동을 방문했다. 그리고 동창회원들과 함께 경북도청을 방문했다.

2017년 11월 14일부터 3박 5일간 해외문화탐방으로 베트남 다낭을 다녀왔다.

다 낭

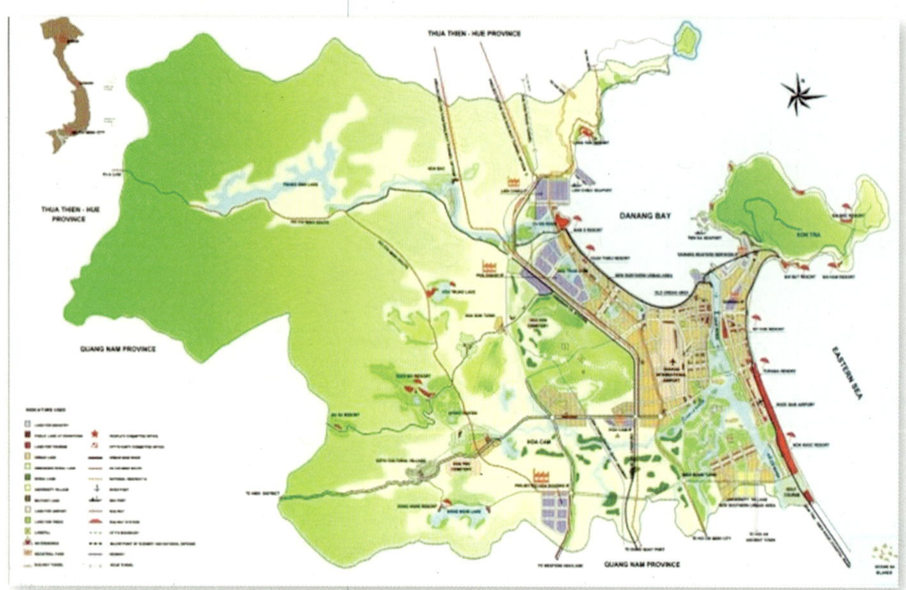

남북으로 길쭉한 베트남의 잘록한 허리 부분 가운데에 있는 도시. 인구는 2014년 기준 100만여명으로 호치민, 하노이, 하이퐁, 껀터에 이어 다섯 번째로 큰 도시이다. 훗날 베트남을 식민지화하는 프랑스 제국 황제 나폴레옹 3세가 집권 중에 가장 먼저 진출한 지역이기도 하다. 당시에는 투란(Tourane)이라는 프랑스식 지명으로 불리었다. 중국어권에는 峴港이란 이름으로 알려져 있다.

2016년을 기준으로 베트남 중부 관광의 중심지가 되어 가고 있으며, 베트남 내에서 가장 인기있는 관광지로 부상중인 도시이다. 최근 들어서는 한국에도 TV 프로그램이나 입소문 등을 통해 많이 알려진 덕에 한국인 관광객이 많이 찾는 곳으로 발전했다. 인근 30km 내에 서울 삼청동의 포지션을 갖고 있는 호이안 옛 거리(區古)가 있으며 바닷가를 따라 북상하는 보 응우옌 잡-황사(武元甲黃沙)로를 따라 세계적인 호텔 체인 및 리조트가 건설되었으며 또 현재에도 건설 중이다. 대표적인 것은 코코베이. 7000억원을 들여 건설중인 초대형 리조트로서, 현재 다낭골프클럽 옆 해변과 해변 뒷 부지에 자리잡을 예정이다.

물론 시내의 중심인 하이 쩌우(海州) 구역과 리조트, 호텔 지역을 제외하면 도시 자체가 아주 세련되었다고 볼 수는 없다. 구글 지도만 보고 바닷가 인근 구역이 아주 잘 정비되어 있을 거라고 생각하고 시내에 들어가게 되면 조금은 실망할 수도.... 다만 한 가지 기억해야 할 것은 경제적인 면에서 다낭 시는 매우 큰 포텐셜을 가지고 있으며 아직 개발이 마무리 단계에도 이르지 않았다는 것으로 이러한 점을 보았을 때 앞으로의 발전이 더 기대되는 도시이기도 하다.

만약 호치민 시에 가본 경험이 있거나 한 동안 살아보았던 위키러라면 느낄 수 있겠지만 이 도시까지가 남부 문화 및 언어를 느낄 수 있는 북방 한계선이 될 수 있다. 다낭 북쪽에 있는 해운길(海雲關)을 넘어가면서 부터는 본격적으로 북쪽문화의 시작인 트어 티엔-후에성(承天順化省)으로 진입하게 되며 언어, 음식, 문화가 확연히 달라지게 된다.

2017년 11월 11일부터 제29차 APEC 정상회의가 이 도시에서 개최된다. 베트남에서는 2006년 하노이 정상회의 이후 두 번째 APEC 정상회의 개최 사례다.

건기가 시작되는 2월 일간 기온은 19-26도 정도로 한국의 초가을 날씨에 해당하며, 4월이 되어야 낮 평균 최고 기온이 31도까지 올라가게 된다. 이 후 7,8월까지는 폭염이 지속되며 하루 중 스콜이 내리는 때도 있고, 9월 이후에는 이곳에서의 관광은 태풍으로 인하여 일정에 문제가 종종 생길 수 있으니 피하는 것이 좋다. 현지인들의 조언에 따르면 9-11월 사이 태풍이 오는 경우, 밖으로 나갈 수 없을 정도의 폭우가 내리며 사상자도 자주 발생하는 모양...9월에서 11월사이의 월간 강수일이 15일을 넘으며 월간 강수량도 300mm를 넘는다. 즉 한국 장마철을 웃도는 강수량을 보인다는 것.

아름다운 해변이 인근에 많이 있어 휴양지로 각광을 받고 있다. 역사적으로는 베트남의 도시로서는 그리 길지 않은 편으로, 참파와 관련된 유적과 박물관이 있다. 남쪽으로 멀지 않은 거리인 30km 즈음에 호이안, 북쪽으로 100km 거리에 베트남의 고도(古都) 후에가 있어서 많은 관광객들이 연계해 다녀가기도 한다.

다낭 바나힐

다낭 바나힐은 다낭의 대표적인 관광명소이다. 11월에도 30도가 넘는 무더운 다낭에서 프랑스 식민지 시절, 프랑스 사람들이 선선한 고지대에 개발하기 시작한 유서깊은 역사를 자랑하는 휴양지로써, 오늘날에는 그곳에 각종 테마파크 건물들과 놀이시설들을 설치하였다. 특

히 기네스북에도 등재될 정도로 기다란 케이블카는 이곳의 자랑이다.

다낭 해변은 물론 베트남의 동해는 연중 편동풍의 영향을 받는 곳으로 파도가 매우 강한 편에 속해, 필리핀의 세부, 보라카이, 태국의 푸켓과 같은 아름다운 바다색을 보기에는 무리가 있다. 호주 골드코스트의 길 다란 해변을 생각해보자. 매우 비슷한 형상이다. 이러한 이유로 잘 정비가 되어 있는 리조트를 제외하면 유아들이나 어린이들이 해수욕을 하는 데에는 조금 부적합한 환경이다. 이는 베트남 대부분의 해변가의 공통점이다.

다낭 미케 해변가

하지만 리아스식 해안이 펼쳐져 있는 다낭 북서쪽의 인터컨티넨탈 다낭 리조트 프라이빗 비치는 동쪽의 바람을 막아주는 천혜의 지역에 위치하고 있어 파도는 매우 잔잔한 편에 속한다. 문제는 최근 2년 사이에 하루 스테이 비용이 2배 이상 올라 1박당 500달러를 훌쩍 넘어간다는 것이다. 심지어 제대로 된 스위트룸을 찾아본다면 하룻밤에 1000달러 선은 정도까지 생각을 해야할 듯.......

다낭 인터컨티넨탈 리조트

의외로 다낭 해변가 중앙에 위치한 미케(美溪)해변가는 오래된 구 시가지의 모습이어서 최근에 급변한 남동부의 냐짱(Nha Trang 芽莊) 시와 비교되는 모습을 보여주기도 한다. 혹 발전된 도시의 모

습을 보고 싶다면, 대신, 다낭 시내에 들어가 무엉탄 호텔 주변으로 가보자.(시내의 경우 차소리 때문에 일찍 눈이 떠진다 잘 생각하길...). 현재 다낭에서 가장 큰 쇼핑몰인 빈컴 몰이 환영해준다. 오히려 미케 해변 지역보다 더 발전 된 소위 "시내"의 모습을 보여준다.

몇몇 해변에는 불도저가 즐비해 있다.

2018년 1월 5일 (금) 영가회(회장 김계동) 신년하례회 및 정기총회를 개최하였다. (프레지던트호텔 19층)

신년하례회 및 정기총회 개최

김계동 회장은 신년하례회 및 정기총회에서

영가회원 여러분 그간 안녕하십니까?

"무술년 새해 송구영신하시고, 복 많이 받으시고, 올해도 건강하십시오."

돌이켜보면 지난 한해는 크고, 수없이 많은 악몽같은 한해였다고 해도 과언이 아닐까 싶습니다. 그래도 우리들에겐 다가오는 미래와 훌륭하신 선배님들과 똑똑한 후배들이 있다고 생각하니, 불끈 힘이 생기는 것 같습니다.

올 한해는 우리 회원님들 가족과 주위의 모든 이웃들도 풍요롭고, 따스한 한해가 되었으면 좋겠습니다.

아울러 국가적으로나, 개인적으로나 세계경제와 국내경제가 어지럽게 휘몰아치는 이 시기를 지혜롭게 잘 견더내야 합니다.

우리 속담에 "고래싸움에 새우 등 터진다는 속담이 있습니다. 역사적으로 봐도 우리나라는 고래들의 싸움에 항상 등이 터지는 새우였습

니다. 지금도 주변 고래들의 싸움에 어려움을 받고 있습니다. 이제 우리는 우리의 정신을, 우리의 생각을 바꿀 때가 되었습니다. 우리는 더 이상 새우가 아닙니다. 이제 확실한 고래입니다. 우리 스스로 분명 고래라는 사실을 인식하고 고래답게 살아야 합니다. 사소한 일에 화내고 분노하는 새우의 시대는 지났습니다. 앞으로는 우리가 고래라는 사실을 인식하고 고래에 걸맞는 성숙된 친목단체로 새롭게 태어납시다.

곁들어서 말씀드릴 것은 올해는 "영가회 창립 40년사"를 제작해야 합니다. 본 회가 창립된지 40년이란 세월이 어느새 훌쩍 흘렀습니다.

아무쪼록 좋은 글과 작품을 제출 해 주시길 기대합니다. 열심히 잘 만들어 보겠습니다.

존경하는 회원 여러분!
지금까지와 같이 지속적인 지도편달을 바랍니다.
귀 회원의 가정과 건강과 행운을 비옵니다.

2018년 1월 5일　김 계 동 올림

2018년 5월 17일 하반기 국내 역사문화탐방으로 강화도 일원을 다녀왔다.

강화도

강화도 국내 문화탐방 5월 17일 (목)

강화대교–평화전망대–역사박물관–고인돌–강화읍–고려궁지–성공회성당(한옥)–용흥궁(철종 살던 곳)–점심식사 (메뉴/ 젓국갈비/ 남도식당/ 전등사 입구)–강화풍물시장–해안갑곶돈대–광성보–전등사–초지대교–종로3가 해산

1. 평화전망대 : 북한의 생활과 문화를 가까이서 볼 수 있는 곳. 우측은 개성공단과 임진강, 좌측은 위장마을, 개성공단 탑, 송악산이 있음.

2. 역사박물관 : 강화에서 출토된 유물을 중심으로 선사시대부터 근현대사까지의 유물과 민속사를 볼 수 있는 전시관.

3. 고인돌 : 고려산 능선을 따라 약 120개의 고인돌, 청동기시대의 탁자식 고인돌 형태. 2000년 12월 세계문화 등재.

4. 성공회성당 : 1906년 영국인 조마가(MARK.N.TROLLOPE)가 지은 성당으로 우리니라 초기 서양 기독교 교회양식 건물.

5. 용흥궁 : 철종이 가족과함께 강화에 유배돼 있었을 때 지내던 곳(잠저/45칸).

6. 해안갑곶돈대 : 숙종 5년에 완공된 48개 돈대 중 하나. 선조의 업적을 기린 강화비석군과 400년된 갑곶리 탱자나무가 있음.

7. 광성보 : 강화해안의 12진보 중 하나로 효종 9년에 설치. 1871년 4월 미국이 통상을 요구하며 함대를 이끌고 침공할 당시 백병전을 전개하던 곳.

8. 전등사 : 단군의 세 아들이 쌓았다는 삼랑성 안에 자리잡고 있

음. 고구려 소수림왕 때 진종사, 고려 충렬왕 때 정화공주가 옥등을 시주한데서 전등사로 개명되어 불리어짐. 숙종 4년에는 조정의 실록을 보관하기 시작하면서 사고를 지키는 사찰로 조선왕실의 비호를 받게 됨.

주소 : 인천광역시 강화군 강화읍 강화도

면적 302.4㎢, 남북길이 27km, 동서길이 16km, 해안선길이 99㎞이다. 2004년 4월 현재 2만 3459세대에 6만 5698명의 주민이 거주하고 있다. 인천광역시 강화군에서 가장 큰 섬으로, 최고점은 마니산(摩尼山:468m)이다.

삼국시대부터 중요한 군사적 요충지였으며, 고구려의 영토에 속하였던 400년경에는 혈구(穴口)·갑비고차(甲比古次)라고 하였고, 신라에 귀속된 뒤에는 해구군(海口郡)·혈구진(穴口鎭) 등으로 개칭되었다. 939년 강화현, 1895년 강화군으로 개칭되었고, 1915년 교동면과 통합되었다. 1973년 강화면에서 읍으로 승격하였고, 1995년 경기도에서 인천광역시로 통합되었다. 고려시대 몽골항쟁의 근거지였으며, 조선시대에 병인양요(丙寅洋擾)·신미양요(辛未洋擾)의 격전지이기도 하다.

보물 제10호인 강화 하점면 오층석탑을 비롯하여 수십 점이 넘는 국가지정문화재와 지방지정문화재들이 있으며, 강화 갑곶리의 탱자나무(78) · 강화 사기리의 탱자나무(79) 등의 천연기념물이 있다

1. 역사

자세한 건 강화도/역사 참고역사적으로 굉장히 유명한데, 일단 지리상으로 고려의 수도였던 개성과 조선 및 대한민국의 수도인 한양/서울과 가까우며, 양 지역의 주요 하천인 한강과 임진강, 예성강의 바다쪽 출구를 막는 중요한 요충지이기 때문이다.

우선 몽골군에 쳐발린 고려 조정이 수도(강도江都)로 삼았던 역사가 있고, 조선 인조가 즉위하던 시절 병자호란이 발발하여 청나라 군대를 피해 강화도로 도피하려다 실패한 적도 있다. 이때는 홍이포와 뗏목부대에 털렸다. 방어를 맡은 강도검찰사 김경징이 하도 무능해서 술이나 마셔대고 청군을 감시하지 않다가 기습을 받는 바람에… 이때 봉림대군 등이 인질이 되었는데, 인조로서는 마지막 희망이 사라진 것과 같았으며 결국 얼마 못가 항복한다.

왜란 · 호란 이후에는 강화유수부로 지정, 한양의 외곽지역을 방어하기 위한 군사적 요충지 중 하나였다.

근현대에 와서도 우리나라가 일본에게 굴복하던 최초의 근대적 조약인 강화도 조약이며, 병인박해로 인해 프랑스가 침공해 와서 벌어진 병인양요, 제너럴 셔먼호 사건으로 인한 미국이 강화도를 침공하는 신미양요가 발생하는 등 하여튼 일이 많다. 강화도의 역사를 공부하면 대한민국 근현대사

의 절반을 먹고 들어간다는 농담이 존재할 정도. 한국전쟁에는 개성의 실향민들이 이곳에 거주하면서 개성의 문화를 이었다고 한다.

2. 지리

강화군에서 제공하는 강화도 관광 지도.2016년 현재, 대한민국에서 면적으로 4번째 섬이다. 원래 제주도, 거제도, 진도, 남해도에 이어 5번째 섬이었고 면적이 300제곱킬로미터가 안 되었으나, 장기간 간척사업을 진행하여 면적이 조금씩 늘어나다가 300제곱킬로미터를 넘어, 원래 면적차이가 적던 남해도보다 넓어져서 대한민국 제4의 섬이 되었다.

동쪽으로는 경기도 김포시 월곶면, 대곶면과 마주하고, 서쪽으로는 황해 바다가 펼쳐져 있고, 남쪽으로는 바다 건너 인천광역시 옹진군 북도면과 마주하며, 북쪽으로는 한강(휴전선) 건너 북한 개풍군, 연안군, 배천군과 마주한다.김포시와 염하(鹽河)를 사이에 두고 떨어져 있어서 4면이 바다 및 염하로 둘러싸여 있으며, 강화와 김포 사이에 강화대교와 초지대교의 2개의 다리가 있다.특히 한강(휴전선) 건너편은 북한이기 때문에, 강화도 북부 지역에는 긴장이 느껴진다. 실제로 강화도의 관문인 강화대교에서도 저 멀리 북녘 개풍군 지역의 산이 보인다.인천광역시 지역임에도 불구하고, 정작 육로로는 인천광역시 본토로 바로 갈 수 없다는 문제가 있다. 그렇기 때문에 육로로 가려면 경기도 김포시를 경유해야 한다. 다만, 언제 실현될지 기약이 없지만(...) 영종도와 강화도 남부를 연결하는 다리가 개통되면 그 때는 굳이 김포를 경유하지 않아도 된다.

3. 생산물

주민 일부분이 농업 및 수산업에 종사하는 편으로 주로 쌀과 인삼 등을 생산하고 젓갈 등도 생산한다. 그 외에 한우, 쑥 재배도 성한 편으로 약쑥이 유명한 편이다.

4. 강화도의 원래 모습

강화도는 원래부터 현재와 같은 모양이 아니었고, 수많은 섬들로 이루어져 있었다. 그러다가 고려시대부터 지속적으로 간척이 이루어져 현재와 같은 모양이 된 것. 석모도도 본디 세개 , 교동도도 두개 섬이었고, 강화도의 경우 수십개의 섬이었던 데다가 서남부지역은 그냥 갯벌일 뿐이었다. 이걸 매립하고 개간하여 지금의 해안선이 만들어진 것. 해안선이 일부는 절벽이고 일부는 평지인 이유가 그것이다.

5. 강화 사투리

지리적으로 황해도와 가깝고 6.25때 황해도 출신 실향민들이 많이 이주, 정착했다보니 본래 강화 사투리는 전반적으로 황해도 방언과 상당히 유사했다.

어미가 전형적인 황해도 방언의 특징인 –시다(평서), –시꺄(의문) 등으로 변하며 일부 자음 발음이 탈락되거나, 중모음의 발음이 세분되는 정도의 차이가 있다.

강화도의 인구가 줄어들고 표준말로 교육이 이루어지는 등, 사투리를 쓰는 사람이 줄어든 바람에 고유한 표현은 거의 사라지다시피 한 상태이긴 하나 아직 중노년층들에게서 강화 사투리를 쉽게 접할 수 있다. 특히 황해도와 가까운 교동도 지역은 거의 황해도 방언과 판박이다.

6. 유명 관광지

단군이 제사를 지냈다던 마니산으로도 유명하다. 마니산 정상에는 단군이 쌓았다는 참성단이 남아 있고 (물론 현재의 참성단은 1639년

(인조 17)과 1700년(숙종 26)에 중수한 것이다.) 1990년대 초반에는 자유롭게 방문도 가능했지만, 현재는 훼손이 심해 출입을 통제중이며, 개천절 전후로만 잠깐 개방한다. 전국소년체전의 성화는 전통적으로 여기서 출발한다. 길상면 초지리 초지진 근처에는 한국내셔널트러스트가 지정, 보호하는 매화마름군락지(멸종위기 2급)가 있는데, 람사르 습지에 처음으로 등록된 논 습지로 잘 알려진 곳이다. 이 매화마름 논에는 물장군(역시 멸종위기 2급)과 저어새(천연기념물 252-1호)도 서식한다.이 초지리 근처에 매화마름 카페라는 데도 있는데, 매화마름군락지 옆이라 매화마름의 이름을 땄다고.고려시대와 조선시대에 몰락한 요주의 인물들이 귀양살이를 한 곳이지만, 현재 자세한 위치들은 알려져 있지 않다.

매화마름

강화산성, 강화석수문, 고인돌 유적, 삼랑성, 첨성단, 전등사, 고려궁지, 초지진, 마니산, 용흥궁], 연미정, 평화전망대, 옥토끼우주센터, 덕진진, 광성보, 함허동천, 갑곶돈대, 동막해변, 강화갯벌센터, 대한성공회강화성당.

그럼에도 인천광역시 본토보다는 경기도 김포시와 가깝고, 육로를 통해 가려면 무조건 김포시를 거쳐야 한다. 그밖에 유수부로 지정된 곳이 개성유수부, 광주유수부, 수원유수부였다. 남해도 301㎢, 강화도 302㎢. 강화 본도와 접하기 전 섬 명칭은 고가도(古加島). 철종이 왕위에 오르기 전 머물렀던 곳으로 철종이 이곳에 있던 당시에는 초가집이였다가 왕이 된 후 이후 기와를 얹었다.

강화도는 우리나라 경기만에 있는 섬인데 대한민국에서 4번째로 큰 섬으로, 면적은 4번째로 큰 섬인데도, 302.6㎢이다. 행정구역상으로는 인천광역시 강화군에 속해 있으며, 동쪽으로 경기도 김포시와 도로가 직접 연결되어 있는데, 고려 때에는 몽골 제국의 침략 당시 39년간 고려의 수도 역할을 했었던 곳이며, 세계문화유산으로 지정된 고인돌 유적지와, 단군왕검이 세 아들을 시켜 쌓았다는 삼랑성과 사적 제136호로 지정된 참성단과 한국에서 가장 오래된 한옥성당인 성공회 강화성당이 있다.

김휘동 회원 '솔바위' 사진전시회

사진작가로 유명해진 김휘동 전 안동시장은 지난 2018년 4월 24일 예술의 전당 3층 전시실에서 사진전시회를 개최했다. 이날 축하객들에게 허동진 회장은 서초동 근방에서 만찬을 제공했다.

2018년 8월 30일 임시총회를 열다

영가회 (회장 김계동) 는 2018년 8월 30일 프레지던트호텔 19층 브람스 홀에서 대한민국 학술원장 김동기 회원을 초청 특강을 가졌다.

이날 특강에 대한 서두에서 김계동회장은 그간 무더운 날씨에도 불구하시고, 건강하게 잘 견디신 모습을 뵈오니, 무척 반갑습니다. 김봉구 회장님께선 지난해까지 어려운 시절인데도 영가회를 잘 이끌어 주셨습니다. 그 고마움의 표시로 힘찬 박수를 부탁드립니다. 앞으로 저에게도 오늘같이 많은 지도편달을 바라겠습니다.

오늘 특강은 지난 4월 1일부터 향후 2년간 대한민국 학술원회장에 취임하신 김동기 회장님을 단상으로 모시겠습니다. 〈약 1시간의 특강이 끝난 후〉

김계동회장은 말미에서, 이미 알고계시겠지만 학술원회원은 20년 내지 30년간 연구와 공적이 있어야하는데 더군다나 김회장님은 더 말씀드릴 나위도 없잖습니까?

대한민국 지성인들의 최고권위가 있는 학술단체입니다. 더구나 이런분이 우리안동의 영가회원이시니, 우리모두의 자랑이잖습니까? 또

한 오늘 김동기 회장님의 특강을 듣을수 있다는 것 자체도 무한한 영광이라고 생각됩니다. 다시한번 축하의 큰 박수를 주십시오.

마지막으로 오늘 회원들의 참석을 위해서 열심히 노력을 많이 했으나, 시기적으로 적절치 못한 것 같습니다. 그러나 이미 배부해 드린 교재를 보시면 신입회원들이 많이 입회를 하고 있습니다. 앞으로 더욱 더 많은 격려를 부탁드립니다.

2019년 8월 30일 김계동 배상

영가회 신입회원 명단

2018년 8월 30일

번호	성 명	직 업	연 락 처
1	유승학	중부대학 교수	010-7119-2686
2	정용진	동대문구청 민원여권과	010-2242-1623
3	류상우	(주) 풍산FNS 대표	010-8968-5115
4	남동국	세무사, 전 대구국세청장	010-3406-7918
5	황창기	신화전기 대표	010-3724-0277
6	김용진	한빛 대표	010-5229-0870
7	홍승훈	연세대학교 재단	010-3751-0420
8	권원식	전 경찰청 근무	010-5354-2084
9	구본철	동부생명 고문	010-8888-6171
10	권기진	(주)명진팜 대표이사	010-5269-1255
11	박문한	공직에서 퇴사	010-6357-0646
13	최창식	공직에서 퇴사	010-8755-0097

이날 김봉구 전 회장에게 감사패 수여가 있었으며 금창태 전 회장이 '안동에는 왜 자랑스런 선현들의 동상이 없는가?'에 대한 설명이 있었다.

'4차산업 혁명시대가 요구하는 바람직한 한국기업의 대응전략"

김 동 기 (대한민국학술원 회장)

Ⅰ. 4차 산업혁명시대의 도래(到來)

18세기의 증기기관차 발명이 1차 산업혁명을 일으켰고 20세기의 전기발명이 家電제품의 대량생산과 대량소비를 가져온 2차 산업혁명이었는데 1970년대부터 시작된 3차 산업혁명은 전자혁명으로서 컴퓨터, 인터넷, SNS, 로봇, 카카오톡 등의 등장을 가져왔습니다.

한국에서도 막이 오른 4차 산업혁명에서는 정보 · 통신기술과 제조업의 융합으로 이루어지는 ①사물인터넷 ②인공지능 ③가상현실 ④로봇 등이 대표적 산물입니다.

한국에서 재래식 공장을 smart공장으로 전환한 1,204개 회사중 246개사를 대상으로 표본조사를 한 스마트공장 추진단이 발표한 효과는 다음과 같습니다.

1. 不良率 - 27%(감소)
2. 제조원가 - 29.2%(절감)
3. 납기 - 19.0%(단축)

Ⅱ. 4차 산업혁명시대의 고용형태의 변화

1. 정규직-도급직-임시직(비정규직) → 도급프리랜서+임시직(비정규직으로 본인의 요구로 학생이나 가정주부가 오전이나 오후에 Part-time으로 3~4시간만 일하기를 원하는 경우 이들의 요청대로 비정규직도 허용해야 합니다.

2. 앞으로는 오프라인 일처리보다 온라인 업무처리 비중이 더 커질 것이기 때문에 재택(在宅)근무가 가능해지고

3. 기업은 보다 많은 일을 내부 구성원에게 맡기지 않고 외부 전문가 집단에 의뢰하는 件數가 더 늘어날 것이며(Cloud Computing)

4. 단기 프로젝트형 일자리가 늘어날 것이고

5. 근로시간과 근로장소의 제약이 없어지거나 있어도 현저히 감소할 것이며

6. ICT훈련과 기술교육을 잘 받은 ICT기술력 보유자의 채용이 급증할 것입니다.

Ⅲ. 임금결정요인의 변화

1. 지금까지는 투입된 임금기준으로 임금이 결정되었으나

2. 앞으로는 근로자가 얼마의 산출-결과(output-result) 즉 생산이나 매출 그리고 이윤 증대를 가져왔느냐에 따라 임금이 결정되는 시대가 될 것입니다.

3. 그 결과 매년 정기적으로 임금을 올리는 호봉제 대신 성과(생산량+이윤)에 따라 임금이 결정되는 시대가 될 것입니다.

※ 따라서 앞으로의 노사관계는 "대립 · 투쟁관계"에서 "계약관계 그리고 투입 · 산출(input-output) 관계로 바뀌게 될 것입니다.

하버드 대학의 Hart 교수는 미래사회의 최대 화두는 일자리인데 매년 일정비율로 임금을 올려주는 호봉제 대신 성과(고생산성, 고매출액, 고이윤 등)에 따라 임금이 결정되는 성과급 제도(매출액 증가+이윤증가에 따른 임금인상 제도)로 가야 한다고 강조하고 있습니다.

한국의 경우 1990년~2015년간의 분배자료를 분석해 보면 경제성장률이 높을 때엔 항상 소득분배가 개선된 역사적 사실이 입증되었습니다. 따라서 정부는 「신성장동력산업」을 발굴해서 경제성장률을 끌어올리는 정책을 펴야 근로자의 소득도 증대된다는 사실을 명심하고 勞使相生 정책과 각종규제혁파와 법인세 인하 등을 통해 기업과 경제가 지속적으로 성장하도록 하는 경제정책을 펴나가

야 합니다.

(1) 기업경영의 투명성 확대

(2) 노사 相生의 길 모색

(3) 정경유착 배제

(4) 지속가능한 기업의 성장추구

4. 맞춤형 소비지향(tailored consumption oriented consumer)

예 : Mass marketing → Mini marketing

5. 취업보다 창업권장(start-up 장려)

6. On-line 구매급증에 따른 On-line 업무비중 확대

2014년 45조3천억원

2017년 60조 돌파

7. 융합경영(Fusion Management)지향

(1) 개별소유경제와 共有경제의 융합

개인소유경제와(Private ownership economy)와 공유경제(shared economy)의 융합

- 사유재산 제도를 인정하면서 일반 가정집은 民泊용 저렴한 숙식업소로 권장해서 모두가 다 함께 共存共榮 할 수 있도록 정책을 펴나가야 합니다.

(2) 현존사업(existing business)과 미래유망사업(most promising future business)의 융합이 필요합니다.

Ⅳ. 한국 산업계의 ICT 도입현황

1. 삼성전자 - 사물인터넷(IOT)에 올인

예 (1) TV-2017년-IOT도입

2020년까지 나머지 제품 전체에 IOT기술 연결

(2) 2017년 2월에 출시한 IOT플랫폼 「아틱」은 AP(Application Processer) 메모리, 통신, 센서 등으로 구성된 초소형 IOT모델

2. LG전자의 경우 - Home IOT시장 공략을 위해 세계 최대의 전자

상거래 회사인 미국의 Amazon과 제휴

(1) Smart 씽큐 센서와 스마트 씽큐 허브에 아마존의 IOT서비스를 결합

(2) 스마트 씽큐 허브에 아마존의 음성 인식 서비스인 "알렉사"를 적용, 사용자는 음성만으로 LG전자의 가전제품을 작동 할 수 있게 되었습니다.

3. KT의 경우 – 기가 인터넷 인프라를 기반으로 Big Data 사업도 확장

(1) 기가 인터넷이 보편화 되면 소비자의 이익은 4년간 최대 62조 9,000억원에 달할 것으로 예상

(2) KT는 기가 인터넷 인프라를 기반으로 Big Data 사업도 확장

4. 현대 · 기아차의 경우 – 자율주행차인 "투산ix" 자율주챙차 시험 운전에 성공

V. 바람직한 한국기업의 대응전략

1. 최근 한국사회의 변화

최근 한국사회는 많이 변화하고 있는데 주요한 변화상은 다음과 같습니다.

(1) 정권교체에 따른 새질서 형성

① 우익 · 보수진영의 분열과 쇠퇴

② 중도 · 진보세력의 등장

③ 세대간 · 계층간 · 지역간 격차해소 요구와 젊은 20~30代의 취업난 해소 요구 증대

④ 성장 · 효율 일변도 정책대신 분배 · 복지 정책 비중 증대

⑤ 2018년 정부예산 428.8조원중 보건 · 복지 · 노동관계 예산 144.7조원(33.7%)

(2) 기업경영 투명성 극대화 지향

① 정경유착, 준조세의 지양

② 이업종과의 제휴나 이업종 분야 진출 지향

예 : 기존 가전제품업체나 자동차업체가 드론이나 로봇 · Bio 사업에 진출하는 경우가 이에 해당

③ Glocalization 전략(Globalization+Localization(세계화+현지화의 융합))

④ Coopetition(Competition+Cooperation) 경쟁하면서 특정 분야 · 특정부문에서 協業하는 것

⑤ Digital+Analog의 융합
SNS 같은 digital 매체+TV, 라디오, 신문, 잡지 매체의 混用

⑥ 동업종간+이업종간 협업(Collaboration)

Ⅵ. 맺는 말

기업세계에서는 영원한 승자는 없는 법입니다. 미국의 경우 한때 全盛期를 누렸던 Hewlet Packard, Microsoft, Cisco 등은 몰락하고 신흥기업으로 세계시장을 석권하고 있는 Apple, Google, Facebook, Amazon 등이 全盛期를 맞이하고 있습니다.

영국에서 발간되는 Economist지의 분석자료에 의하면 현재 세계시장에서 두각을 나타내고 있는 기업은 거의 모두가 ICT 관련 기업이라고 합니다.

한때 중국시장에서 1위를 차지했던 삼성전자의 스마트폰이 중국의 "화웨이"에게 1위 자리를 빼앗긴 사실 세계 휴대폰 시장의 1위를 달리던 핀란드의 Nokia가 아나로그 전화기만 만들다가 추락한 사실 그리고 100여년의 역사를 가진 미국의 KODAK 카메라 회사가 디지털 카메라 개발을 안하고 아나로그 카메라만 고집하다가 倒産 해버린 사실에서 우리는 신제품 개발–특히 디지털 상품개발의 중요성을 깨닫게 됩니다.

또 Sweden이 자랑하던 자동차 SAAB와

VOLVO가 외국회사로 팔려나간 사실 등에서 모든 기업이 경영전략과 제품을 혁신하지 않으면 도태된다는 교훈을 배울 수가 있습니다.

미국의 유명 경영컨설턴트인 Tom Peters가 그의 名著 "비전 있는 회사(Visionary Company)"에서 비전이 없는 회사는 쇠퇴하거나 도태 된다고 경고 했는데 그 좋은 예로 체이스맨하탄은행은 비전이 없어 비전 있는 씨티은행에 비해 쇠퇴했고 Howard Johnson 호텔 체인도 비전이 없어 Marriot 호텔과의 경쟁에서 졌다고 지적하고 있습니다.

따라서 기업은 끊임없이 "창조적 파괴"를 통해 끊임없이 혁신하고 신기술 · 신제품을 개발해야 살아남을 수가 있고 성장 · 발전 할 수가 있습니다.

〈표1〉 산업혁명의 단계별 특성 비교

(자료) 스마트공장추진단

	1차 산업혁명	2차 산업혁명	3차 산업혁명	4차 산업혁명
시기	18세기 후반	20세기초	1970년 이후	2020년 전후
혁신부문	증기의 동력화 (예 증기기관차)	전 기	전자기기 ICT 혁명	ICT와 제조업 융합
의사소통 방식	책, 신문	전화기, 냉장고, TV, 세탁기	인터넷 SNS	사물인터넷 (IOT)
생산방식	기계화	대량생산	부분자동차	시뮬레이션을 통한 자동생산
생산통제 주체	사람	사람	사람	기계에 의한 자율적 통제

〈표2〉 4차산업혁명으로 줄어든 직업 (1,006명 대상조사)

(자료) 고용노동부 , 한국고용정보원

직업 종류	줄어든 확률(%)
금융 · 보험 관련직	81.8
화학 관련직	63.6
재료 관련직	61.4
문화 · 예술 · 방송 관련직	40.9
보건 · 의료 관련직	25
경영 · 회계 · 사무 관련직	23.3
사회복지 · 종교 관련직	13.6

박약회 행복나눔아카데미 운영위원회 참석

2018년 10월 4일 박약회(회장 이용태) 사무실(종로구 수송동 소재)에서 개최된 운영위원회에 참석 했다.

2018년 재경안동9개교동창회 체육대회 참석

김계동 회장은 2018년 10월 27일 재경안동9개교체육대회에 참석하여 동향인으로 우의를 다지는 시간을 가졌다. 올해 재경안동9개교체육대회는 재경안동고(회장 황현탁)에서 주관하고, 장소는 '서울시인재개발원'에서 개최되었었다.

제 3 편

회원 작품

1. 회원 기고문

2. 회원 서화(書畵)

永嘉會 40年史에 남기고 싶은말

재경안동향우회 제5대회장 / 전 치안본부장 姜 玟 昌

金海吉 초대회장이 20년 넘게 봉사하면서 처음 발간한 (그단새 20년)이란 첫 문집이 나온 지 엊그제 같은데 또 20년이 지나서 제2집을 낸다는 전갈이 와서 세월은 강물처럼 유유하게만 가는 줄 알았는데 80세가 넘고 보니 20킬로로 간다는 20대의 인생열차는 80대에는 80킬로를 날으는 화살 같다는 표현이 실감납니다.

그래서 이번 기회에 미력했으나마 산파역을 한 사람으로 영가회의 小史를 간략하게 남기고 회의 목적달성에 관하여 한 가지 제언을 드리고자 합니다.

본회의 연혁을 1972년 4월로 거슬러 올라가는데 제가 청와대비서실에 파견근무한지 3년쯤 지났을 때 였습니다.

청와대정보비서관(후일 청와대민정수석) 金詩珍씨와 柳赫仁 정무비서관이 대통령 친인척관리 행정관(총경)으로 있던 나를 연락간사로 하여 매월 1회 오찬을 겸해서 고향 안동에 대한 소식을 듣는 永嘉常綠會를 운영한 것이 시발이였습니다.

초창기는 천병규 재무장관, 이낙선 상공부장관, 이보형 제일은행장, 류돈우 주택은행장, 풍산금속 류찬우사장, 신아일보 장기봉사장, 박무승 중앙일보 상무 등 10명이었는데 이 모임을 재경안동인 중에서 소정의 절차를 거쳐 확대 개편하자는 의견이 나와 회장을 물색, 1977년 3월에 김해길씨를 초대회장으로 오늘의 영가회가 발족된 것 입니다.

안동시에 연원(淵源)을 가진 사람으로서 서울특별시와 그 일원에 거주하고 본회의 취지에 찬동하여 입회절차를 거친 사람을 회원에 모시기로 하였으나 그렇게 희망자가 많지 않았습니다. 졸지에 회장을 맡은 김해길씨는 안동역에서 청량리역을 오가는 사람들의 기차표를 주선해 주던 마당발로 친구를 회원으로 끌어들였다.

세월이 흘러 고인이 된 사람도 있지만 석기홍, 손병도, 이희필, 권중동, 김원환, 김화남 등이 모임 비용의 스폰서를 자임하고 당일 모인 회비로 안동발전에 기여하였습니다. 본회의 목적이 회원 상호간의 친목도모 후 융화단결하여 향토발전에 이바지한다 하였으나 영가회원이 되어야 안동인의 반열(班烈)에 속한다하여 입회 희망자가 쇄도하고 있음에도 입회하여 연회비 조차 내지 않고 무임승차한다는 이야기를 듣고 처음 발족시 돈을 모아 점심을 먹고 남은 돈을 모아 1년에 한 두번 안동발전에 기여하던 때와 今昔之感을 느끼기에 감히 한마디 진언 드립니다.

그리고 오늘날 가속적인 의학발달로 사람도 기계처럼 위장병 환자에게 약물이나 수술을 하지않고 노후한 장기(臟器)를 갈아 끼우는 날이 온다고 하더라도 그 보다는 부모가 물려주신 신체적 조건으로 편안하게 살다가 가는 늙은이의 심정으로 여기저기에서 얻어들은 건강의 十誡命을 소개하여 拙筆하니 양해해 주시기 바랍니다.

십계명을 소개 드립니다.

첫째, 늙어감을 원망치 말라, 인생의 마지막 황금기로 생각하고 시간을 아껴라.

둘째, 항상 우울한 기분을 스스로 전환하라. 어디를 가든 사람을 만나면 큰 소리로 "안녕하세요" 하고 나면 기분이 좋아진다. 한번 실천해 보라.

셋째, 일을 시작하기 전에 "감사합니다"하고 일을 끝마치면서는 "고맙습니다"고 하면서 노동의 神聖함을 철학화하라.

넷째, 같은 말 같지만 매사에 즐거운 마음으로 시작하여 유쾌하게 마감하면 후회없는 하루를 잘 보낸다는 생각에 잠이 잘 온다.

다섯째, 좋은 책을 읽어라. 인간의 신체는 늙어도 영혼은 늙지 않는다. 치매예방에도 도움이 된다.

여섯째, 자연 발생하는 病을 원망치 말라. 병과 친해져라. 병은 전염병을 제외하고는 친구를 해치지 않는다 하였다.(저도 이해가 안감)

일곱째, 틈만 나거든 걸으라. 날씨가 좋은 여름석양에는 부인과 힘께 걸으면서 애정을 북돋으라.

여덟째, 하루에 세번이상 사진 찍을때처럼 환하게 웃고 책상 앞에서는 손깍지를 머리위에 올리며 크게 세번 하품을 하면 엔돌핀이 솟구친다.

아홉째, 냉수만한 보약이 따로 없다 했다. 콩, 멸치, 마늘이 최고의 건강식이다.

열째, 하루를 무료하게 느끼지 말라. 무엇엔가 도움이 되는 일을 하며 시간을 불 태우라. 주어진 시간이 끝나면 아무리 발버둥쳐도 이 세상과는 작별이 된다.

永嘉會 孕胎(잉태), 出産(출산), 乳兒期(유아기)

대한노인회 고문 / 전 대통령자문 민주화합추진위원, 전국수산인연합회장 張 元 碩

영가회 40年 紀念 出刊을 祝賀하니더.

人生에 比喩하면 不惑(불혹)이라 하여 强仕(강사)라고도 했으며 事物의 理致를 터득하고 세상일에 흔들리지 않는 나이다. 우리 永嘉會도 그러기를 믿는다.

유수세월이라 영가회가 탄생한지도 어저께 같은데 어언 40년이란 세월이 흘러갔네요. 그동안 역대 훌륭한 회장단과 집행부가 육성시켜 출향인의 방대한 조직으로 발전되여 경하해 마지 않니더.

대부분의 회원들께서 영가회의 태동, 탄생, 유아기의 내력을 모르시는것 같아서 알고 계시는것이 유익할듯해서 당시의 일기장을 더듬어 전하고져 하오며 참고가 되시면 다행이겠니더.

필자는 원양선 해기사들이 법적으로 필히 기록해야할 항해일지 기록습관으로 1958년부터 60년 가까이 일기를 기록하고 있어 인생을 살면서 과거를 기억하는데 퍽 도움을 받고있다.

1. 영가회 孕胎(잉태)

1차 모임

1976년 8월 5일 일본거래처 중요한 인사의 訪韓(방한)으로 저녁 늦게까지 손님 접대로 지친 몸으로 귀가했더니 안동의 金秉熙(김병희) (안동중학 2회 출신)씨가 3번이나 전화가 왔다고 회사 바상연락망으로 전해왔다.

다음날 김병희씨(안동 거주)가 필자가 회사 출근하자 마자 또 전화가 왔기에 전화했던 용건을 문의한 바, 상경해서 상의할 일이 있다면서 청와대 류혁인 씨(당시 청와대 정무수석 비서관)을 상면할 수 있도록 주선해 달라는 이야기였다

무슨 용건인지 내가 알아야 주선하지 내용도 모르고 할 수는 없다고 했더니 인동중학교 동창회 결성 관계로 "류혁인"씨의 도움을 받아야 한다는 이유였다.

그런 일 같으면 주선하기 힘들겠다고 답하고 있었는데(국무에 사적인 일을 볼 수 없을 것으로 판단해서) 그 후 또 다시 김병희씨의 전화를 받고서 나는 주선키 힘드니 柳수석과 동

기생들에게 부탁해 보라고 거절했는데 10여일 후 또 다시 전화가 와서 여러 사람에게 이야기 해 보았는데 모두가 류수석을 만날려면 필자에게 부탁하는것이 가장 가능성이 있다고 해서 또 다시 요청한다는 것으로 거의 애원하다시피 하면서 내일 상경할터이니 시간 좀 내어 달라고 하여 하는 수 없이 그럼 올라올 필요없이 류수석에게 용건을 이야기 해서 그 결과에 따라 행동해 주도록 필자가 오히려 간곡히 부탁하여 상경은 일단 중지시키고 류수석에게 缺禮(결례)를 무릅쓰고 김병희씨의 용건을 전화로 상세히 이야기 했더니 좀 기다려달라 하면서 몇 분후에 9월 12일 12시에 늘 만나던 용수산 식당(청와대 부근 한정식집)에서 만나자고 쾌히 승낙해 주어 이 사실을 즉시 안동 김병회씨에게 연락해 주었다.

1976년 9월 12일 아침 일찍 필자의 회사에 김병희씨와 이상두씨(안동중학 류수석과 동기생)가 함께 와서 자기도 함께 간다면서 약속한 장소에 함께 따라와 柳首席과 식사를 하면서 김병희씨가 용건을 말했으나 류수석은 그런 일은 업무상 자기는 시간을 낼 수 없으니 자체에서 잘 해 보라고 사실상 거절을 한 자리였고, 그 자리에서 筆者가 새로운 提案으로 1950년대 안동3개교 동창들이 얼굴을 서로 아는 사람들 끼리 친목 모임을 주선해 볼터이니 柳수석께서 측면에서 지원해 달라고 제안했더니(모임에 참석만) 좋은 일이나 안동사람들 모임은 퍽 여려울것이란 답변이었다. 그 이유로 우리선배(안동출신)들도 수차 모임을 해 보았으나 3회 이상 모임이 계속되지 아니되었다는것(이유는 안동사람 꼴대기 때문에)을 설명하면서 퍽 힘들것이라고 했다

필자가 그런 점을 감안해서 한번 시도해 볼 터이고, 류수석에게 아무 부담을 주지 않을터이니 모임에 적극적으로 참석만 해달라고 했더니 류수석이 자금도 많이 들것이고 누구가 완전히 적극적으로 희생하지 않으면 성공하기 힘들것이다 라면서 부정적인 태도였으나 여하튼 내가 모든 것을 총대를 메고 해 볼터이니 꼭 모임에 참석만 해달라고 부탁했고 참석날짜는 언제나 柳수석께서 참석 가능한 날짜로 정하겠으니 참석만은 해달라고 간청했더니 참석는 하겠다는 약속의 회답을 듣고 그렇다면 오늘부터 시작해 보겠다고 하면서 성사를 위하여 건배를 하고 헤어졌다.

이날이 영가회가 孕胎(잉태)하던 날이었다.

(김병희씨가 애쓴 안동중학 동창회 결성은 성사되지 못하였다.)

2차 모임

1976년 10월 14일 사전에 모임의 성격과 운영방법을 필자에게 설명듣고 찬성하는 분들에게만 10월 14일 12시에 종로 견지동소재 “南江”에 모여서 운영방법, 회원 자격등 다양하

게 논의했다.

이때 참석자는 류혁인, 이상두, 송보열, 석기홍, 김명년,김지학,김해길, 권웅렬, 권태수, 권화섭, 조주목, 김시효, 김규벽, 장상섭, 김영연, 권태원, 변동신, 장원석 등 18명이 동석했다.

이때 논의한 의안은

▶회칙제정 (이상두씨가 책임 제작해 다음 모임에서 심의),

▶회원자격(1950년도 전후 4~5년 함께 수학한 안동농림, 안동사범, 안동중학. 가급적으로 지인들로 구성)을 합의했다.

▶회의 명칭, 영호회, 경안친우회, 안동친우회, 영가향우회, 상록회 등이 제시되었으나 결정 못하고 다음회의서 결정키로 합의했다.

3차 모임

1976년 12월 10일 ▶참석자 : 柳赫仁, 李相斗, 송보열, 金海吉, 張相燮, 權和燮, 金奎壁, 李龍兌, 權泰玩, 金知鶴, 金時孝, 柳東柱, 千奉石, 趙周穆, 權泰守, 姜杓遠, 石基洪, 尹成根, 邊東信, 金啓顯, 李準昇, 邊東信, 權五周, 張元碩 24명 참석.

▶장소 : 종로 견지동 한정식 南江 한정식

▶결의안.

회칙(이상두 내용설명) 원안대로 결정함.

회의 명칭 (李相斗 회원이 제안한 영가회와 權和燮회원이 제안한 常綠會를 합쳐서) 永嘉常綠會로 결정함.

회장은 3개학교에서 학교 설립년도 수순으로 안동농림(1933년), 안동사범(1947년), 안동중학(1951년), 안동출신 유학파 순으로 임기 2년으로 하고 총무는 회장과 다른 학교에서 하기로 결정.

사무실은 당분간 종로구 견지동 소재 "덕수빌딩"에 사무실을 설치키로 결정하고, 운영비는 다음 모임에서 결정.

4차 모임

1977년 2월 18일 결의사항, 임원진 결정 회장은 안동농림에서 金海吉로 결정, 부회장은 안동사범 張元碩, 안동중학 李相斗, 총무 안동중학 權和燮으로 결정했다.

▶창립총회시기 : 1977년 3월로 결정했다.

▶회의장소 : 덕수빌딩 지하 연회장

▶경비(비용)는 본회의 산파역을 한 張元碩에게 위임.

▶회의진행 : 金知學, 柳東柱로 결정

2. 영가회의 出産日

창립총회

▶일시 : 1977년 3월 26일 오후 6시 창립총회

▶장소 : 종로구 견지동 덕수빌딩 지하 1층 연회장

▶참석자 : 柳赫仁, 李相斗, 權應烈, 宋寶烈, 孫秉度, 金海吉, 南起鉉, 趙周穆, 金命年, 金時孝, 權泰玩, 金龍浩, 李宗勳, 權原基. 南時赫, 金鉉大, 權重斗, 石基弘, 姜杓遠, 金在恩, 權政洙, 姜玟昌, 權泰守, 金仲煥, 李相玉, 金浩吉, 金兄鎭, 金知鶴, 柳穆基, 李用泰, 張元碩, 權在浩, 金貞漢, 姜載牛, 徐昌熙, 權純, 金浩鎭, 權重東, 李龍兌, 金정호, 邊東信, 金英年, 權和燮, 金甫鉉, 權聖基, 千奉石, 權五周, 孫洪均, 李昌大, 趙輝宰, 南起鉉, 李萬用, 金 源, 柳漢燮, 金啓顯, 趙繼基, 金奎壁, 李準昇, 尹成根 등 59名 참석

▶회의진행 : 金知鶴, 柳東柱.

▶회의진행 : 임시의장 없이 사회자 金知鶴 진행

▶참석회원소개 : 柳東柱

▶창립취지 및 경과보고 : 張元碩

▶의결사항 : 회칙상정(李相斗 회칙설명) 원안대로 통과

▶임원석출 사회자 金知鶴 준비 모임에서 결정된 사항

▶내용 전부 상정해 통과.

▶기타사항 : 금후 정치인은 회장에 배제하고 신입회원는 기존회원 3인 이상의 추천으로 회장단에서 심의 후 결정.

▶회비는 초창기는 당분간 회비없고 자발적인 기부금으 운영키로 결의.

▶사무실 : 당분간 장원석 덕수빌딩 사무실 무료이용.

▶회장인사 : 金海吉 회장인사 임원진 경례

▶만세삼창 : 金時孝

▶폐회선언 : 金知鶴

▶참고 : 1976년 9월 12일 용수산 한식집 모임부터 준비모임 세차례의 모임과 총회 및 1

차 모임과 1977년 5월 20일 모임까지 전액 장원석 단독 경비 부담함)

1977년 5월 20일 18시 광화문 프레스센타 연회장에서 48명 참석

▶신입회원 8명 인사 및 소개

1977년 12월 18일 18시 광화문 프레스센터(신문회관) 연회장에서 망년회 51명 참석〈식대 등 경비 權應烈회원 부담〉

다음해(1978년) 부터는 3개월 마다 장소를 거의 신문회관에서 개최하면서 경비는 스폰서 제도로 초창기는 한명식 부담하다가 회원의 수가 증가하면서 부터 부담 경비도 거액으로 2, 3, 4명식 함께 부담하면서 계속 친목을 도모했다.

모임에는 최초부터 헤드테이블을 없애고 칵테일파티 식으로 하여 일정한 좌석이 없이 서로 다니면서 대화를 하다가 회의를 시작할때에는 가까운 의자에 앉도록 하고 마이크는 절대로 회의 사회자와 회장 이외는 사용 제한하며 특정 정치인들의 정치적인 이용단체가 되지 아니하도록 각별한 신경을 쓰면서 회원간의 위화감을 없애는데 노력을 하고 선후배의 규율을 철저히 지키도록 한것이 안동 양반 "까이"가 통하지 못하도록 한것이 되었고, 이덕분에 초창기부터 순조롭게 운영할 수 있었고, 냉정하게도 정치인들의 이용를 방지하고 회원 입회 선발심사도 철저히 했던것도 모임의 성공을 기할 수 있었다고 사료된다.

집행부는 당초 합의대로 각 출신 학교별로 안동농림, 다음 안동사범, 다음 안동중학, 다음에 유학파가 맡도록 했고 회장은 권위가 아니라 철저한 봉사자로 안동농립 金海吉 회장이 2년 임기를 마치고, 안동사범에서 인수 받아서 해야하나 당시 안동사범에서 회장을 할 수 있는 사람이 없어서(40대에서 대부분 교직에 종사하고 있고 할수있는 분이 2~3명 있었으나 모두가 극구사양을 하고) 필자도 사업상 할 수 있는 입장이 못되어(당시 해외에 반년 이상 출타해서) 결국 안동농림학교에서 20년을 金海吉 회장이 계속해서 수고하게 되었다.

1998년 7월 10일 마침 안동사범학교에서 회장을 인계받을 적임자가 나타남으로써 (柳穆基씨가 한솔금고사장직에서 퇴직하고 휴직중) 초창기 영가회를 탄생 시킨 분들과 상의하기 위하여 강남 테헤란로에 있는 안동국수 집에서 김해길, 권중동, 석기홍, 김명년, 송보열, 이준승, 조주목을 필자가 초청하여 오찬을 하면서 영가회 운영에 관해 진지하게 논의하고 안동농림에서 20년간이나 수고 시킨것에 대하여 설명드리고 이제 안동사범이 인수할 수 있게 되었으니 하루 속히 인계조치를 해 줄것을 요청하고 모두가 동의해서 사범학교에서 인수할 것을 결의하여 곧 바로 총회를 거처 류목기씨가 안동사범학교 몫으로 회장에 취임하게 되었다.

인계를 받은 柳穆基 회장은 특유의 친화력과 경영능력을 발휘하여 조직과 운영을 재정비

하여 명실공히 단체다운 단체로 발전시켜 기초를 단단히 하였으며, 다음 안동고등하교 琴昌泰회장으로, 다음 유학파인 許東鎭회장으로, 또 柳從默회장, 김봉구회장, 金啓東회장으로 날로 발전시키고 있어 영가회 아기를 孕胎(잉태)해 乳母(유모)역할을 한 筆者로서는 기쁘기 한이 없다,

永嘉會의 孕胎(잉태)는 1976년 9월 12일이고, 出生地는 서울 종로구 견지동 덕수빌딩이며, 誕生日은 1977년 3월 12일이고, 두돌까지 乳母(유모)는 筆者였다.

流水같은 세월에 그 동안 "永嘉常綠會"의 會名도 變更(변경)되었고(永嘉常綠會-永嘉會로) 初創期 모임에서 결정했던 모임의 목적과 구성원의 범위 등이 단순한 고향 향우들의 친목의 목적이 변질되어 지고 있어 가슴 아픔을 숨기지 못 하겠다. 언제 부터인가 初心의 목적이 변질되어 버렸고, 가진것 자랑, 벼슬 자랑하는 모임이 되지 아니하기를 바라면서 초창기의 순수한 향우들이 서로 돕고 협력하는 모임으로 회기하기를 기원해 본다.

창립 초창기 회원들은 당시 전부 40대 초, 중반의 나이로 각자 목적을 향해 불철주야 야망에 찬 활발한 활동을 하던 회원 이었는데 이제 거의 60%는 幽明(유명)을 달리했고 생존자들도 온전한 사회 활동을 못하고 있어 무심한 세월만 歎(탄)하게 되는구나.

▶참고사항 : 창립총회 참가자 중 유명을 달리 하신분.
柳赫仁, 李相斗, 宋寶烈, 金海吉

반포공원(권헌식)

사이비(似而非) 벤처기업과 노블리스 오블리지(Noblesse Oblige)

전 한국기술대학교 총장 / 과기처 차관 **權 原 基**

우리 사회에 얼마전부터 새로운 신분계층이 하나 등장하였다. 벤처기업가가 그것이다. 일반적으로 기술자원(技術資源)을 핵심경쟁력으로 하는 새로운 사업을 발굴, 추진하는 모험가적 기질이 강한 사업가라고 정의할 수 있다.

지금은 약간 상황이 달라졌으나, 지난해까지 주식시장에서 벤처기업들이 날릴때부터 주변의 많은 사람들은 벤처기업가를 동경하기 시작하였다. 최근에 대학교에 재학하는 많은 학생들은 벤처기업가를 꿈꾸고 있는 것으로 나타났다. 성공한 벤처기업가는 우리 사회에서 높은 사회적 계층으로 인식되고 있는 듯하다.

'자리'는 누가 만들어 주기도 하지만 일반적으로 '자리'는 본인의 노력으로 만든다. 벤처기업가라는 새로운 신분계층이 자리매김을 하기 위해서는 누구보다도 벤처 발굴이라는 본래의 부분을 망각한 벤처를 금융투기로 일확천금을 꿈꾸는 사이비벤처의 출현은 모든 선량한 벤처기업가에게 모멸과 실망을 가져다주고 있다. 이와같은 사이비 벤처기업가에게 국민의 이름으로 응징하여야 한다. 그러나 벤처기업이 경제의 중요한 구성주체이기 때문에 우리는 벤처기업의 육성에 많은 관심을 가지고 적극 지원해야 한다. 그리고 성공한 벤처기업가들에게 사회적으로 찬사와 존경을 표함으로서 더 많은 벤처기업이 태어나고 이들이 우리경제의 중요한 역할을 계속할 수 있는 '벤처기업 선순환 구조'를 만들어야 한다. 우리는 선진국에서 노블리스 오블리지라는 말을 자주 듣는다. 이 말은 사회적으로 성공한 인사는 성공한 이름에 걸맞게 사회적 책임을 다하고 도덕적 규범을 준수하여야 한다는 뜻이다. 우리는 이들 기업의 최고경영자인 벤처기업가들에게 '노블리스 오블리지'를 강요해야 한다. 이는 '벤처기업 선순환구조'의 필요조건이기 때문이다.

현정권은 어느 정권보다도 벤처기업을 육성하는 여러 정책을 추진하고 있다. 지원을 하는것은 좋으나 벤처기업가들에게 '노블리스 오블리지'를 강요하는 또 다른 측면의 정책개발을 서둘러야 할 시점인 듯하다. 그래서 제2의 정현준, 전승현 사건을 사전에 막을 수 있어야 한다. 이는 우리가 새로이 등장한 벤처기업가라는 신분계층을 사기꾼계층으로 분류하고 '벤처기업 선순환구조'의 파괴를 원치 않기 때문이다.

急變하는 時代가 요구하는 노블레스 오블리즈

KDI국제정책대학원 초빙교수, 서울대 명예교수, 대한민국학술원 회원 / 서울특별시자원봉사센터 이사장 **金 璟 東**

오늘 세계는 어두운 그림자가 깊게 드리운 자못 憂鬱한 분위기를 떨치지 못한 채 어지러웠던 戊子年을 뒤로 하고 己丑年 새해를 맞이하고 있다. 全地球化(globalization)의 흐름에 민감할 수밖에 없는 韓國社會는 갑자기 몰아닥친 세계적 不況의 거친 파도에 휩쓸려 脆弱한 사회적 安全網에 깊은 상처를 입게 되었다. 그러잖아도 눈 깜짝할 틈조차 주지 않는 激變의 소용돌이에 휘말리고 있는 우리사회에 전지구적 차원의 충격은 참으로 감당하기 어려운 苦痛을 안겨다 주고 있다.

돌이켜 보면 어처구니없다 싶을 정도로 전혀 예상치 못한 엄청난 변화가 지난 한 10여년 사이에 우리사회를 엄습해왔다. 지금부터 10년 전 소위 IMF금융위기를 겪으며 中産層의 붕괴를 목도했던 때와 비슷한 構造的 再編現象이 또 다시 고개를 들기 시작하였다. 통계청이 발표한 '2008년 국민 생활인식 조사'에 의하면 "나는 中下層 이하"라는 응답자의 비율이 54.8%로 지난 1994년의 38.6%에 비해 크게 증가한 반면, '중간층'은 52.7%에서 39.3%로 대폭 감소하였다. 또 다른 통계(2007)는 한국인의 期待壽命이 OECD 국가의 평균을 상회할 만큼 우리가 高齡化 사회(aging society)가 되었음을 알린다. 이제 10년 후면 65세 이상 인구가 14%(약 6백70만 추정)에 이르는 고령사회(aged society)가 될 전망이다. 게다가 지난해를 기해 홀로 사는 1人家口가 20%(약 3백20만 가구)를 넘겼고 이는 10년 전보다 두배의 수치다. 이중 상당수가 6070고령자다. 아울러 선진국을 포함한 전 세계에서 合計出産率(여성이 일생 출산하는 자녀수)이 두번째로 낮은 사회가 되었다. 저출산은 청소년 인구, 나아가 經濟活動人口의 감소를 의미하며 이로 인하여 2005년 고령자 1인당 8명이 扶養하던 것이 40년 후에는 1.4명으로 줄어들어 부담이 이루 말할 수없는 지경에 이른다고 한다. 그리고 이제 우리사회에도 백만이 넘는 外國人이 살고 있는 多文化社會가 되었고 앞으로는 그 수가 더욱 가속적으로 증가할 것은 明若觀火다.

이런 선택적인 통계치가 그리는 우리사회의 양상은 한 마디로 미처 對備하지 못한 가운데 너무나 많은 변동이 일어난 탓에 適應하기 위한 陣痛으로 얼룩져 있을 뿐더러 남의 도움이 없으면 生存이 어려운 이웃들이 의외로 많아지는 모습을 보인다. 현재의 추세대로라면 일단 經濟成長의 鈍化는 불가피한 상황에서 國家의 재정과 정책만으로는 그 짐을 감당하기 힘들게 될 것이 명백하다. 결국 市民社會가 나서는 수밖에 없다는 결론이 나온다. 그간 민주주의 移行(democratic transition) 과정에서는 시민사회가 권리와 이익을 추구하는 權益運動(advocacy)에 힘을 집중시켰으나 이제는 책임과 의무를 함께 떠맡아야 하는 責務運動(responsibility)으로 노력을 전환해야 할 시대적 요청에 직면하게 된 것이다. 그 책무운동의 핵심은 곧 自願奉仕(volunteering)다. 시민이 서로 돕고 함께 복지를 누리자는 운동이다.

시민사회가 자원봉사에 나서는 양식은 여러 가지가 있다. 지난 해 충남 泰安해변에서 기름 유출 사고가 났을 때는 우리국민 약 백이십만명이 자원봉사에 나섰다는 기록을 세웠다. 자원봉사가 이처럼 災難 時에 동원형식으로 참여하는 일회성 활동이라는 인식은 한계가 있다. 일상적인 생활 속에서 마음으로부터 우러나는 습관(habits of the heart)처럼 언제나 자발적으로 사회에 貢獻하는 것이 자원봉사의 眞髓다. 이때 自發性이란 국가권력이나 물리적인 힘으로 强制하기 때문도 아니고, 경제적 · 물질적 誘因(incentives)에 이끌려서도 아니라, 순수하게 自己裁量에 의해서 자율적으로 행동하는 성향을 뜻한다. 이처럼 자발성에 의하여 사회에 奉仕하는 숭고한 理想을 추구하는 사회를 自發的 社會(the Voluntary Society)라 일컫는다.

이제 韓國도 經濟面에서 볼 때는 1인당 국민소득이 2만달러를 초과하였고 國內總生産 규모도 전 세계에서 13위에 이를 만큼 괄목할 만한 성취를 거둔 나라다. 그러나 자원봉사의 성적에서는 한참 뒤진다. 가령 서방 선진국에서는 국민의 절반 내외가 日常的으로 자원봉사에 임하는 데 비해 우리나라는 아직도 20%대를 오르내리고 있다. 이러한 後進性을 극복하는 지름길이 있다면 그것은 다름 아닌 노블레스 오블리즈(noblesse oblige) 정신의 발로라 할 것이다. "高貴한 신분에는 義務가 따른다"든지 "特權에는 責任이 따른다"는 정신이다.

경제성장을 급속하게 성취하는 과정에서는 반드시 상대적으로 단기간에 큰 富를 축적하는 階層이 생기는가 하면, 반대로 요즘과 같은 경제적 위기를 당하면 형편이 더 어려워지는 집단이 갑자기 늘어나게 마련이다. 여기서 근자에 자주 듣는 소위 사회의 '兩極化' 현상이 두드러지게 나타나는 것이다. 이런 상황에서는 처지가 不利해진 중산층이하는 '相對

的 剝奪感'을 강하게 경험하며, 이것이 사회적 불만을 부추기고 葛藤을 야기하게 된다. 지금처럼 어려운 시기일수록 이 같은 갈등의 분출은 결코 경제회복이나 사회적 평화를 위해 得 될 것이 없다. 노블레스 오블리즈는 이러한 불안요소를 잠재우는 길의 하나로서 의미가 있다.

그러나 노블레스 오블리즈는 그런 目的意識을 떠나 그 자체 價値있고 뜻있는 자세다. 특권을 누리는 사람들이 상대적으로 불리한 이웃에게 따뜻한 봉사와 도움의 손길을 내밀어 억울하게 느끼는 사람이 줄고 한결 푸근한 사회를 만드는 것은 당연한 의무고 성숙한 시민사회의 자발적 부문(the voluntary sector)의 마땅한 책무다.

사회의 지도층이 모인 永嘉會의 회원들이 그처럼 숭고한 노블레스 오블리즈의 실천에 앞장선다면 이야말로 참으로 아름답고 보람된 일이 아닐 수 없을 것이다. 단순한 친목의 차원을 넘어 새해에는 사회적 弱者를 돕는 일을 위한 물질적인 寄與로써 혹은 시간과 노력을 보태는 자원봉사 활동에 의해서 노블레스 오블리즈 정신을 마음껏 발휘할 수 있으면 참으로 바람직하리라 여겨진다. 가령 새해부터는 고향방문이나 문화탐방 프로그램에 곁들여 病院, 福祉施設 등에서 단 몇 시간이라도 봉사활동을 하는 일을 포함하는 것도 한 가지 좋은 방법이 될 줄 안다. 己丑年 신년에는 회원 동지 여러분의 健勝과 가정의 幸福을 삼가 祝願하는 바이다.

광안대교

永嘉會의 2008년도 상반기 해외문화유적탐방

〈중국 山東省 一周여행 手記(일기)〉

전 내무부 계장, 부산시 3개국장 海山 **김 만 연**

〈5월 1일 木 날씨 약간의 구름〉

동행하기로 약속했던 영가회 감사인 權五澈 후배로부터 일신상의 사정에 의하여 오늘 오후에 출발하는 금년도 상반기 해외문화유적 탐방 중국 산동성 일주 여행에 참가하여 도와드리지 못하게 되어 죄송해요 하는 친절한 전화를 받은 뒤 內子가 차려준 점심을 먹고 등산용 간소복 차림으로 최소한의 간단한 여행준비물을 작은 배낭에 넣어 짊어지고 2시경 집을 나서 東인천역으로 향했다.

이번 여행에는 安東鄕人의 친목단체인 영가회 200여 회원 중 許회장을 비롯해서 權源吾 상임부회장과 金啓東 사무국장 등 집행부 3명이 참여하여 일행들은 매우 마음 든든하게 생각하였다.

필자는 First Class인 4인1실 208호실에 投宿 하게 되니 오후 5시 반이었다. 일행中 最연장자인 柳錫根(78세)신성화학공업주식회사 대표이사 회장과 次연장자순으로 필자와 文斗世주식회사국제전설회장, 權宅烈 주식회사 LS생태환경회장 넷이 룸메이트가 되었다.

〈5월 2일 金 날씨 맑음〉

아침 7시경 일어나 선박 내 사우나(욕실)에서 목욕(入浴料 3,000원) 후 레스토랑에서 조반을 했다. 배는 10시경 新청도항에 도착 통관절차를 거쳐 마중 나온 현지 가이드인 威東國際旅行社 소속 조선족 裵成國君의 안내로 관광버스(魯B37777 운전기사 한스브)에 승차하여 청도영빈관으로 이동해 가면서 차창 밖 구경을 하며 裵 君의 설명을 들었다. 날씨는 맑고 기온은 24도로 관광하기에 아주 좋았다.

이곳 중국도 5월 1~4일까지 연휴로 중국인의 관광 행렬이 장사진을 이루었다. 청도는 산동성 제일의 상업도시이자 중국4대 항구 중 하나로 19~20세기 초에는 開港과 中.日전쟁을 거치며 독일과 일본의 지배를 받기도 했는데 晴天綠水赤瓦 맑은하늘, 푸른바다, 붉은 기와로 대표되는 청도의 경관은 바로 식민지 시절의 유산인 셈이다.

중국인들은 청도를 중국속의 나폴리라 부르며 아름다움을 자랑하기에 여념이 없다. 청도는 산업화와 관광개발이라는 두 마리 토끼를 잡은 현대화의 성공 사례인 것이다. 거북이 모양의 초대형 청도시청사 2棟의 옥상에는 靑島世界貿易中心이란 간판이 이를 대변하고 있었다.

12시경 청도영빈관 앞에 버스를 주차시켜놓고 1903년에 세워진 독일 총독의 관저를 관람했다. 독일의 城을 그대로 모방한 것으로 당시 銀 245만 냥이 건설비로 쓰여 일개 조차지 총독으로서는 과한 관저를 지은 당시 총독은 본국으로 송환되었다고 했다. 이곳 영빈관에 비해 규모는 작지만 6,25피난 시절 경무대(청와대)로 사용했던 부산 부민동의 경상남도지사 관사와 흡사한 점이 많았다. 독일인들이 이 영빈관을 사용한 것은 1914년 일본이 청도의 새로운 주인으로 들어온 후 10년가량이다.

20:30에 중국에서의 첫 숙박지인 濟南의 黃台호텔에 도착하여 호텔 안 식당에서 夕食을 하고 룸 배정을 받았는데 필자는 허동진 회장과 1608호실 룸메이트가 되었다. 샤워를 하고 나니 辛尙學 李裕澤 文斗世 회우가 來訪하여 간밤 船上침실에서와 같이 정담을 나누어가며 산수공부를 하다 세 사람은 01:20에 각자의 침실로 돌아갔다.

〈5월 3일 土 날씨 오전 맑음 오후엔 흐리고 비〉

호텔 레스토랑에서 조찬을 하고 9시 10분에 버스를 타고 이동하는데 濟南市에 진출입할 때는 시내를 관통하는 고가고속도로를 건설 중에 있어 갓길을 이용하게 되어 버스가 터덜거려 30분정도 고생을 했다. 우리나라 현대의 지게차나 斗山의 굴착기를 이용해서 건설공사 하는 상태가 우리의 20여년前 후진된 모습과 비슷하여 퍽 조잡하게 보였다.

길가에서 20代 남녀가 장시간 포옹을 하고 키스하는 모습을 지켜본 우리일행은 남녀 간의 사랑표현은 서구화를 뺨친다고 탄성을 올렸다.

30분정도 더 달려 황하제방에 주차하고 중국최초문화 발상지인 濟南百里黃河風景區를 관람하였다. 강물은 이름 그대로 황토물이고 이곳의 잉어 맛은 4대 민물고기 맛 중의 하나인 一味라고 소개하였다. 그리고 황하제방에서 연을 높이 날리고 있는 노파 두 사람이 퍽이나 낭만적으로 보였다.

13:50경 고속도로 톨게이트를 빠져나와 曲阜市로 진입하여 闕里賓舍식당에서 現地食으로 오찬 후 15:30부터 도보로 관광을 하게 되었다. 비가 조금씩 내려 집에서 출발할 때 아

내가 배낭에 우산을 꽂아준 것을 이제야 이용하게 되는구나 싶어 감사한 마음이 들었다. 다른 일행은 현지에서 천원짜리 우산을 사서 들었다. 曲阜는 공자를 빼놓고는 도저히 생각할 수 없는 도시이다.

공자의 사당, 공자와 그 후손이 살던 집, 공자 집안의 무덤 등 모든 볼거리들이 공자와 연관되어있었다. 하지만 경건한 성지의 분위기를 기대한다면 실망 그 자체다. 자본주의도 아니고 공산주의도 아닌 어정쩡한 중국의 체제는 필수적으로 보존해야할 유적들조차 가벼운 볼거리로 전락시켜버렸다.

공자를 매개로 한 무분별한 관광 상품에 눈살이 찌푸려질 때가 많았다.

무려 2500년前 노나라의 哀公이 세운 공자를 기리는 사당인 孔廟가 각 왕조별로 증축을 거듭하여 지금은 남북 1km 총면적 2만평방미터로 세계에서 가장 큰 사당으로 기네스북에 등재되어 있다. 공자의 위패를 모신 곳 大成殿 앞에서 묵념하고 경내를 구경하는데 천년 이상 묵은 수많은 향나무들이 장관을 이루었다.

曲阜市는 우리의 고향 안동시와 자매결연되어 일행 중 金得年(前세명컴퓨터고교장)會友는 이미 이곳을 다녀간바 있어 그의 該博한 지식으로 상세한 설명을 해주어 孔廟, 孔府, 孔林의 세계문화유산을 이해하는데 크게 도움이 되었다. 높다란 장벽으로 둘러쳐진 공묘의 바깥 대문인 앙성문은 성인인 공자를 우러러본다는 의미를 가지고 있다. 문 위의 萬仞宮墻이라는 편액은 건륭제의 친필글씨라고 하였다. 靈星門, 金聲玉振坊 앞 향나무에 기대어 기념촬영을 하기도 했다. 성시문, 大中門, 弘道門, 同文門, 奎文閣, 13碑亭, 杏壇 등을 둘러보고 나오다 일행은 쇼핑을 하는데 나는 한쪽에〈壽富康寧〉이라 써진 大型부채에 다른 한쪽에 우리 夫婦의 이름〈金萬淵 鄭泰姬〉과 孔廟觀光 紀念이라고 그곳 점포주인 선비의 명필 붓글씨로 적게 하고 낙관 후 2천원을 주고 아내의 여행 기념품으로 구입하고 또 천원을 주고 선영에 省墓 時 사용할 孔廟패철도 사왔다. 17:00부터는 孔林과 孔子廟를 관광하게 되었다.

공림은 세계에서 가장 오래된 가족묘이며 처음에는 6만7천 평방미터였던 것이 지금은 200만 평방미터로 확장되었다는 것이다. 부지 안에는 3,600여개의 비석과 10만 그루의 나무가 있어 공동묘지인지 식물원인지 모를 정도다. 至聖林坊을 지나니 孔林이 시작되었다. 일행은 골프장 카트 모양의 10여명이 타는 규모로 두 대의 카트에 분승 원형의 參拜路를 따라 한 바퀴 돌았다. 중간 지점에 소재하는 大成至聖文宣王墓라고 쓰인 금이 간 비석이 있는 무덤이 공자의 묘였다. 무덤 왼쪽에 공자의 손자인 子思가 공자 사후 6년간 侍墓 살이

하던 움막을 기념해 지은 집이 있었다. 子思는 中庸이라는 책을 지은 유학자이다. 일행과 함께 공자묘 앞에서 기념촬영을 하였다.

이 지역의 관광을 마치고 버스로 숙소인 泰安海天호텔로 갔다.

여자 족욕사 세 사람의 안내에 따라 3층의 어느 한방에 들어가서 하의를 벗고 팬티 차림으로 비스듬한 안마용 침대 중앙에 필자가, 양쪽에 이유택, 신상학 회우가 누워 한약 제를 탄 물이 담긴 목재 양동이에 발을 담구었다. 그런데 다른 방에서 여자족욕사를 기어이 희망 한다며 男子족욕사 셋이 와서 女子족욕사와 교체되어 나갔다. 한 시간 정도 발 맛싸아지와 전신 안마를 받고 각각 팁 2천 원씩 주고 대기하고 있던 버스를 타고 숙소로 돌아오는 중에 權원오 부회장도 처음에는 女子족욕사가 들어와 수건으로 눈을 덮고 발을 씻어주곤 했는데 한 시간여 전신 안마를 받고 눈을 떠보니 男子더라며 일행을 크게 웃겼다. 현지 가이드인 裵 君의 권유와 우리일행의 뜻이 맞아 足浴은 했지만 5천 원짜리 목욕보다 못했다.

〈5월 4일 日 날씨 맑음〉

아침 7시에 일어나 룸메이트와 같이 호텔주위를 산책 후 맨손체조하고 들어와 샤워하고 8시 반에 호텔 레스토랑에서 조찬을 했다.

20분정도 달려 泰山靈芝호텔 마당에 타고 온 버스를 주차시키고 高山에 오르는 전용 미니버스(02998번)로 바꾸어 타고 태산을 향해 오르막길을 올라가는데 10시경 태산입산매표소(森林植物검역소)에 이르러 입장권을 구입하는데 70세 이상은 무료, 60세 이상은 반값이라 하여 여권을 모아 보여주고 혜택을 받았었다. 계곡에는 관광객 맞이 하상정비공사가 한창 진행되고 있었다. 10시반경 桃花源케이블승강장에 도착하여 용변을 보고 케이블카 乘降券(1인당 80元 왕복 140元)을 매입코자 하니 바람이 심하여 케이블카 운행중지 중이라고 게시되어있었다. 그리고 옆에는 "세계문화자연유산 中華十大名山之首"라는 大型 간판이 우리를 기어이 정상에 오르게 하도록 충동질 하는 것만 같았다.

케이블카 하나에 6명씩 타고 오르는데 아래를 내려다보니 맑은 계곡물, 갖가지의 꽃과 나무들이 장관을 이루었다. 승강기에서 내리니 1,500고지에 중국역대황제들이 封禪을 거행하던 곳. 9,6평방키로미터에 달하는 부지위에 웅장한 건물군인 岱廟가 있었다. 봉선이란 중국 신화 속에서 나오는 제사의 하나로 하늘에 자신의 치적을 보고하는 것을 의미한다.

역사상 최초로 봉선의식을 한 군주는 진시황이다.

태산은 중국인들이 5대 명산으로 꼽는 五岳 중 하나로 동쪽에 있어 東岳이라고도 불린다. 오악 중에서도 태산은 五岳之長, 五岳獨尊이라 하여 천하제일의 명산으로 꼽았다. 이런 위치 때문인지 역대황제들은 하늘과 땅의 신에게 자신의 치적을 보고하는 봉선의식을 치를 수 있는 유일한 장소가 태산이라고 생각했다.

또한 당대에 내로라하는 시인 문필가들 또한 태산에 올라 시를 읊고 바위에 새기는 행위에 특별한 의미를 부여했다고 한다. 황실은 물론 대중들의 존경을 한 몸에 받던 인물마저도 신성시하는 곳이다 보니 민간인들의 태산 숭배는 당연한 일이다. 오늘날까지도 태산에 한번 오르면 적어도 10년을 더 장수할 수 있을 뿐만 아니라 영생을 얻을 수 있다는 믿음이 있다. 따라서 중국인이라면 신분고하를 막론하고 생애 한번은 반드시 태산에 오르고 싶어 한다. 정상에서 다시 南天門까지 걸어 내려와 케이블카를 타고 승강장에 내려 미니버스를 타고 관광버스가 대기하고 있는 태산영지호텔에 도착하니 2시였다.

衆意에 따라서 濰坊市고신개발구에 소재한 한국전통요리 "수라" 식당을 찾아가니 저녁 8시 20분이었다. 주인 朴正煥씨가 정중하게 우리일행을 맞이해주었다. 모두들 입맛에 맞는 메뉴를 골라 만찬을 하고 맥주 소주도 꽤나 많이 마셨다. 그리고 밤 10시에 濰坊市福壽東街168호 富華호텔에 투숙했다.

〈5월 5일 月 날씨 쾌청〉

아침 8시에 호텔 레스토랑에서 뷔페식 조찬을 하는데 柳석근 회우와 나는 따뜻한 "조당숙"과 "콩국물"이 입에 가장 맞았다. 류석근 회장은 튜브식 고추장을 많이 가져와 거의 매끼마다 식탁에 올려 구미를 돋우었다.

09:30경 호텔을 출발해서 嶗山風景區를 향해 달렸다. 10:40에 北九水매표소를 지나 11:00에 九水十八潭에 도착했다. 여기까지 오는데 관광버스는 가파른 고갯길을 잘 오르지 못해 약간 후진을 하여 우리 일행을 불안하게 하기도 했다. 나흘간을 안전벨트도 없는 후진 관광버스를 타고 산동성을 종횡무진 달려 무사히 여행을 마쳤으니 하느님께 감사할 따름이다.

여행기간 중 매일같이 김계동 국장은 간식과 음료수를 공급해가며 일행을 즐겁게 해주어 대단히 고마웠다.

버스를 타고 香港東路를 지나 12:40에 휴식 겸 가이드가 안내하는 友誼苑茶庄에 들러 苦

甘露茶, 普洱茶, 쟈스민茶, 紅茶의 효능과 朴秉燦회우의 요구로 짱구 사용법에 대한 설명을 듣고 몇몇 회우는 중국차를 여행선물로 구입하기도 했다. 버스로 계속 달려 13:00에 靑島市南區에 소재한 한국관에 도착하여 오찬을 하고 14:30에 식당을 나와 버스를 타고 유타관광의 김영일 사장과 현지 가이드 裵君이 중국인의 평생소원인 태산 정상에 오르면 10년은 더 장수한다는 중국 제일명산을 무사히 등정하고 오셨으니 영가회원 여러분은 틀림없이 무병장수 영생을 얻을 것입니다 하는 감격적인 작별인사를 들어가며 청도시청 앞을 지나 15:00에 靑島港客運店에 도착해서 입국수속 후 15:30에 乘船하였다.

船上에서 靑島港을 구경하며 놀다가 18:00에 레스토랑에서 저녁식사를 했다.

〈5월 6일 火 날씨 맑음〉

아침 7시반에 5월 1일 승선해서 청도로 갔던 그 배 New Golden Class Bridge V호 레스토랑에서 조찬을 하고 휴게실에서 TV를 함께 시청해가며 일주일 만에야 국내사정을 알게 되었다. 모든 것 다 잊고 외국 여행하며 억지로라도 童心으로 돌아가 보는 것이 정신건강에도 크게 도움 되는 것만 같았다. 그런 한편으론 許회장의 부탁을 받아 영가회보에 게재하기로 한 여행수기를 산수공부 하지 않고 그 시간에 산동성 여행가이드북을 읽어가며 좀 더 진지하게 관광하고 여행수기를 멋지게 쓸 수 있었는데 하는 아쉬운 마음도 들었다.

이번 산동성 一周여행의 큰 성과는 정신문화의 首都인 안동에서 태어난 영가회원들이 중국정신문화의 수도인 孔子故里 曲阜市를 둘러보고 양국의 유교문화를 비교해 봤다는 것과 14억 중국인의 평생 꿈인 태산의 정상에 올라 옥황대제영당에 소원성취기도하고 封禪의식을 이해하고 왔다는 것이라며 일행 모두는 만족스럽게 생각하였다.

내가 만난 은사 두분

전 서울시립대학교 부총장 김 원

영가회 40년을 회고해 보니 아주 소중한 두 분 은사와의 만남이 생각난다. 그것이 아마도 1977년 쯤으로 기억된다. 당시 서울시립대학교에 잠시 근무하다 작고한 안동의 재사 이상두(안중2년선배)형이 내 연구실에 찾아와 저녁에 영가회(永嘉會) 모임이 있으니 가자는 것이다. 나는 미국서 공부를 마치고 한국에 온지 2년밖에 되지 않아 매사가 서툴 고 조심해야했던 때인데 마침 그런 고향모임에 나가면 다 알고 지내는 친구들을 만날 수 있다는 이교수의 말이 싫지가 않았다. 가서 보니 정말 그랬다.

해방되고 6년제 안동중학, 안동농림, 안동사범에 다니던 내노라하던 재재 다사가 모인 영가회는 꼭 고향의 중학교 동창회 같았다. 전후 어려웠던 시절에 서울로와 20여년간 넘게 나름대로 사회생활에 충실하다보니 서로 만나질 못했는데 이제는 모두가 40 대 후반 쯤 되었으니 옆도 돌아보고 뒤도 돌아보게 된 나이다. 그렇게 함께 모아놓으니 반갑기 이를데 없고 꼭 시끌벅적한 안동장날 같았다. 안동간고등어와 막걸가 없다 뿐이지 투박하 고 세련되지 못한 안동사투리가 귓전을 울리면서 오랫만에 고향에 온 듯해 편안했다. 장내 분위기는 금새 달아올았다. 모두가 우리 사회의 중년 지도자들로 성장했다. 보기 좋았다. 빈곤의 때를 벗고 얼굴에 기름기가 감도는 중후한 모습이 믿음직스러웠다.

그런 분위기에 이끌리어 나는 그 모임이 기다려졌다. 그곳에 가면 언론계, 법조계, 재계, 학계, 중앙 각부처의 실력자들을 모두 만나 세상돌아가는 이야기를 귀동양할 수가 있었다. 나는 초기에 영가회지(會誌)를 낼 때 권화섭총무를 도와준 일도 있고, 원고도 썼으며 모임의 진행도 맡아 본적 있다. 나름대로 애정을 갖고 임했다. 이 모임의 취지가 정치색을 배제하 고 순 친목모임으로 출발을 했기에 그토록 잡음 한마디 없이 화기애애하게 이어갈 수 있었 던 것은 다행스럽다. 그러기에 물론 후원도 줄을 이었다. 다른 여러모임을 보면 초장엔 의기투합해있다가 얼마 못가 분란이 생기고 갈등을 이기지 못해 깨지는 경우가 많은데 영가회만은 안동양반들의 후손이라서 그런지 반세기 가깝토록 장수할 수 있었다. 그 비결은 뭘까.

누가뭐라 해도 그 뒷면에는 장원석(안동사범) 회장의 숨은 공로가 크다. 그는 벌써 그 때 사회적 지위와 재력을 두루 가추고 있어서 영가회 산파역을 하기에 적격이었고 그 고된 뒷바라지를 마다하지 않았던 머슴역활을 잘 해주었다.

두번째 공로자는 역시 얼마 전에 작고한 김해길회장(안동농림)을 들지 않을 수 없다. 그는 어려웠던 초기에 기초를 단단히 다져 놓았다. 나는 어느날 그에게 좀 싱거운 질문을 던졌다. 영가회장 임기가 2년에 연임을 할수있지만 권불십년이라는데 20년간이나 장기 집권을 할 수있었던 비결이 뭐냐고 물었다. 그는 웃으면서 서슴없이 말했다. 원이 봐라, 나처럼 무색 무취한 사람 어디있나. 욕심이 없으니 사람들이 나를 부려먹기 좋아 이 자리에 앉히는 게 아니겠어? 맞는 말이다. 그는 소문난 호인이다. 김호길(포항공대총장), 김영길 (한동대총장) 두 박사 아우를 두고서도 속된 말로 전혀 빼기지 않는 소탈한 분이다. 영가회 가 어느 특정인을 위한 들러리나 섰다면 벌써 싸움이 나고 사달이 터졌을 것이다. 오직 친목이 영가회를 오래 묶어 놓을 수가 있었던 아교였던 셈이다.

영가회회장이 20년만에 안동농림출신의 김해길 회장에서 안동사범의 류목기회장을 거쳐 안동고등의 차례가 되었을 때다. 나는 그 때 안동고등출신의 금창태회장이 조찬회를 열어 내가 중앙도시계획위원회위원장과 광역도시계획위원회위원장 겸임으로 임명된 것을 축하해 준것이 고맙기 그지 없다. 지금 생각해보니 민망하기 그지없는 자리였고 부끄러 운 일이었다.

하지만 영가회모임에서 나는 두분의 은사와의 만난 추억을 잊을 수가 없다. 한국동란 때 안동고등 초대 교장이었던 권상철선생과 김석하선생과의 만남이다. 두 분은 영가회고문으로 계셨다. 중학 학제가 3.3으로 분리되어 갓 태어난 안동고등학교는 교사가 없었다. 권교장님은 집도 절도 없는 마뜰 산 밑 허허 논밭에 터를 닦고 손을 걷고 나오서셔 인부와 학생들과 다 함께 진흙벽돌을 찍고 짚을 엮어 지붕을 덮어 가교사를 지으셨다. 그 덕에 전시중에도 우리들은 추위와 비를 피해 공부를 할 수 있었다.

김석하 선생은 서울대국문과를 갓 나오셔서 전쟁중이라 영어를 가르치셨는데 그 열정도 대단하셨다. 나는 아직도 그 분이 가르쳐주신 영국의 워어즈워드(Willam Wordworth, 1770-1850)의 시 〈초원의 빛〉 Splendor in the Grass을 잊을 수가 없다. 그 시는 엘리아 카잔이 감독한 영화 〈초원의 빛〉 에 나온다. 전후 대학에 다녔던 세대라면 이 영화를 보지 않은 이가 없을만치 인기가 대단했었다. 한마디로 멜로의 걸작이다. 나는 세번이나 봤다.

처음 나왔을 때 보고, 재탕으로 나왔을 때와 최근에 미국행 비행기안에서 또 보았다. 눈을 감고도 그려볼 수 있다. 나타리우드의 매력적인 미모와 워렌 비티는 꼭 성격배우 제임스 딘을 닮아 젊은 세대들에게는 우상이었다.

영화 이야기는 이렇다. 두 남여가 고등학교시절 좋아했지만 부모의 반대로 헤어진다. 워렌은 보수적인 아버지의 뜻에 따라 예일대로 진학하고 나타리는 실연으로 정신병을 앓는다. 워렌 역시 첫사랑을 잊지 못해 학업엔 관심을 잃고 방황한다. 우연히 식당에서 젊은 여자종업원을 만나면서 옛애인 나타리의 환영에 빠져 결혼한다. 그리고 학업을 중단 하고 고향으로 돌아가 아버지 유산으로 받은 농장을 경영한다. 나타리는 병이 회복되어 퇴원하고 친구들의 성화로 옛 사랑을 만나러 농장에 간다. 그 곳에서 둘은 만난다. 하지만 이미 아내와 아들이 있는 가장이다. 나타리는 첫사랑의 감정을 억제하고 상실감으로 돌아 선다. 워렌 역시 가슴이 시리도록 착잡해 한다. 가슴 속에 소중히 묻어두었던 첫사랑의 애틋한 아픔이 풍긴다. 두고 두고 보아도 가슴아픈 라스트신에 워어즈워드의 시 〈초원의 빛〉이 자막으로 나온다. 한번 읽어 보자

한때엔 그리도 찬란한 빛이었던/ 이제는 속절없이 사라져 가는/ 돌이킬 바이 없는/ 초원의 빛이여, 꽃의 영광이여!/ 우리 서러워하지 말고/ 뒤에 남아 굳세리라.// 존재의 영원함을 / 티없이 가슴에 품고/ 인간의 고뇌를/ 사색으로 달래며/ 죽음도 안광에 칠하는/ 명철

한 믿음으로 세월 속에 남으리라.(전문)

첫사랑은 사춘기 때 한번씩 겪는 통과 의례이지만 이 시는 그 내용이 꼭 그 영화를 위해 쓴것 같다. 아니면 그 시를 위해 영화를 만든것 같다. 우스개소리 같지만 "첫사랑이 잘 살면 얄밉고, 못 살면 가슴 아프고, 함께 사면 골치 아프다"는 말이 있다. 첫사랑은 생태적으로 맺어질수가 없기 때문이 아닐까. 첫사랑은 단지 옛사랑일 뿐이다.

나는 워즈워드의 시를 암송해 주신 김석하 은사님이 어디에 계신지를 몰랐었다가 영가회에서 수 십년만에 만나뵈였으니 얼마나 감개무량하겠나. 십대 사춘기의 철없던 시절이 지나 중년에 들었으니 나도 예의를 갖추어 두 어른에게 큰 절을 올렸다.

그 동안 세월이 많이도 흘렀다. 김석하선생은 단국대국문학과교수로 계시다가 부총장을 역임하셨으며 은퇴기념 출판식 때 가 뵈었다. 그리고 권상철교장은 안양공업전문대를 설립하시어 이사장으로 계셨다. 구십수 출판기념문집에 안동고등학교 제자의 한 사람으로 글을 기고할 영광을 주셨고 출판기념회 때에도 초청해 주시었다. 나로선 영광이 아닐 수가 없다. 그것이 두 분과의 마지막 만남었다.

영가회 모임에 안나간지 오래다. 이제 초창기 때의 그리운 얼굴들이 거의 세상을 떠나셨다. 나도 영가회 연륜 만큼이나 늙어 팔십중반에 접어들었으니 곧 선배, 은사를 찾아갈 날만 기다리고 있다.

영가회 40주년을 축하하며 그동안 이 모임을 이끌고 온 역대 회장들과 임원들의 노고에 진심으로 경의를 표한다.

회전문 출입법

단국대 수학과 명예교수 **이 광 복**

연전에 처음으로 외손녀를 얻었다. 귀엽고 예쁘기가 조선에서 제일이다. 내가 내 자식을 얻었을 때와는 비교도 안된다.

그때는 겨우 먹고 살기가 급해서 자식이 예쁜지 어떤지 느낄 형편이 못 되었던 모양이다. 아기가 자라는 것을 본지가 30년을 넘었으니 어찌 애기가 귀엽지 않겠는가?

모든 가족이 정성을 다 해 먹이고 재우고 씻기기를 교과서 대로 했다. 부모야 말할 것도 없지만. 외가 친가 할 것 없이 아기를 위한 정성이 가히 하늘을 찌르고도 남았다.

아기야 어디 사람에게만 있는가?

사람 아닌 동물에게도 있다. 그러나 동물의 경우는 사람의 경우와 전혀 다르다. 병아리는 계란의 껍질을 스스로 깨트리고 이 세상에 태어나지만 사람은 그러하지 못하다.

또 태어남과 동시에 뒤뚱거리기는 하지만 어미닭의 어떤 도움도 없이 곧 스스로 걷게 된다. 하지만 사람은 그러하지 못하다. 곧 병아리는 태어남과 동시에 스스로 움직이고 걸을 수 있는 완전한 기능을 가지고 태어난다. 어디 그뿐인가? 스스로 먹이를 찾아 먹고 요구르트가 없어도 저절로 소화를 한다. 즉, 태어남과 동시에 소화능력이 있는 완전한 장기를 가지고 태어난다는 말이다. 이것은 말도 소도 그러하고 돼지도 호랑이도 그러하다. 살아가기 위한 모든 것을 스스로 감당하고 스스로 행하는 기능과 장기를 가지고 태어난다. 그리고 곧 어미의 곁을 떠나 완전히 독립하게 된다 그래서 동물들에게는 보육기인 인큐베이터라는 것이 없다. 태어난 다음에 다시 길러져야 할 일이 없기 때문이다.

사람의 경우는 너무도 다르다. 갓 태어난 애기는 사람이라 할 수 없으며 겨우 생명을 가진 한 존재물에 지나지 않는다. 이 생명체에게 동물들처럼 스스로 소화하고 스스로 걷기를 기대하는 것은 서쪽에서 해가 뜨기를 바라는 것과 같다. 즉, 인간은 스스로 소화할 수 있는 장기는 물론 스스로 움직일 수 있는 기능을 가지지 못하고 이 세상에 태어나는 것이다. 사람은 태어난 다음에 소화기는 점차 그 소화의 구실을 하게 되며. 스스로 걸을 수 있는 기능 등, 사물에 대한 식별이나 선택의 방법을 배우게 된다. 어디 그 뿐인가? 자기 가족과는 물론 사람들과도 어울려 더불어 살아가는 방법도 배우게 된다. 사람에게는 이렇게 태어난 후에 배우게 되는 것들이 너무도 많다. 왜 사람은 다른 동물들처럼 어머니 뱃속에서 모두를 배우지 못하고 태어나는 것일까? 그렇다면, 사람은 다른 동물에 비하여 너무 일찍 태어난 것이 아닐까? 조산이란 말인가? 어쩌면 다른 동물에 비하면 사람은 조산인지도 모른다.

그렇다면 사람에게는 인큐베이터가 꼭 필요하게 마련이다. 겨우 숨을 쉬게 하여 주는 병원의 작은 인큐베이터가 아니라 병아리나 송아지처럼 스스로 이세상을 살아 가게 해주는 모든 것을 배우는 거대한 인큐베이터 말이다. 그것은 이세상이다. 가정과 사회와 온 우주 전체가 사람을 완전하게 만들어 주는 인큐베이터다. 우주라고 하는 거대한 인큐베이터 속에서 사람은 스스로 먹고 스스로 움직이고 스스로 살아가는 방법을 배우게 된다. 즉, 다른 동물들은 어미의 뱃속에서 모든 것을 배우고 난 다음 태어나지만, 사람은 어미의 뱃속을 떠난 후에야 모든 것을 배우게 된다. 이것이 사람이 다른 동물들과 본질적으로 다른 점이다.

사람은 태어남과 동시에 세상이라고 하는 거대한 인큐베니터 속에 자동으로 들어가게 된다. 그리고 생명을 유지할 수 있는 장기의 기능을 발달시키고 스스로 살아갈 수 있는 방법을 끝없이 배우게 된다. 어쩌면 사람이 산다는 것을 인큐베이터 속에서의 상태를 말하는 것일 것이다. 그래서 어른들은 아이들을 보고 "사람이 되라"는 말을 한다. 병아리에게는 닭이 되라는 말이, 송아지에게는 소가되라는 말이 없다. 유독 인간에게만은 "사람이 되라"는 말이 있다. 사람에게 사람이 되라는 말은 어서 빨리 이 거대한 인큐베이터를 벗어나 스스로 행할 수 있는 완전한 인간이 되라는 말이다. 인큐베이터 속에 넣어진 사람은 부모로 부터는 물론 형제자매와 주위의 친지들로부터 극진한 보살핌을 받아 점점 사람이 되어 가는 것이다.

그래서 사람은 부모 형제와 주위의 친지를 잊을 수 없게 된다. 이렇게 된 사람이라면 어찌 부모와 형제자매는 물론 이웃 친지들을 그리워하지 않을 수 있겠는가? 이래서 사람이 된 사람은 조상과 수직적인 고리가 맺어지며, 형제자매와 친지, 이웃들과는 수평적인 고리로 이어지게 된다. 그래서 사람이 된 사람에게는 증조부 ,당숙, 고모, 이모부도 있으며, 사촌, 6촌, 동창생들이 있게 마련이다. 만약, 그러한 것을 모르는 사람이 있다고 하면, 그는 그저 한 생명체로서의 동물적 존재일 뿐, 이른바 사람이라 할 수는 없을 것이다.

사람과 동물의 진정한 차이는 바로 여기에 또 있다. 즉, 동물은 부모나 형제를 알아보지 못하는데 비하여 사람은 부모와 형제를 물론 이웃도 동창도 알아본다는 것이다. 이것은 타 동물들이 가지지 못하는 일종의 심리적 회상능력이며 도덕적 인륜이다.

얼마전에 어떤 건물의 회전문을 출입한 때가 있었다. 요즈음과 같이 자동식 회전문이야

손으로 밀 필요가 없지만, 수동 회전문은 반드시 손으로 밀고 들어가야 한다. 마침, 꽤 잘 차린 젊은 여인이 밖으로 나오고 있어서 나는 문을 가볍게 밀었다. 그런데 생각보다는 힘이 많이 들어 나오는 여인을 흘깃 보았더니, 아니나 다를까 그 여인은 문에는 손도 대지 않고 핸드백을 팔에 걸고 마치 더 힘차게 문을 밀지 못하겠는가 라는 눈으로 나를 바라보는 것이 아니겠는가. 결국 내 힘만으로 그 여인은 문을 나오게 되었으며 종종 걸음으로 당연한 듯 내 앞을 떠났다. 나는 멀어져가는 그 여인의 뒷 모습을 보면서 참으로 운이 좋은 사람이라고 생각했다. 회전문이란 회전을 하는 것이니 한 사람이 밀고 들어가면서 다른 사람은 운 좋게 그저 따라갈 수도 있다. 그러나 그런일은 그 여인에게처럼 항상 일어나지는 않는다. 회전문이란 들어가는 사람이나 나오는 사람이나 서로 같이 밀어야 들어가기도 나오기도 쉬운 문이다. 즉 문을 민다는 것은 내가 들어가기도 하지만 남으로 하여금 쉽게 나오게도 하는 행위다. 이것이 회전문이 우리에게 주는 특별한 교훈이다. 들어가는 사람이 나오는 사람을 위해 베푸는 배려다. 회전문에서는 비록 작은 힘이지만 나오는 사람을 위해서 내 힘을 보태어야 한다. 그것이 세상을 더불어 살아가는 삶의 이치다. 동물들은 태어나기 전이나 태어난 후에도 배우지 못하는 것은 바로 이 더불어 사는 이치다. 이것 또한 정녕 사람이 다른 동물들과의 다른 점이다. 우리는 거대한 인큐베이터에서 배워야할 것은 바로 이 점이다. 즉, 사람과 사람 사이에서 살아 갈 수 있는 방법 말이다. 남과 남 사이에서 살 수 있으려면, 그 남들을 위해 양보하고 참아야 하며 손해도 감수할 줄 알아야 한다. 내가 남을 배려한다는 것은 곧 남이 또한 나를 배려함과 같은 것임을 알아야 한다. 길이란 가기도 하고 오기도 하는 역할을 한다. 즉, 가는 사람과 오는 사람 모두를 위해 만들어 놓은 것이다. 그럼에도 가는 사람이나 오는 사람이나 모두 그 길 전체가 자기만의 길로 착각한다. 그래서 우리 지하철의 계단은 늘 일방통행이다. 가기만 하는 사람들 때문에 올 수 없으며, 오기만 하는 사람들 때문에 갈 수도 없다. 그래서 가는 사람이나 오는 사람이나 모두 불편하기 짝이 없다. 분명 길은 길이되 길의 구실을 못하는 길이 된다. 그토록 만든 당사자가 누구인가? 바로 "사람"이다. 사람은 길을 만들기도 하고 또 그 길을 길로 못쓰게도 한다. 우리의 인큐베이터는 이런 사람을 만들어서는 안된다. 가는 사람은 오는 사람을 위해 반드시 반쪽을 비워 두어야 한다. 그래서 오는 사람들이 언제나 오도록 해야 한다. 그것이 곧 내가 쉽게 갈 수 있는 방법임을 알아야 한다. 즉 내 길은 항상 반쪽임을 알아야 한다. 그러면서 우리는 인간 (人間)이 되어 가야 하는 것이다.

태어나면서 말도 하지 못했던 우리는 인큐베이터 속에서 말하는 방법을 배우게 된다. 그리고 말이란 하는 사람에게 필요한 것이 아니라 듣는 사람에게 필요한 것이라는 것도 알게 된다. 도대체 듣는 사람이 없다고 하면 말이란 필요없는 기능이다. 듣는 사람을 배려하지 않는 기능이다. 듣는 사람을 배려하지 않는 말은 기타 동물들이 내뱉는 무의미한 소리에 지나지 않는다. 즉, 자기말을 하기만 하고 남의 말을 들을 줄 모르는 사람은 그저 소리를 내는 기능만을 가진 하등동물에 지나지 않는다. 즉, 자기말을 하기만 하고 남의 말을 들을 줄 모르는 사람은 그저 소리를 내는 기능만을 가진 하등동물에 지나지 않는다. 그래서 우리는 말을 하는 것 보다는 듣는 방법을 배우면서 인간이 되어 가는 것이다.

나는 교실에서 내가 쓴 칠판은 반드시 내가 지우는 습관을 가지고 있다. 내가 쓴 칠판을 그대로 둔다면 다음 사람은 그 쓰레기를 우선 치워야만 한다. 즉 남을 배려하지 않을 때 일어나는 일이다 가장 많은 쓰레기를 거침없이 버리는 사람들이 바로 학교 선생들이다. 선생들은 자기가 남긴 글씨 쓰레기를 시간마다 아무런 생각없이 버린다. 그러면서도 쓰레기를 무단으로 버리고 있다고 생각하는 선생들은 그리 많지 않다. 나는 40여년을 내가 쓴 글씨 쓰레기를 한번도 버리지 않은 날이 없었지만, 이제 그것도 할 수 없는 나이가 되고 보니 참으로 씁쓸하다. 그러나 퇴직 보다도 더 서글픈 것은 자기가 만든 쓰레기를 자기가 치우는 사람을 나는 한 사람도 만들지 못하고 물러나왔다는 사실이다.

10개월에서 걸음마를 하고 15개월에서 말을 하기 시작한 외손녀가 기능을 꽤 빨리 터득한다는 생각을 하면서 이 인큐베이터가 제구실을 하지 못할까 심히 걱정이 된다. 스스로 말하고 듣고 보게 하는 것은 쉬운 일이지만, 이 세상이란 자기에겐 도무지 반쪽에 지나지 않는 다는것, 나머지 반쪽은 남의 것이라는 것. 그래서 더불어 살아야 하며 남을 배려하여야 한다는 것을 알게 하는 일은 그리 쉽지 않을 것 같다. 그래서, 남의 말을 열심히 듣는 법을 가르치기로했다. 그러기 위해서 나는 진지한 표정으로 애기의 눈을 주시하면서 성실한 손놀림과 아울러 전해야 할 내용을 열심이 설명했다. 그가 알아들을 수 있는 단어란 하나도 없었지만 애기는 내가 말하는 동안 내 눈을 뚫어져라 보면서 내가 열심히 말하는 것 만큼 그도 열심히 들어 주었다. 그렇게 설명한 "해서 안되는 일"은 하지 않는 것을 보니 아마도 그 어려운 내 말을 알아 들은 모양이니 이 또한 귀엽지 않겠는가?

달려오는 손녀가 내 품에 안기는 것이 아니라 제 어미의 품을 찾을 때 섭섭해지는 것을 보니, 70을 바라보는 나도 아직 사람이 덜 된 모양이다. 영원히 인큐베이터를 벗어날 수 없을 것 같다.그리고 그 속에서 삶을 마감하게 될 것이 틀림없다. 결국 나는 사람이 덜 된채로 조산되어 또 사람이 미처 덜 된채로 인생을 마감하게 될 모양이다.

영가회 40주년에 부쳐

전 송파구청 구청장 이 유 택

고향 안동의 발전을 염원하는 재경 안동인의 기개를 보여주고 타향살이의 외로움을 달래주었던 영가회가 40주년을 맞이하였다니, 우선 그간 영가회를 이끌어주신 임원진과 회원님들의 노고에 감사하게 생각한다. 내가 영가회와 영광스러운 연을 맺은 게 1990년대 말이니, 그 때로부터 어언 20년이 흘렀다.

세월이 흘러감에 따라 영가회 내에서도 세대교체가 활발히 이루어져, 이제는 젊음이 물씬 풍기는 활기찬 모임이 된 것 같다.

내가 2000년에 송파구청장으로 출마하였을 때, 현재 재경대구 · 경북시도민회 류목기 회장이 영가회 회장을 맡고 있었다. 당시 류 회장을 비롯한 많은 영가회원들께서 영가인이 꼭 당선되어야 한다며 발 벗고 나서 물심양면으로 도움을 주셨다. 그 때 친형제 못지않게 나눠 주신 고마운 정을 지금까지도 잊을 수가 없다. 그러나 구청장으로 당선된 후, 영가회 발전에 별로 기여한 바가 없는 것 같아 항상 죄스러운 마음을 가슴 가득 안고 있다.

서울로 올라와서, 많은 사람들로부터 '안동양반'이라는 말을 자주 들었다. 그럴 때마다 안동인의 긍지를 잃지 말아야겠다는 생각을 다졌다. 더욱이 안동을 상징하는 숭문(崇文), 절의(節義), 애국(愛國) 정신의 결정체인 영가회원이었기에 항상 처신을 하는 데에 마음이 더없이 무거웠다.

송파구청장을 맡은 동안, 나는 고향을 위하는 길이 영가회를 위한 길이라는 생각으로, 늘 구민들이 안동에 대해 좋은 이미지를 갖게 할 수 있는 길을 찾고자 노력했다. 특히, 어려서부터 선대들의 유림선비정신에 젖어온 까닭에, 구정을 펼치면서도 구민들에게 경로효친사상을 고취하기 위한 일을 많이 했다.

재임 초기에, 관내에 점심을 거르는 어르신이 많다는 말을 들었다. 그래서 처음으로 시작한 사업이 경로당에 나오시는 3,000여 명의 어르신에게 매일 따뜻한 점심을 드리는 '경로당 어르신 점심 드리기 사업' 이었다. 그리고 '골목 호랑이 할아버지' 제도를 만들어 600여명의 원로 어르신들로 하여금 두 분이 한 골목씩을 맡아 동네 환경을 돌보고 청소년을 선도하도록 했다. 덕과 교양을 갖춘, 위엄 있는 어르신들의 활동으로 인해, 이 사업은 마을의 도덕성을 바로 세우고 어르신의 위상을 높인 사업으로 정착하여 지금까지 이어져 오고 있다. 이와 함께 기 백억원을 들여 청소년 수련관을 짓고, 관내 초 · 중 · 고 학생들에게 예절교육을 시켰다. 또한, 청소년에게 민족혼을 심어주기 위해 관내 모범학생들을 선발하여 중국의 독립운동지와 고구려 유적지를 답사하는 역사여행을 보내기도 하였다.

나는 어려서 조부님으로부터 한문을 배우면서 공생명 염생위(公生明 廉生威 공정함에서 명백함이 생겨나고 청렴에서 위엄이 생긴다)라는 순자의 명언을 항상 마음에 새겨왔으며, 공무원들에게도 이 가치를 깨치게 했다. 또한, 민선구청장이 된 후에도 구청장의 판공비가 연 2억원이 책정되어 있음에도 불구하고, 2천여만원만 집행하고 나머지는 반납함으로써 청렴을 솔선수범하고자 했다.

그러한 처신 덕분에, 수많은 고위직 공무원들이 형사처분을 받아 세상이 떠들썩했던, 그 유명한 '수서사건(수서지구 택지 특혜 분양 사건)'과 '삼풍백화점 붕괴사고'에서도 두 사건 모두 내가 직접 처리한 담당자였음에도 다행히 화를 겪지 않고 무사할 수 있었다. 이 뿐만 아니라, 민선 구청장으로 당선된 후 펼쳐진 그 살벌한 정치판에서 야당 구청장으로서 수많은 모함을 받으면서도 건재하였을 뿐만 아니라, 1,600여 명의 송파구 공무원이 내가 재임한 6년 동안 단 1건의 형사처분도 받지 않은, 전무후무한 기록을 세웠다.

이러한 대공무사(大公無私)의 자세는 영가인이라는 자부심과 명예를 소중히 여기는 정신이 부지불식간에 몸에 배어있었기에 가질 수 있었다는 생각이 든다.

특별히 보람 있었던 일이 또 있다. 안동시의 김휘동 전 시장과는 영가회 · 재경 안동향우회 등 고향 모임에서 자주 만났는데, 전국 시장 · 구청장 회의에서도 만나게 되어 가깝게 교류하다가 2005년 4월 8일 안동시와 송파구가 자매결연하면서 더욱 돈독해졌다.

김휘동 전 시장은 전국적으로 알려진 명시장으로, 탁월한 행정력을 갖추었음은 물론, 안동 하회탈춤과 같은 전통문화를 세계화하는데 크게 기여했다. 송파구와 안동시는 매년 10월, 송파구의 '한성백제문화제'와 안동시의 민속축제인 '안동국제탈춤페스티벌'에 서로 문화 · 예술단체를 보내 축하공연을 하면서 문화를 교류했다.

이때 송파구에서는 많은 직능단체회원과 지역 어르신 등 100여 명이 안동시를 방문해 행사에 참여하고 하회마을, 도산서원을 둘러보며 안동에 대한 이해를 넓히는 일정을 가졌다. 또한, 안동시에서도 송파구청 앞마당에서 안동의 농 · 축산물을 판매하는 행사를 자주 열었다. 이 행사는 주민들에게 반응이 무척 좋아 하루에 소 6마리까지 판매한 적도 있었다. 그 밖에도 구청장으로 재임하는 내내 '안동의 선비정신'을 송파 구민들에게 전파하는데 심혈을 기울였는데, 이는 구정을 펼치는 데에도 많은 도움이 되었다.

내가 공직을 떠난 지 십 수년이 되어 옛일도 떠오르려니와 이렇게 장황하게 여러 얘기를 늘어놓은 것은 우리 영가인들이 고향에 좀 더 관심을 갖고 기회를 찾는다면 정신문화의 수도인 안동이 부흥할 수 있도록 돕고, 영가회의 발전 또한, 기할 수 있는 방법이 많다고 생각되어서이다.

다행스러운 것은 장남이 추석 때마다 손자들을 데리고 안동에 내려와 선영(先塋)을 둘러보고 종택(宗宅)이나 고택(故宅)을 찾아 숙박을 하면서, 안동의 전통을 이어가려고 애쓰고 있다는 것이다. 전통을 지키기 위해 십 수 년째 이어오는 그 모습을 보면 기특하기 그지없다.

영가회의 무궁한 발전을 기원하며 이만 줄입니다.

2018. 3 원로회원 이유택

안동차전놀이 (동채싸움)

安東人物열전… 千炳圭와 張基鳳

경기대 초빙교수, 언론학 / 한국신문방송편집인클럽 고문 **천 상 기**

천병규(1918~1992)와 장기봉(1927~2007)은 우리 안동이 낳은 대표적 인물이다.

각각 대한민국 경제계와 언론계에 큰 족적을 남긴 우리시대의 히어로였다.

'鄒魯之鄕' '人多安東'의 역사와 전통을 이어오면서 오늘의 자랑스러운 대한민국을 빛내는 데 괄목할 기여를 한 인물로 자리매김을 한 것이다.

천병규 는 대한민국 정부 수립 후 안동 출신으로는 첫 장관과 국회의원을 지낸 인물이다.

천병규 는 1961년 7월 22일 라디오 12시 뉴스를 통해서 재무부 장관 임명을 알았다.

곧 바로 국가재건최고회의로 찾아가 박정희 의장에게 인사를 했다.

"구악에 젖은 사람을 기용해 주셔서 감격을 금할 수 없습니다. 언론을 통해서 보니 30대 젊은 장교들이 중심인 것 같은데 우국지성의 젊은 대열에 끼워주셔서 영광으로 생각합니다" 그 때 그는 40을 갓 넘은 젊은 나이였다. 원기왕성하고 패기만만했다. 그는 국가를 재건하고 희망찬 새 역사를 창조하는 혁명과업에 함께하게 되어 감격하고 있었다.

"앞으로 성심성의껏 최선을 다 하겠습니다만 한 가지 미리 말씀드릴 게 있습니다"고 했더니 박 의장이 그것이 무엇이냐고 하기에 "제가 술을 좀 마신다고 비판하는 사람들이 있습니다. 앞으로 술로 말미암아 모함을 받는 일이 있을지도 모르니 그 점은 미리 알아주십시오" 라고 당돌한 말을 했다.

박의장은 껄껄 웃으면서 "남자가 술도 마셔야 일도 할 수 있는 것이지 술 마시는 것이 흠이야 되겠느냐"고 해서 첫 대면이 웃음으로 끝났다.

그는 원래 술을 좋아해서 자유당 시절에는 물론 4.19 때도 자주 요정을 출입했다. 그러나 5.16 이후 몇 달 동안은 재무부 장관이 된 후에도 요정 출입을 일체 하지 않았다. 그럴만한 돈도 시간도 없었을 뿐더러 자숙하자는 뜻도 있었다.

군정 하에서 모든 실권은 국가재건최고회의가 장악하고 있으니 재무부가 일을 하자면 최고회의 재정경제위원회와 긴밀한 관계를 유지해야 하는데 이 위원회의 위원장 김동하 장군과 위원인 류원식 장군의 사이가 좋지 않아 불편하기 짝이 없었다.

류장군의 부친 柳林선생은 독립운동가로 안동 출신이다. 류원식 장군도 같은 안동 사람으로 친하게 지냈지만 의견 충돌도 없지 않았다.

1961년 11월 11일 박정희 의장 방미 때 수행했다.

박의장과 케네디 대통령이 정상회담 할 때 배석했다. 케네디 대통령이 한국군의 월남파병을 종용하는 이야기를 듣고 깜짝 놀랐다. 더구나 박의장이 즉석에서 두말없이 응낙하는 것을 지켜보았다.

박의장은 1961년 11월 25일 한미간의 유대강화와 경제개발에 관한 미국의 지원을 확약받는 성과를 거두고 귀국했다.

군사 혁명정부는 1962년 6월 10일 상오 10시 를 기해 통화개혁을 단행했다. '환'을 '원'으로 바꾸는 화폐를 새로 만드는 것이다.

앞서 박의장의 방미 수행 때 박의장은 비행기 안에서 수행원 일행이 들으란 듯 큰 소리로 "천장관 이번에 영국에서 초청을 받았다지" 라고 질문을 던지고 그는 "네 이번 각하의 방미에 수행한다는 것을 알고 영국 경제단체에서 저를 초빙했습니다" 라고 대답을 해서 통화개혁을 기정사실화 했다.

독일 영국 등 에서 새 화폐 인쇄 교섭을 벌였다.

군사혁명을 주도한 박의장은 경제개발에 대한 의욕이 넘쳐있었다. 이 불타는 의욕은 마침내 오늘날 세계가 괄목하는 경제발전을 이룩한 기초를 굳혔고 통화개혁은 그를 위한 시금석의 하나였다.

재무부장관을 물러난 1963년 아시아개발은행(ADB) 설립 문제가 구체화되고 있었다.

그는 한국은행 창립 초부터 동경, 오사카, 홍콩지점장을 지낸 탓인지 우리나라 금융의 해외진출, 국제적 지위향상 그리고 국제금융에 관심을 쏟았다.

그는 ADB이사가 되기를 자원했다.

경북고 4년 선배인 엄민영 전 내무장관이 청와대로 박정희 대통령을 찾아 "이번에 창설되는 아시아개발은행에 천병규를 이사로 보내는 것이 좋겠다"고 했더니 즉석에서 박대통령이 매우 좋은 생각 이라고 찬동했으며 장기영 부총리도 적극 지원했다.

ADB 가맹국은 역내 19개국, 역외 12개국 도합 31개국이며 본점 소재지는 필리핀 마닐라로 결정되었다.

1966년 11월 25일 ADB이사로 선임되었다.

1970년 7월 7일 경부고속도로 개통식에 참석하고 박대통령을 비롯해 이후락 청와대 비서실장, 주원 건설부장관 등과 대구에서 식사를 함께하는 자리에서 안동 다목적댐 건설 이야기가 나왔다.

이후락 실장이 "천장관 고향이 안동이니 ADB에서 차관을 받도록 교섭해보면 어떠냐"고 박대통령을 보면서 말했다.

안동댐은 외화 소요자금만 2천5백만 달러가 필요한 큰 공사였다. ADB로서도 한 건당 융자액으로 는 최대의 금액이었다. 과연 성공할지 자신이 없었는데 인도 출신 ADB부총재가 "천이사 고향에 건설되는 댐이라면 전력을 다 해야지요" 라고 발벗고 추진시켜 주었다.

그는 ADB에서 우리경제에 기여한 공로를 인정받아 국민훈장 무궁화장을 받았다. 대한민국 민간인이 받을 수 있는 최고의 훈장이었다.

1974년 태국대사로 발령을 받는다. 당시 많지 않던 태국의 우리교민 모두를 대사관에 초치해 교민 간의 반목을 해소하고자 대화합의 자리를 마련했다.

1976년6월 그의 고교 동문인 박동진 외무장관이 부임하면서 주 스위스 대사로 전보 발령을 냈다.

1976년에야 비로서 우리나라와 스위스 간에 항공노선을 개설하여 KAL이 취리히까지 취항하기 시작했다. 이어서 스위스와 경제교류를 시작하게 된다. 대사관 직원과 교민이 골프클럽을 만들어 골프외교를 펼치기도 했다.

건국이래 30년 동안 그는 외국에 거주, 체류기간이 15년이나 되었다.

그 해 귀국했을 때 청와대로 박대통령을 예방해서 앞으로 희망을 직소했더니 1978년 12월 말에 대통령이 지명하는 유정회 국회의원으로 정계 데뷔를 하라고 했다. 유정회 제3기 의원이다.

국회의원이라는 생리는 특이한 것이 있는 듯 했다. 모든 것이 연조주의며 물 속에서 헤엄치기로 항상 경쟁심리로 견제하는 상태에서 생활하는 것 같았다.

그는 점차로 국회의원이 자기 생리에 맞지 않다는 것을 깨달았다.

박대통령이 장.차관급 공화당.유정회 의원 전원을 청와대 영빈관에 초청해 만찬회를 열었다. 10.26사건 일주일 전 일이다.

박대통령을 위로한다는 차원에서 노래자랑 대회를 열었다. 그 중 나이 많은 천의원이 마이크를 먼저 잡도록 박수로 청해왔다.

그가 가요곡 즉 흘러간 노래를 좋아해 잘 부른다는 소문 때문이었다. '고향설'을 불렀다.

그는 나름대로 평소보다 잘 불렀다고 여겼고 박대통령이 박수치며 표정이 한결 즐거운 것 같아 성공한 것으로 생각하고 어려운 고비를 넘겼다.

그 일로부터 1주일 정도 지났다. 10월26일 아침 신문을 보다가 내 눈을 의심하지 않을 수 없었다.

'박대통령 유고' '전국에 비상계엄 선포'

궁정동 안가에서 박대통령이 김재규의 총탄에 맞아 서거한 것이다.

역사가 전환하는 순간이었다. 그렇다고 해서 그 자신이 이 역사의 과정을 헤치고 나갈 능력은 없고 그럴 마음도 없었다. 다만 역사의 위력에 눌려 순종할 도리밖에 없었다.

유정회 국회의원 임기를 마치고 조선은행시절부터 친구 겸 선배로 각별한 관계를 매어오던 백상 장기영 한국일보 창업주를 기리는 백상재단 이사장에 취임하게 된다.

천병규는 안동읍 신세동에서 태어나 안동공립 보통학교졸업, 대구고보(경북고교)졸업, 일본 대판상대 졸업. 1942년 조선은행(한국은행)입행, 한국은행 부총재, 한국 은행감독원장. 재무부차관 역임.

▶장기봉… 이승만 대통령 공보비서로…

장기봉이 이승만 대통령을처음 만난 것은 광복 후 대동신문기자로 돈암장, 경교장, 중앙청 등을 종횡무진 취재할 때였다. 대동신문은 해방직후의 혼란기에 좌익과 싸운 용감한 반공신문이었다.

6.25전쟁 피난지 부산에서 이승만 대통령을 우연히 만나게 된다. 경남 도청 앞 길을 걸어가고 있는데 검은 리무진이 황급히 정차를 했다.

이박사가 장기봉을 알아보고 바로 도지사 관저로 오라는 것이 아닌가. 이대통령이 집무실로 쓰고 있는 관저로 찾아가니 이박사는 "다시 서울로 밀고 가야 하니, 자네 공보비서 할 줄 알지 신문기자니까…"라며 문서 사령도 없이 대통령 공보비서 직을 맡게 된다.

1956년 미국 하바드대학에서 석사학위를 받고 결혼을 할 겸 귀국해 이대통령을 예방했다.

인사를 하자마자 이 박사는 "이리 오게 저 등나무 아래로 가세" 그래서 독대가 이루어졌다.

"자네 앞으로 뭘 하겠나" "아직은 별 계획이 없습니다" 라고 대답했다. 며칠 후 갈홍기 경무대 홍보처장을 통해 서울신문 사장을 맡으라는 것이었다.

그는 약관 29세 미혼으로 중요한 정부기관지 서울신문의 발행인이 된 것이다.

그가 29세 미혼으로 서울신문 사장에 취임했다는 뉴스는 당시 조야를 깜짝 놀라게 했다.

서울신문에 재임한 기간은 1년을 넘지 못하였으나 서울신문의 질적 향상과 경영 정상화를 위하여 아침 일찍부터 밤 늦게까지 노심초사하며 노력했다.

정부기관지의 적자를 흑자로 전환시키게 된다.

그의 정의로운 언론자유주의는 너무 편파적인 정부 여당지에 오래 몸 담을 수 없어 사표를 내게 된다.

그러던 1962년 어느 날 한국일보 장기영 사주가 코리아타임스를 최고의 영자지로 만들겠다며 그에게 자문을 구해왔다.

그가 흔쾌히 승낙하자 장 사주는 코리아타임스 부사장 겸 편집국장으로 발령을 냈다.

그는 코리아타임스의 지면 재편과 경영 합리화에 크게 기여하게 된다.

이 무렵 한국일보는 1962년 11월 28일 자 1면 톱 기사 '신당, 사회노동당으로' 때문에 사장 겸 편집국장 장기영 등 편집간부가 구속되었다.

비상사태를 맞은 한국일보는 그에게 한국일보 편집국장 겸직 발령을 냈다.

그는 필화사건 해결의 실마리를 찾기 위해 주야를 가리지 않고 백방으로 노력했다.

당시 그는 민완기자로 하바드대학 출신으로, 화려했던 공직자로 서울신문 사장으로 언론계의 실력자로 우뚝 자리매김 했다.

1964년 동화통신 창업주인 정재호 사장의 권유로 동화통신 전무를 맡게 된다. 경영 전권을 위임 받아 1년 남짓 열정을 쏟은 결과 자립의 궤도에 올려놓았다. 그러나 그에게는 가야 할 길이 따로 있었다. 평생의 꿈이요 필생의 사업으로 목표를 세워놓고 남몰래 추진해온 신문을 창간하는 일이다.

이제는 이런 경험을 살려 자기의 일을 시작할 시기가 도래했다고 생각, 발길을 돌리기로 했다.

그가 신아일보 창간을 위해 본격적으로 뛰기 시작한 것이다.

1965년 5월 6일 드디어 신아일보를 창간했다.

경험 쌓기 6년이라는 긴 세월을 통해 피와 땀이 어린 창간준비가 순조롭게 진행되어 결실을 본 것이다. 그는 신아일보를 가치대로 파는 상업신문임을 분명히 했다.

진실을 과감하고 신속하게 보도할 자유를 표방하고 어떤 특정인이나 특정단체의 이해를 초월해서 편견 없는 주장과 공정 독립된 편집과 정치적으로 엄정한 독립성을 견지할 것을 약속했다.

기린아 장기봉은 창간 멤버로 한국 최고의 편집국 기자들을 스카우트했다, 신문 편집의 대부인 윤임술 편집국장 등을 초빙한 것이다.

창간한 신아일보는 가판시장에서 단연 선두주자였다. 군사정권의 언론통제로 인해 모든 일간신문의 내용이 차별성을 찾아볼 수 없었기 때문에 독자들은 제일 먼저 나오는 신문 한 가지만 보는 것으로 족했다. 더구나 지명도와 사세가 낮은 후발 신문이 전통 기성 일간지와 동일한 시간에 나와서는 독자를 확보할 수 없었다.

신아일보는 그 대책으로 가판 일등주의를 택했다.

독자들의 시선을 끌기 위해 주요기사의 제목을 컬러로 뽑거나 사진을 크게 쓰는 편집으로 당시로는 파격적인 편집을 했다. 신아일보는 창간부터 한국 최초 다색도 윤전시설을 갖추었기 때문이다.

필자도 1965년 창간 신아일보 공채 1기 견습기자로 언론계 첫 데뷔했다.

가판전략 성공으로 신아일보는 동아, 조선이 선점했던 독자시장에서 밀리지 않고 그 기반을 착실히 다져나갔다.

신아일보는 1980년 초부터 현대적인 인쇄시설 도입과 본격적인 고층건물로 설계된 새 사옥의 건설공사가 한창이었다.

80년대 도약을 위한 중흥계획의 로드 맵에 따라 이미 몇 년 전부터 준비에 착수한 신아는 자사가 신 군부에 의한 통폐합의 대상이 되리라고는 꿈에도 생각지 못했다. 1980년 11월 25일의 신아일보 강제 폐간은 언론자유에 재갈을 물렸을 뿐 아니라 신문기자출신 언론인이 일생 동안 모든 것을 바치고 이룩해 낸 LIFE WORK이자 우리사회에 기여도가 많은 귀중한 공익성 개인재산을 국가권력이 하루아침에 법적 근거도 없이 송두리째 수탈해간 약탈행위였다.

신아일보는 지령 4806호로 종간호(사실상 강제폐간)를 내고 문을 닫았다.

신아는 1980년 11월 25일 자 1면에 '16년간 성원에 감사한다'는 인사문을 실었다.

장기봉은 종간에 즈음한 인사문과는 별도로 고별사를 통해 독자, 지사지국종사원, 광고주들에게 감사와 아쉬움을 표시했다.

1980년 11월 30일 신아일보는 초상집을 방불케 했다. 사원들 모두 눈물을 흘리며 석별을 아쉬워했고 일부 사원은 울음을 터뜨리기도 했다.

언론사통폐합이라는 신 군부의 폭거는 88년 서울올림픽 이후 5공청문회에서 그 진상이 낱낱이 폭로되었다.

신아일보 강제폐간은 잘 나가던 신문이 어느 날 초법적인 타의에 의해 갑자기 역사의 뒤안길로 사라져버린 사건으로 기록된다.

장기봉은 1998년 11월 고향 안동소재 국립안동대학교에 개인적으로 소장하고 있던 도서 5만권(컨테이너 차 12대 분)을 기증했다. 고향 후학들의 학문탐구와 지방대학 발전에 조그만 도움이라도 되길 바란다는 애향심의 발로였다.

고향 안동을 사랑하는 뜻으로 신아일보 취재비행기의 이름도 '학가산호'로 명명했다.

그는 풍산소학교를 졸업했다. 1968년엔 풍산초등학교 학생 85명을 초청해 신아일보를 견학하기도 했다. sk1025@empal.com

안동모임에서 만났던 사람들

풍산류씨대종회장, (주)흥국 대표이사 회장 **류 종 묵**

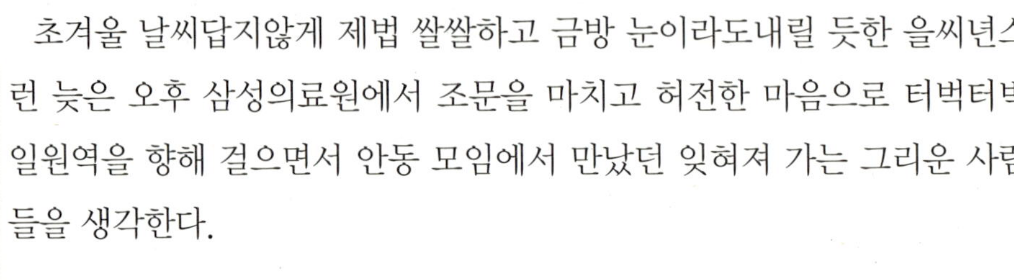

초겨울 날씨답지않게 제법 쌀쌀하고 금방 눈이라도내릴 듯한 을씨년스런 늦은 오후 삼성의료원에서 조문을 마치고 허전한 마음으로 터벅터벅 일원역을 향해 걸으면서 안동 모임에서 만났던 잊혀져 가는 그리운 사람들을 생각한다.

우선 안동고 동창회(安東高 同窓會)하면 가장 먼저 생각나는 분이 이희대(李熙大) 선배다.

그는 소탈하고 겸손하며 서민적인 성격이기에 친화력이 뛰어나고 집념이 강하며 부지런한 사람이다.

늘 안동을 생각하고 안동 사람들 만나기를 좋아하여 틈나는대로 안동사람들을 불러 모았다.

일찍이 정치에 꿈을 품고 대학에선 정치학을 전공한 뒤 의사신문, 의협신보 편집국장, 주필을 거쳐 보건행정학 석,박사 학위도 취득하여 고대, 한림대, 대구한의과대 교수로 하였다.

그토록 안동과 안동고를 사랑했던 그가 세상을 일찍 떠나리라고는 그 누가 생각하였으랴.

1968년 이른 봄 관철동 대련집으로 나를 불러내어 배추전에 막걸리를 시켜놓고 재경동창회의 필요성과 조직구상을 열변하면서 나의 참여를 적극 설득하였다.

그는 지태욱(池泰昱) 선배의 사법서사 사무실과, 권중동(權重東) 선배의 체신노조 위원장실을 분주히 오가면서 그해 늦은 봄 무교동에 위치한 중국집 태화루에서 기어이 안동고등학교 재경동창회를 발족시키고 초대 총무를 맡아 동창회의 기반 조성에 헌신하였다.

그의 열정적인 동창사랑에 이끌려 그의 뒤를 이어 6년간 나도 총무로서 미력이나마 재경동창회 초창기 성장 발전에 시간과 젊음을 보탰다.

또한 재정이 어렵고 열악하던 그 시절 동창회의 경비를 많이 부담해 주시던 권오훈(權五薰)선배가 계셨다. 그는 불하(拂下)기업인 삼화제철의 감사로 재직하셨는데 후리후리한 큰 키에 바리톤의 굵은 목소리를 가진 인정스런 호남아였다.

도수 높은 뿔테 안경 너머로 세상을 살피며 앞날을 기다리는 듯 했다.
그 선배의 사무실이 나의 사회 초년시절의 직장과 가까운 소공동이여서 경향다방에서 종종 커피도 마셨던 생각이 난다.

영가회(永嘉會)에서는 아무래도 김해길(金海吉) 선배와 권화섭(權和燮) 선배가 생각난다.
80년도 어느날 창립 멤버이신 김계현(金啓顯) 선배의 입회권유에 따라 시민회관 커피숍에 들어서니 초로의 깡마른 체구, 어눌한 말씨, 아주 천진해 보이는 얼굴에 엷은 웃음으로 후배의 입회를 기다리던 그 분이 총무를 맡고 계시는 권화섭 선배셨다. 나중에 알고 보니 경안고에서 우리 동년배들에게 영어를 가르쳤다는데 좀 놀랐지만 전혀 교육자의 엄숙한 모습이나 안동선배들의 권위는 느낄 수 없고 언제나 겸손하고 예의바른 안동인상을 느꼈다.
그 다음 달 프레스센터 19층에서 기라성 같은 선배님들께 입회신고를 하고 칵테일 파티의 샴페인과 양주에 취하고 김밥으로 겨우 배를 채웠던 그 밤이 또렷이 생각난다.

김해길(金海吉)선배는 많은 안동인이 아시다시피 전형적인 안동 유림(儒林)의 표본이신 분이다.
항상 자신을 낮추고 안동의 전형적인 어투와 억양으로 구수하고 정다운 분이셨다.
언제나 어디서나 큰 형님을 뵙는 듯 반가웠던 분으로 잊혀지지 않는다.
영가회의 창립 동기를 "안동사람끼리 알 만한 사람들은 알고 지내기 위해서"라고 말하셨다.
회원 자격과 자질, 회의 목적을 얼마나 쉽고 분명하게 표현하셨는가? 그러기에 유향(儒鄕), 특유의 자존심과 까다로움이 있는 '안동인의 모임 영가회'를 20년간 이끌어 주셨다.

또한 잊을 수 없는 김계현(金啓顯) 형, 그는 언제나 어울릴 수 있었던 선배며 친구였다.
더러는 까다롭고 깔끔해 보이지만 실은 인정이 많고 그렇게 격식을 따지는 분은 아니었다.
그가 80년대초 당직(黨職))을 안동에서 공화당 연수원 교수로 옮기면서 나의 잠실 아파트에 동거인 주소등기를 하게 되어 우리집은 25평의 작은 아파트에 가족이 열한 명이 된 일이 있었다. 그 후 직장을 대한투자신탁으로 옮긴 후 생소한 경제공부를 애써 하시던 모습이 지금도 또렷하다.

안동향우회(鄕友會)하면 권상철(權相澈) 교장선생님이 그립다. 선생님은 나의 영원한 스승이시다.

1989년 어려운 산고 끝에 창립한 향우회 초대회장을 맡아주셨다. 당시 선생님께서는 고희를 넘기셨고 안양과학전문대(현 연성대학교) 운영과 대학교육계의 여러 중책을 맡으셔서 여유가 없으셨는데도 안동 후배들과 고향 발전을 위해 취임하시어 향우회 태동기 기반을 굳건히 다져 주셨다.

나는 선생님의 사랑으로 안동사범 입학을 포기하고 안동고등학교 초대 교장이시던 선생님과 사제의 연을 맺게되었지만 선생님께서 서울 청량공업고등학교 전출되심에 안타깝게도 일학년 때만 훈도를 받게 되었다.

향우회 창립시 선생님께서 갓 오십이 된 나를 이사(理事)로 추천하셨기에 '안동을 위해 봉사하라'는 스승님의 영으로 알고 향우회에 참여하여 2대 박구일(朴九溢), 3대 류승번(柳升蕃) 회장, 4대 신현수(申鉉銖) 회장, 5대 강민창(姜玟昌) 회장에 이르기까지 10년간 감사(監事)를 맡아 미력이나마 향우회 발전에 봉사하였다.

향우회의 얘기에 빠뜨릴 수 없는 분이 두 분 계신다. 한 분은 2, 3대 회장 시절 3년간 사무국장을 역임하신 김경배(金炅培) 선생님이시고 또 한 분은 나와 함께 감사를 맡았던 이희필(李羲弼) 선배시다. 김경배 국장은 안동고 시절의 나의 은사이시다. 선생님은 생물과목을 가르치셨고 단정하신 용모에 맑고 밝으시며 인정이 넘치는 분이셨다. 그러나 당시 향우회는 굳건한 기반 조성과 회계의 정확성이 절실한 초창기인데 은사가 실무책임자로 계시니 난처한 경우와 민망한 상황을 겪어야 했다. 향우회도 성장의 진통으로 광화문을 떠나야 하는 어려움을 격어야 했다.

안동향우장학재단(奬學財團))에서는 수년전(2011)에 작고하신 이준승(李準昇)선배가 기억된다. 이 선배는 한국전란의 혼란기에 고등고시(사법과)에 합격하시어 풍사(豊四)면내에 일찍이 명성을 떨치신 분이다. 대법관을 역임하신 법조계의 원로이신데 노년에 어려운 결단을 내리셔서 고향 후진들의 향학을 지도편달하시고자 초대 이사장을 수락 하셨으나 만년의 고향사랑을 실천하시기에는 시간이 허락하지 않았다. 내가 아산병원으로 문병을 갔을 때 창밖의 한강을 바라보시며 "세월이 그리 길지 않더군. 할 일을 잘하게" 하시던 모습이 아직도 선하다.

다음은 안동 9개교 친선체육대회(九個校體育大會) 얘기를 해야 할 것 같다. 이 모임의 시작은 아마 1975년인가 싶다. 이 모임의 단초(端初)는 일년에 두어번 모여 몸으로 부딪치고 땀 흘리며 선후배의 유대와 정을 나누기 위한 안동고 8, 9회간의 소박한 축구시합이였다. 우리는 경기 할 만한 운동장을 물색하던 중 당시 마포의 숭문고교에서 교편을 잡고 계시던 경안고 출신 김연대(金然大) 선배와 김우석(金祐錫)씨의 신세를 여러번 졌었는데 2년 뒤, 75년에 김선배의 제안으로 안동고와 경안고 양교의 친선축구대회로 발전 되면서 양교(兩校) 동 학년인 안동고 6,7,8,9회(4개기)와 경안고 1,2,3.4회가 참가하였다. 1981년(7회)에는 농림학교와 사범학교가 참가하여 4개교 체육대회로 확대 되고 1990년(16회)에는 6개교(중앙고와 여고 참가)로, 1995년(21회)에는 7개교로, 1999년(25회)에는 현재처럼 9개교가 참가는 명실상부한 안동모임이 된걸로 알고있다.

40여년의 세월이 흐르는 동안 격없이 형제처럼 뛰놀던 선후배, 동기들 중 많은 얼굴들이 고인이 되고, 남아 있는 우리들도 모두 팔순고개를 넘나드니 인생의 덧없음을 실감하겠다.

지난해(2016년) 제42회 대회때 주관 학교인 영문고등학교 동창회 김수년 회장이 경안고 김연대 선배와 나를 대회의 창립대표로 특별히 초청하여 오랜만에 본대회의 성숙한 모습과 과분한 대접에 흘러간 세월을 돌아보는 기회를 갖기도 하였다. 당초 소박하고 화기애애하던 작은 모임이 이렇게 안동인의 큰 체육대회로 성장하였음은 기쁘기 그지 없으나 규모에 걸맞는 정신과 목적이 오래도록 이어지기를 진심으로 기원드린다.

마지막으로 상락회(上洛會)(1986년 창립)는, 나는 공직자는 아니지만 상락장학회의 설립에 따라 '자문위원'이란 이름으로 오랫동안 기회 날 때마다 참석하여 훌륭하고 자랑스러운 안동의 선 · 후배들과 친교할 좋은 기회를 부여받았다. 상락회는 유유히 흐르는 낙동강처럼 국가, 사회 발전을 위해 왕성하게 활동하고 계시니 기쁘기 그지없다.

안동은 내가 태어나서 자란 곳이요 나의 영원한 안식처가 될 곳이다.
나의 안동사랑은 이 세상 다 하는 날까지 계속될 것이다.
나는 안동사람들을 오래오래 기억하고 싶다.

(2017년 12월)

"鄒魯之鄕의 本鄕"에 대한 感懷

(중국의 泰安 - 한국의 安東)

세명대석좌교수 / 재단이사 **權 奇 成**

흔히들 영남의 安東지방을 "추로지향(鄒魯之鄕)"이라고 부른다.

이 말은 중국의 명현 孔子가 태어난 魯나라와 孟子가 태어난 鄒나라를 일컬어 하는말로 지금의 泰安지방을 두고 말한다.

명색이 안동출신인 필자가 추로지향의 본향을 가 보지 않고는 도저히 자존심이 허락되지 않아 오랫동안 벼르고 별려왔던 이곳을 드디어 들리게 되었다. 그렇게도 덥던 2016년 한 여름에 중국의 산동성 泰安 지방을 방문하게 되었다.

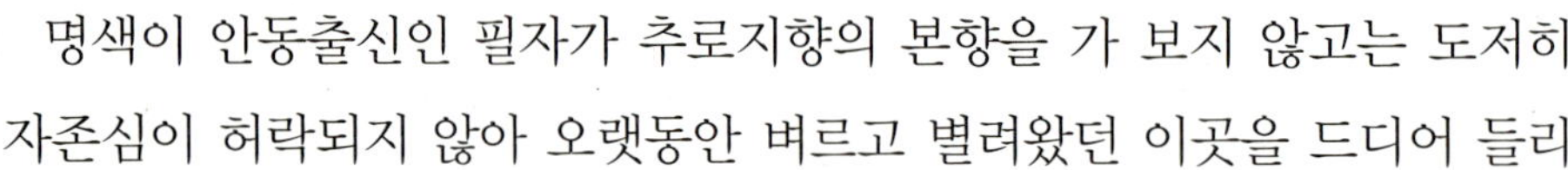

가는 길에 138세까지 살았다는 姜太公 사당에 들렸다. 이 사당엔 그를 始祖로 한 49개의 姓氏가 파생된 기록이 전해지고 있다.

우리나라 13대 대통령 盧泰愚도 여길 방문한 바 있다.

필자가 세명대 국제교육원장으로 있을 당시 이 곳 泰安市 교육장의 초대로

이곳을 방문할 기회가 있었으나 여의치않고 이제야 그 뜻을 이루게 되었다. 우선 공자의 고향인 曲阜에 들렸다.

그는 여기서 태어나 30대에 학문을 가르치기 시작했고 50대에는 노나라의 정승으로 관리의 기강을 바로잡아 가면서 국력을 부강 시키기도 했다.

만년에 그는 시. 서. 역. 예. 악. 춘추를 재편하여, 후진들의 전통문화를 계승하고,새로운 문학을 창출하는데 힘썼다.

70대에 이르러 마음이 닿는데로 쫓아도 道를 넘어서지 않는다.(七十而從心所慾,不踰矩) 했다.

더욱 그는 "禮가 아니면 보지말고, 禮가 아니면 듣지말며, 禮가 아니면 말하지말고 禮가 아니면 나가지 말라 면서 그의 언행록을 통해 그의 사상을 전파시키는 등 철저한 禮의 실천을 주장해 왔다.

다음 우리는 공자(BC551 - BC479)의 묘가 있는 孔林으로 향해서 공자의 묘소에서 團拜를 올리고 예를 갖추었다.

공림에는 공자의 아들을 비롯한 자손들의 묘소가 약 2만기가 있다고 한다.

다음으로 우리일행은 孟子(BC372~BC289)의 고향인 鄒城으로 떠났다.

시원한 도로를 달려 불과 20분만에 도착했다. 그는 공자의 사상을 이어 발전시킨 유학자로서 공자가 죽은뒤 100여년뒤 태어나서 제자들께 학문과 호연지기를 가르쳤다.

그는 유학자이며 대 사상가로서 공자의 성인에 버금가는 성인이라는 의미로 亞聖이라고 했다.

일찍이 아버지를 여의고 현모인 어머니의 訓育(三遷之敎, 斷機之敎)으로 대사상가가 되어 인의예지의 德이 발현된다는 仁義說을 주장하기도 했다.

이렇게 유교는 맹자에 의해서 도덕학으로 확립되고 정치론으로서 정비되었다고 할 수 있다.

그 후 유교의 정통사상으로서 계승되어 儒敎를 孔孟之敎라고 불렀다.

다음 우리는 중국의 5천년 역사가 머무는 대륙의 魂, 泰山(1,545m)에 올랐다.

이 태산은 조선 중기의 양사언의 시조 "태산이 높다하되 하늘아래 뫼이로다"

...로 우리에게 각인된 산이다. 1.545m의 험준한 산세와 아름다움과 웅장함은 어느 산과도 비교되지 않는 산 (五嶽獨尊)으로 기가 세고 영험한 산이다. 예로부터 중국의 황제들이 정상에 올라 祭를 올리는 등 기도와 참배를 하기로 유명하고 또한 중국의 관광객 연간 1억명 이상이 들끓는 內國人 최대의 관광지이기도 하다. 우리나라 대통령들도 큰 꿈을 이루기 위해 이 태산을 올랐다고 한다. 반기문 총장도 지난해에 우산을 쓰고 올랐다.

이 태안지방에 버금가는 우리나라 영남지방 특히 安東은 오랫동안 선비정신을 간직하며 많은 명현들을 배출 시켰다. 특히 서원(도산서원,병산서원 소수서원)을 중심으로한 철학적 학문적 문화를 창달 시켰다. 퇴계의 사상과 서애, 학봉, 농암, 등을 중심으로하는 정신문화에서 오는 행복이 더욱 품격을 높히고 있다.

퇴계선생(李滉,1501-1570)의 主理論과 四端七情論의 사상이 이를 뒷받침한다.

이렇게 우리는 추로지향의 본고장인 중국의 태안지방과 한국의 안동지방을 보면서 모두 이 禮를 다시 숭상할 줄 아는 叡智를 가져야 할 때라고 생각하며, 아울러 우리 안동인로서, 이 吉祥地를 잘 계승 발전 시켜야할 것을 다짐해본다.

– 終 –

陽宅(주택)과 陰宅(幽宅)의 妙理

세명대석좌교수 / 재단이사 **權 奇 成**

우리 인간에게 직.간접적으로 영향을 미치는 양.음택은 그야말로 중차대한 풍수의 妙理다. 산 사람은 양택풍수, 죽은 사람은 음택풍수, 흔히 양택풍수 하면 음택풍수와 크게 다른 것으로 착각하고 있으나, 이 둘다 좋은 터를 고르는 이론이나 방법은 모두 똑 같다.

양택이나 음택 모두 이 地理五訣(龍穴砂水向)에 의해서 좋은 터와 向을 정한다. 이렇게 정한 터에 산 사람을 위한 거주 공간을 지상에 마련하면 양택풍수가 되는 것이고, 죽은 자를 위한 幽宅을 지하에 마련하면 음택풍수가 되는 것이다. 住宅은 사람이 생활하기에 적합한 터를 잡아 (保分), 그 터 위에 건물의 형태와 구조, 방위 및 실내 공간 배치를 우주자연의 좋은 기운을 받도록하여 생활에 유익하게 해야 한다.(家相學) 이렇게 땅의 기운인 地氣를 받는 집터에 하늘의 기운인 天氣를 잘 받도록 집을 지어야 한다.

사람은 일생의 대부분을 주택이라는 공간에서 살아가므로 때로 그 주택이 어떤 땅에 있느냐에 따라 사람의 運이 달라지게 되므로 이사를 간다든지 또는 집의 기상을 바꾸어 운을 바꿀 수 있다 (開運學)고 한다.

또 터에 대하여 물길의 방향이 지대한 영향을 주고 있다. 물은 생명체에게 생명의 근원이 된다. 물이 있어야 마을이 형성되고 마을이 있어야 문화가 있게된다. 즉 이 물길의 흐름이 좋고 나쁨을 따진다. 풍수에서 명당의 큰 요소로 西出東流를 든다. 이 물길은 서쪽이 높고 동쪽이 낮아 차가운 겨울 북서풍을 막아 주고, 따뜻한 동남풍을 받아주고, 또한 일조량을 풍부하게 받아 산소 함유량이 많은 등 살기 좋은 지형을 형성하여 흔히들 명당수라고 한다. 우리나라 서울은 내명당수인 청계천이 西出東流하고, 외명당수인 한강이 東出西流하여 이 두 강이 合流되기 때문에 이를 逆水라 하여 아주 좋은 물길로 여긴다.

풍수에서 말하는 天地人 三才가 합일되어 있어 사람이 천지의 기운과 서로 상합되었을 때 모든 吉祥을 얻는다는 것이다.

이 세상에 이름이 있는 나라들의 수도는 거의 모두 동서로 흐르는 貴水를 갖고 있다. 그 예로 뉴욕, 워싱턴, 북경, 런던, 파리, 모스크바, 베르린, 로마, 그리고 安東등 등을 들 수 있다. 이와 같이 모든 나라들은 풍수에 대한 상식이 있던 없던 간에 자연환경이 인간에 가장 알맞은 人就空間을 찾아 취락하게 되고, 인간의 靈能이 貴地를 찾아 정착하게 된다. 이를 연구하다보니 아쉽게도 현재 한국에는 중앙청이 없다. 남북한을 통털어 관장할 위치는 계룡산 기슭에 공지로 남아 있긴 한데 立向등 많은 문제가 있다고들 한다.

다음에 吉祥地로 꼽을 수 있는 조건은 背山臨水의 여건이다. 즉 등진 산이 차가운 북서 계절풍을 막아주고 마을 앞 하천으로 득수가 용이하며, 그 하천으로 인해 충적지가 펼쳐져 있어 생활하기에 좋기 때문이다. 그 예로서 서울을 보면, 외4산으로 북쪽의 북한산, 동쪽의 용마산,서쪽엔 덕양산,남쪽엔 관악산이 있고, 내4산으로서 북쪽의 북악산,서쪽의 인왕산,남쪽의 남산, 동쪽의 낙산이 겹으로 둘러 쌓여 큰 명당 보국을 이루고 있다. 더불어 물 또한 내당수인 청계천이 서울을 감싸 안아 주면서 동쪽으로 흘러 동쪽에서 서쪽으로 흐르는 한강과 합류하여 서울 전체를 감아주어 태극의 형상을 하고 있다. 마찬가지로 집을 짓거나 묘를 조성할 때 산을 등지고 물을 바라보게 해야 후손이 복록을 누리고 행복해 진다고 한다. 한강변의 八堂도 이러한 연유에서 명당으로 손꼽힌다.

그리고 吉地의 조건으로 南向-子坐午向을 들 수 있다. 양택 이든 음택 이든 천지 자연의 기운을 많이 받는 곳, 즉 南向의 터가 좋다. 동쪽에서 만물이 시생하여 남쪽에서 무성하게 자라나므로 항상 집안에 생기가 가득하다.

이렇게 볼 때, 주택은 터와 주위 환경이 사람 살기에 조화로워야 집안에 신령한 기운이 들어와 건강하고 행복하다고 보았다. 그래서 주택의 안방,대문,현관, 그리고 부엌의 위치가 방위적으로 서로 상생의 효과를 이루도록 하여야한다. 사람이 생활 경험에서 터득한 지리적 지혜를 바탕으로 좋은 거주환경을 선택하기로 노력해 왔다. 묘지(유택) 또한 생기왕성한 곳에 잡아서 산, 물, 방향, 그리고 사람 등에 맞추어 논리적으로 체계화 시킨 것으로 특히 左靑龍 右白虎에 위치한 터가 명당으로 꼽혀 지고 있다.

어쨌든 氣運은 시대에 따라, 사람에 따라 변화한다. 그래서 땅의 운에도 영향을 미친다. 그러므로 새로운 시대의 리더가 사회문화를 이끌게 되고, 변화시켜간다는 것이 풍수학계의 정설이기도 하다.

母情의 세월

한국범죄방지재단 이사장 / 전 법무부장관 **金 慶 漢**

어머니!

어린 시절은 물론이고 지금도 어머니라는 이름을 떠올리면 가슴이 젖어온다.

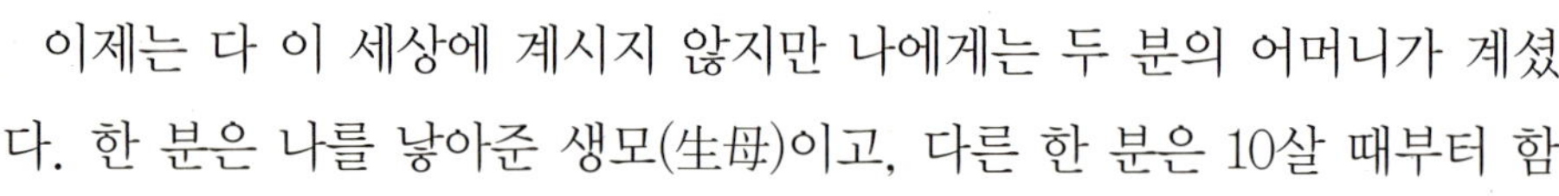

이제는 다 이 세상에 계시지 않지만 나에게는 두 분의 어머니가 계셨다. 한 분은 나를 낳아준 생모(生母)이고, 다른 한 분은 10살 때부터 함께 살아온 양모(養母)이다. 말하자면 어머니와 관련된 나의 인생행로는 보통 사람들에 비하여 상당히 특이하다고 할 수 있다. 사연은 이러하다.

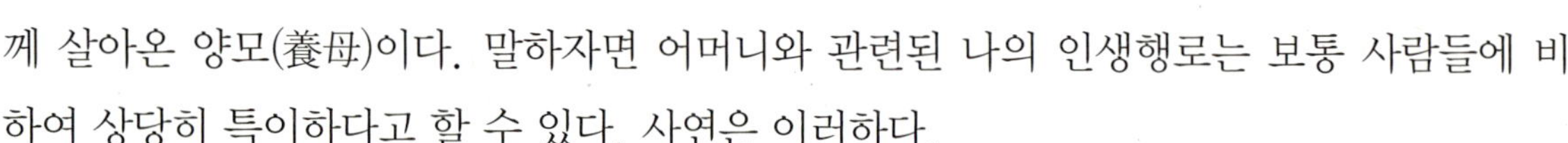

우리 집안은 500년 넘게 경북 안동시 예안면 오천리(속칭 "외내")에 세거(世居)하여 왔다. 도산서원에서 가까운 낙동강변의 광산 김씨 집성촌이다. 조부님께서는 슬하에 4형제를 두셨는데 나의 아버지께서 그 중 장남이셨다. 그런데 차남인 나의 숙부님께서 숙모님과 결혼한 지 1년여 만인 1934년 단신으로 일본 동경에서 유학하다가 돌연히 병을 얻어 별세하셨다. 내가 태어나기 10여년 전 일로서, 그 때 숙모님은 꽃다운 23세의 나이였다. 온 집안이 그러했지만 특히 숙모님에게는 청천벽력이 아닐 수 없었다.

그로부터 우리 숙모님의 고달픈 인생살이가 시작되었다. 당시의 법도로서는 재혼은 생각조차 할 수 없는 일이었다. 시집과 친정을 오가며 서러운 나날을 보내는 가운데 한 가닥 희망이 있다면 그것은 앞으로 태어날 조카들 가운데서 양자를 얻는 일이었다. 당시 아버지 형제분들 슬하에 아들이라고는 나의 형님 한 분 뿐이었고, 형님은 맏집의 장자라 당연히 처음부터 대상에서 제외되었다. 문중 어른들이 심각하게 논의한 끝에 장차 맏집에서 언제고 아들이 나면 숙모님께 주기로 방침이 정해졌다. 나의 부모님께서도 이 방침에 대해 언감생심 다른 의사를 표시할 수가 없었다.

그때부터 숙모님의 기약 없는 기다림이 시작되었다. 어머니가 아이를 가져 산월이 가까우면 숙모님은 집으로 오셔서 힘든 해산 바라지를 전담하면서 아들이 나오기를 학수고대하셨다. 그러나 이일을 어찌하랴! 어머니는 그 후 내리 딸만 다섯을 낳으셨다. 그때마다 숙모님의 실망감은 이루 말할 수 없었고 어머니는 무슨 죄인인양 숨을 죽이셨다.

그렇게 기다린지 10년이 자나서야 마침내 내가 태어났다. 고추달린 아기를 받아내면서 숙모님의 기쁨이 어떠했으리라 하는 것은 짐작하고도 남음이 있다. 숙모님은 사흘동안 아무것도 먹지 않았지만 전혀 배고픈 줄도 몰랐다고 후일 나에게 술회하셨다.

그렇게 나의 입양은 태어나기 전부터 운명지어져 있었고, 다만 너무 어려서 좀 자라기만 기다리고 있었다. 내가 세살 되던 해 아버지의 직장 관계로 우리 가족은 안동에서 경주로 옮겨 살았다. 어린 시절부터 집안 식구들은 수시로 "네가 살 집은 여기가 아니고 안동에 있는 작은 어머니 집이다"라고 말하고, 숙모님이 경주 집에 오시면 "너희 엄마 오셨다"고 말했다. 그처럼 어린 시절부터 나에게 마음의 준비를 시킨 것이었다.

그러한 과정을 거치면서 유년시절부터 나는 장차 내 삶에 막연하게나마 중대한 변화가 올 것이라는 예상을 했고, 또 그것은 도저히 거역할 수 없는 일종의 운명 같은 것으로 각인되었다.

당시 우리집 분위기는 화목하였고 경제사정도 그런대로 유복하였다. 유치원이 귀하던 그 시절에 어머니는 나를 성당에서 운영하는 유치원에 넣어 2년간이나 다니게 하셨다. 어머니는 다소 병약하기는 하였지만 어린 내가 보기에도 얼굴이 예쁘게 생긴데다가 마음씨도 명주고름처럼 고왔다. 막내인 나를 끔찍이 귀여워하여 항시 팔베개하여 함께 잤고, 남존여비 사상이 강하여 많은 누나들과는 모든 면에서 완전히 차별대우를 하셨다. 내가 초등학교에 입학하고부터 공부를 제법 잘하여 여러 차례 상을 받자 어머니는 이를 매우 자랑스럽게 생각하셨다.

그렇게 지내던 중 내가 초등학교 3학년 1학기를 마칠 무렵 어느날 숙모님께서 홀연히 경주 집에 오셨다. 마침내 나를 데리러 오신 것이었다. 일찍부터 예상은 하고 있었지만 막상 그 일이 현실로 다가오자 부모님의 충격은 너무나 컸다. 아버지는 말씀이 없어졌고 어머니는 구석구석에서 눈물을 흘리셨다. 그러한 모습을 보고 나의 마음도 순간적으로 상당히 쓸쓸하고 참담해졌다. 정든 가족들을 떠나 낯선 집에 가서 살아야 한다는 것이 두렵기도 하였다.

그러나 한편으로 이러한 장면에서 내가 너무 동요되는 모습을 보여서는 안된다는 생각이 들었다. 나는 이미 그렇게 되도록 운명지어져 있고 이에 조금이라도 불복하는 것은 어른들에게 실망을 줄 뿐이라는 생각이 들었다. 오랜 「세뇌공작」의 결과이겠지만 어린 나이에 어떻게 그런 마음을 먹었는지 지금 스스로도 신기한 생각이 든다.

어머니는 며칠간 나의 책과 옷가지 등을 챙겨 짐을 싸주셨다. 초등학교에 전학수속도 마치고, 떠나기 전 날 사진관에 가서 마지막 가족사진을 찍었다. 다음날 경주역에서 숙모님과 함께 안동행 기차를 탔다. 역에 전송나온 어머니와 누나들은 모두 울었다. 그러나 나는 눈물을 보이지 않으려 애썼다.

그렇게 하여 나는 열 살의 나이에 친부모님을 떠나 안동의 양어머니께로 옮겨 살았다. 식구라고는 그 어머니 한 분 뿐이고, 새로 전학간 초등학교도 낯설었다. 집은 어머니의 친정에서 무료로 빌려준 방 두 칸짜리 작은 한옥인데 건너방에는 다른 사람들이 살고 우리는 안방 하나만을 사용하였다. 양식을 해결하고 조금 남을 정도의 한뙈기 농지 외에는 별다른 재산이 없어 생가에 살 때 보다는 훨씬 가난한 생활이 시작되었다.

양어머니는 친어머니와는 반대로 골격이 크고 기운도 세며 강인한 성격의 소유자였다. 그래서 고생도 잘 견뎌내고 생활력도 매우 강한 편이었다. 아무런 고정수입이 없었으므로 주로 친인척들을 상대로 당시 성행하던 계(契) 같은 것을 하여 어렵사리 생활비와 나의 학비를 조달하였다.

처음부터 양어머니는 모든 생의 의미를 오로지 나에게만 두고 사시는 것 같았다. 나의 일거수일투족에 초인적인 관심을 가지고 신경을 곤두세우면서 맹목에 가까우리만큼 지극한 사랑을 베푸셨다. 특히 졸지에 생가를 떠나 행여 내가 많이 상심하거나 방황하지나 않을까 마음 졸여했고, 하루 빨리 내가 생가를 잊고 양가를 온전히 나의 집으로 받아들이기를 바라는 눈치였다. 어머니는 가급적이면 생가쪽으로부터의 경제적 원조를 받지 않고 혼자 힘으로 가계를 꾸려나가려고 애썼는데 이 역시 그러한 이유에서였던 것 같다. 때로는 어머니의 지나친 관심과 맹목적인 사랑이 부담스럽고 성가시게 느껴질 때도 없지 않았으나 나는 그런 느낌을 가급적 내색하지 않았다. 왠지 그것은 어머니에게 몹쓸짓처럼 생각되었기 때문이었다.

하지만 방학이 되면 어머니는 예외 없이 나를 경주의 생가로 보냈다. 2시간 정도 걸리는 완행열차로 경주역에 도착하면 부모님과 누나들이 열광적으로 환영해 주셨다. 그 때에 들으니 생가의 어머니께서는 나를 보낸 후 아픈 마음을 걷잡지 못하고 밤낮없이 눈물로 보냈다고 했다. 그 말을 듣고 나도 가슴이 저려왔다. 천륜이란 참으로 어쩔 수 없는 것 인가보다. 많은 식구들과 어울려 지내는 방학 동안의 생활은 아무래도 둘이서만 적막하게 지내는 안동에서보다 즐겁고 행복했다. 그래서 개학이 되어 안동으로 돌아가면 한동안 마음이 썰렁하게 느껴졌다. 그러나 어느 집에 있던간에 나는 자칫 미묘한 분위기를 조성할 수 있는 감정표현을 자제하고 나름대로 균형감각 같은 것을 잃지 않으려고 애썼다.

초등학교를 졸업하면서 나 스스로의 결정으로 경북중학교에 들어갔고 이에 따라 양어머니와 나는 대구로 이사했다. 그리고 중 · 고등학교를 마치고는 역시 나 스스로의 결정으로 법과대학에 입학하면서 서울로 이사했다. 말하자면 내가 가자는 곳이면 어머니는 한 번도 반대하지 않고 그곳이 어디든 따라 나섰다. 어린 나이 때부터 나는 한 집의 호주요 가장이었던 것이다.

대학 2학년 때 생가의 어머니께서 병을 얻으셨다. 원래 연약한 체질로 자주 자리에 누우셨는데 그것이 심한 간경화로 이어진 것이었다. 그 때만 해도 의술이 지금 같지 않아 백약이 무효로 여러 달 고생하신 끝에 60세를 일기로 세상을 떠나셨다. 생전에 맏 며느리로 7남매를 낳아 기르시느라 몸 고생도 많았고 얌전한 성품에 드러내지 않은 마음 고생도 많았을 터였다. 그 중에 나를 떠나보낸 것도 필경 작지 않은 마음의 상처를 남겼을 것이다. 생전에 내가 좀 더 살뜰하게 대해 드리지 못한 것을 후회하면서 임종의 자리에서 나는 처음으로 서럽게 울었다.

나의 대학생활은 비교적 순탄했다. 여전히 가난했지만 양어머니께서는 나의 학비를 제때에 조달해 주셨고, 공부에 지장이 된다고 그 흔한 아르바이트도 못하게 말리셨다. 졸업 후 몇 차례 사법시험에 낙방하여 산사(山寺)를 전전할 때에도 매달 정해진 날짜에 어김없이 생활비를 보내주었고, 그러고 나면 여유가 전혀 없어 정작 당신은 겨우 끼니만 때우는 힘든 생활을 하셨다. 감사하기도 하였지만 한편으론 내가 느끼는 부담감도 엄청나게 컸었다.

다행스럽게도 26세에 가까스로 사법시험에 합격하였을 때 어머니의 감격은 이루 말할 수 없었다. 평생토록 호된 고생을 하면서 애지중지 나를 길러 마침내 소원을 이룬 셈이다. 그 해 가을 아내와 결혼 하여 새 가정을 꾸몄다. 이어서 검사로 임관되어 그런대로 생활이 안정됨에 따라 그때부터 어머니는 부양을 하는 입장에서 부양을 받는 입장으로 삶의 대전환이 이루어 졌다. 어느덧 환갑의 연세였다.

결혼 후 우리부부는 당연히 어머니를 한집에 모시고 살았고, 오랜 기다림 끝에 태어난 손주는 완전히 할머니의 차지가 되었다. 아이는 아무런 정서적 거리감 없이 본능적으로 할머니를 따랐다. 내가 어른이 된 후로도 아버지가 계시는 생가를 아내와 함께 기회 있을때마다 찾아뵙기는 하였지만 직장생활에 쫓기는데다가 어머니가 계시지 않으니 아무래도 그 횟수가 줄어들 수 밖에 없었다.

고생 끝에 맞이한 어머니의 안정되고 평온한 생활은 약 25년 가까이 계속 되었다. 그러던 중 내가 검찰 중견간부로 있던 1994년 돌연히 위에 종양이 발견되어 입원가료 중 몇 달 후 84세의 일기로 홀연히 세상을 떠나셨다. 청상이 되신지 어언 60여년, 남달리 기구했던 일생을 마치신 것이다. 10살 때부터 40년이 넘게 고락을 함께하며 살아온 세월을 회상하며 나도 아내도 아이도 서럽게 울었다.

3년 후 친가의 아버지께서도 93세로 천수를 누리고 별세하셨다. 이로써 생 · 양가의 부모님이 모두 세상을 떠나신 것이다.

그로부터 다시 적지 않은 세월이 흘렀다. 그 사이 나는 긴 공직생활을 물러나 몇 년째 자유인으로 살아가고 있다. 어느덧 고희를 훌쩍 넘겼다. 그러나 이 나이에도 두 분 어머니를 회상하면 그 질긴 모정의 세월이 한없이 그리워진다. 여러 가지 면에서 많이 다르셨고 그래서 나에게 남겨진 추억도 각기 색다르지만, 그럼에도 불구하고 두 분이 아낌없이 쏟아주셨던 그 지극한 사랑은 똑같은 온도로 내 핏속에 남아 흐르고 있다.

金剛山 旅行記

深園 **金 均 融**

반세기 동안 닫혀 있었던 凍土의 북한땅, 그토록 가보고 싶었던 민족의 靈山 금강산에 내 두발로 걸어올라 초여름의 풍경을 감상할 수 있었던 것은 평생 소중한 추억으로 간직하게 될 것이다.

5월 19일 크루즈선 봉래호는 오후 6시 동해항을 출항, 직선거리 160km, 연안 항로를 따라가면 5시간이면 닿을 곳인데 속도를 늦추어 공해상으로 돌아 가느라 새벽 5시경 장전항에 도착했다. 아직 해가 뜨려면 시간이 남아있지만 관광객들은 서서히 밝아오는 外金剛의 아침을 맛보려고 갑판위를 서성이고 있다.

봉래호는 바다에 떠있는 움직이는 대형 호화호텔이다. 선내에는 오백명이 동시에 식사할 수 있는 대형식당, 영화관, 공연장, 편의시설은 다 갖추어져있다. 식사는 뷔페 음식으로 노소를 막론하고 즐길 수 있으며 종업원의 90%가 외국인이어서 이국적인 분위기를 풍기며 서투른 한국어로 말하는 친절한 모습이 인상깊다.

북한지역은 외국도 국내도 아닌 특정지역으로 분류되기 때문에 출국시에 출국신고서 대신에 신고서에 인적사항만 기록하고 북한 입국시에는 현대에서 발급한 ID카드를 목에 걸고 북한측이 확인하는 것으로 입국절차를 대신하게 되며 간단한 소지품 검사도 한다. 처음으로 접하는 북한사람이라고는 입국을 확인하는 어깨에 별 서너개씩 달고 있는 친절하지도 딱딱도 않는 정복 입은 관리들, 일정한 간격으로 표정 없이 부동자세로 서있는 인민군들, 집단농장에서 무리 지어 일하는 20여명의 북한 주민들, 우리는 그들을 향해 차창밖으로 손을 흔드니 그들은 우리가 탄 차량 일행을 향해 손짓하고 어떤 아낙네는 큰소리로 "안녕하세요"라고 화답을 한다. 진한 동포애가 느껴지는 순간이다.

개울가에는 천진난만한 아이들이 물놀이를 하고 있다.

이 모든 사람들이 우리와 다른데가 하나도 없다. 한민족 같은 언어를 쓰는 우리의 혈육이다.

강대국의 책략에 의해 분단된지 50년 넘게 체제와 이념이 다른 곳에서 살다보니 남과 북이 같은 사물을 놓고 보고 느끼고 판단한 기준이 다른 것이 안타까울 뿐이다.

거기다 제대로 먹지 못해 영양상태가 나빠 여위고 왜소한 체구들을 볼때 가슴이 저려온다. 주택은 옛날 시골 초등학교 학생들이 스케치북에 그리던 지붕과 벽, 열십자 창문이 있는 집 그대로이니 천편일률적인 그런 기본형의 집이다. 건물외벽은 페인트칠이나 타일을 붙이지 않았기 때문에 원래의 흙 또는 시멘트 색깔로 삭막하기 그지없다. 밤에는 불빛이 전혀 보이지 않는다. 초저녁인데 벌써 잠자리에 들었을까?

얕은 산은 전부가 민둥산이다. 나무가 자랄 틈이 없이 땔감으로 쓰기 때문이다. 그곳에 작물들을 심었는데 제대로 곡물이 자랄는지 걱정이다. 유일하게 북한 주민과 대화할 수 있는 기회는 산행하는 중간 중간에 서 있는 남녀 안내원들이다. 이들은 안내원이라기 보다는 감시원 역할을 하는 것 같다. 평범한 얘기 정도만 주고받을 수 있는 정도다. 그 중 한 안내원이 나의 ID카드에 기록된 직업난을 보고 "한국급유라는 회사가 뭐하는 데여" 하고 묻기에 나는 화물선 배, 휘발유, 도로 포장하는 아스팔트를 취급하는 회사라오." 하니 "그러면 큰 회사구먼요." 하면서 신기한듯 나를 바라본다. 금강산에 오르기전 교육받은 내용으로는 해도 좋다는 것은 한가지도 없다. 전부가 하지 말라는것 뿐이다.

북한체제를 비판하지 마라, 주민생활, 항만시설을 향해 사진 찍지마라, 휴지 담배꽁초를 버리지 마라, 침뱉지 마라, 계곡물에 손 씻지 마라, 산에 올라 야호도 외치지 마라 등 하지 말라는 행동을 하면 혼쭐이 나고 큰 벌금을 물어여 한단다. 그러나 해도 좋단 것도 한가지 있다. 그것은 산에 올라 마음껏 공기를 마시고 계곡과 산을 쳐다 보는 것이다. 하기야 일전에 지리산 천왕봉에 쌓인 쓰레기를 헬리콥터로 나르는 것을 TV로 봤고, 휴일이면 북한산을 비롯한 전국의 산들이 쓰레기로 온통 몸살을 앓는 우리네들, 광화문 네거리에 침 뱉고 담배꽁초 버리는 우리사람들 한테는 잠시나마 가혹한 통제를 하는 것은 잘한 일로 박수를 보내고 싶다.

백두대간 뻗어 내린 반도의 등허리로, 한 호흡 멈췄다가 척추 곧게 세운 영산. 계절마다 다른 꽃능선. 지천으로 새 순 돋는 '금강'에서 맑은 잎맥 줄기 따라 바람 부는 여름 '봉래', 팔담에 단풍들면 온몸 불붙는 가을, '풍악', 눈 덮힌 뫼 봉우리, 뼈가 시린 '개골'까지....

만물상, 구룡폭포, 상팔담, 깎아지른 절벽 위에서 깊은 낭떠러지로 쏟아붇는 서기 어린

수정같이 맑은 물이 일어선 폭포 이루며 구슬처럼 흘러내린 옥류동, 초록색의 담소가 비단 실로 꿰어놓은 듯 연이어 있다고 해서 연주암, 날아가는 봉황새가 날개 펴고 꼬리를 휘저으며 하늘 높이 날아오르는 것 같다 하여 천연기념물로 지정된 비봉폭포, 그 빼어난 절경은 많은 예술작품과 전설을 남기고 있다.

신라의 명문장가 高雲 崔致園은 "천 길 흰 비단 필을 드린 것 같고 떨어지는 물방울 마다 진주와 같다."고 예찬했다. 春園 李光洙도 '금강유기에서' 천길 이나 만 길이나 영겁에 고인 물이 넘쳐서 흐른다기로 다할 줄이 있으랴!'며 그 장대함에 탄복했다.

방랑시인 김삿갓은 만폭동 맑은 물을 두고 '나는 금강산이 좋아 찾아가는데 푸른 물아 너는 어찌 오는가?'라고 읊조렸다.

수 많은 시인 묵객이 감탄하고 시 한수를 남겼으니 가히 천하제일 명산임에는 틀림이 없다. 상팔담에 오르는 길에 큰 바위에 북한에서 새겨 놓은 글을 바삐 적어 여기 소개하고자 한다, '푸른소나무 영원히 남아 있으리 사람들이여! 무심히 쳐다보지도 말라.'

금강산 삼천리 푸른 소나무가 그처럼 빛나고 그처럼 사시절 푸르러 설레이는 것은 그 원대한 뜻을 지니었기 때문이어라.

〈조선국민회 55돌기념 72. 3〉

필자는 설악산, 태백산, 소백산, 지리산, 치악산, 한라산 등 웬만한 큰 산은 다 올랐건만 솔직히 말해 이들 산은 금강산에 비해 웅장함이나 아름다움에 감히 비교조차 할 수가 없다.

그리고 나의 拙筆로 금강산에 대해 감히 글로 표현한다는 것 자체가 결례가 되기에 쓰지 않는 것이 예인 것 같다.

사람들은 즐길것이 없다, 북한주민과 접할 수 있는 기회가 없다, 라고 불평을 하지만 북한땅에 발을 들여놓았고 금강산에 오르면서 구룡연에서 흘러내리는 녹용 산삼이 섞여있다는 三合水 한바가지 들이켰으면 됐지 무엇을 더 바랄것이 있으랴.

끝으로 금강산을 사람의 손때가 묻지 않게 태고적 신비를 보존해온 북한측에 감사를 돌린다.

1999년 여름

흔 적(痕跡)

深園 **金均融**

등산로 중턱
가을바람 억새 숲에
뱁새 뛰놀고
주인없는 오래된 무덤

한시대를 호령한 從2品
參判 "嚴慶遐"
生老病死 旅程을
속절없이 걸었구려

무덤은 내려 앉고
이끼낀 望柱石 기우려져 가네
지나간 여정은
하룻밤의 꿈이었네

인생은 살아지는 것이 아니고, 살아가는 것이다

재경대구경북시도민회 상임부회장, 사무총장 / 박약회 사무총장 **권 원 오**

"빠름, 빠름, 빠름"이라는 어느 기업의 광고가 크게 유행할 때가 있었다.

세계에서 가장 가난한 나라였던 우리 국민에게 '빠름'은 절실하게 소중한 단어였다.

그 결과 세계에서 유례를 찾아 볼 수 없는 '한강의 기적'을 이루어 낼 수 있었다.

국민소득 2만불이 넘으면 소득증대가 행복으로 연계되지 않는다는 그 지점까지 왔다.

이 과정에서 우리에게 새로운 문제점들이 생겨나고 있다.

지금까지 앞만 보고 달려온 우리에게 이제는 한숨 돌리며, 좌우 앞뒤 살피면서 올바른 방향으로 가고 있는지를 성찰할 시간이 필요하다.

즉, "바름, 바름, 바름"이 절실히 필요한 시점인 것이다.

가난한 사람과 부자, 남자와 여자, 청년과 노인, 보수와 진보, 부모와 자식, 2030세대와 5060세대... 이 각각의 사이에서 비롯되는 불신과 갈등으로 우리사회는 혼란의 소용돌이에 뒤엉켜 있다. 세계 최고의 자살율과 OECD가입 국가 중 최하위그룹 행복수준을 가지고 있는 나라, 바로 대한민국이다. 겉으로만 얼핏 보아서는 어떤 행동이 바른 행동인지, 또 어떤 사람이 반듯한 사람인지 구별하기 쉽지 않다.

부모세대인 5060세대와 자식세대인 2030세대는 한 가정으로 살아가면서 마치 문화가 차이 나는, 다른 나라 사람이 함께 살아가는 것 같다. 서로의 생각이나 행동이 다를 뿐인데 틀리는 것으로 생각하기 때문에 소통이 이루어지지 않고 있는 것이다.

주인으로 살자!

바르게 가기위해 먼저 나 자신에게 좀 더 다가 서거라. 나! 정말 괜찮은 사람인가? 나! 지금 잘 살고 있나? 나 자신에 좀 더 가까이 가고, 나와 좀 더 많은 대화를 나누고, 나 자신을 좀 더 알고, 나 자신을 좀 더 믿고, 나 자신을 좀 더 좋아하고, 나 자신을 좀 더 사랑하자. 나에 의한, 나를 위한, 나의 삶을 살아야 한다. 자기 자신과 좋은 관계를 맺을 수 있는 사람이라야 다른 사람과도 좋은 관계를 맺을 수가 있다. 내 인생의 결정은 내가 내려야한다. 그러기 위해서 나는 내 삶을 내가 의도한데로 주도적으로 살아야 한다. 이런 삶이 주인으로 사는 삶이다.

인생에서 선택의 주체는 반드시 "내"가 되어야 한다. 그렇게 될 때 나의 영향력의 범위는 점점 뚜렷해지고 넓어지게 된다. 나의 인생은 내가 책임을 져야 한다. 수많은 이유와 핑계로 변명을 해도 내 인생을 대신 책임져줄 사람은 없다.

현재의 당신은 '과거 당신이 얼마나 주도적인 삶을 살아왔느냐'에 대한 결과이며, 당신의 미래는 '현재 당신이 얼마나 주도적인 삶을 사느냐'에 달려 있다.

나! 잘 살고 있나?

나를 포함한 모든 사람들이 다들 힘들다고 한다. 정말로 먹고 살기가 힘들까?

어린아이, 젊은 여자, 너나 할 것 없이 다이어트 열풍이 불고, 살이 너무 쪄서 고민이라고 말하는 젊은이들이 많은 이 나라에서 말 그대로 먹고 사는 것은 이제는 간절한 바람이 아니다.

자본주의 사회에서 돈은 무시할 수는 없지만, 그것이 우리의 꿈이고 목표가 될 수는 없는 것이다. 인생에서의 지혜란 많은 것을 소유하는데 있는 것이 아니다.

조용히 나를 객관적으로 바라보며 힘들어하는 자신을 위로하며, 바른길을 가도록 고쳐주고, 달콤한 유혹에 넘어가지 않게 보듬어주며, 나다운 나를 살아가는 삶이 되어야 할 것이다.

그럼 어떤 삶을 살면 되는 것인가? 진정 당신이 간절하게 바라는 소망은 무엇인가?

사람답게 사는 것이 아니겠는가? 그럼 어떻게 사는 것이 '나 다운 삶이고, 사람다운 삶인가?' 청춘아! 나를 돌아보라! 시간은 생각보다 훨씬 빠르게 흘러간다. 입학의 기쁨도 금세 사라진다. 어쩜 1년이 이렇게 빠를 수가? 나도 모르는 사이에 "아직"이 "벌써"로 바뀌어 버린다.

나름대로 분주하게 생각하고 고민한 것 같은데 해놓은 것도 없고, 앞으로 할 것도 분명하지 않다. 일생 중에 가장 소중한 터닝 포인트이기에 더욱 힘들고 더욱 어렵다.

무엇이 문제인가?

지금까지 공부해 온 것은 정답을 맞혀서 100점을 맞고, 1등하는 것만 배워왔다. 경쟁에서 이겨야하고 남보다 앞서야 하는 교육만 받아왔다. 이순신 장군과 김유신 장군이 누가 더 훌륭한가? 자장면과 비빔밥은 어느 것이 더 맛이 좋은가? 정답이 있는가? 더불어 살아가야하는 시대에는 남보다 앞서는 사람이 아니라 남과 다른 사람이 필요하다. 재능은 좀 못하더라도 인간으로서의 품격과 인성이 훌륭한 사람이 요구되는 사회이다. 공부만 잘하는 맹꽁이만 만들어서야 되겠는가? 대한민국의 실질적인 교육목표가'명문대학 합격'이 되어버렸다.

자신의 적성과는 관계없이 학원에서 매긴 점수로 대학과 학과를 선정하는 웃기는 일에 우리는 익숙해져 버렸다. 우리는 지금 서열화할 수 없는 대상을 서열화하는 모순에 빠져 청춘들을 더 고민하게 만들고 더 방황하게 만들고 있다. 인간이라는 인격체를 시험점수라는 속성하나를 가지고 저울질 하는 모순에서, 바르게 살아가기 위한 인생교육이 선결되어야 할 과제이다.

내 안의 인생 레시피를 찾아라.

요즘을 사는 우리들 삶 속에 있어야 할 곳에 있어야 할 것이 없는 경우가 많다.

빈대떡 속에 빈대가 없고

칼국수 속에 칼이 없다.

붕어빵 속에 붕어가 없고

총각김치 속에 총각이 없다.

이런 농담 쯤은 웃고 넘기면 되겠지만 갈수록 문이 좁아지고 있는 대기업의 인사를 담당하는 분들의 고민은 신입사원 모집 때 '자기 소개서 속에 자기가 없다'는 것이다.

'사랑의 레시피'란 영화가 있다.

독신의 유명 셰프인 케이트는 자신의 삶과 일을 완벽하게 컨트롤하며 살고 있었다.

어느날 언니부부가 교통사고로 사망하고 조카를 키우게 되면서 그녀의 생활은 점점 혼란 속으로 빠져든다. 언제나 완벽한 계획 속에 살았던 그녀는 자신에게 찾아온 변화에 혼란을 느끼며 흔들린다. "삶에 대한 요리책이 있었으면 좋겠어요. 어떻게 살아야 하는지 알 수 있으니까요."

그녀의 혼란에 상담의는 말한다. "그건 당신이 가장 잘 알거예요. 가장 좋은 요리법은 스스로 만드는 거니까."

누구에게나 자신만의 삶의 레시피가 존재한다. 아무리 좋은 레시피가 있다 해도 거기에 자신만의 경험과 노력, 개성이 담겼을 때 소중한 나만의 레시피가 될 수 있다.

내 인생의 방향은 결국 내 안에 존재한다. 그것을 찾아가는 길이 곧 삶이고 인생인 것이다.

지구의 중심은 당신이 서 있는 바로 그 자리이다. '나'가 없는 세상은 아무런 의미가 없다. 모든 삶은 나에게서 시작되며 내 삶의 모든 문제도 답도 나에게 있다. 언제 어디서 무엇을 하든지 당당하게 자신감을 가져라. 나에 대한 모든 결정은 내가 하며 그에 대한 모든 책임도 내가 진다. 그러기 위해서는 '나' 중심의 삶이 펼쳐져야 한다. 그렇기에 내가 진정으로 중요하게 생각하는 것이 무엇인지를 항상 물어 보지 않으면 나아갈 방향을 잃어버리고 '나' 아닌 것들에 흔들려 휩싸이게 된다. 남의 장단에 춤을 추다 보면 자기인생의 승부를 어디에 걸어야 할지를 알지 못한다. 비록 나 중심의 삶을 펼치는 것이 남에게 휩싸이는 것보다 어렵고 험난하더라도 자신의 꿈과 비전을 바라보고 자신을 믿고 나아 갈 때 희망과 성공이 가까워진다.

도종환의 시 「담쟁이」를 읽어보자.

저것은 벽
어쩔 수 없는 벽이라고 우리가 느낄 때
그때 담쟁이는 말없이 그 벽을 오른다.

물 한 방울 없고 씨앗 한 톨 살아남을 수 없는
저것은 절망의 벽이라고 말할 때
담쟁이는 서둘지 않고 앞으로 나아간다.

한 뼘이라도 꼭 여럿이 함께 손을 잡고 올라간다.
푸르게 절망을 다 덮을 때 까지
바로 그 절망을 잡고 놓지 않는다.

저것은 넘을 수 없는 벽이라고 고개를 떨구고 있을 때
담쟁이 잎 하나는 담쟁이 잎 수천 개를 이끌고
결국 그 벽을 넘는다.

비록 비좁은 담벼락일 지라도 공터를 남기지 않는다. 그러면서도 서로 포개지 않고, 모진 비바람도 이기고 사이좋게 뻗어가는 담쟁이들이다.

손등이 갈라지고 피멍이 들어도 떨어지지 않으려고 악착같이 암벽에 손을 잡고 있다. 어렵고 힘든 속에서도 꿈과 희망을 간직하고 꾸준히 오르는 담쟁이를 닮아라.

답은 있다. 의지와 열망, 그리고 생각이 있는 한.

과거세대에 비해 곱게 자란 요즘 젊은이들은 희망과 용기 보다는 쉽고 편한 쪽을 바라보면서 사회에 발을 들여 놓기도 전에 포기와 좌절을 먼저 배우지는 않은지 자신을 살펴봐야 한다.

원래 당신은 세상에 하나밖에 없는 귀하고 위대한 존재이다. 나 스스로가 그것을 인정하고 그렇게 만들어 나가야 한다. 그렇게 깨닫고, 그렇게 믿고, 그렇게 생각하고, 그렇게 행동해라. 그러면 그렇게 된다. 내 안에서 답을 찾자.

그리고 미래의 나를 정성을 다해 가꾸어 나가자. 나는 나니까.

청춘들의 인생설계에 대한 고민과 아픔을 어루만져 주고 싶다.

사랑하는 청춘아! 하늘밑에 하나 밖에 없는 너의 인생 삶! 멋지게 살아야 한다.

비록 몸서리치도록 고통스러운 내 삶일 지라도 나에게는 이 세상에서 가장 소중하다.

그것이 내가 멋지게 살아야하는 이유가 아니겠는가?

한번뿐인 인생 삶을 멋지게 살기 위해서 어떤 내가 되어야 할 것인가?

첫째, 멋진 꿈이 있어야한다. (Dream)

책상위에 써놓은 나의 꿈을 읽을 때마다 가슴이 설레고, 두 주먹이 불끈불끈 쥐어지며, 열정과 몰입이 솟아올라야 한다.

이러한 비전, 목표가 정해지면 온 몸에서 생기가 흐른다. 무슨 일을 하든지 어느 곳에 있든지 당당해지고 자신 있게 된다. 자기 삶에 주인이 된다. 그 속에서 즐거움과 행복감을 느끼게 된다. 필자의 꿈은 모든 젊은 대학생들이 멋있는 꿈을 갖도록 도와주는 것이다.

둘째, 전략이 있어야 한다. (Strategy)

자신의 꿈을 이룩하기 위해 수행해야 할 가장 좋은 방법을 찾는 것이 바로 전략이다.

전략이 없는 꿈은 추상적이고 느슨해지며 의미 없는 꿈이 된다. 이런 꿈은 실현성이 없고 맴돌다 사라지고 만다. 막연한 기대감에 취해 큰소리로 폼만 잡는 우를 범하지 않으려면 지혜로운 전략이 반드시 필요하다.

실현 가능한 계획을 세우고, 중요한 일을 먼저 하도록 우선순위를 정하며, 긍정적인 마음과 자신감 넘치는 판단과 선택이 성공을 이루게 된다.

셋째, 실행하라 (Do)

아무리 큰 꿈과 훌륭한 전략이 있어도 실행을 하지 못하면 빛 좋은 개살구가 된다.

목표를 향해 긴장을 늦추지 않고 즐거운 마음으로 꾸준하게 노력하면 모르는 사이에 큰 성과가 성큼 다가온다. 도전하라. 혼을 바쳐 실행하라. 열정을 쏟아 부어라. 미쳐라.

시간의 밀도를 높여 집중하는 한 시간은 어영부영하는 열 시간보다 몇 배의 가치가있다.

실패가 두려우면 아무것도 시도하지 않고 가만히 있으면 된다. 배가 가장 안전한 곳은 항구에 가만히 붙잡아 매어 두면 된다. 그럼 왜 배를 만들었는가?

젊음이란 열정과 자신감을 갖고 저지르는 것이다.

넷째, 성찰하라 (See)

가끔 조용한 장소에서 혼자만의 시간을 가져라. 그리고 돌이켜 생각해라.

나, 지금 잘 살고 있나? 검토하고 반성하고 고쳐 나가는 것이 성찰이다.

나의 미래에 대한 가슴 설레는 꿈, 목표를 세우고 그 목표를 이루기 위한 훌륭한 전략으로 혼을 바쳐 실행할 때 온몸에서 에너지가 솟아오른다. 이 과정에서 바른 방향의 길로 잘 가고 있는지, 시행착오가 없는지 돌아보고 시정하는 것이 성찰이다.

정직과 겸손, 양심과 도덕, 남을 배려하고 자신을 수양하는 자기 성찰에 마음을 집중할 때 선진국으로 가는 아름다운 행복한 사회가 이루어진다.

모든 방황과 고민에 대한 정답이 여기에 있다.
당신의 인생을 DSDS(Dream, Strategy, Do, See)하라.

밤

(주)한국로희 대표이사 사장 **김 우 석**

절름 절름 ---
여기
億劫을 威勢를 두고
벙어리가 된 姿歲는
분명 生命을 지닌
沈默의 實吐者

내 그를
어디서부터 온 生命인지
채 알기도 전
그는
당신의 검은 瞳子로 智慧를 풀고
시시했던 낮을 묻는다
낮을 묻는다

이건 眞情
욕된 世上
갖가지 罪惡을
億萬分의 壹 만큼이라도
이렇게 감춰 보잔 意味인대...

그러나
엄숙히 印封한
커다란 입술은
永劫이 다할 때
망령의 審判者나 되련 듯
허구한 날
많은 歷史를 隱匿한 양
어제는
새벽 닭, 수레를 타고
肉重한 體軀를 움직여 갔고
또, 오늘 바퀴를 굴려 온
말 못하는 벙어리 姿歲

아---!
누구든 보아라
당신의 象을 그리며
密着한 이 地域
하늘을 막아
罪人을 휴식케하고
저만큼에서 웃음하는
엄청난 그의 攝理를.

空房

김 우 석

불만에 부푼 태양이
圓의 중심을 잃어 갈 때쯤
한 마리 候鳥가 최후로 울고간
핑크색 커튼안
어둠이 뒹구는 實在여.

어디만큼
寺院의 목탁 소리와
자연의 요들, 그리고 지금
내가 기억할 수 있는 모든 것들로
이 空房, 침묵을 拒否할 수 있을 것인가.

오랜 미소가 외딴 고독의 흐느낌을 배우고
시방은 서투른 음성, 목쉰 소리로
까맣게 무너진 기슭
퇴색해진 窓을 향해 숱한 낭만을 토한다.

또, 무작정 생각이 엉키면
洞口 밖으로 눈이 내리고
후미진 계곡 옆
계절의 체온이 찬 서슬에
당신은 氷點을 쥐고 고향을 가는데
캄캄한 내 영혼은 당신의 입술이 타던 房에서
아담과 이브의 戀歌를 부른다.

아,
사랑이여.

돈에 대하여

고려대학교 명예교수 김 봉 구

I. 왜 학교에서는 돈에 대해 가르치지 않는가?

오늘날 학교는 돈에 대해서 가르치지 않는다. 가계부를 어떻게 쓰는지, 주식을 어떻게 사고파는지, 은행에 어떻게 예금하는지, 연금이 어떻게 노후를 보장하는지에 대해 알려주는 것이 전부이다. 부자들은 돈 버는 방법을 사람들에게 가르쳐주지 않는다. 금융위기가 일어난 이유는 학교에서 금융에 대해서 가르치지 않았다는 것이 첫째 이유이고, 다음은 좋은 금융과 나쁜 금융을 구분하지 못한데서 비롯된 것이다. 성공적인 삶을 살기위해서 반드시 배워야하는 "돈"에 대해서는 학교에서 가르치지 않는다. 거기에는 다음과 같은 몇 가지 이유가 있다.[1)]

(1) 1903년 John D. Rockfeller는 교육위원회를 조직하여 미국의 교과과정을 설계했다. 두 가지에 착안했다. 하나는 사람들이 계속 일하면 재정안정에 도움이 된다. 다른 하나는 피고용자들은 일자리 안정을 원하므로 국가가 직업교육을 맡는다. 록펠러의 이 구상은 명령을 충실히 따르는 좋은 사람과 좋은 군인을 배출할 목적으로 프로이센 교육제도를 모방했다. 이 교육모델의 슬로건은? "이렇게 해라, 그렇지 않으면 해고된다." "돈을 믿고 맡기면 안전하게 지켜 주겠다." 이런 것 들이다.

(2) 미국헌법을 만든 조지 워싱톤이나 토마스 제퍼슨은 돈의 공급량을 통제하는 중앙은행의 설립을 반대했다. 그럼에도 불구하고 1913년 연방준비제도가 설립되었다. 이에 따라 돈에 대한 두 가지 규칙이 만들어졌다. 하나는 돈을 벌기위해 일하는 사람들을 위한 규칙이고, 다른 하나는 돈을 찍어내는 부자들을 위한 규칙이다.

(3) 1971년 닉슨대통령이 금 태환제도를 불법화 하였다. 금에 근거한 발행기준이 없어졌다. 연방준비제도는 돈을 찍어 낼 수 있는 권리를 은행부자들에게 허가하는 제도이다.[2)] 이

1) Robert T. Kiyosaki, Conspiracy Of The Rich, Next Wave Pub. Co., 2009,
2) 유럽에서 가장 강력한 은행가 Rothchild는 "돈을 만들어 낼 수 있는 권한만 준다면, 누가 나라를 다스리든, 또 누가 법을 만들던 신경을 쓰지 않겠다고 했다."

기구는 은행들이 재정문제를 겪지 않도록 유동성을 공급하기 위한 것이다. 즉 납세자들의 돈을 보호하기 위한 것이 아니라, 부자들의 돈을 보호하기 위한 것이다.

오늘날 교육제도의 가장 큰 문제점은 "돈"에 대해서 가르치지 않는 것이다. 그 대신에 (가) 어떻게 해야 훌륭한 피고용자가 될 수 있는지, (나) 자신의 신분에 맡게 살아 갈수 있는지를 가르친다. 학교는 우리에게 직장인으로 평생 살아가라고 역할 할 뿐이다. 학교에서 배운 지식은 우리의 잠재력을 낮추고 온순하게 살아가도록 만든다. 대기업가나 부자들에게 힘들게 번 돈을 갖다 바치게 하려는 음모처럼 보인다. 금융교육을 받지 못한 사람들의 돈은 세금, 빚, 인플레이션, 퇴직연금을 통해 빠져나가고 있다. 이점은 다음과 같은 오래된 우리의 인식과 관행이 지금도 계속되고 있다는 점에서 확인된다.

(가) 세금: 좋은 학교를 나와서 든든한 직장을 잡아라.

(나) 빚: 집부터 사라. 집이 가장 큰 자산이다.

(다) 인플레이션: 돈을 아끼고 저축하라.

(라) 퇴직연금: 주식, 채권, 펀드에 분산하여 장기 투자하라.

II. 돈에 대한 새로운 규칙들은 무엇인가?

(1) 돈은 지식이다.

지금은 돈이 돈을 버는 시대다. 돈으로 돈을 벌기위해서는 지식이 있어야 한다. 공매도(空賣渡)의 예를 들어보자. 한주에 10만 원짜리 주식을 소유하지 않고도 주식을 팔 수 있다. 주당 10만원 할 때 1000주를 빌려서 팔아 1억 원을 확보한다. 그런 다음 주식이 6500원으로 떨어 졌을 때 1000주를 산다. 그렇게 매수한 1000주를 거래소에 돌려주면 3500만원을 벌게 된다. 수수료를 물어도 3000만 원은 순식간에 벌게 된다. 이 돈을 벌기위해 필요한 것은 지식뿐이다.

(2) 빚을 이용할 줄 알아야한다.

빚은 나쁘니 청산해야한다고 생각한다. 나쁜 빚과 좋은 빚을 구분해야 한다. 신용카드는 나쁜 빚이다. 시간이 갈수록 가치가 떨어지는 재화를 사는데 쓰기 때문이다. 빚은 나쁘지 않다. 빚을 잘못 쓰는 것이 나쁠 뿐이다. 현금 창출에 쓰는 빚은 좋은 빚이다.

(3) 현금흐름을 통제하는 법을 배워야한다.

현금흐름에 투자해야 부자가 될 수 있다. 그런데 사람들은 자본이득에 투자한다. 경제가 성장 할 때는 자본이득 게임이 쉽다. 현금흐름에 투자하기 위해서는 많은 지식이 필요하다. 부자가 되기 위한 게임의 법칙은 바로 현금흐름이다. 돈의 언어 중에서 가장 중요한 것은 "현금흐름"과 "자본이득"이다. 사람들의 90%는 자본이득 게임을 하고, 10% 만 현금흐름 게임을 한다. 10% 만 게임의 법칙을 안다. 결국 10% 만 이긴다.

(4) 금융거래의 스피드를 높여야한다.

돈이 진화하면서 금융의 속도가 빨라졌다. 좋은 위치에 있는 사람은 1년 내내, 24시간 내내 거래를 한다. 시간 단위로 돈을 번다. 어떤 사람은 한 시간에 수십억 달러를 벌어들인 반면, 어떤 사람은 7달러를 번다. 그 차이는 거래 속도 때문이다. 예컨대 의사들은 환자를 한 번에 한 명씩 본다. 반면에 인터넷 비즈니스를 하는 사람은 365일, 24시간 내내 고객들과 거래를 한다. 빠르게 거래 할수록 많은 돈을 번다. 느린 사람은 뒤 처질 수밖에 없다. 금융거래에 관한 한 사람들은 아직도 구석기 시대에 머물러 있다. 미래에는 돈이 빠르게 움직이는 것을 이용할 줄 아는 사람이 성공할 것이다. 적응 능력을 갖춘 사람이 부자가 될 것이다.

(5) 돈의 언어를 배워야 한다.

말로 표현하지 못하는 것은 개념화 하지 못한다. 돈의 언어를 아는 것은 돈이 어떻게 움직이는지를 이해하는 것이다. 1903년 부자들은 교육제도를 접수하고 나서 교과과정에서 돈의 언어를 빼앗고, 실제 세상에서 쓰지 않는 "수학", "과학"과 같은 선생들의 언어로 바꿔버렸다. 인구의 90%가 경제적으로 어려움을 겪는 이유는 바로 돈의 언어를 배우지 못했기 때문이다. 돈의 언어를 배우면 10%의 부자클럽에 들어 갈 확률이 높아진다. 동시에 돈을 아껴주겠다며, 장기분산 투자를 하라고 조언하는 사람들에게 놀아 날 확률이 줄어든다. 자신의 삶을 바꾸고 싶다면 먼저 말을 바꿔야한다. 말은 태도를 바꾸게 만든다.

(가) 가난한 사람의 말

i. 나는 절대 부자가 될 수 없을 거야

ii. 나는 돈에 관심이 없어

iii. 정부는 사람을 돌보지 않고 뭐하는 거야

(나) 중산층의 말

i. 보수도 좋고 안정적인 직장이 있으면 됐지

ii. 가장 좋은 투자대상은 집이야

iii. 주식과 펀드에 분산투자하고 있지

(다) 부자의 말

i. 내 일을 맡아서 잘 해줄 사람 어디 없을까?

ii. 현금이 잘 도는 아파트 몇 채를 사려고 하는데

iii. 나의 출구전략은 회사를 주식시장에 공개하는 거야

(6) 자신의 돈을 찍어낼 줄 알아야한다.

돈의 가치가 떨어질 때는 금융지식을 갖춘 사람들이 그렇지 않은 사람들에 비해 훨씬 더 많은 혜택을 누리게 된다. 오늘날 세계는 금융무지와 무능의 혼란 속에 있다. 역사상 가장 큰 부의 이동이 일어나고 있다. 우리의 부는 세금, 빚, 인플레이션, 퇴직연금을 통해 합법적으로 빠져나가고 있다. 금융지식의 부재는 우리들을 이처럼 수렁에 빠트리고 있다. 이 함정에서 벗어 날 수 있는 유일한 길은 금융지식을 갖추는 일이다.

III. 그러면 우리가 금융지식을 배워야하는 이유는 무엇인가?

버는 돈 안에서 살아가기 보다는 자산을 확보해 현금흐름 수입을 늘려야한다. 가격상승에 따른 자본이득을 기대하기 보다는 자산을 통해 더 많은 현금을 창출하는데 초점을 맞춘다. 또 금융지식을 갖추기만 하면 자신이 돈을 찍어 낼 수 있다. 자신의 돈을 찍어내는 것은 무한 수익률을 달성하는 것이다. 구체적으로 말하면, 자산을 구입하기 위해 투자한 금액을 모두 회수하고 난 뒤에도, 그 자산으로 부터 현금흐름의 혜택을 얻을 수 있다면, 그것이 바로 자신의 돈을 찍어내는 것이다. 금융지식만 제대로 갖춘다면 사업체, 부동산, 주식, 금, 원유 같은 상품을 통해서 돈을 찍어 낼 수 있다.

(1) 사업체를 통해 돈 찍어내기

리치데드 회사의 사례를 보자. 이 회사는 제품을 만들기 보다는 자산을 설계한다. 책을 만

들지 않고 책의 파생상품인 출판권을 만들어 해외 여러 나라 언어로 번역하여 출판 할 수 있는 권리를 판다. 또한 게임, 상품, 프렌차이즈를 사용하거나 만들 수 있는 권리를 판다. 이 회사는 생산비용이 전혀 들지 않기 때문에 부채가 없다. 그러면서도 매달 현금이 수백만 달러씩 들어온다. 파생상품이기 때문이다. 파생상품은 제대로만 사용하면 엄청난 돈을 벌 수 있다.

(2) 부동산으로 돈 찍어내기

자산을 사들여 임대를 통해 돈을 번다. 투기목적으로 부동산을 사지는 않는다. 자산을 구입하고, 구조개선을 한 후 자산가차가 높아짐에 따라 추가대출을 받는다. 자산을 구입하는데 필요한 대출과 비용은 임차인이 내는 월세로 충당한다.

a. 자산을 개선한다.

b. 좋은 위치의 부동산은 가치가 높다.

c. 좋은 자금원 및 투자

d. 좋은 자산관리

(3) 주식으로 돈 찍어내기

주식으로 돈을 찍어내는 방법은 많다. 그 중 하나가 옵션전략이다. 한 주당 2만원의 주식을 1000주 구입한다. 옵션시장에서 30일 후 내 주식을 2만원에 살 수 있는 권리를 주당 1만원에 판다. 한 달 후 주가가 3만원이 넘을 때 옵션을 산 사람은 내 주식을 살 것이다. 하지만 주가가 그 이하 일 경우에는 사지 않을 것이다. 나는 30일짜리 옵션판매를 통해 1000만 원을 번다. 한 달이 지난 뒤 가격이 3만원이 안될 경우 나는 다시 이 주식에 대한 옵션을 판다. 또 다시 1000만 원을 벌어들인다. 한 달 만에 투자금액 2000만원을 회수하고, 주식은 그대로 가지고 있다.

(4) 금(은)으로 돈 찍어내기

금(은)광산회사를 만들어 주식시장에 상장한 후 주식(파생상품)을 팔아 돈을 찍어낸다. 아이디어만으로 개인의 돈을 찍어내는 방법이다. 켄터키 후라이드 치킨회사(설립자 커널 샌더스)는 가게 앞을 지나가던 고속도로가 우회하여 손님이 줄어 문을 닫을 처지가 됐다. 설립자는 요리법을 팔려고 했으나 여러 번 거절당했다. 마침내 요리법을 산 사람들을 모아 프랜차이즈 회사를 세우고, 주식시장에 상장하여 또 다른 파생상품을 팔아 성공하였다.

결론적으로, 금융지식을 갖춤으로서 버는 돈을 늘려 삶의 질을 높일 수 있다. 또 자신의 돈을 찍어냄으로서 경제적 어려움을 벗어날 수 있다. 그러므로 자녀들에게 경제생활에 필수적인 돈에 대해서 일찍부터 가르치자.

나는 누구인가?

김 봉 구

1. 나는 누구인가?

한국에서 유명한 스님 한 분이 미국 뉴욕을 방문했다. 다음날 유람선을 타고 맨해튼 일주 관광을 나서 유람선 3층에서 시내 전경을 둘러보고 있을 무렵이다. 그때 멀리서 카메라를 맨 사람과 취재기자가 스님께 다가와서 인터뷰를 요청한다. "오늘날 세상에서 가장 구역질 나는 게 무엇입니까?"라고 질문한다. 그 스님은 한참 있다가 "Who are you? (너는 누구냐?)라고 대답한다.

그러자 FOX TV 의 Jim Roberts라는 기자는 자기 명찰을 가리키면서 저는 짐 로버츠입니다. 이 인터뷰는 폭스방송국의 래핑쇼(폭소쇼)로 진행되는 생방송이라고 밝힌다. 그리고 다시 스님에게 이 세상에서 가장 역겨운 것은 무엇입니까? 라는 질문을 한다. 스님은 똑같이 Who are you? 라고 대답한다. 기자는 다시 짐 로버츠라고 반복한다.

그래서 이 기자는 스님이 영어를 몰라서 동문서답을 한다고 생각한다. 생방송으로 전국에 중개되고 있으므로, 세 번째로 또 같은 질문을 한다. 이번에도 스님은 역시 Who are you? 라고 대답한다. 그때 서야 그 기자는 스님의 깊은 뜻이 담겨있는 것을 이해하고 카메라를 끄고 황급히 사라진다.

이 스님의 대답은 인간의 본질적인 내용이다. 오늘날 우리는 내가 누구인지를 모르고 살고 있다. 여러분들 중에서 본인이 누구인지를 아시는 분은 대단히 지혜롭고 이미 깨달음을 얻으신 분이다. 불교에서는 1지 보살의 경지라고 말한다. 깨달음을 얻으면 자신을 알게 되고, 이 깨달음의 수준을 유지할 수 있게 되면 우리는 인간답게 올바른 삶을 살아갈 수 있게 된다.

인간은 자기 본성을 모른다. 인간을 깨어나게 하기는 쉽다. 하지만 계속 깨어있게 하기는 대단히 어렵다. 여기서 질문은 나는 누구인가(Who am I?)이고, 대답은 나이다. (I am.) 고대의 지혜는 '사람들이여, 너 자신을 알라, 그러면 너는 우주의 주인이 되리라'고 말했다 (God I Am, Peter O. Erbe, 1991). 자신을 모르고 산다는 것은 어둠속에서 사는 것이다. 사람들은 이 사실 조차도 모르고 있다. God I Am 책에서 나는 누구인가? 라는 물음을 던지는 것은 정체성 없이 살고있는 인간들을 깨우치기 위함이다. 불교는 이미 2500년 전에 처음으로 깨달음을 위한 발걸음을 내디뎠다. 철학자 쇼펜하우어가 종교 중에서 가장 올바르다고 지적한 내용이기도 하다.

선(禪)의 가르침은 내가 누구인지를 밝혀준다. 나는 누구인가? 라고 물었을 때 내 자신의 내면의 마음속에는 아무것도 없다. 그 곳은 텅 비어 조용하고(空寂) 신령스러운 앎(靈智)의 자리이다. 이곳은 형태도 없고 이름도 없다. 그럼에도 불구하고 어떤 사람은 이곳을 부처, 신, 성령, 절대자, 본성, 양심, 참나 라고 부르기도 한다. 선불교(Zen Buddhism)는 이처럼 매우 간단하다. 자신의 내면을 밝혀 낼 수 있는 가르침의 모음이다. 그러나 선불교는 도그마가 아니다. 신학, 철학도 아니다. 더구나 종교도 아니고, 어떤 신념체계도 아니다. 종교에 따라서는 그것을 무엇이라고 부르는지는 금기 사항이다. 그것을 묘사하면 죄가 된다. 자기 자신의 정체성을 찾아내고 이를 진리(truth)라고 한다.

진정한 나는 무엇인가를 체험하려면 생각 이전의 상태로 돌아가야 한다. 생각을 차단(Cut off thinking) 함으로써 비로소 나를 경험할 수 있다. 그 자리가 바로 참 나 이고, 본성이다. 그것은 절대자, 신, 부처라고 종교계에서는 부르고 있다. 그것은 생각 할 수 있는 대상이 아니다. 깨달음을 원하면 그것도 실수이다. 또, 다른 사람의 생각과 아이디어로 쓰여진 글을 읽고 깨달음을 얻고자 한다면 자신의 마음속을 알 수 없다. 다시 말하면, 말과 글, 생각으로는 깨달음을 얻을 수 없다. 참나를 체험하기 위해서 입을 열면 실수다. 참나를 이해하는데 부처가 방해된다면 부처를 버리라고 했다. 또 부처는 내가 말했다는 이유만으로 내가 말한 것을 믿지 말라고 하였다.

불교가 생각 이전의 자신을 이해하는 도구라면, 왜 사찰을 짓고 금불상을 만드는가? 이에 대한 답은 모두 실수다. 사찰, 교회, 목사, 신부, 스님 모두 실수다. 이 모두가 자신의 생각과 욕망에서 비롯된 것이다. 그것은 안돼! 이것은 내 것이야. 나의 생각은 너의 그것보다 낫다. 이런 행위들은 인성을 말과 글로 파괴하게 된다. 그렇다면 종교가 없다면 어떻게 되겠는가? 이는 고품격의 선언이다. 종교인들이 그런 것처럼 거기에 얽매이면 모두 실수다.

소크라테스는 "너 자신을 알라"고 했다. 그러자 학생이 선생님은 자신을 아십니까? 하고 물었다. 그러자 소크라테스는 모른다. 하지만 나는 내가 모른다는 사실은 알고 있다고 했다.

우주에 존재하는 모든 것은 이름과 모양을 가지고 있다. 현상계에서 보면 그러하다. 그러나 절대계에서는 모든 것은 같은 실체이다. 또 우주에는 서로 반대되는 빛과 어둠, 남자와 여자, 소리와 침묵, 선과 악으로 이루어져있다. 그러나 반대되는 것은 서로 통한다. 왜냐하면 같은 실체에서 생겨났기 때문이다. 결국 모든 것의 이름과 모양이 다를 뿐 실체는 같다. 이름과 모양은 우리 생각으로 만들어낸 것이다. 이름과 모양이 있다는 것은 상대를 가지고 있다는 뜻이다.

절대계인 참나의 세계에는 나와 남의 구별이 없고, 시간과 공간이 없으며, 모든 실체는 하나다. 그러나 현상계는 바로 네 사람의 장님이 동물원에 가서 코끼리를 만져 보고는 자신이 옳다고 싸우는 꼴이다. 코끼리 코를 만져본 장님은 코끼리는 뱀과 같다. 다리를 만져본 장님은 코끼리는 기둥처럼 생겼다고 했다. 코끼리 배를 만져본 장님은 코끼리는 벽과 같이 생겼다고 했다. 그리고 마지막 장님은 꼬리를 만져보고는 빗자루 같다고 주장했다. 우리는 내면의 나 자신을 알지 못하면 진리도 알 수 없다.

2. 진정한 나를 깨닫는 방법은?

생각, 감정, 오감에 관심을 기울이지 말고 오직 "모른다"로 일관한다. 자신의 이름, 신분, 직업 등을 잊어버린다. 그리고 단순히 나는 "몰라" 라고 말한다. 아주 가볍게 "몰라" 그리고 "괜찮아"하면서 모든 것을 잊어버린다. 즉 모든 것을 내려놓는다. 생각, 감정, 오감에 집착하지 않는다. 그것들이 일어나고 사라지는 것을 "알아차리"는 자리, "생각이전"의 자리에만 관심을 기울인다. 명상을 통하여 그 자리의 실체를 확인 할 수 있다. 이것이 참나를 깨닫는(불성을 보는) 비결이다.

오직 모를 뿐(Only I don't know!)! 우리가 참나 자리를 찾지 않아도 이미 텅 비어 신령한 앎의 자리인 그곳은 마음속에 작용하고 있다. 차라리 모르겠다고 일관한다. 그냥 모르겠다고만 한다. 이게 도대체 뭐냐? 좀 알아봐야겠는데 하면 더 감춰진다. 그러니 오직 모를 뿐! 이라고 하라. 알고 있다의 반대인 모른다가 아니다. 아는지 모르는지 일체를 모르겠다. 관심이 없다. 모든 것을 내려놓는다. 모른다는 것만 확실히 알면, 이것이 바로 견성(見性 : 참나의 각성)이다.

3. 올바른 인간의 길은 무엇인가?

하나는 참나 상태로 깨어나게 하는 것이고, 다른 하나는 깨어있음을 유지함으로서 일상생활에서 올바르게 행동하는 일이다. 먼저, 깨어있는가를 확인한다. 이는 텅 비어있는 앎의 자리인 참나, 양심을 뜻한다. 바로 내적으로의 경(敬)의 상태이다. 다음으로, 생각. 감정. 오감이 지배하는 행위가 자명한지를 물어본다. 거리낌이 없다면 이는 바로 양심의 소리이므로, 그대로 실천하면 된다. 바로 외적으로의 올바른 행동인 정의(義)의 실천이다.

450여 년 전 조선시대의 남명 조식 선생을 비롯한 많은 선비들은 은장도와 방울을 차고 다녔다. 오른쪽 허리에 찬 은장도 양면에는 경(敬)자와 의(義)자가 새겨져 있었다. 그리고 왼쪽 허리에는 성(惺)자가 쓰인 방울 두개를 차고 다녔다. 퇴계의 성학십도에는 잠심이거(潛心而居)라고 쓰여 져 있다. 마음을 잠잠하게 가지고 생활하면 하느님을 곧 만난다는 뜻이다. 즉 경(敬)이 곧 우주의 원리인 하느님과 하나가 된다는 깨어있는 상태이고, 나아가 의(義)가 깨어있는 참나 상태를 유지함으로서 정의로운 생활을 실천한다는 각오이다.

올바른 인간의 길의 본질은 남이 싫어하는 것을 하지 않는다는 것이다. 이 말은 동시에 내가 싫어하는 것을 남에게 하게해서도 안 된다. 자신이 받기를 원하면 상대방에게 베풀어야 한다는 "양심의 명령"에 따라 행동하는 것이다. 양심의 명령에 따르는 삶이 인간과 우주의 원리이다. 그러므로 인간은 안으로는 깨어있고(敬), 밖으로는 깨어있음을 유지함으로서 정의(義)를 실천해야 한다.

결론적으로, 올바른 인간의 길은 일상생활에서 유교의 사단(四端)을 실천하는 일이고, 불교에서는 육바라밀(六波羅蜜)을 지키는 일이다. 그리고 기독교에서는 아홉 가지의 성령(聖靈)의 열매를 실천하는 일이다. 구체적으로, 유교의 사단이란 仁을 나타내는 측은지심, 義를 나타내는 수오지심, 禮를 나타내는 사양지심, 그리고 智를 나타내는 시비지심을 말한다. 불교의 육바라밀은 보시, 지계, 인욕, 정진, 선정, 그리고 지혜를 뜻한다. 마지막으로 기독교의 아홉 가지 성령의 열매는 사랑, 기쁨, 평화, 인내, 자비, 양선, 충성, 온유, 그리고 절제를 말한다.

안동인의 자랑스러운 고유 언어(말) '웅부(雄府)'

전 안동국수 · 안동시장 김 휘 동

안동사람은 '웅부(雄府)'라는 말을 즐기며 자주 사용한다. 듣는 사람 또한 자연스럽게 거부감 없이 흐뭇하게 받아들인다. 안동시청 현관입구에는 '安東雄府(안동웅부)현판이 걸려있다. 거리에 나가면 웅부식당이란 음식점 상호와 웅부회사라는 회사상호도 눈에 띈다. 그러나 안동을 찾는 관광객이나 내방객들은 나지막한 귀속 말로 '웅부'가 무슨 뜻이냐고 의아해 하는 사람들도 있다. 어학사전을 찾아보면 '웅부(雄府)는 웅장하게 큰 마을' 이라고 간략하게 표기되어 있다. '웅부'(雄府)에 대한 의문을 가진 사람들은 사전이나 인터넷검색어로 '웅부'란 용어를 찾아보았을 수도 있으며 이분들은 안동이 그렇게 큰 고을이었나? 하는 생각을 가졌을 것으로 생각된다. 2003년 6월 '안동웅부한시백일장' 개회식을 마치고 시작(詩作)을 위해 자리를 이동하던 어느 한분이 '웅부'라는 뜻이 무엇인지 설명을 부탁하는 말을 했다. 그 순간 아 그렇지 웅부라는 말은 안동 지방에서만 사용하는 고유의 말이니 타 지역에서 오신 분들에게는 그 경위를 자세히 설명하는 것이 옳다는 생각이 들었다.

'안동웅부(安東雄府)'의 탄생

1361년 12월 15일 고려 31대 공민왕이 홍건적의 난을 피해 안동으로 몽진(蒙塵: 임금이 난을 피해 안전한 곳으로 감)했다. 공민왕과 왕비(노국공주), 왕의 모(母)를 비롯한 왕실이 통째 안동으로 옮겨와 난이 평정된 1362년 2월 19일 까지 70여 일간 안동은 고려의 임시수도의 역할을 했었다. 당시 공민왕은 안동 고을 주민들의 도움으로 홍건적의 난을 평정하고 수도 개경(개성)으로 무사히 환도할 수 있었다.

환도한 개혁군주 공민왕은 안동 부민(府民)들의 뜻을 고맙게 여겨 당시 안동의 행정구역 지명 복주(福洲)를 현재 도(道)단위 격에 해당하는 안동대도호부(安東大都護府)로 승격했다. 특히 그 뜻을 더욱 높이 치하하는 뜻으로 공민왕 친 어필 '安東雄府' 현판을 하사했다. 그러므로 웅부는 곧 안동을 높이 들어 세우는 말로 이해해야 할 것이다. 안동몽진 시 공민왕은 시름을 달래며 거닐던 낙동강 변 영호루에 '映湖樓'(영호루)란 현판을 친필로 하사했다. 지금도 현판이 게첩 되어 있는 영호루는 영남 3대 루 중의 하나다.

'안동웅부' 현판에 담긴 역사적 의미

'안동웅부'에 대한 역사적 기록은 네이버 지식백과나 국사편찬위원회 한국사 데이터베이스에 들어가면 자세히 기록되어 있다. 안동대학교 민속학연구소에서 2004년 10월 발행한 '고려공민왕과 임시수도안동'이란 책자에도 상세 기록되어 있음을 볼 수 있다.

2012년 11월 28일 영남일보(김봉규 기자)에 '안동웅부'에 관련된 내용을 자세히 기획 보도되었기에 그 내용을 여기에 옮겨본다.

"고려 태조 왕건이 후백제 견훤에게 패해 위세를 잃어가던 중, 안동에서 벌어진 병산전투에서 불리한 여건임에도 안동 주민의 도움으로 대승을 거두게 된다. 이에 왕건은 안동을 '安東府'로 승격시켰다. 세월이 흐르면서 안동은 특별히 주목을 받지 못하다가 공민왕이 홍건적 침략을 피해 안동에 머물다 간 후인 1362년, 안동에 대도호부를 설치했다. 공민왕은 안동이 자신이 머물렀던 곳이기도 하고 당시 안동부민이 각별한 환대를 해준 것에 대한 보답의 마음도 있었을 것이다. 공민왕은 개경에 도착한 후에도 안동을 잊지 못해 '안동이 나를 일으켰다(此安東我重興)'고 술회하기도 했다. 공민왕은 이런 안동에 '安東雄府'라는 현판 글씨를 특별히 써서 하사했던 것이다.

여기서 '웅부(雄府)'라는 단어의 선택이 눈길을 끈다. 당시 안동의 행정적 위상은 안동대도호부였다. 만약 이를 그대로 썼다면 '안동대도호부'라고 했을 것이다. 그러나 왕은 굳이 '안동웅부(安東雄府)'라는 단어를 썼다. 불교에서 최고 숭배의 대상인 석가모니불을 모시는 건물이 '대웅전'이다. 불교국가인 고려의 왕이 '雄'(웅)자를 사용해 '웅부'라고 편액 글씨를 써서 도호부 관아에 내린 것은 왕의 각별한 마음을 표현한 것이라 할 수 있을 것이다.

안동도호부 관아에 걸려있던 '安東雄府' 현판은 그 후 안동군청에 걸려있다가 안동시와 안동군청이 통합됨에 따라 1995년 안동민속박물관으로 옮겨 보관하고 있었다. 지금 안동시청에는 그 복제품을 마련해서 2002년 11월 안동시청 현관에 걸었다. 현판 의 '안(安)'자 옆에는 고려공민왕이 쓴 보배로운 붓글씨라는 의미의 '여공민왕보묵(麗恭愍王寶墨)'이라는 글자가 작게 쓰여 있다. 한편 국립중앙박물관은 공민왕의 '영호루'와 '안동웅부' 현판을 탁본한 글씨로 만든 첩을 소장하고 있다. 박물관은 1910년대에 구입한 것이라고 설명했다."(김봉규 기자)

안동인의 생활에 깊숙이 스며든 명예로운 '웅부'

'雄府' '安東雄府'는 외부인이 바라 볼 때 안동인의 고유명사처럼 느껴지나 안동인 가슴

속 누구나 따뜻이 간직하고 있는 보온병 같은 모두의 용어다. 요즘 안동에는 웅부 떡볶이, 웅부 떡, 웅부 묵, 웅부 무말랭이를 비롯하여 가지가지의 음식을 돋보이게 하는 형용사처럼 사용되고 있기도 한다. '웅부'를 사용한 주택이나 중기, 환경 등 각종 산업이나 현판, 화로의 상호에 이르기 까지 폭넓게 사용되고 있다. 또한 웅부클럽이란 동호인 조직도 있으며 최근에는 뮤지컬 '신 웅부 전 고등어 찜닭에 빠진 날'이 절찬의 인기를 누리며 순회공연 중에 있다. 안동도호부에서 안동부 청사로 명칭이 바뀌고 1896년부터 안동 군청사로 사용되다 1995년 시군통합에 따라 철거한 그 자리에 2003년 '안동웅부공원'이란 시민공원이 조성되었다. 당시 공원명칭을 시민들로부터 공모한 결과 대다수 시민이 '웅부'를 선호함에 따라 표석을 세우고 '안동웅부공원'이 탄생되었다. 웅부공원은 전통혼례에서부터 크고 작은 시민행사는 물론 젊은 세대들의 만남의 장소로도 널리 이용되고 있다. 웅부공원이 시민의 사랑을 받고 찾아오는 관광객의 발길이 잦아지자 2007년 대한민국 공간문화대상 우수상인 문화관광부장관상(거리마당 상)을 받기도 했다.

또한 안동문화예술의 전당 주공연장도 '웅부홀'로 명명되어 있다. 정부는 소규모 학교 통폐합 차원에서 2018년 3월 개교를 목표로 안동 도산 온혜에서 '웅부중학교'를 개교할 예정이다. 안동시 면지역에 소재한 도산중, 임동중, 안동중 와룡분교, 안동중 인계분교, 길주중 녹전분교 등 5개 학교를 통합해 '웅부중학교'가 신설된다. 이렇듯 안동인 모두의 가슴속에는 '웅부'라는 자긍심이 묵직하게 자리 잡고 있다.

전 국민 속에 확산되는 안동의 애칭 '웅부' 안동

자랑스러운 안동의 명예 '웅부'의 가치를 전 국민을 대상으로 함께 공유하고자 안동시에서 스포츠 대회를 시작하였다. 그 반응이 너무 좋아 각종 종목마다 '00웅부 배'란 명칭의 대회가 점차 증가하고 있는 추세다. 2005년 11월 '안동웅부 배' 전국주니어 테니스대회를 시작으로 '웅부 배 볼링대회' '웅부 배 남녀궁도대회' '웅부 배 골프대회' '웅부 배 그라운드 골프대회' '안동웅부 배 전국 족구대회' '안동웅부 배 장애인 탁구대회' ... 이렇게 전국 스포츠 대회에 '웅부'를 붙이니 안동이란 지명이상의 브랜드가치가 인정되어 지는 듯했다.

특히 2003년 6월 처음 '안동웅부전국 한시백일장'을 시작했다. 매년 개최됨으로 전국의 한시동호인 수백여 명이 참가한다. 안동웅부 전국한시백일장은 사라져가는 한자교육의 중요성을 일깨우고 한시가 가진 풍류의 멋과 선비정신을 발현하기 위한 전국대회로 그 명성이 날로 높아가고 있다.

해를 거듭할수록 명성을 얻고 있는 안동웅부전국한시백일장은 유교문화의 계승과 한시

문화의 부흥을 위해 상당한 기여를 하고 있다. 이렇듯 '웅부' '안동웅부'의 역사적 정신적 가치는 '한국정신문화의 수도 안동'이란 슬로건 속에 용해되어 이제는 전 국민적 가치로 승화되어 가고 있는 듯하다. (글쓴이 : 전 안동군수. 안동시장)

참고자료) 고려공민왕과 임시수도안동, 배영동 외 3명, 안동대학교민속학연구,(2004. 10)
고려시대의 안동, 임세권 외 10명, 안동대학교 안동문화연구소(2006. 10)
영가지(永嘉誌) 국역, 안동문화원,(2001. 9)
네이버(Naver) 지식백과 / 국사편찬위원회 한국사 데이터베이스

"한국정신문화의 수도 안동"의 브랜드 가치는?

김 휘 동

'한국정신문화의 수도 안동' 생성의 배경

수도란(首都)? 한 나라의 중앙정부가 있는 도시를 말한다. 그러나 영어로 수도를 뜻하는 'Capital'은 고대 로마의 어원으로 생활, 문화, 정치의 중심이라는 뜻이었다. 과거 봉건사회에서는 수도는 한 곳에만 한 나라의 생활과 문화 정치가 집중되어 있었다 할 수 있다. 우리나라의 서울도 '중앙정부가 있는 정치권력 경제 문화... 모든 것이 우월적 지위에 있는 우월적 도시'라는 이미지가 고착화되어 있다고 여겨진다.

그러나 지금 세계는 놀랄 정도로 다극화, 다변화되어 가고 있다. 전통적으로 고정된 수도의 개념 또한 점차 분화되어 원래의 어원처럼 생활, 문화, 정치 등으로 다양화되고 있는 추세다.

예를 들어 미국의 정치는 워싱턴, 경제 수도하면 이론의 여지없이 뉴욕을 말한다. 중국의 경우도 정치 수도는 베이징이지만 경제 수도는 상하이다. 우리나라는 고려조 현종 9년(1018)에 개경(개성), 서경(평양), 동경(경주)의 3대 수도가 있었다.

이처럼 수도는 단순히 인구가 많다는 이유에서나 정치적 중심이라는 이유만이 아닌 정치, 경제, 문화 등 기능별로 한 나라를 대표할 만한 곳을 그 분야의 수도로 지칭하고 있다.

그러한 다극화는 국가 전체의 경쟁력과도 직결되고 있다. 글로벌 시대는 국가 간 경쟁이 아니라 세계에 있는 모든 도시가 서로의 경쟁상대가 된다. 이런 것을 감안하면 세분화된 '수도론'의 개념이 보다 쉽게 이해될 수 있을 것이다.

이처럼 급변하는 국제적 흐름에 부응하고 다극화 시대에 대비하기 위해서 '하나의 수도'

에 대한 고정관념에서 탈피하여 수도에 대한 거시적 안목이 필요하다 하겠다. 안동시에서는 이러한 점을 바탕으로 '안동'을 '한국 정신문화의 수도'로 표방하여 국가로부터 특허 등록을 받기도 했다. 이제 서울은 '정치 · 경제의 수도'로서의 기능을 담당하고, 국토중심부의 가로축인 동서 6축 고속도로를 지나는 서쪽은 국무총리와 각 행정 부처가 있는 행정 수도적 기능을 가진 '세종특별자치 시'가 있고, 같은 위도를 지나는 동쪽의 안동은 '한국정신문화의 수도'로 기능을 분담하게 된다. 따라서 3수도를 특성화하는 국민적 인식과 정부 차원의 정책 또한 절실하다.

그러므로 국토 균형발전은 물론 정치, 경제, 행정, 문화가 더욱 경쟁력을 가질 수 있게 될 것이다. 다극화 시대의 3대 수도론, 이것은 선택의 문제가 아니라 필수적이다. 각 시대별로 다양한 역사와 문화유산을 간직하고 있는 안동은 우리나라 역사, 문화의 보고(寶庫)이자 민족 정신문화의 가장 중심에 서 있는 곳이다. 그래서 안동의 슬로건이 '한국정신문화의 수도'다. 대한민국의 천년을 뒤돌아보고 미래 천년을 내다보며 안동이 지니고 있는 문화와 도덕적 가치를 온 국민이 공유할 수 있도록 승화시켜 나가기 위함이다. 국민들은 지금 '민족정신'이 피폐되어 가고 있는 혼란한 사회를 살아가고 있다. 그러므로 정신문화에 대한 가치는 삶의 활력이며 희망이고 대한민국 미래 천년의 문을 여는 가장 중요한 열쇠가 될 수 있기 때문이다.

안동이 정신문화 수도를 지칭 할 수 있는 가치를 지녔느냐?

안동은 시대마다 수도의 보완적 기능을 수행해 왔다. 고려 태조 왕건이 서기 930년 고창(안동) 전투에서 안동주민들의 도움으로 견훤 군을 물리쳐 후삼국을 통일하는 결정적 중심지역이 되었다. 그래서 태조 왕건은 이 지역을 안어대동(安於大東) 동쪽의 가장 편안하고 안정된 의미를 가지는 '安東'의 지명을 지어 주시고 일약 안동을 도호부로 승격시켰다. 이를 계기로 고려 제 25대 충열왕 7년(1281년 8월) 일본 정벌 시 왕이 문하시중(재상) 김방경 도원수를 비롯한 전 왕실의 대신들과 30여 일 동안 안동에서 체류하며 통치했던 곳이기도 하다. 31대 공민왕은 홍건적의 난을 피해 1361년 12월 임진일부터 1362년 2월 신축일 까지 70여 일 동안 전 왕실이 안동으로 옮겨오므로 안동은 임시수도가 되었던 곳이다. 또한 조선조의 안동은 작은 한양의 축소판이라 할 수 있다. 즉 4大門과 4岳(동악. 서악. 남악. 북악)을 두고 있었고 한양에서만 보던 과거시험을 지방에선 유일하게 안동 도산서원 앞 시사단에서 정조16년(1792년 3월 25일) 도산별과를 보기도 했다.

특히 고려의 송도(개성)와 조선조의 한양은 수도였으나 그 통치의 정신적 이념의 중심지는 안동이었다고 할 수 있다. 의상대사가 서기 671년 8년간 당나라 유학 후 귀국하면서 도입한 불교의 화엄사상은 고려개국과 통치의 근간을 이루었다. 따라서 의상대사는 영주부석사와 안동봉정사를 비롯한 경북북부지역을 중심으로 수 많은 화엄사찰들을 창건하였다. 또한 당나라 풍의 전탑塼塔(흙을 구어서 만든 벽돌 탑)이 있는 전국 9곳 중 안동에 6곳을 조성하여 지금도 3곳이 그대로 보존되므로 고려조의 통치이념인 화엄사상 중심지였던 역사의 현장을 그대로 보유하고 있다.

조선조에는 숭유배불 정책으로 불교를 멀리하고 유교를 통치이념으로 하는 성리학이 그 중심 사상이었다. 따라서 퇴계선생을 정점으로 한 안동의 유림들이 주역을 담당하였으며 그 명맥의 정신이 이어지고 있다.

조선조 후기 국운이 쇠퇴하여 일제 강점기를 겪어야 했던 민족의 수난기의 국가 통치이념은 독립운동이었다. 1894년 안동의 갑오 의병을 시발로 독립운동의 가장 선봉에서 주역을 했던 곳이 바로 안동이다. 1910년 8월 27일 한일 합방이라는 국가적 수모를 당하자 향산 이만도 선생을 비롯한 수많은 자정 순국자가 안동에서 나오고 육사선생을 비롯한 독립유공자가 339명으로 서울 308명 대구 128명 보다 더 많은 숫자다.

또한 일제강점기의 상해임시정부 내각 구성을 들여다보면 안동인이 그 주축이 되어 있다. 초대 국무령 이상용, 국민회의 의장 김동삼 선생을 비롯 많은 안동 혁신 유림들이 만주로 이주 활동했으며 지금도 그 후손들이 살고 있는 연길 시에는 '안동마을'이 있다. 역사가 증명하는 이런 모든 사실 하나 하나가 나라 잃은 대한민국의 정신적 수도였음을 증명 하는 좋은 사례라 할 수 있다.

다른 어느 곳보다 짙은 안동의 향기를 찾아보고자 한다.

안동은 공자와 맹자가 태어난 고향과 같다. 라고 하는 추로지향鄒魯之鄕(孔孟之鄕)의 도시이다. 이는 조선조 정조 대왕(16년 1792년)께서 퇴계선생의 치제문致祭文에서 추로지향으로 치하를 하고 또한 1981년 공자 77대 종손 故 孔德成 선생께서 도산서원을 방문했을 때 남기신 추로지향 휘호를 도산서원 입구에 표석으로 제작하여 설치되어있다.

안동은 학문적으로 정립한 '安東學'이 존재하는 우리나라의 유일한 곳이다.

국학진흥원이 주축이 되어 안동대학교와 중국 안휘성 대학 연구소, 미국 하와이 대학 연구소가 공동으로 연구 매년 학술 보고서를 작성하여 현재까지 10집이 발간됐다.

기초자치단체로 가장 많은 사회복지시설(경북의 40%)을 갖춘 忠亂相恤의 예안 향약정신을 이어가고 있는 선비 정신의 도시가 안동이다.

2002년 7월부터 지금까지 전 국민을 대상으로 한 정신교육을 실시하여 15만 여명을 배출한 도산서원 선비문화수련원이 있다. 또 어린이 인성교육을 위해 활동하고 있는 전국 2100여명이 넘는 이야기 할머니들의 교육을 주관하는 2세 교육의 중추적 도시이기도 하다. 또한 핵가족화 시대 가계와 가족의 뿌리를 이어가는 전국 최고 47개의 종택을 보유한 유림의 도시로 기초자치단체 중 자연 상태의 문화재를 가장 많이 보유하고 '유네스코 세계문화유산도시'다. 목판 6만 2천여 점과 古典籍 27여 만점의 문중 유물 문집을 소장한 한국국학진흥원...등 안동은 가히 한국 정신문화의 보고寶庫지역이라 할 수 있겠다.

국가는 안동을 '한국 정신문화의 수도首都'라는 용어를 공식인정하고 있을까?

국가(특허청)에서 2006년 7월 4일『한국정신문화의 수도 안동』슬로건 특허등록을 인정해 주었다. 따라서 안동은 21세기 안동만이 가지고 있는 숭고한 정신문화를 우리의 삶에 파급시켜 나가야 할 시대적인 사명을 지니게 되었다.

2007년 2월 7일 안동과학대학교에서 시장군수 구청장등 800여명 참석한 가운데 사회를 맡은 박명제 행정안전부 장관께서 "오늘 노무현 대통령님을 모시고 한국정신문화의 수도 안동에서 지역을 고루 잘살기 위한 제 2단계 국가균형발전보고회를 시작하겠습니다." 라고 하므로 '한국정신문화의 수도 안동'은 국가적 행사에서도 공식적으로 사용하는 슬로건이 되었다.

이어 2007년 7월 4일 '한국정신문화의 수도 안동' 특허 등록 1주년을 맞아 안동시민회관에서 1000여명의 시민들이 모인 가운데 대내외에 알리는 선포식을 하고 안동시청 전정에 표지석 제막식을 가졌다. 이후 안동에서 개최된 동서6측 기공식, 안동문화관관광단지 기공식, 전국단위 체육 개막행사와 중계방송에서도 '한국정신문화의 수도 안동' 슬로건은 당당히 인용되고 있다.

국민들은 안동을 '한국 정신문화의 수도首都'라는 용어를 공식인정하고 있을까?

'한국정신문화의 수도 안동' 슬로건 현판은 안동 도심의 외곽지역 4곳 관문에 설치되어 있다. 또 안동시청과 각 읍 면 동 청사에도 설치되어 있어 누구든 언제 어디서나 쉽게 눈여겨 볼 수 있다. 그래서 안동을 다녀가는 연간 300만 명이상의 관광객과 일반 방문객 대부분은 안동의 정서와 잘 어울린다는 공감의 의사 표시를 한다. 다만 외국인들은 의아한 눈

초리로 'The Capital of Korea Sprit Culture'의 의미에 대한 질문을 한다.

2010년 봄 국가브랜드위원회 주관으로 전국 지방 자치단체의 시정슬로건을 5개 분야로 나누어 비교하는 국민여론 조사를 실시하였다. 안동시가 경주시보다 4개 분야에서 앞서므로 당당히 전국 1위를 하고 전주시가 3위 광주시가 4위로 무척 낮은 점수를 얻었으며 나머지 지자체는 지극히 점수가 미미했다.

따라서 안동시는 2010년 5월 7일 국가브랜드선정위원회로부터 영예의 최고브랜드상을 수상 받는 영예를 얻을 수 있었다. 그래서 전 국민적 공감 확산을 위하여 연세대, 고려대와 서울 교육대를 비롯한 서울과 지방의 각 대학교수와 학생을 대상으로 정신문화 수도의 역사성과 가치에 대한 인문학 교육을 실시함으로 전 국민적 인식과 공감을 이어 가고 있다.

한국 정신문화 수도로서의 영속적 실천 과제가 있는가?

우선 안동시 차원에서는 매년 7월 4일은 '한국정신문화의 수도 안동' 선포일로 기념식을 하고 있다. '가정 가족'이 건강해야 사회는 물론 국가전체가 바람직한 정신가치를 확립할 수 있다는 데 초점을 맞추어 가족사랑 글짓기, 사진 찍기, 노래 부르기, 가족 자랑하기 등 다양한 가정 가족문화를 꽃 피우는 장기 프로그램을 운영하고 있다. 특히 2014년 3월 28일 한국정신문화 재단을 설립하여 2014년 7월 4~5일에 세계석학들을 초빙하여 21세기 인문가치 포럼을 가졌다. 당시 포럼의 주제를 보면 ① 청년 유림의 미래와 실천 ② 가족의 과거와 현재 미래를 말하다. ③ 동아시아의 가치와 미래학의 공유 등 5개 세션으로 나누어 국학진흥원 안동대학교 안동문화예술의 전당 국제회장에서 개최하므로 스위스의 다포스 포럼과 같은 세계적인 명성을 꿈꾸며 매년 개최하게 된다.

이어서 2014년 12월 28일은 재경 안동향우회(회장 권원오)가 주관하는 연말 송년회에서는 '한국정신문화 실천운동'의 출정식을 하고 재경 수도권 30만 안동 인들이 정신문화 복원을 통한 도덕성 회복운동에 앞장서고 있다. 또한 재구 안동향우회에서도 서정학 회장을 중심으로 정신문화 실천운동에 앞장서는 법인을 설립 중에 있다. 이처럼 우리의 정신문화를 성찰해서 올바르게 갖추려는 정신운동이야말로 이 시대가 절실히 요구되는 국가적 국민적 과제이기도 하다.(2015년 2월 26일)

(글쓴이 : 현 대구대학교 행정대학 초빙교수, 전 안동군수, 시장)

역사를 바꾼, 안동의 향기

국가발전미래교육협의회 교수 海山 **임 낙 윤**

조상들의 발자취와 숨결이 배어 있는 곳, 안동은 오늘을 살아가는 우리에게 어떤 의미를 갖는 것일까?

예로부터 안동은 산수가 수려하고 학문과 문화의 꽃을 피었던 유서 깊은 고장으로 안동인만이 간직할 수 있는 정신문화를 형성하고 발전시켜 왔다

60년대 고등학교 입시를 위해 난생처음 서울에 왔을 때 시민들은 독특한 사투리에 고향을 물었고 안동이라 하면 칭찬을 아끼지 않았다.

왜, 사람들은 안동이란 이유만으로 좋은 곳이라며 높이 평가를 했을까?

이에 대한 답은 한 기자(경향, 최병준)의 고백에서 찾을 수가 있을 것 같다.

"안동은 단지 벼슬아치를 많이 배출한 양반 골이 아니라 선비정신이 오롯이 살아있는 선비 골이다.

말만 앞세우지 않고, 목숨을 던지며 기상과 정조를 지켰던 꼿꼿한 선비정신이 살아 있는 곳이다.

요즈음 세상이 참 어지럽다.

광화문 한가운데 온갖 날이 선 목소리들이 맞서는 것을 들을 때 마다

안동이 떠오르는 것은 꼿꼿했던 선비가 그리워서인가보다" 라고 했다.

그렇다, 사람들이 침이 마르도록 안동을 칭찬하는 이유는 위기 때 마다

나라를 구한 안동의 선비정신이며 그 내용은"청빈, 지조, 예의"이다.

탐관오리들이 백성들의 고혈로 재산을 축적할 때 안동사람들은 나라와 백성을 위해 눈물겹도록 청빈했으며, 옳다고 믿는 생각을 목숨과도 바꾸지 않았고, 언제나 자신을 낮추고 양보하는 미덕을 몸소 실천했다.

이런 선비정신이 역사적 고비마다 나라를 구하는데 결정적인 역할을 했다.

멀리는 후삼국의 재통일이다.

고창전투(안동, 월곡)에서 호족들은 성격이 급하고 부정을 일삼는 견훤 대신 고려의 왕

건을 선택함으로써 천여 년에 걸친 동족간의 피비린내 나는 전쟁에 종지부를 찍고 도탄에 빠진 백성들의 생명과 재산을 구했다.

그리고 역사적으로 고려, 조선에 이어 오늘의 대한민국을 있게 했다.

다음은 치욕스러운 임진왜란이다.

왕의 무능, 당파싸움, 탐관오리들의 가렴주구로 조선은 나라가 아니었다.

이때, 봉건세력의 불만을 잠재우기 위해 희생양을 찾던 일본의 도요토미 히데요시(풍신수길)가 이런 절호의 기회를 놓칠 리가 없었다.

1592.4월 부산 침공이후 20여일 만에 한양이 함락되고 60여일 만에 국토의 대부분이 일본군에 넘어가고 말았다.

선조는 불타는 한양과 울부짖는 백성들을 뒤로한 채 의주로 도피했고 그것도 모자라서 다시 조국을 버리고 청나라로 도주를 결심했다.

이때 목숨을 걸고 "전란에 임금이 남의 나라로 도망가면 조선은 우리 땅이 아니다" 며 극구 만류한 선비가 있었으니 그가 바로 유 성용대감이시다.

그 당시 피보다 진하고 나라보다 소중한 것이 당파였으나 대감(동인)은 당론을 초월하여 권 율과 이 순신을 천거하고, 성벽을 쌓는 등 일본의 침략에 대비했다.

이런 구국의 결단을 가능케 했던 것은 바로 안동 선비정신으로 단련된 선생의 인품, 당파를 초월한 공평무사한 일처리, 검소하고 청빈한 생활모습이 선조와 대신 그리고 백성들의 마음을 사로잡은 것이다.

선생이 없었다면 임금은 중국으로 도망가고, 이 순신마저 없는 조선은 일본의 속국이 되었거나 청나라와 일본에 의해 분할점령 되었을 것이 불을 보듯 하다.

선생이 없는 이 순신은 있을 수가 없고 이 순신 없는 조선 또한 그러했다.

조선의 위기는 여기서 끝나지 않았다.

구한말 강대국들은 원료확보와 제품을 팔기위해 해안에 포성이 진동할 때 부끄럽게도 민비(명성왕후)와 흥성대원군의 그칠 줄 모르는 권력 암투로 국모는 시해되고 조선은 일본의 식민지로 전략하고 말았다.

이에 안동의 수많은 애국열사, 지사들은 재산을 팔아 자금을 마련하고 이국땅에서 독립운동을 하시다가 옥사하였다.

그러나 이분들의 숭고한 정신과 희생으로 해방은 되었으나 완전한 독립을 이루지 못한 채 예상치 못한 삼각파고(三角波高)를 만났다.

첫 번째 파고는 이념에 의한 국토의 분단이다.

모든 생각과 행동이 이념에 의해 재단되고 남북과 남남갈등으로 감내하기 어려운 애환과 수난을 격고 있다.

두 번째 파고는 자유민주주의 체제로의 편입이다.

왕정과 식민지에서 경험하지 못한 생면부지의 민주주의는 장점보다 단점이 노출되어 분열과 투쟁으로 국력은 낭비되고 국정은 혼란을 거듭하고 있다.

세 번째 파고는 유일신을 믿는 기독교의 전래다.

유교, 불교 등 기존 종교와의 갈등과 정치, 사회, 문화에 큰 파장을 몰고 왔다.

이와 같은 삼각파고는 못난 권력자들의 정권획득을 위한 분할통치에 악용되어 공직은 전리품이 되고 부정부패가 횡횡하여 정직하고 성실한 사람은 보다 반칙과 혈세를 취하는 자들이 능력자로 영웅시되는 비극이 연출되었다 .

이런 사회에서는 자유민주주의 순기능은 설자리를 잃고 역기능이 만연하기 마련이다.

지금 광화문에는 이념, 빈부, 지역, 세대로 분열된 깃발과 아우성이 파도처럼 넘실대는 것도 바로 여기에 연유한다.

자유민주주의는 독제나 왕정보다 난해하고 양날의 칼처럼 위험한 것으로 "시민, 시장, 정부"를 핵심 구성요소로 한다.

▶시민은 주권자로 합리적인 개인(유권자)을 전제로 한다.

왕정과 식민지의 백성과 신민처럼 통치의 대상이아니라 나라의 주인으로서 반대를 인정하고 선거로 대표자를 선출하며 이들을 감시하는 주체다.

권력자의 도구가 되어 이념과 지역과 세대로 편을 갈라 상대방의 약점을 잡고 이전투구하는 것은 민주주의 시민과는 거리가 멀다.

▶시장은 수요와 공급에 의해 가격이 자동 조절되고 기술혁신에서 오는 초가이윤은 재투자, 세금으로 환수되는 정의롭고 공평한 구조를 말한다.

그러나 초창기 눈부신 경제성장을 이끌었던 정부주도의 경제정책은 3만 불 시대에서는 오히려 족쇄가 되어 생산기반 자체를 흔들고 있다.

▶정부는 권력기관이 아니라 공정한 "심판자"를 의미한다.

심판자인 정부가 자본과 결탁하고 혈세를 사용(私用)하는 집단으로 변질되면 자유민주주의는 파괴되고 국가와 국민은 불행해진다.

오늘의 대한민국은 그 어느 때보다 위중한 총체적난국에 직면해있다.

삼각파고로 자유민주주의를 지키지 못한 데서오는 갈등, 좌절, 분열, 차별, 투쟁의 국내문제와 재편되는 국제질서가 맞물려 국가명운이 한치 앞을 가늠키가 어렵다.

이럴 때 일수록 초심으로 돌아가 안동선비정신의 요체인 청빈, 지조, 예의를 지키고 이를 실천하는 것이 기본적인 해법이라 생각된다.

그중 첫째도, 둘째도, 셋째도 지도자와 공직자의 청빈(淸貧)이다.

월맹의 호치민은 독신에 옷 두벌, 반찬은 세 가지를 넘지 않았다.

이런 지도자의 청빈 앞에서는 최강의 미국이 주도하는 연합군도 힘을 쓰지 못하였으며 부패한 월남은 허망하게도 세계지도에서 사라졌다.

군사적 동맹은 휴지조각이 되고, 현대식 무기는 고철에 불과했다.

이와 같은 냉엄한 역사적 교훈을 거울삼아 공직자를 비롯하여 기업과 국민들은 안동의 선비정신을 가슴에 새기고, 실천해야 한다.

그래야 5천년, 변방(邊方)의 역사를 청산하고 통일대한민국으로 우뚝 설 것이기 때문이다.

위기의 조국, 다시 "안동의 향기"를 기다리고 있는지도 모른다.

아! 그날이오면

海山 임 낙 윤

님이 머무는 곳에는
땀방울이 보석처럼 빛나고
잣대가 곧아
행복이 나래를 펴지만
정작 올라치면 모두가 돌아앉아
돌이 됩니다.

칠흑 같은 밤이 싫지만
새벽을 외면하고
새옷이 좋지만
헌옷에 집착하는 까닭을 어림치만
마음의 눈은 밤하늘의 별이 되어 반짝입니다.

님이여!
홀대에 섭해 마셔요.
천 겹의 쇠고랑도 비, 바람에 녹이 슬고
날선 칼날이 굉음과 함께 빛날 것입니다

마음의 티끌 한강물에 씻어 보낼
그날이 오면

누더기 벗고 비단옷으로 갈아입을
그날이 오면

분열과 분단의 벽을 넘어 하나 되는
그날이 오면

새벽별을 따다가 등불을 밝히고
무궁화 입에 물고 비상하는 비둘기 되어

동해물이 마르도록 아리랑을 합창하며
밤을 토막 내어 두둥실 춤을 추겠습니다.

아 그날이 오면, 그날이 오면...

안동을 소재로 한 예술작품과 오페라 《아! 징비록》

한국도박문제관리센터 원장 **황 현 탁(黃鉉卓)**

안동(安東)은 삼국시대 이전에 창녕국(昌寧國), 신라 때 고타야군(古陁耶郡), 고창군(古昌郡), 고려 때에는 안동부(安東府), 복주목(福州牧), 영가(永嘉) 등으로 불렸다고 하며, 권기(權紀, 1546~1624)가 편찬한 『영가지(永嘉志)』에는 안동을 일컬어 "산은 태백에서부터 내려왔고 물은 황지에서부터 흘러온 것을 환하게 알 수 있다"라며, "산천의 빼어남과 인물의 걸출함과 토산의 풍부함과 풍속의 아름다움과 기이한 발자취"를 지니고 있는 고장이라고 표현하고 있다.

수도 서울 거리에서 '안동국시', '안동꿀사과', '안동찜닭'을 만나면 왠지 먹고 싶은 것은 안동 출신들 모두가 같은 생각이 아닐까? 라디오나 TV에서는 눈 오는 날의 사랑과 약속의 허무함을 노래한 〈안동역에서〉란 가요가 흘러나오고, 콘서트홀에서는 먼저 세상을 떠난 남편을 그리워한 여인의 그리움을 노래한 〈월영교의 사랑〉이 불려지고 있으니 이 또한 기쁘지 아니한가!

‘정신문화의 수도’ 안동에는 지정문화재 숫자가 전국에서 가장 많은 도시이며(문화재청 지정문화재 DB에 안동에는 429개, 경주에는 351개가 검색됨), 정신문화의 표상인 충과 효와 관련된 많은 유적과 유물, 일화들이 살아 숨 쉬고 있어 이를 소재로 한 영화, 오페라, 가요 등이 창작되고 있다. 안동을 소재로 하였거나 안동사람이 제작에 관련한 예술작품들 중 내가 본 것들로는 ①보물 제553호로 지정된 안동시 풍산읍 하리 1리에 소재한 예안이씨 종택 충효당을 배경으로 16대 종부(宗婦)인 권기선 여사(2013년 95세로 별세)와 홀로 귀향하여 노모를 모시고 사는 아들 이준교(당시 70세)의 모자간 생활을 1년 반 동안 촬영하여 편집한 영화 《오백년의 약속》, ②자신의 꿈을 접은 채 안동에서 김 씨 가문의 장손으로 살아가는 아버지에게 “아버지의 지난 삶은 행복했습니까?”라는 물음을 던지면서 영화감독으로 데뷔하기 위해 인도로 떠나, 아버지 사후 인도인의 삶을 그린 다큐멘터리를 제작하여 수상하고 트로피를 아버지 영전에 바치는 이성규 감독의 《시바, 인생은 던져》(2013년), ③한일합방이 되자 단식 순절한 이만도(1842~1910)를 시아버지로, 1919년 유림단이 장문의 독립청원서를 파리강화회의에 보내는 파리장서운동(長書運動)에 참여하였던 이중업(1863~1921)을 남편으로, 2

차 유림단 의거에 참가하여 체포된 두 아들을 두었으며, 자신도 57세인 1919년 예안에서 3.1운동에 참가하여 체포된 후 취조과정에서 고문으로 두 눈을 실명한 여성독립투사 김 락(1862~1929)의 삶을 다룬 《오페라 김락》(2015년), ④나라와 백성들의 삶을 위해 헌신했던 서애 류성룡의 삶을 그린 오페라 《아! 징비록》 등이다.

류성룡(柳成龍, 1542~1607)과 징비록(懲毖錄)

서애(西涯) 류성룡은 임진왜란(壬辰倭亂 1592년) 때 선조 임금을 수행하며 왜군을 물리치는 데 큰 역할을 했던 재상으로 풍산 류씨 가운데 가장 뛰어난 인물로 받들어진다. 퇴계 이황(退溪 李滉, 1501~1570)의 문인으로 25세에 문과에 급제한 뒤 승정원 · 홍문관 · 사간원 등 관서를 두루 거치고 이조 · 병조 · 형조에서도 일한 후 임진왜란이 일어난 1592년 영의정의 자리에 올랐다. 임진왜란이 평정된 후 그는 '전쟁을 피하고 화해하거나 평화롭게 지내자고 주장하는' 주화론자(主和論者)로 탄핵을 받아 관직이 삭탈되었다가 1600년에 복관되었는데, 그 후 벼슬에 나가지 않고 향리인 안동에 은거하였다. 고향의 옥연서당(玉淵書堂, 후에 옥연정사로 개칭)에서 임진왜란을 기록한 국보 제132호인『징비록(懲毖錄)』과『서애집(西厓集)』,『신종록(愼終錄)』등을 저술하였다. 징비록(懲毖錄)은 국보 제 132호로 지정되어 있는데, 서애 류성룡이 임진왜란 당시의 상황을 기록하여 후대에 참담한 역사가 되풀이 되지 않도록 하기 위해 후대를 위해 남긴 임진왜란의 야사적 역사서로, '징비'란 시경 소비편(詩經 小毖篇)의 '예기징이비후환(豫其懲而毖後患)'이란 구절에서 따온 말로 '미리 징계하여 후환을 경계한다'는 의미이다.

대구 로얄오페라단의 《아! 징비록》

2012년 6월 2일 안동문화예술의 전당에서 초연된 로얄오페라단의 《아! 징비록》은 조선과 일본의 수많은 백성들을 고통에 빠뜨린 도요토미 히데요시(豊臣秀吉)와 풍전등화의 위기에 빠진 나라와 백성들을 위해 헌신했던 류성룡의 삶을 통해 징비록의 진정한 의미를 되새겨 보고자 제작된 오페라로 2012년 제5회 대한민국 오페라대상 우수상 수상작품이다.

도요토미가 오사카성에서 임진왜란은 이순신, 권율, 류성룡 때문에 승리하지 못했다고 분석하면서 이간질을 통한 민심이반과 자객파병을 결정하는 1막, 이순신이 왕이 될 것이란 유언비어를 퍼뜨려 이순신은 파직되고 류성룡이 시국을 걱정하는 2막, 도요토미가 사망하

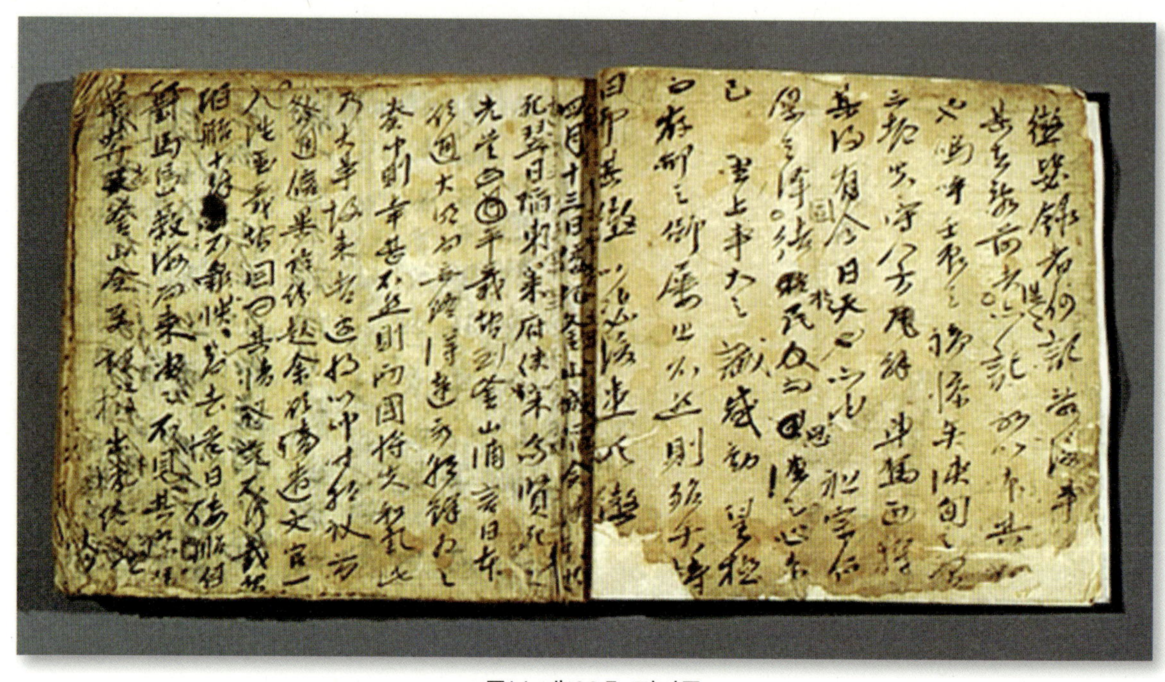

▲국보 제132호 징비록

는 3막, 이순신의 백의종군과 전장에서의 서거, 류성룡의 선정과 모함으로 인한 파직을 다룬 4막, 낙향하여 하회 옥연정사에서 징비록을 집필하는 5막으로 구성되어 있다.

"잊지 마라! 잊지 마라! 망국의 교훈을! 뼈 속 깊이 새기라! 지난 일의 잘못을 반성하여 환난이 없도록 조심하고 대비하라. 백성을 하늘처럼 여기고 그들의 소리에 귀 기울이라. 하늘과 땅이 교류하듯, 만물이 소통하듯, 아래 위가 교류하면 꿈과 뜻이 하나가 되지. 그 가운데 찾아오는 태평성대, 모두가 행복한 세상!" 라는 오페라의 메시지가 관객들에게 전해온다. 그리고 오페라를 보지 않은 많은 이들에게도 이런 교훈이 전해지기를 기대하면서 자리를 떴다.

2013년 7월 6일 KBS홀에서 공연된 마지막회 공연에는 나를 포함, 초대 받은 많은 대구경북출향인사들과 가족들이 관람한 것으로 추정되는데, 옆 좌석의 연세 많은 노부부는 중간 휴식시간 후에는 자리로 돌아오지 않았다. 각 지역에 뿔뿔이 흩어져 사는 단원들을 규합하여 운영해야 하는 지방 오페라단 운영의 특성 때문이기도 하겠지만 연습량이 절대 부족하다는 느낌을 받았으며, 류성룡 역의 주인공 노래는 대부분 오케스트라 반주에 압도당하여 무대에서의 카리스마를 느낄 수 없었음이 아쉬웠다.

안동독립운동의 특성

안동대 사학과 교수 **김 희 곤**

안동지방의 독립운동은 다른 지역의 그것과 마찬가지로 보편성을 가지면서도 나름대로 특수성도 가지고 있다.

첫째, 안동은 한국독립운동사의 발상지이다. 한국독립운동사의 서막을 장식한 것이 바로 의병항쟁이고, 그것은 갑오의병으로 나타났다. 1894년 갑오의병의 첫 걸음을 안동에서 내디뎠다. 비록 공주 유생이었던 서상철에 의해 준비되었지만, 안동 유림들은 대의명분을 내세워 적극적으로 참여함으로써 역사의 한 장을 장식할 수 있었다. 따라서 안동은 한국독립운동의 출발지로서의 역사성을 가진다.

둘째, 의병항쟁이 이후에 전개된 안동인들의 각종 항일 투쟁에는 혁신유림이 그 중심에 있었다.

의병항쟁 실해이후 대부분의 유림들이 처사를 자처하고 은둔생활을 하였지만, 안동유림들은 자기 반성과 자각을 통해 새롭게 거듭나는 길을 선택하였다. 이렇게 등장한 혁신유림은 국내뿐만 아니라 국외에서도 진보적이고 통일 지향적인 활동을 전개하였다.

셋째, 전국에서 가장 많은 독립유공자를 배출하였다. 시군 단위로 보아 대개 30여명을 배출하였는데, 안동의 경우는 2004년 현재 265명 정도나 된다. 이수치는 시, 군 단위가 아니라 도 단위의것이다. 그런데 일찍 서울이나 다른 도시로 본적을 옮긴 경우는 다른 지역 사람으로 분류되어 있기 때문에, 실제로는 300명을 웃돌 것이라고 추정된다.

넷째, 안동인들은 전국에서 가장 많은 순국 자정자를 배출할 만큼 절개와 의리를 지니고 있었다 준식민지상태와 국권상실이라는 위기 속에서 약 60여 명이 스스로 목숨을 끊었는데, 이중 10명이 안동인들이다. 이들은 스스로 목숨을 끊음으로써 국가와 임금에 대한 충성을 몸소 실천하였고, 이후 항일투쟁의 정신적 좌표가 되었다.

다섯째, 1920.30년대 사회주의운동에도 어김없이 안동인들이 그 중심에 있었다. 특히 이들은 기득권을 포기한 것이다. 소작인회를 지주가 중심이 되어 투쟁한 사례를 남긴 곳이기도 하다.

여섯째. 지역과 시기를 불문하고 각종 항일투쟁에 적극적으로 참여한 것이 바로 안동인들이다.

사상적인 갈등, 그리고 나이를 따지지 않고 오직 독립이라는 공동의 목표를 위해 그 어는 분야에서든지 최선을 다 하였다. 이러한 노력은 항일투쟁의 핵심적인 역할을 담담할 수 있게 하였고, 뛰어난 지도자들을 배출할 수 있는 원동력이 되었다.

일곱째, 안동출신 독립운동가는 퇴계학맥이라는 씨줄과 통혼을 통한 혼반이라는 날줄로 촘촘히 얽힌 그물과 같은 연결망을 갖고 있었다. 그러한 조직력이 결국 처음부터 끝까지 독립운동을 밀고 나가는 에너지원이 된 것이다. 그 바탕 위에 근대화를 지향한 점은 한결 돋보이고, 그래서 오늘까지도 생명력을 갖고 있다.

여덟째, 안동인들이 펼친 독립운동은 지식인이자 지배층이 역사적인 책무를 지고 나간 전형적인 모범에 속한다.

종가가 훼손되는 고통속에서도 진행된 의병, 기득권을 모두 포기하고 떠난 만주지역독립군 기지건설과 투쟁, 소작인들을 위해 지주들이 앞장선 양반 종가출신 청년들의 활동 등은 하나같이 가지고 배운자가 역사적인 의무를 다하려고 힘을 쏟은 특성을 보여준다.

요즈음 널리 이야기되는 Noblesse Oblige를 실천에 옮긴 대표적인 곳이 안동이요, 안동문화권의 특징이 바로 거기에 있다.

攸川 **李 東 益**

個人展 4회
大韓民國 書藝大展 招待作家
韓國美術協會 副理事長 歷任
韓國書藝文化振興聯合會 會長 歷任

主要 作品 揮毫 經歷
景福宮, 昌德宮, 七宮等 懸板 10餘곳 揮毫
愛國志士*獨立運動 紀蹟碑 外 金石文 多數 揮毫
高麗大學校 内 趙芝薰 詩碑 揮毫

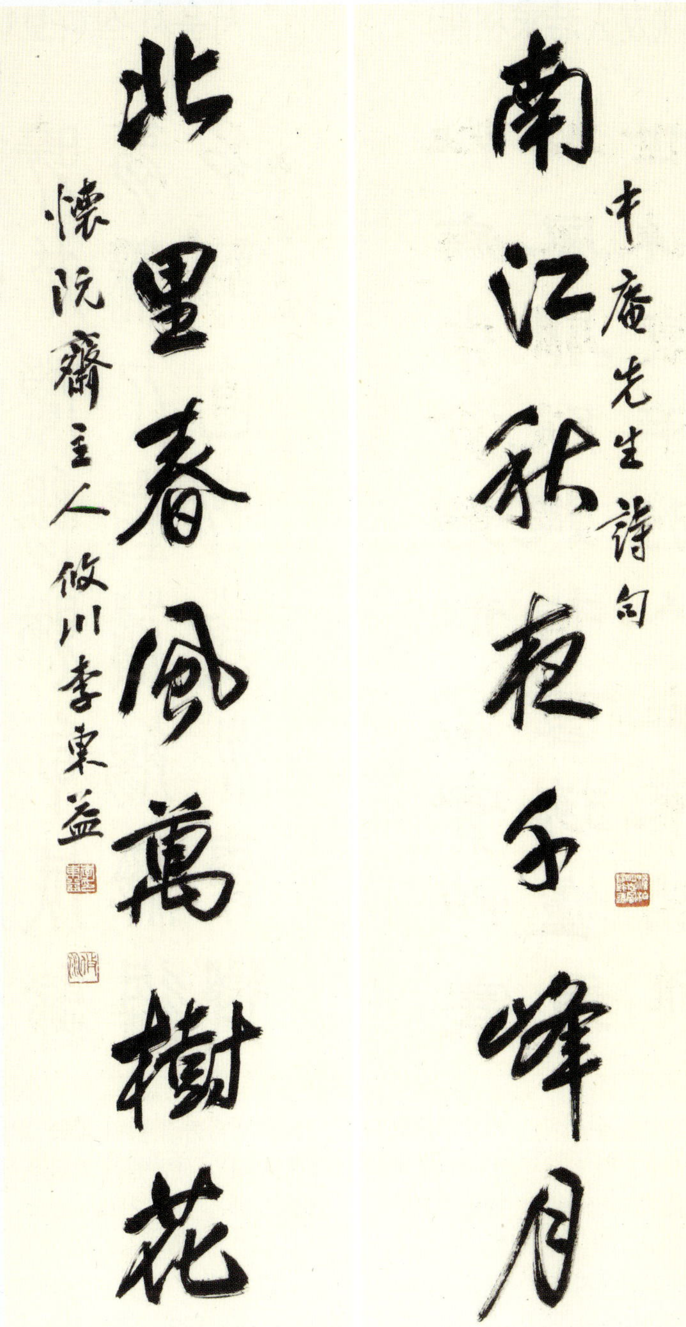

남강 가을바람엔 천 봉우리 달이요
북리 봄바람엔 만 그루의 꽃이로세

申 慶 善
전 관세청 부이사관
세계서법문화예술대전(입, 특선, 삼체상 수상)
강릉단오제 삼체상 수상
통일미술축전 초대작가 선정

친구에게(次友人詩求和韻)

丙申孟春錄退溪先生詩 栗山 申慶善

성격은 괴팍해 늘 조용함을 탐내고	性癖常貪靜
몸은 허약하여 추위를 겁낸다.	形羸實怕寒
솔바람 소리를 문 닫은 채 듣거나	松風關院聽
매화에 쌓인 눈 화로를 끼고 본다.	梅雪擁爐看
세상맛은 나이 들수록 각별해지고	世味衰年別
인생은 끝 무렵이 더 어렵더군.	人生末路難
깨치고서 한바탕 웃고 나니	捂來成一笑
예전에는 헛된 공명 꿈꾸었구나.	曾是夢槐安

서울서 살다보니(京國)

丙申孟夏錄軒適呂春永先生詩 栗山 申慶善

서울은 변화하기 짝이 없는 곳	京國繁華地
그래도 지방 사람에겐 걸림돌 많네.	還於遠客妨
담장은 밝은 달빛 가로막았고	門墻蟾影限
아침저녁 개 짖는 소리 시끄러워라	昏曉犬聲揚
시구를 찾다 보면 귀향을 꿈꾸고	覓句成歸夢
조촐한 술상 내와도 함께할 사람 없네.	無人對薄觴
집 앞으로 아는 얼굴 숱하게 지나가도	經過多識面
내게는 오직 강변의 고향 생각뿐.	惟我水雲鄉

솔바위 **김 휘 동**
서울예술의 전당 초대 개인전 외 8회 전시

▲동해 하조대

◀고성부채바위 송

사진가 도광(道光) **권헌식(權憲植)**

2016년. 사람꽃 展

2017년. 서울 오늘을 찍다 展

2017년~2008년. 부산을 보다 展

2009. 6. 30. 황조근정훈장

▲병풍바위(북한산)

◀반포공원

김 대 원
경기대학교 예술대학 교수

〈만휴정〉 한지에 수묵, 90x60cm

永嘉軒
전국 유일의 여성축제
제15회
여성민속
한마당
선발대회

제 4 편

안동은?

내고향 안동

安東이란?

太白山 기슭의 洛東江 上流에 자리한, 우리 故鄕 안동은 山間 輿地라고 하겠다. 그런데도 찬란한 문화를 꽃 피웠으며, 綺羅星 같은 人物들이 쏟아져 나왔다. 先人들이 가꾸어 놓은 그 文化를 享有하는 우리들인지라, 유별나게 故鄕에 애착이 가고 자랑스러운 마음이 강하다. 그러기에 故鄕의 歷史와 人物들을 더 정확히 알고 싶어지는 것이다.

安東 地名의 變遷

안동의 古號로는 昌寧, 驅令, 召羅, 古陀耶, 古昌, 一界, 地平, 花山, 石陵. 吉寧, 古藏. 福州와 같은 것이 있다.

옛 記錄에 의하면, 신라 赫居世 元年(BC 57)에 념상도사가 길지를 찾아, 처음으로 昌寧國을 세웠으니, 그것이 이 고장이 이루어지는 시초였다, 그 당시의 驅令國과 召羅國도 모두 이 고장 지역이며 초기 신라의 屬國이었다, 그 뒤로 一界郡, 지평군, 花山君, 石陵郡, 吉寧郡, 古藏郡, 安東府, 永嘉郡, 吉州, 福州 등으로 變했다는 것이다.

신라 景德王 때에 古昌郡으로 고쳐서 불러왔으나, 고려 초에 안동부로 이름이 바뀐다. 안동이라는 地名이 誕生 되는 전래는 다음과 같다. 신라의 말기에 이른 바, 후삼국시대가 생긴다. 後百濟를 稱하는 甄萱은 막강한 군사력으로 신라의 말기에 이른 바, 後三國時代가 莫强한 軍事力으로 新羅의 땅들을 자기의 지배하에 끌어 들였다. 新羅의 王都 鮑石亭에 쳐 들어가, 景哀王을 사로 잡아 자살케 하고 귀빈들을 능욕하는 蠻行을 저질렀다.

이 雪辱을 위해 고려 태조 가 大軍을 인솔해 내려 왔지만, 팔공산 동소견훤군과 맞부딛쳤으나, 고려의 대군은 대패해 무너지고 신종겸은 전사했다. 이 견훤군은 승승장구하는 기세를 몰아, 신라와 고려의 영력을 쳐서는, 후백제의 견훤의 대군이 고창으로 쳐 들어와서 영토를 넓혀 나갔다. 드디어 고려 태조 13년에 견훤의 대군이, 고창으로 쳐 들어 와서 석산에 布陣했다.

古昌城主는 金宣平과 金幸, 長吉 세사람이, 신라왕을 살해한 견훤과는 같은 하늘아래 살 수 없다고 해서 그 때 대군을 이끌고 고창으로 내려와, 병산에 포진한 고려 태조의 군문에 들어가 견훤을 토멸하기로 했다. 고을 사람들을 이끌고 가서 고려의 병사들과 힘을 합해서 치니 연전연승하던 견훤군이 무너져,시체 8천 이상을 버려 두고 敗走했다.

이 瓶山大捷이 後百濟의 滅亡의 물꼬를 튼 셈이다.

高麗太祖가 세 분에게 감사하며, "卿들이 능히 우리 나라를 안정케 했다. (能安東國)"고, 안동이란 이름을 여기에서 따서 安東府로 昇格시키고,大匡과 大相을 수여하고 태사로 삼았다. 김행에게는 "능히 기미를 밝혀 일을 잘 처리했다(能炳幾達權)"고, 權으로 賜姓하니 安東權氏가 여기서 탄생한다.

花山, 永嘉, 上洛이란 이름이 安東出身人士들을 封君할때, 安東을 나타내는 地名으로 많이 쓰였다. 花山은 永嘉誌에 보면 두 개가 있다고 했다. 무지미 뒤에 있는 것과, 풍산 남쪽 병산 서원뒤에 있는 것이다. 우리 나라에서는 평양지 다음으로 오래인, 영가지 서문에 보면 이런 대목이 있다.이 地誌를 編纂 하던 분들이, 책 제목에 쓸 지명을 화산으로 할 것인가를 의논할때, 서문을 쓴 권기가, 하필이면 멀리 풍산에 있는 화산을 쓰려하는가. 도산 쪽에서 흘러드는 물과, 내앞쪽에서 흘러드는, 두 물이 가장 아름답다(二水最嘉)고 하는 영가가 있지 않는가라고 했다. 두 물(二水)을 내리 쓰면 영자가 된다

우리 고장을 本貫으로 하는 姓氏

安東을 最初로 本貫으로 쓴 姓氏는 三太師였다. 그 분들이 功勳으로 安東이라는 地名이 생기면서, 그것으로 本鄕을 삼았기 때문에, 1607년, 천 60여년 前에 安東權氏, 安東金氏, 安東張氏가 생겨난 것이다. 그 뒤를 이어 敬順王의 四子 大安君 殷說의 二子 叔承을 始祖로 하는 安東金氏가 있다. 世間에서는 敬順王 系列을 舊安金, 金太師 後孫을 新安金이라고 區別하고 있다.

그 밖에도 安東을 本貫으로하는 성씨로는, 安東姜氏, 安東高氏, 安東虞氏, 安東文氏, 安東朴氏, 安東安氏,安東林氏, 安東曺氏, 安東崔氏 등이 있다. 안동 사람으로서는 잘알지 못하는 일일 것이다. 이것은 85년도에 실시된 國勢調査의 結果로 밝혀진 것이다.

이 가운데는 불과 몇 십명밖에 되지 않는 姓氏도 있으며, 몇 백명인 姓氏도 많다. 이렇게 수가 적은 성씨들은 대개, 記錄이나, 資料가 없어서, 그 始祖가 어디에서 갈라져 나왔는지를 밝힐수가 없는 경우가 많았다. 安東文씨 같은 경우는 南平文氏에서 分貫이 되었으며, 安東姜氏는 晉州姜氏에서, 安東高氏는 濟州高氏에서, 安東曺氏도 昌寧曺氏에서 分貫이 된 것으로 理解되고 있다.

豊山을 貫鄕으로 하는 姓氏는, 豊山金氏, 豊山柳氏, 豊山沈氏, 豊山洪氏의 四姓이 있다. 이성씨들은 모두 수가 많으며, 繁盛하고 많은 인물을 輩出한 성씨다.

禮安을 貫鄕으로 하는 성씨는 禮安(宣城),김씨, 禮安禹氏가 있다. 禮安禹氏는 대단한 稀姓이어서,85년도에 國勢調査에서는 28명 밖에 안된다.

一直을 本貫으로 하는 성씨로는 一直孫氏가 있다. 이렇게 안동과 豊山, 禮安, 一直과 같이 ,우리고장을 本貫으로 쓰는 성씨는 모두 20개에 이르고 있다.

이 고장을 빛낸 人物들

안동의 人物로 史書에 오른 이들은 三太師인 金宣平, 權幸, 張吉이 高麗史에 실린 것으로 비롯된다. 이 뒤를 이어서 겨레와 나라를 위한 人物들이, 綺羅星 같이 역사를 수 놓게 된

다. 그래서 外部로 부터 '人多安東'이라는 稱을 얻게 됐다. 그런 인물들 만으로도 몇 권의 책을 채울 수 있다, 여기에서는 그 중에서 一部를 소개하는데 그칠 수 밖에 없다.

고려가 몽고의 침략으로 시달릴 때, 나라의 어려움을 양 어깨에 메고 헤쳐나간 분이 上洛公 金方慶이다. 두 차례에 걸친 元의 日本 侵攻에도 陣頭指揮를 해야했다, 한 평생이 元의 壓制에서 고려를 지키는 가시밭 길이었다. 지금도 洛東江변에 있는 上洛臺가, 그 歷史의 흔적을 간직해 우리에게 보여주고 있다.

그 先朝를 이어 大司成 金九容이, 우리나라 性理學의 뿌리를 내리는데, 큰 발자취를 남겨 놓았다 다시 그것을 이어 받아 上洛伯 金士衡은, 朝鮮開國一等功臣으로서, 새로운 朝鮮의 誕生에 주춧돌이 된다.

이 모두가 先安金의 줄기들이다.

고려 말기에 이르러서 權太師 後裔에게서, 인물들이 쏟아져 나온다. '一價九封君'이라는 前代末聞의 榮譽가 菊齋 권박의 집안에 펼친다. 이 집의 그 榮光은 그 後孫 陽村 張太師 權近으로 이어져, 朝鮮朝 初期에 더욱 빛이 난다. 後裔에서도 朝鮮開國一等功臣에 花山府院君 張思吉, 定社功臣 和城君 張哲이 나온다.

朝鮮 初期의 文化가 꽃필때 부터, 安東은 우리 文化의 기둥이 될 巨儒들을 量産해낸다. 佔畢齋 金宗直의 줄기를 이어, 權撥, 權柱, 李瑀, 李賢輔 金係行과 같은 인물이 뒤를 이었고, 그 뒤를 따라 退溪 李滉이 나타난다. 여기에서 東方性理學의 바탕이 確固하게 닦여진다. 그의 門下에서 輩出된 趙穆 柳雲龍, 金誠一, 鄭琢, 柳成龍, 鄭逑 등 數百名의 門下生들이 우리 歷史에 搖之不動의 位置를 構築했다.

– 편집부–

安東선비의 시대적 역할과 정신적 특성

안동은 각 시대별로 다양한 역사와 문화유산을 간직하고 있는 우리나라 역사 · 문화의 보고(寶庫)이자 우리 민족 정신문화의 가장 중심에 서 있는 곳이다. 우리가 안동을 한국정신문화의 수도라고 하는 이유는 대한민국 미래 천년을 내다보며 안동인의 정신문화와 도덕적 가치를 온 국민이 공유할 수 있도록 승화시켜 나가기 위함이다. 정신문화에 대한 가치는 오늘날 '민족정신'이 피폐되어 가는 혼란한 사회를 살아가고 있는 국민들에게 삶의 활력이 되고, 희망이 되고, 대한민국 미래 천년의 문을 여는 가장 중요한 열쇠이기 때문이다. 특허청에서 2006년 7월 4일『한국정신문화의 수도 안동』브랜드를 등록 · 인정해준 것은 21세기 안동만이 갖고 있는 숭고한 정신문화를 우리의 삶에 파급시켜 나가야 할 시대적인 요구를 반영한 것이라고 하겠다. 이에 우리는 안동에 주어진 정신문화적 가치 확산과 국민정신교육 도량으로서의 역할을 다하기 위하여 '한국정신문화의 수도 안동'의 당위성을 다음과 같이 제시한다.

첫째 : 유교문화의 원형을 고스란히 간직한『추로 지향(鄒魯之鄕)』의 도시
둘째 : 우리나라 유일의 지역학인『안동학(安東學)』이 존재하는 곳
셋째 :『평생학습도시(平生學習都市)』로 선비정신을 계승 발전
넷째 : 한국 최다 독립운동가 배출『독립운동의 성지』
다섯째 : 전통과 예절이 살아 숨쉬는『인보협동(隣保協同)』의 도시
여섯째 : 우리나라 대표 축제가 된 안동국제탈춤페스티벌
일곱째 : 과거 엄청난 지식정보 집대성, 미래 비전 설계

첫째. 유교문화의 원형을 고스란히 간직한『추로 지향(鄒魯之鄕)』의 도시

추로지향이란 용어는 공자가 태어난 노(魯)나라, 맹자가 태어난 추(鄒)나라와 같은 정신적 고장이란 뜻이다. 조선 정조 임금께서는(정조 16년, 1792년) 퇴계 선생 치제문(致祭文)에서 안동을 '추로지향'으로 칭하신 바 있고 공자 77대 종손 고 공덕성(孔德成)선생께서 1981년 도산서원 원장 재임 시 '추로지향' 휘호를 남긴 것은 안동이 가진 유교적 정신문화

의 가치를 널리 인정했기 때문이다. 이러한 역사적 전통을 이어받아 안동에서는 2002년 7월 22일 도산서원에 도산서원선비문화수련원을 개원, 지금까지 359기 19,093명이 수료하는 등 유교문화의 전통을 오늘에 계승 발전시켜 나가고 있다. 특히 현재 퇴계종택 부근에 50억원을 들여 신축중인 「도산선비문화체험관」이 올 9에 준공되면 안동은 명실상부하고 유일무이한 우리나라 정신문화 교육의 본산으로 자리매김 해 나갈 것이다.

둘째. 우리나라 유일의 지역학인 『안동학(安東學)』이 존재하는 곳

안동은 무속 · 불교 · 유교와 기독교, 근대의 신앙사상, 민속 등이 층차(層次)별로 온전히 보존되어 있으며, 우리나라 최다 보유의 문화재 293점을 기반으로한 국내 유일의 지역학인 '안동학'이 존재하는 곳이다. 안동에서는 이러한 다양한 문화지층을 면밀히 탐구하여 우리정신의 특징과 가치를 재발견하고 지역학의 독자성뿐만 아니라 동북아시아의 문화적 동질성으로 정립해 나가고 있다. 이 같은 문화적 · 정신적 토대로 2004년 10월 27일 세계역사도시연맹(세계 65개도시) 회원도시 가입에 이어 2006년 10월 2일 국내에서는 유일하게 유네스코 세계문화유산도시로 가입하는 영예를 얻었다. 지역의 연구기관인 한국국학진흥원과 안동대학교, 하와이 대학 한국학연구소 및 중국 안휘대학 휘학연구소 등이 중심이 되어 국제학술대회를 개최하고 결과물인 안동학도 6권을 발간하는 등 안동학은 지역을 넘어 세계인이 관심을 갖는 학문으로 자리매김하고 있다.

셋째. 『평생학습도시(平生學習都市)』로 선비정신을 계승 발전

전통시대 서원에서 제시한 성리학적 생활규범이 마을에서 향약의 형태로 실천되어 뿌리내렸듯이 새 시대에는 안동시민 모두가 평생학습과 공동체적 참여윤리로 우리의 삶을 건강하게 만들어 가야 할 것이다. 안동은 전국에서 가장 많은 40개의 서원을 보유하고 있고,

서원에서 학문을 닦던 선비정신이 지금까지 이어지고 있다. 이러한 전통을 이어받아 안동향교 사회교육원, 한국국학진흥원 국학시민 교양강좌, 안동문화원 문화대학, 박물관대학, 신우대학, 도산서원 선비문화수련원, 예절학교, 노인대학, 안동독립운동기념관 등 85개 평생교육기관에서 매년 5만여 명이 평생학습에 참여하고 있다. 따라서 2003년 9월 26일 교육인적자원부에서 대구 · 경북에서 최초로 안동을 '평생학습도시'로 선정하고, '2007년 지방자치단체부문 평생학습 대상'을 수상한 것은 안동시민들의 평생학습에 대한 열정을 인정했다는 뜻이다. 정신적 가치를 탐구하는 일은 전문가의 역할이지만 그것을 삶 속에서 실질적으로 지켜 나가는 것은 시민 모두의 몫이듯이 안동에서는 조상들의 위대한 정신적 가치를 오늘에 학습해 나가는 데 선도적 역할을 다하고 있다.

넷째. 한국 최다 독립운동가 배출『독립운동의 성지』

안동은 우리나라 독립운동 발상지(1894년 안동의병을 독립운동의 최초 역사로 기록됨)로서 상해 임시정부 국무령인 석주 이상룡 선생, 국민회의 의장인 일송 김동삼 선생 등 출중한 독립운동가 뿐 아니라 326명의 독립유공자(대구 141명, 서울 293명)가 나왔다. 이 밖에도 미포상 독립운동가가 698명이나 된다는 사실은 다른 지역과 비교해 볼 때, 정말 자랑스러운 일이다. 이 같은 안동의 독립운동 정신을 소중히 여겨 임하면 천전리 구 협동학교(1907년 설립 경북북부 최초 근대식중등교육기관) 자리에 국가지원을 받아 독립운동기념관을 건립하였으며, 시민들과 청소년들에게 나라의 소중함을 일깨워 주는 충의(忠義)의 본산이 되고 있다. 안동독립운동기념관은 지난 2007년 8월 10일 개관이래 청소년 보훈캠프, 역사체험캠프 등에 29,136명의 교육수료생을 배출하였고, 방문객도 77,410명에 이르고 있으며 특히 지난해 보훈청에서 전국 36개의 보훈시설을 대

상으로 기념관 운영 및 활성화 실태, 만족도 등을 조사한 결과 종합 2위에 올랐다. 따라서, 안동은 우수한 정신적 가치를 지니고 있을 뿐 아니라 나라가 어려울 때 마다 분연히 일어나 호국을 실천해 온 독립운동의 성지로서 이는 정신문화 실천사례의 가장 위대한 표본이 되는 곳이다.

다섯째. 전통과 예절이 살아 숨쉬는 『인보협동(隣保協同)』의 도시

일찍부터 향약의 실천으로 잘 알려진 안동은 이웃과 더불어 어려움을 함께 극복하는 사회적 결속력이 강하게 남아 있다. 이러한 공동체적 연대성은 비록 산업화 과정을 겪는 동안 크게 약화되었지만 아직 안동사람들의 마음 깊숙한 곳에는 인보협동 정신이 여전히 많이 남아있다. 이러한 사실은 최근 기초 자치단체 중 가장 많은 복지시설(70개소, 경상북도 전체의 40%)을 갖추고 있는 도시로 2004년 자치경영혁신 전국대회에서 최우수상, 2005년 주거복지부문 전국 최우수상, 2007년 보육사업 대통령상, 2008년 경북사회복지 공동모금회 이웃돕기 최우수 시 선정 등을 보아도 알 수 있다. 이처럼 안동은 예안향약의 "환난상휼(患亂相恤)"의 정신을 이 시대에 맞게 계승 발전시켜 나가는 가장 모범적인 도시로서 이러한 정신적 가치를 전국적으로 널리 확산시켜 나가는 중심적 위치에 있다.

여섯째. 우리나라 대표 축제가 된 안동국제탈춤페스티벌

안동에는 무형문화재 제69호인 하회 별신굿 탈놀이가 오늘까지 전승되어 오고 있는 곳이다. 이에 안동에서는 하회 별신굿 탈놀이와 우수한 민속을 바탕으로 1997년부터 안동국제탈춤페스티벌을 개최해 오고 있다. 안동국제탈춤페스티벌이 6년 연속 최우수축제로 평가받았고, 마침내 2007년부터 올해까지 전국 1,200여 개의 축제를 대표하는 문화체육관광부 선정 3년 연속 대한민국 대표축제로 발전을 거듭해 왔다. 이와 함께 지난 2005

년 9월 28일부터 10월 1일까지 안동에서 개최된 IOV(국제민간문화예술교류협회) 185개 회원국 총회에서 "올해의 세계최고 축제" 자격 인증 패를 받은 바도 있다. 또 2006년 9월 29일 안동시가 주도해 창립한 세계탈문화예술연맹(IMACO,54개국 130개 단체)은 지난해 11월 12일부터 14일까지 방콕에서 태국문화부와 함께 공동으로 총회를 개최하였고, 2011년 총회는 인도네시아 싱가라자 시에서 열린다. 이처럼 안동은 탈을 기본으로 하여 인류의 보편적 가치인 평등과 평화 구현을 주도하는 정신적 가치를 가장 모범적으로 승화시켜 나가고 있다.

일곱째. 과거 엄청난 지식정보 집대성, 미래 비전 설계

유교문화를 비롯한 전통문화를 계승하고 구심체 역할을 수행하는 한국국학진흥원은 국내유일의 유교문화박물관이 들어서 있으며, 이곳에는 만인소 등 250여종 300여점의 유물이 전시돼 있다. 이와 함께 장판각에는 유교를 중심으로 한 정신문화 유산 중 세계에서 가장 많은 목판 5만9천여 장과 고전적(古典籍)22만점을 보관하고 있으며 목판 10만장 수집운동과 유네스코 세계기록문화유산 등재를 추진하고 있다. 또한 한국국학진흥원은 소장하고 있는 자료를 활용, 조상들의 지식을 연구하고 시대에 맞게 가공하여 전문연구기관으로서 새 시대의 비전을 제시하고 있다. 이처럼 안동이 21세기 한국의 정신적 수도 역할을 할 수 있다는 것은 단순한 구호와 허구적 자만심의 발로가 아니라 그러한 잠재성을 구체적인 사례를 통해 확인하고 준비된 역량을 실질적으로 보여주고 있기 때문이다. 그러므로 우리는 '한국정신문화의 수도 안동'의 가치는 비단 안동인에게 국한되는 것이 아니라 도덕적 가치와 정체성이 상실되어 가는 이 시대에 대한민국의 미래를 위해서도 절실히 필요한 가치라는 점을 인식하고 그 역할을 확대해 나가는데 더욱 노력해 나갈 것이다. 이렇듯 '한국정신문화의 수도 안동'의 정체성은 우리 모두의 자랑스러운 미래 천년의 꿈을 열어가는 한국인의 정신적 가치관으로 이어져 가정과 사회, 나아가 모든 인류가 지향하는 상생의 중심적 사상이 될 것임을 확신한다.

내고향 안동
안동 인문역사 자료

안동시 상징물

▶시기의 상징

• 안동시의 시상(市像)으로 도출된 선비의식과 한국전통문화의 중심지임을 태극의 이미지로 형상화하면서 낙동강 상류이자 청정자연환경을 지닌 지역적 특성을 함께 반영하였습니다.

• 한국문화의 정체성과 선비의식을 새롭게 구현하고 이를 무한히 계승발전시켜 나간다는 뜻에서 우리민족의 전통 오방색을 주 색채로 사용하는 한편, 전체적으로 무한대부호(∞)형상을 역동적으로 표현하였습니다.

• 중앙의 적색 과 우측의 청색 은 함께 안동의 'ㅇ'을 뜻하는 동시에 가장 한국적인 전통문화와 선비문화의 중심지임을 태극이미지로 나타내었습니다. 이 지역에서 꽃핀 성리학의 우주론적 본체론에서 가장 중심되는 것은 태극 사상입니다.

• 좌측의 녹색 과 우측의 청색은 산태극 · 수태극의 특징을 지닌 낙동강 상류지역임을 뜻하며, 좌측의 은 안동의 'ㄷ'을 뜻합니다.

• 문장내의 바탕색인 흰색은 선비의식과 함께 안동시가 지니고 있는 무한한 발전가능성을 뜻합니다.

▶시의 캐릭터 (안동선비, 안동양반)

• 동자가 웃는 얼굴로 도포차림에 갓을 쓴 안동선비와 정자관을 쓴 안동양반을 형상화하여 안동지역 유교문화의 독창적인 이미지를 함축하고 있습니다.

▶시의 나무 (은행나무)

• 심근성 장수목으로 잘 자라고 공손수라 부르는 은행과에 속하는 품위있는 나무입니다.

• 장수하므로 시민의 번영과 전승, 협동, 총화를 상징합니다.

▶시의 꽃 (매화)

• 잎이 피기 전에 꽃이 피므로 아름답고 사군자 중 하나로 고결함이 군자와 같아 웅부 안동시민의 얼과 통합니다.

▶시의 새 (까치)

• 까치는 조용한 주택가에 접한 야산에 살면서 집 주변을 자주 날아다니며, 반갑고 귀한 손님이 올 때 대문이나 지붕 위, 담장 등에서 울어 준다는 길조입니다.

안동시 일반현황

역 사

낙동강 상류에 위치한 안동은 후기 구석기시대로 추정되는 집 자리와 4만년 전 마애 선사유물이 출토되는 것으로 보아 이때부터 이미 사람이 살았음을 알 수 있으며, 부족국가시대, 삼국시대, 고려시대, 조선시대 그리고 근대 · 현대로 살펴보면 다음과 같다.

부족국가시대

삼한시대에는 진한에 속하였으며 삼국사(三國史)에 의하면 BC 57년 염상도사(念尙道士)가 길지(吉地)를 찾아 이곳에 와 처음으로 창녕국(昌寧國)이라는 부족국가를 세웠다고 전한다.

삼 국 시 대

신라때는 고타야군(古陀耶郡)으로 되었다가 고구려에 인접한 관계로 한때는 고구려에 속하여 굴화현(屈火縣)으로 불리었으며 진흥왕 때부터는 계속 신라에 속하게 되었다.

경덕왕(757년)때 군현제도(郡縣制度)의 개혁으로 고창군(古昌郡)으로 개칭되었다가 그 후 일계군(一界郡), 지평군(地平郡), 화산군(花山郡), 고령군(古寧郡), 고장군(古藏郡), 석릉군(石陵郡) 등으로 그 명칭이 변경되기도 했다.

고 려 시 대

고려 건국 초 태조 왕건(王建)과 후백제의 견훤(甄萱)이 군내(郡內) 병산(甁山)에서 싸울 때 고을 성주인 김선평(金宣平), 권행(權幸), 장정필(張貞弼)이 고을민을 이끌고 태조를 도와 그 공이 컸으므로 부(府)로 승격하고 안동으로 고쳤다(태조 13년, 930년). 그 후 영가군(永嘉郡)으로 고쳤다가 성종 14년(995년)에 길주(吉州)로 하였다가 현종 3년(1012년) 안무사를 두었다가 동 21년(1030년)에 다시 안동부(安東府)로 하였다.

명종 27년(1197년)에 남적(南賊) 김삼(金三), 효심(孝心) 등이 주군(州郡)을 겁탈 노략하니 차사(差使)를 보내어 평정하였는데 부(府)가 공이 있다하여 도호부(都護府)로 승격하고, 신종 7년(1204년) 동경(東京 : 경주)의 야별초 (夜別抄) 패좌(悖佐) 등의 무리를 모아 반란을 일으키자 이번에도 이를 진압하는데 공이 있었으므로 대도호부(大都護府)로 승격하였다.

충렬왕 34년(1308년) 다시 복주목(福州牧)으로 고쳤다가 공민왕 10년(1361년) 홍건적(紅巾賊)의 난을 피하여 왕이 남쪽으로 행차하여 이 고장에 머무를 때 고을백성이 충성을 다해 왕을 봉공하였으므로 다시 대도호부로 승격하고 인근 17개 군현(郡縣)을 관할하게 했다.

우왕 9년(1383년)에는 안동도(安東道)로 개칭하고 원수(元帥)겸 부사(府使)를 두었다가 동 14년(1388년) 부사제(府使制)로 환원하였다.

조 선 시 대

조선시대에는 세조 때에 진(鎭)을 두고 부사(府使)로서 병마절도부사(兵馬節度副使)를 겸하게 하였다가 얼마 후 부사(府使)는 폐지했다.

선조 9년(1576년)에는 관내에서 패륜아 신복(申福)이가 그 어머니를 죽인 변이 있어 현(縣)으로 격하되었다가 동 14년(1581년) 고장 사람들의 상소(上疏)로 부(府)로 회복되었으며, 영조 52년(1776년) 도현(道縣)의 역변(逆變)으로 다시 현(縣)으로 격하되었다가 정조 9년(1785년)에 다시 환원하였다.

고종 32년(1895년) 또다시 승격하여 관찰부를 설치하여 인근 17개 군을 통괄하게 하다가 1년 후 폐지하여 군으로 고침과 함께 감천면(甘泉面)은 예천군(醴泉郡)에 내성면(奈城面), 춘양면(春陽面), 소천면(小川面), 재산면(才山面)은 봉화군(奉化郡)에 각각 편입되었다.

근 대

1914년 예안군(禮安郡)을 병합 19개 면으로 편성하고, 1931년에는 안동면을 안동읍으로

승격시킴과 동시 일부 면을 통·폐합함으로써 1읍 15면 218동으로 개편되었다.

현 대

1962년에 안동읍을 그대로 시(市)로 승격하여 명칭을 신안동시(新安東市)라고 하였으나 시명(市名)에 대한 시민들의 의사에 따라 개칭하여 1963년 1월 1일을 기하여 안동시(安東市)가 되었다.

1973년에 풍산면(豊山面)이 읍으로 승격되었고, 1974년에 안동댐 건설로 월곡면(月谷面)이 폐지되었다.

1995년에 안동시(安東市)와 안동군(安東郡)이 통합하여 통합안동시(統合安東市)가 되어 1읍 13면 18동으로 되었고, 행정구역 통·폐합에 따라 1997. 7. 1일에 5개 동이 폐지되어 1읍 13면 13동으로 되었고 1998.12. 1일에 2차 행정구역 통·폐합에 따라 3개 동이 폐지되어 1읍 13면 10동으로 현재에 이른다.

연 혁

- 선사시대 : BC 4만년(마애 선사유물 371점)
- 상고시대 : 창녕국 건국(염상도사 BC 57)
- 삼국시대 : 고타야군(505, 지증왕 6년)
- 통일신라 : 고창군(757, 경덕왕 16년)
- 고려시대 : 안동부(930, 태조13년), 영가 · 길주 · 복주, 안동대도호부(1362, 공민왕11년)
- 조선시대 : 안동대도호부, 안동관찰부(1895, 경상도 동북부 17개 군 관할)
- 1896.8.4 : 안동군(지방제도 개편 시 23개 관찰부 폐지)
- 1963.1.1 : 안동읍이 안동시로 승격, 안동시와 안동군으로 분리
- 1995.1.1 : 안동시(안동시 · 안동군 통합)

※ 2016. 3. 10 경상북도 신청사 개청식

위 치

안동시는 경상북도 동북부 내륙중심지에 위치한 도시로 동으로는 영양, 청송, 서로는 예천, 남으로는 의성, 북으로는 영주와 봉화군에 인접하고 있으며, 북부지역의 교통 요충지이다.

태백산맥이 줄기차게 뻗어 그 맥을 이루고, 낙동강은 북에서 남으로 흐르다가 반변천과 합수하여 동서로 관류하고, 안동댐과 임하댐으로 인한 호수가 절경을 이루고 있다.

시의 西南은 비교적 평탄하나 東北은 산악이 험준하여 농경지는 거의가 산간에 위치하며, 풍산평야를 제외하고는 평지가 아주 적은 편이다.

토질은 낙동강을 중심으로 江南은 거의가 점토질(粘土質)이고 江北은 사토질(沙土質)이다.

시의 극지점

시 청 소재지	단	경도와 위도의 극점		연장거리
		지 명	극 점	
경북 안동시 퇴계로 115 (명륜동 344번지)	동단 서단 남단 북단	임동면 마령리 풍천면 신성리 길안면 송사리 녹전면 매정리	동경 129°00′ 북위 36°35′ 동경 128°26′ 북위 36°31′ 동경 128°54′ 북위 36°17′ 동경 128°48′ 북위 36°49′	동서 간 51.7㎞ 남북 간 58.3㎞

면 적

안동시의 총면적은 1,521.94㎢로 서울특별시 면적(605.21㎢)의 2.5배이며, 전국 기초 자치단체 시 중 가장 넓다.

학가산, 천지갑산, 천등산, 왕모산성 등 천혜의 자연절경을 가진 임야가 70.4%인 1,067.28㎢로 대부분을 차지하며, 경지는 14.5%인 220.64㎢, 도로 등 기타 면적이 15.1%인 234.02㎢를 차지하고 있다.

지역특성

역사적으로 고려개국공신인 삼태사를 비롯해서 이상용, 김동삼, 이육사 등 독립유공자가 356명으로 전국 시 · 군 가운데 최다수이며, 시 · 군 평균의 10배를 배출할 만큼 활발히 독립운동을 펼쳤으며, 1894년 갑오의병 활동의 발상지로서 민족사를 주도하여 국난극복에 앞장서 온 충절의 고장으로 한국독립운동의 발상지이다.

문화적으로는 고대부터 무속신앙(미륵불, 무당), 불교(절, 전탑), 유교(건축물, 전서, 서원) 등 다양한 문화가 발달함으로써 선인들의 숨결 · 정신이 면면히 이어져 오고 있는 곳이며, 2개의 향교, 26개소의 서원 · 서당 등이 잘 보존된 유교문화의 본향이며, 1999. 4. 21일에는 가장 한국적인 고장을 찾아 엘리자베스 2세 영국여왕이 안동을 방문하기도 하였다. 하회마을, 도산서원 등 세계문화유산과 한국국학진흥원, 경상북도독립운동기념관, 도산서원 선비수련원 등을 갖춘 5천년 역사의 뿌리를 간직한 한국정신문화의 수도로서 도시전체가 살아있는 정신문화의 교육장이다.

지역적으로는 경북북부지역의 행정 · 교육 · 문화 · 교통의 중심지이고, 시민정서는 선비정신을 이어받아 예와 의를 중시하며, 보수성이 짙으나 나라에 충성하고 부모에 효도하는 가치관을 선양하는 지주가 되어오고 있다.

비록 개발에 뒤지기는 하였으나 때 묻지 않은 청정하고 아름다운 자연경관과 다양한 문화유산을 이용하여 21세기 문화와 환경의 시대를 선도하는 문화 관광도시로 발돋움해 나가고 있다. 웅도 경북 새천년 미래를 이끌어갈 신도청 소재지로서 화합과 상생을 통해 지역의 균형발전을 이끌어갈 경북의 중심역할을 할 것이다.

지난 2002년, 중앙고속도로가 개통되면서 안동과 수도권은 2시간 30분대 거리였으나, 경북북부 지역민의 숙원이던 중앙선 복선 전철화사업이 완공되는 2020년이면, 수도권까지는 1시10분, 인천공항까지 1시간 30분이면 오갈 수 있게 되어 시간적 개념으로 볼 때 안동은 수도권 외곽에 위치한 것이나 진배없는 동일생활권으로 봐도 무방할 정도다. 뿐만 아니라, 상주와 안동 · 영덕을 잇는 동서4축 고속국도가 2016년 12월 개통됨에 따라 동해와 내륙지역 진출이 더 한층 수월해 졌고, 도청신도시(안동)와 세종시를 연결하는 동서5축 고속도로 건설이 보다 구체화되면, 안동은 주요 도시간 한나절 권역이 된다. 또한, 현재 공사

중인 와룡과 법전간, 안동과 영덕간 국도 선형개량공사를 비롯해 포항과 안동간 국도 4차로 확장공사가 완공되면 안동은 경북 어디에서나 2시간 이내 접근이 가능해져 경북의 중심도시(교육 · 문화 · 행정)로서의 역할을 다할 수 있을 것으로 본다.

특히 매년 개최되고 있는 안동국제탈춤페스티벌은 2010년까지 3년 연속 대한민국대표축제로 선정된데 이어, 2011년부터는 명예 대표축제로, 현재는 글로벌육성축제로 선정됨으로써 이제 한국의 축제에서 세계 속의 축제로 발돋움하는 계기를 만들었다. 지역콘텐츠를 활용한 왕의나라, 부용지애 등 실경뮤지컬도 더욱 수준 높은 뮤지컬로 자리 잡고 있다. 안동발전의 양대 축인 문화산업(CT)과 바이오산업(BT) · 백신사업이 활성화 되고 3대문화권 사업이 본격 추진되면 안동은 그야말로 『한국정신문화의 수도』로서 "품격높은 도시, 풍요로운 시민 행복안동"으로 각광을 받게 될 것이다.

지역의 특산품으로는 전국 생산량의 14.8%를 차지하는 당도 높은 안동사과, 내장기능에 좋고 DHEA의 원료가 되는 산약(마)은 전국 생산량의 56%를 생산하고 있으며, 안동고추, 안동한우, 안동소주, 안동포, 안동 간고등어, 안동국시, 안동한지, 하회탈 등이 있다.

문 화 재

지 정 별

계	국가지정(90)								도지정(224)				
	유형		중요무형중요무형	기념물			중요민속문화재	등록문화재	유형문화재	무형문화재	기념물기념물	민속문화재	문화재자료
	국보	보물		사적	명승	천연기념물							
314	5	39	2	2	2	7	30	3	73	5	20	54	72

※ 국보 : 봉정사 극락전(제15호), 안동법흥사지 칠층전탑(제16호), 하회탈 및 병산탈(제121호), 징비록(제132호), 봉정사 대웅전(제311호)

● 유 형 별

구 분	계	건조물	전적류	비석	탑	불상	동식물	기타
계	314	190	21	12	20	10	12	49
국가지정	90	44	13		4	4	9	16
도 지 정	224	146	8	12	16	6	3	33

유적 및 관광지

● 도산서원

☞ 도산면 도산서원길 154 / 사적 제170호 / ☎ 856-1073

- 퇴계 이황선생 위패 봉안(宣祖 8년 賜額)
- 전교당(보물210호) 상덕사(보물211호) 등 건물 17동
- 유물전시관(옥진각)에 자리, 등경, 매화연, 청려장, 투호, 혼천의 등 일반유품 22점과 전적류 91권 전시
- 시내에서 27㎞(안동시청 → 와룡 → 도산서부리 → 도산서원)

※ 도산서원의 특징

1. 정조(16년) 임금은 규장각 각신 이만수를 시켜 상덕사에 알묘케 하였을 때 퇴계 선생에게 올리는 치제문에서 '추로(鄒魯)'라 처음 칭하고, 특별과거인 도산별과를 보였던 자리가 지금의 '시사단(試士壇)' 이다.

2. 2002년 7월 도산서원 선비문화수련원이 설립되어 전국서원 중 최초로 여성들에게 굳게 닫혀있던 사당 참배를 서원 건립 후 428년 만에 허용한 점이다.

이육사문학관

☞ 도산면 백운로 525 / ☎ 852-7337

- 이육사의 민족 및 문학정신을 전하고 알리는 공간
- 시내에서 32㎞(안동시청 → 국학진흥원 → 도산서원 → 이육사문학관)
- 휴 관 일 : 매주월요일, 1월 1일, 설날 및 추석당일
- 이육사 문학축전 개최(봄, 여름, 가을, 겨울)

안동 하회마을

☞ 풍천면 종가길 2-1 / 중요민속자료 제122호

- 조선시대 대유학자 겸암 류운룡, 서애 류성룡선생의 출생지
- 낙동강이 S자로 굽어 흐른다 하여 河回 또는 물돌이라 함
- 하회탈(국보제121호), 징비록(국보 제132호)를 비롯한 문화재 22점 보존
- 만송정 솔숲(천연기념물 제473호)
- 2010. 7. 31 유네스코 세계문화유산 등재
- 2011년 한국관광 8대 으뜸 명소 선정
- 하회별신굿 탈놀이 상설공연(☎ 854-3664)

– 3월 ~ 12월 : 매주 수 · 금 · 토 · 일요일 14:00~15:00

- 시내에서 25㎞(안동시청 → 송현동 → 풍산 → 풍천 → 하회마을)

  ※ 1999. 4. 21 엘리자베스 영국여왕이 방문한 가장 한국적인 마을

병산서원

☞ 풍천면 병산길 386 / 사적 제260호

- 서애 류성룡선생을 추모하기 위해 尊德祠창건 위패 봉안

• 시내에서 28㎞(안동시청 → 송현동 → 풍산 → 풍천 → 하회마을입구 → 병산서원)

봉정사

☞ 서후면 봉정사길 222 / ☎ 853-4181

• 서기 672년(문무왕 12년) 의상국사의 제자인 능인대덕에 의해 창건
• 극락전(국보제15호) 우리나라 최고의 목조건물, 대웅전(국보제311호),
  화엄강당(보물제448호), 고금당(보물제449호) 지정
• 시내에서 16㎞(안동시청 → 송현동 → 송야교 → 서후면 → 봉정사)
• 1999. 4. 21 엘리자베스 영국여왕이 방문 하였음

안동 이천동 마애여래입상

('안동 이천동 석불상'에서 명칭변경)

☞ 이천동 산 2 / 보물 제115호 / 연미사 ☎ 841-4413

• 고려시대 마애불 입상 (一名 제비원 미륵)
• 높이 9.95m 머리부분 2.43m 너비 7.2m(자연석 화강암 석벽)
• 시내에서 6㎞(안동시청 → 북후방면)
• 제비원솔씨공원 준공(2010)으로 성주의 본향 "성주풀이" 부각

안동 법흥사지 칠층전탑('신세동 칠층전탑'에서 명칭변경)

☞ 법흥동 8-1 / 국보 제16호

• 국내에서 가장 크고 오래된 전탑(벽돌탑), 통일신라시대 8세기경 건립

- 높이 17m, 기단폭 7.5m, (八部衆像, 四天王像, 12지신을 판석으로 축조)
- 시내에서 3.2㎞(안동시청 → 법흥지하도 → 보조댐입구)

안동 운흥동 5층전탑

☞ 운흥동 231 / 보물 제56호

- 안동역 보선사무소내 위치 ⇒ 영가지에 나오는 법림사터로 추정
- 통일신라시대의 벽돌탑으로 높이 8.35m 기단폭 3.65m (1962년 복원)

조탑동 5층전탑

☞ 일직면 조탑리 139 / 보물 제57호

- 높이 8.65m, 기단 너비 7m, 통일신라시대 제작 추정
- 陽刻된 仁王像은 조형미가 뛰어나 사진작가의 촬영대상임
- 시내에서 18㎞(안동시청 → 무릉 → 남안동IC입구)

오천유적지

☞ 와룡면 군자리길 21 / ☎ 859-0825, 856-0495

- 광산김씨 예안파 소유 문화재, 고문서 등 8개 문화재 소장
- 시내에서 18㎞(안동시청 → 와룡 → 오천유적지)

안동 임청각

☞ 임청각길 13 / 보물 제182호 / ☎ 853-3455

- 세종때 영의정인 李原의 여섯째 아들 영산현감 李增이 정착(고성이씨)

- 李增의 셋째아들 형조좌랑 李洺이 건립한 "丁"자 별당형 정자 건축
- 농암 이현보, 백사 이항복 등 제현들의 詩板이 게판
- 시내에서 3㎞(안동시청 → 법흥지하도 → 보조댐입구)

예안향교

☞ 도산면 퇴계로 2020-13 / 도 유형문화재 제28호 / ☎ 843-2740

- 조선 초기 선조 34년(1601년) 중수, 영조 21년(1745년) 크게 개수
- 孔子 등 韓·中 성현들 봉향(2월, 8월 上丁日에 석전대제)
- 시내에서 20㎞(안동시청 → 와룡 → 예안향교 / 서부단지내)

안동향교

☞ 향교길 65(송천동) / ☎ 857-9315

- 안동향교의 대성전(大成殿)은 成均館 대성전과 동일한 규모였으나 대성전에는 五聖과 宋朝四賢 및 東國十賢 등 二十七位를 봉안하고 있다.(2월, 8월 上丁日에 석전대제)
  이 건물은 6.25전란때 소실되고 1986년 현위치에 중건되었음
- 시내에서 8㎞(안동시청 → 용상 → 송천동 / 안동향교)

안동 태사묘 삼공신유물

☞ 태사길1길 24-1(북문동)/보물 제451호
안동태사묘 관리위원회 / ☎857-7683

- 안동태사묘 (지방기념물 제15호)
- 고려 개국공신 金宣平, 權幸, 張貞弼 三太師 의 위패 봉안
- 1540년(중종 35년) 김광철 부사가 현위치로 이건
- 삼태사의 유물, 옥관자 외 21점 보존
- 북문동(구시청옆)에 위치, 안동역에서 5분거리
- 2월, 8월 中丁日에 향사 봉행

학봉유물관

☞ 서후면 풍산태사로 2830-6 / ☎ 852-2087

- 조선 선조때 명신인 학봉 김성일선생의 유물보관
- 김성일 종가 전적(보물 제905호) 등 유품 500점 보존
- 시내에서 10㎞(안동시청 → 송현동 → 송야교 → 서후면 소재지 못미침)

고산서원

☞ 남후면 암산1길 53-1 / 경북도기념물 제56호

- 大山 이상정(李象靖)선생과 아우 小山 이광정(李光靖)선생을 제향
- 경내에 경행사, 호인당, 앙지재, 백승각 등 9동이 있으며 경관이 뛰어남
- 시내에서 10㎞(안동시청 → 안동대교 → 무릉 → 암산유원지)

묵계서원

☞ 길안면 충효로 1736-5 / 경북도민속자료 제19호

- 보백당(寶白堂) 김계행(金係行)선생과 응계(凝溪) 옥고(玉沽)선생을 봉향
- 고종6년 서원철폐시 훼손되고 강당과 읍청루, 진덕문,

동재건물을 복원

- 시내에서 28㎞(안동 → 안동대학교 → 송천교 → 길안 → 묵계)

 ※ 서원 건너편에는 선생의 정자로서 16C초에 건립된 만휴정 (경상북도 문화재 자료 제173호)이 있음.

영호루

☞ 정하동

- 공민왕이 홍건적의 난을 피하여 안동으로 몽진하였을 때 이곳에서 유람을 하였다고 하며 영남 3대루의 하나로 현판은 공민왕 친필
- 안동시청 → 영호대교 → 영호루

 ※ 남한 4대 樓 – 촉석루(진주), 영남루(밀양), 광한루(남원), 영호루

지례예술촌

☞ 임동면 지례예술촌길 390 / ☎ 822-2590

- 金邦杰선생 종택인 지촌종택, 지촌제청, 지산서당을 이건 조성
- 예술인의 창작 활동장, 전통생활 학습장, 유교연수원 등 활용
- 시내에서 30㎞(안동시청 → 천전 → 수곡교 → 박곡)

용계 은행나무

☞ 길안면 용계리 743외 6필 / 천연기념물 제175호

- 조선 선조때 훈련대장인 송암 卓順昌선생이 은행계를 조직하고 주변에 대를 쌓아 보호
- 높이 37m, 뿌리부분 둘레 16m, 가슴높이 둘레 14.5m,

어른 14명이 띠를 둘러야 함. 수령 700년 추정(우리나라 최대의 거목)
• 시내에서 31km(안동시청 → 길안 → 용계)
• 임하댐 건설로 수몰 위기에서 그 자리에서 15m 상식공사(90. 11~93.7)

도산온천

☞ 도산면 온천로 570 / ☎856-1335
• 지하 580m에서 토출, 약 알칼리성에 중탄산나트륨 함유
• 모세혈관 확장, 혈압강화, 심장부담감소 및 피부질환 효용
• 시내에서 28km(안동시청 → 와룡 → 오천유적지 → 도산서원입구 → 도산온천)

암산 유원지

☞ 남후면 광음리, / 구리측백나무자생지 천연기념물 제252호
• 여 름 : 보트장, 겨 울 : 천혜의 스케이트장
• 시내에서 11km(안동시청 → 남후 → 암산유원지)
• 매년 1월 안동암산얼음축제와 장빙제를 개최하여 겨울철 관광객 유치

무릉 유원지

☞ 남후면 무릉리 137-2
• 수려한 경관의 절벽을 이루고 있으며 보트를 이용할 수 있음.
• 시내에서 9km(안동시청 → 남후 → 구무릉랜드 → 무릉유원지)

하회 세계탈박물관

☞ 풍천면 전서로 206 / ☎ 853-2938
• 하회마을 입구, 한국탈 20종 500여점과 외국탈 30여개국 500여점을 전시
• 시내에서 24km (안동시청 → 풍산 → 풍천하회마을 입구)

안동댐

☞ 성곡동 산164-19 / ☎ 859-1254

• 4대강유역 종합개발계획에 따른 다목적 토석댐
• 보조댐, 물문화관, 민속촌, 드라마 촬영장, 월영교 등 주변 경관이 좋음
• 시내에서 6㎞(안동시청 → 법흥지하도 → 보조댐 → 본댐)

임하댐

☞ 임하면 임하리 / ☎ 822-9337~8
• 4대강유역 종합개발계획에 따른 다목적 사력댐
• 보조댐, 백운정, 호계서원, 홍보관 등 가족단위 놀이마당으로 좋음
• 시내에서 17㎞(안동시청 → 용상동 → 임하(천전) → 임하댐)

한국국학진흥원

☞ 도산면 퇴계로 1997 / ☎ 851-0700
• 한국국학진흥원은 국학자료의 과학적인 보존방법을 모색하고 전통문화와 사상에 기초한 교육을 통해 미래사회의 신한국을 이끌어 갈 정신적 좌표 확립을 위해 설립(개원 : 2001. 10. 5)
• 시내에서 20㎞(안동시청 → 와룡 → 도산면 서부리 → 한국국학진흥원)

시립민속박물관

☞ 민속촌길 13(성곡동) / ☎ 821-0649
• 부지 172,820㎡(옥내 · 외 박물관)
• 옥내 박물관 : 유교문화, 관혼상제, 민속놀이 전시
• 야외 박물관 :석빙고, 월영대, 선성현객사, 초가도토마리집, 물레방아, 연자방아 등
• 개목나루 : 황포돛배 운항, 떡메치기 · 대장간 · 규방공예 · 전통차 체험, 상설 · 특별(수시) 공연, 특산품 판매 (☎ 823-7456)
• 시내에서 5.5㎞(안동시청 → 법흥지하도 → 보조댐 → 영락교 → 박물관)

경상북도독립운동기념관

☞ 임하면 독립기념관길 2 / ☎ 823-1555

- 안동은 한국독립운동의 발상지임. 한국독립운동사의 서막을 장식한 것이 바로 의병항쟁이고, 1894년 안동에서 시작된 갑오의병이 그 선두에 섰음
- 전국에서 가장 많은 독립유공자를 배출하였음(356명)
- 전국에서 가장 많은 자정순국자를 배출하였음(전국90명중 안동 10명)
- 51년 한국독립운동사를 거의 빈틈없이 메우는 곳임(의병 · 계몽운동 · 만주지역독립군 · 대한민국임시정부 · 의열투쟁 · 사회주의운동 · 좌우합작운동 · 민족문학 등)
- 경상북도독립운동기념관은 살아있는 유교문화와 안동독립운동 역사를 체험하는 훌륭한 탐구장소(개관 : 2007. 8. 10)
- 부지 27,471㎡ 연면적 2,842㎡
- 시내에서 15㎞(안동시청 → 용상동 → 안동대학교 → 독립기념박물관)

경상북도산림자원개발원(산림과학박물관)

☞ 도산면 퇴계로 2189 / ☎ 855-8681

- 잊혀져가는 산림사료의 영구적 보존과 학술연구를 통하여 산림문화를 창달하고 학습장으로서의 역할을 수행하고자 건립
- 유교문화권과 연계한 관광명소로 개발하고 산림문화 휴식 공간 제공(개관 : 2004. 5. 25)
- 부지 177,534㎡ 건축면적 1,971.95㎡(1, 2층 전시실)
- 시내에서 22㎞(안동시청 → 도산서원 방향 → 산림과학박물관)
- 안동호반자연휴양림은 전통가옥형식으로 손님들에 고향의 향수를 느낄 수 있게 하는 숙박시설임
  - 초가3동, 기와1동 ☎ 840-8265, 8266
- 소득형 생태숲은 국민의 건전한 휴식공간 및 자연학습공간으로 활용
- 야생동물생태공원은 야생동물의 생태를 직접 관찰할 수 있고, 야생동물의 구조, 치료, 재활, 방사 등 야생동물 전문 치료센터 역할

전통문화콘텐츠박물관

☞ 서동문로 203(동부동 447-8) / ☎ 843-7900

- 다양하고 풍부한 전통문화를 기반으로 디지털 콘텐츠 제작 전시

- 전국최초의 디지털박물관으로, 안동의 문화를 디지털로 보고, 느끼고, 체험할 수 있는 공간임(개관 : 2007. 9. 1)
  - 클릭! 옛소리, 장판각목판체험, 장원급제놀이, 하회탈춤UCC 등 24코너
  - 원이엄마와 응태의 사랑을 「그린」「미투리」, 안동의 지명유래와 삼태사 스토리를 알 수 있는 · 고창전투 · 4D 관람
- 부지 5,756㎡, 건물 1,871.1㎡(지상, 지하 1층)
- 시내에 위치(동부동 웅부 · 문화공원 내)

안동학가산온천

☞ 서후면 학가산온천길 14 / ☎ 842-5087~8

- 학가산 줄기 지하암반 700m에서 용출되는 최고의 수질
- 하루 1,024t의 풍부한 수량, 1,200명 동시입장 가능
- 알칼리성 중탄산 나트륨온천으로 혈액순환, 신경통, 불면증, 피로회복 효과
- 전국최초 산소 수면방, 노천탕, 전망대, 접견실, 회의실, 야외공연 시설 완비
- 부지 19,900㎡, 건물 4,916.16㎡(PIT 1층, 지상 3층)

경상북도문화콘텐츠진흥원

☞ 영가로 16(동부동) / ☎ 840-7000

- 경북 문화산업 육성을 위한 종합지원기관으로써 문화콘텐츠산업 기반구축 및 활성화 사업추진
  - 문화콘텐츠산업 정책기획 및 수요조사
  - 문화산업 관련 콘텐츠 발굴 · 산업화 · 마케팅 · 교육훈련 · 기술개발 지원
  - 디지털 · 아날로그 자료구축을 통한 온 · 오프라인 네트워크 활성화
  - 영상미디어 교육 및 영상물 창작활동지원 등
- 부지 2,919㎡, 건물 4,377㎡(지하 1층, 지상 6층)
- 창조아트홀, 첨단강의실, 첨단제작스튜디오, 라키비움 등

안동문화관광단지

☞ 안동시 성곡동 일원 / 1,655,181㎡

- 유교랜드 : 유교체험관, 원형입체영상관, 타임터널 등
  - 시설면적 14,650㎡ / ☎ 820-8800
    ※ 유교랜드 홈페이지 : www.confucianland.com
- 온뜨레피움 : 실내식물원, 야외정원, 바닥분수 등
  - 시설면적 30,890㎡/ ☎ 823-8600
- 전망대 : 지하1층 지상 3층
  - 시설면적 1,125㎡ / ☎ 820-8881
- 휴그린골프장 : 18홀 대중골프장
  - 1,000,810㎡ / ☎ 821-9191
    ※ 휴그린골프장 홈페이지 : hugreen.gtc.co.kr

안동시민 헌장

전 문

우리는 문화와 전통을 가진 안동시민임을 자랑한다. 안동은 예로부터 인재의 보고요, 미풍양속의 샘터라 조상들의 슬기가 두루 스며 있고 그 얼이 우리에게 엉키어 있음을 자랑으로 여기며 근면, 성실, 협동으로서 살기 좋은 고장을 만들 것과 후손들의 길이 보금자리가 될 터전을 닦기로 다짐하면서 이 헌장을 마련하여 시민의 가슴마다 길이 새긴다.

본 문

1. 우리는 슬기로운 시민이다.
   긴 안목과 올바른 생각으로 하늘과 땅에 부끄럼 없는 오늘을 산다.
2. 우리는 건강한 시민이다.

환경을 깨끗하고 아름답게 꾸며 튼튼한 몸과 굳센 마음으로 명랑하게 지낸다.

3. 우리는 일하는 시민이다.
   번영과 행복을 찾아 앞서 일하고 피땀으로 얻은 보람을 고장에 바친다.
4. 우리는 의로운 시민이다.
   서로 돕고 사랑하며 믿음으로 굳게 뭉친 옛 얼을 이어 받아 새시대에 알맞는 생활을 누린다.
5. 우리는 탐구하는 시민이다.
   향토 고유의 민속과 예술을 갈고 닦아 새로운 문화를 창조하여 후대에 끼친다.

권영세 시장님 프로필

▶인적사항

출생지 : 안동시 길안면 현하리

생년월일 : 1953. 2. 13.

학 력

- 경북고등학교 졸업
- 영남대학교 법학과 졸업
- 경북대학교 대학원 행정학과(2년 수료)

가족관계 : 처, 1남 1녀

▶경 력

- 행정고시 21회(1977년)
- 경상북도 기획계장, 법무담당관
- 내무부 지방행정국, 지방기획국 지방기획과
- 영양군수(94. 5. 9 ~ 94. 12. 31)
- 대통령비서실(행정 · 정무수석실 95. 9. 7 ~ 96. 9. 6)
- 대통령인수위원회(98. 1. 3 ~ 99. 5. 28)

- 안동시 부시장(99. 5. 29 ~ 02. 7. 25)
- 행정자치부 문화시민운동중앙협의회 운영국장
- 소방방재청 정책홍보 본부장(04.6.1~06. 8. 31)
- 대구광역시 행정부시장(06. 9. 1 ~ 09. 12. 18)
- 안동시장(10. 07. 01. ~ 현재)

▶수상내역

- 홍조근정훈장/대통령 표창

시정방향

시정방침

한국정신문화의 수도 안동

- 신도청 시대를 선도하는 창조안동
- 전통과 현대가 융합되는 문화안동
- 경제와 기업이 살아나는 부자안동
- 사람과 교육이 중심되는 희망안동
- 안전한 생활이 보장되는 복지안동

2017 역점시책

품격 높은 도시·풍요로운 시민

높아진 위상·더 가까워진 안동 건설
창의·향유의 고품격 문화·관광 실현
살맛나는 서민경제·희망에 찬 농촌경제
사람이 최우선인 그린·안전·복지 구현
인성을 보듬는 교육, 가치를 키우는 도시재생
소통하는 협업행정·건강한 지역사회 조성

2017 역점시책

1. 높아진 위상 · 더 가까워진 안동 건설

- 경북도청 이전지 주거환경 및 기반시설 조성
- 경북도청 유관 기관 · 단체 유치
- 안동의 가치를 동아시아 중심 가치로 승격
- 전국을 한걸음에, 경북교통중심도시로 도약

2. 창의 · 향유의 고품격 문화 · 관광 실현

- 안동문화의 세계적인 가치를 입증할 로드맵 실행
- 문화 · 관광의 큰 주춧돌, 3대문화권 사업 추진
- 韓문화 & ICT융합 콘텐츠 개발사업 기본계획 수립
- 안동문화관광단지 확대
- 에코펀 테마파크 조성
- 역사와 문화를 기록 · 전승하고 새로운 가치 창조 모색
- 다양한 인프라 구축을 통해 체류형 관광 시대 선도
- 모든 이에게 사랑받는 문화&관광 콘텐츠 발굴

3. 살맛나는 서민경제 · 희망에 찬 농촌경제

- 경북바이오일반산업단지 확장
- 안동의 성장을 위한 백신 클러스터 조성 박차
- 지역 맞춤형 기업유치 · 지원전략 강화
- 일자리 창출과 경제조직육성으로 지역경제 활력충전
- 전통시장과 상점가 활성화
- 서민가계의 부담 경감을 위해 노력
- 사람이 모이고 활기가 생기는 농촌생활환경 조성
- 농사하기 좋은 인프라 조성
- 시대를 선도하는 신기술과 농업인재 육성

- 농가소득 향상을 통한 잘사는 농촌 만들기
- 농산물 홍보 및 유통 활성화로 판로 확보
- 지속가능한 축산기반 구축으로 축산업 경쟁력 강화

4. 사람이 최우선인 그린 · 안전 · 복지 구현

- 물순환 선도도시 조성
- 사람과 자연이 어우러진 친환경 도시 조성
- 깨끗한 도시를 위한 생활환경 개선
- 시민의 안전과 재산보호를 위한 사회안전망 구축
- 시민을 보호하고 자연의 혜택을 전하는 치수(治水)정책
- 함께하는 사회를 위한 장애인 복지향상과 자립기반 조성
- 건강하고 행복한 노후를 위한 제도적 지원
- 젊은 세대의 안정적 사회정착을 위한 인프라 조성
- 호국보훈의식 제고를 위한 예우사업 지원
- 다같이 행복한 복지행정 추진
- 여성 및 아동복지 증진을 통한 가족친화사회 조성
- 아이 낳기 행복한 환경 만들기

5. 인성을 보듬는 교육, 가치를 키우는 도시재생

- 경북북부 교육중심도시로서 기반 확충
- 누구나 행복한 평생학습도시 조성
- 미래 안동을 이끌 인재양성 사업추진
- 건전한 인성을 가진 안동인 육성
- 체계적인 도시계획을 통한 도약의 틀 구축
- 도심 균형 발전을 위한 새로운 구상
- 시 곳곳을 연결하는 교통망 확충 및 개선
- 지속가능한 도시재생 선도
- 또 하나의 새로운 복지, 교통환경개선 총력

○ 작지만 꼭 필요한 생활밀착형 사업 추진

6. 소통하는 협업행정 · 건강한 지역사회 조성

○ 소통채널 다양화로 다양한 협업기회 발굴

○ 지방자치시대 꽃, 안동시의회 청사 신축

○ 행복공동체 사업을 통한 자원봉사도시 조성

○ 스포츠산업 강소도시 건설

○ 지역 체육 활성화를 통한 건강복지 기여

○ 깨끗한 수돗물 상생수(相生水) 안정적 공급

주요 역사인물

삼 태 사

▶김선평[金宣平]

- 고려 초기 공신. 고창군(古昌郡 ; 安東)의 성주(城主)
- 930년(태조 13) 권행(權幸) · 장정필(張貞弼) 등과 함께 태조를 도와 후백제(後百濟)의 견훤(甄萱)을 고창군에서 대파, 공을 세우고 대광(大匡)이 되었으며 뒤에 벼슬이 아보(亞父)에 이르렀음

▶권 행[權 幸]

- 고려 초기 공신. 안동권씨(安東權氏)의 시조. 본성(本姓)은 김(金)
- 견훤(甄萱)이 신라 경애왕을 자살케 한 데 대해 격분하여 930년(고려 태조 13;견훤 39) 고려가 고창에서 후백제군을 무찌르는 데 가담하여 공을 세워 태조로부터 권씨 성(姓)을 하사받고 대상(大相) 벼슬에 올랐음

▶장정필[張貞弼]

- 중국 저장성[浙江省] 출신인 장길(張吉)

• 고려 태조 때 견훤군(甄萱軍)을 격파하는 데 공을 세워 삼중 대광(三重大匡) 보사벽상공신(保社壁上功臣) 태사(太師)에 오름

사상가

▶ **이 황**[李 滉 : 연산군 7년(1501) ~ 선조 4년(1570)]

• 조선중기의 문신 · 학자, 본관은 眞城(眞寶), 자는 景浩, 호는 退溪, 退陶, 陶叟

• 도산면 온혜리에서 좌찬성 이식(李埴)의 7남1녀 중 막내 아들로 출생

• 성리학의 태두, 27세(1527)에 진사, 34세(1534)에 문과에 급제
양관 대제학, 대사성, 영의정으로 추증됨
※ 탄생 500주년(음력2001. 11. 25)기념 세계유교문화축제 개최

▶ **김계행**[金係行 : 세종 13년(1431) ~ 중종 12년(1517)]

• 문신, 자는 取斯, 호는 寶白堂, 본관은 安東, 현감 삼근의 아들 시호는 定獻

• 1706년(숙종 32) 지방유생들이 선생의 덕망을 추모하여 안동 길안 묵계서원(默溪書院)을 짓고 향사

• 부제학, 대사헌, 대사성, 대사간 등 삼사의 요직, 이조판서에 추증

• 家傳淸白 世守恭謹 孝友敦睦 유훈과 오가무보물 보물유청백 (吾家無寶物 寶物惟淸白)으로 후손들의 올바른 삶의 방향 제시

▶ **김성일**[金誠一 : 중종 33년(1538) ~ 선조 26년(1593)]

• 조선중기의 문신, 본관은 義城, 자는 士純, 호는 鶴峯

• 대사성, 홍문관 부제학, 이조판서에 추증됨

• 저 서 : 해사록, 상례고증, 학봉집 등 다수

문학가

▶ **이현보**[李賢輔 : 세조 13년(1467) ~ 명종 10년(1555)]

• 조선 중종때 문장가, 자는 棐仲, 호는 聾巖, 시호는 孝節, 본관은 永川

• 밀양, 안동의 부사와 충주, 성주의 목사, 병조참지, 동부승지, 부제학을 역임하고 형

조참판에 이르러 귀향

- 도산 분강서원에 향사
- 이현보의 어머니(권 겸의 딸)가 지은 시조 '선반가(宣飯歌)'는 내방가사의 효시로 전함

▶ **장계향**[선조 31년(1598) ~ 숙종 6년(1680)]

- 조선 중기 문인. 본관은 安東
- 어려서 부터 시문 · 서화에 뛰어났고, 수리학에도 능하였음.
- 남편 내조와 자식의 교육에 힘써 슬하에 이현일(李玄逸) 등 학자를 길러내어 송대(宋代) 이정자(二程子)의 어머니 후씨부인(侯氏夫人)에 비유되기도 하였음
- 저서 : 정부인안동장씨실기, 규곤시의방 등이 있음

▶ **서 성**[徐渻 : 명종 13년(1558) ~ 인조 9년(1631)]

- 조선 중기 문신. 자는 玄紀, 호는 藥峯. 본관은 達城.
- 이이(李珥) · 송익필(宋翼弼)의 문인이다
- 관찰사에 이어 호조 · 형조 · 공조 판서와 판중추부사를 역임
- 영의정에 추증되고 대구 귀암서원에 배향, 시호는 충숙(忠肅)

국란극복

▶ **김방경**[金方慶 : 강종 1년(1212) ~ 충렬왕 26년(1300)]

- 자는 本然, 시호를 忠烈, 본관은 安東, 신라 경순왕의 후예
- 고려 충렬왕때 명장. 16세에 몽고병 · 왜구 · 삼별초 토벌
- 삼중대광 첨의중찬 판전리사사 세자사에 상락군 개국공에 봉하였음
- 충선왕때 다시 벽상삼한 삼중대광에 추증

▶ **류성룡**[柳成龍 : 중종 37년(1542) ~ 선조 40년(1607)]

- 조선중기의 문신, 본관은 豊山, 자는 而見, 호는 西厓
- 대사헌, 양관 대제학, 영의정을 지냄
- 임진왜란 당시 피난중 임금께 시무책을 올리는 등 국난극복을 위해 갖은 애를 썼으며

훈련도감을 설치, 화기 연구제조, 남한산성 수축 등 국난극복에 힘썼음

※ 서애 류성룡선생 서세 400주년 추모제전(2007. 5. 10. ~ 20)

▶**김 해**[金 垓 : 명종 10년(1555) ~ 선조 26년(1593)]

- 조선 중기 문신 · 의병장. 자는 達遠, 호는 近始齋. 본관은 光山
- 1592년 임진왜란이 일어나자 의병을 일으켜 영남의병대장에 추대되어 안동(安東) · 의성(義城) · 군위(軍威) 등지에서 분전
- 1595년 홍문관수찬이 증직되고, 1893년 이조판서에 추증

항일 운동가

▶**이상룡**[李相龍 : 철종 9년(1858) ~ 1932]

- 독립운동가, 본관 固城, 자는 萬初, 호는 石洲
- 류인식 · 김동삼 등과 애국계몽운동 전개, 1907년 협동학교 설립
- 1925년 9월 대한민국임시정부 국무령 취임, 건국훈장국민장 추서

  ※ 1990. 10. 11 광복 45년만에 유해 고국봉환, 국립묘지 안장

▶**류인식**[柳寅植 : 고종 2년(1865) ~ 1928]

- 민족운동가, 교육자, 본관 全州, 자는 聖來, 호는 東山
- 1927년 2월 신간회 안동지회 창립(회장 선출)
- 1982년 건국훈장 국민장 추서

▶**김동삼**[金東三 : 고종 15년(1878) ~ 1937]

- 독립운동가, 본관 義城, 본명은 肯植, 호는 一松
- 1926년 대한민국 임시정부 국무원 임명
- 1962년 건국훈장 대통령장 추서

▶**김지섭**[金祉燮 : 1885 ~ 1928]

- 본관은 豊山. 자는 衛卿. 호는 秋岡.

- 1905년 상주보통학교 교원, 금산지방법원 서기 겸 통역관으로 재직
- 교육구국운동 전개 및 의열단 가입 1923년 일본 왕궁 폭탄사건으로 옥고
- 1962년 건국훈장 대통령장 추서

▶**이육사**[李陸史 : 1904 ~ 1944]

- 민족시인, 독립운동가, 본관 眞城(眞寶), 본명은 源綠, 源三, 개명은 活, 자는 台卿, 아호 陸史
- 1925년 대구의 의열단 가입, 독립운동사건으로 17회 옥고
- 1968년 시비건립(도산면 원천리)
- 2004년 이육사문학관건립(176평)도산면 원천리900번지
- 저　서 : 육사시집 광야에서 부르리라, 이육사 전집 등 다수

※ 이육사탄생 100주년 기념학술대회(2004)

주요 특산품

▶**안동간고등어**

- 오랫동안 우리들의 입맛을 지켜온 안동간고등어는 소금으로 염장처리를 한 것으로 조리 후 고등어 특유의 비린내가 나지 않고 고소한 감칠맛이 나는 것이 특징임
- (주)안동간고등어, 안동간고등어생산자협회(☏853-0545) (주)안동얼간제비(☏858-9363)
  (주)하회마을 종합식품(☏853-8526)

▶**안 동 고 추**

- 햇볕에 말려 빛깔이 곱고 고추 본래의 단맛과 매운맛이 그대로 살아 있으며, 고추장,

고추씨기름 등이 생산되고 있음

- 태양초고추 : 안동와룡농협(☏ 857-0765),

고춧가루 : 남안동농협가공사업소(☏ 858-8085) 보경농산(☏ 822-3388) 동심농산 (☏ 859-2294)

▶안 동 사 과

- 낮과 밤의 일교차가 큰 기후조건과 양질의 사양토에서 재배됨으로서 색상이 선명하고 과육이 연하며 당도가 높아 맛이 일품임

※ 2007~ 2010 대한민국대표브랜드 대상 4년 연속 수상, 2008, 2010 프리미엄브랜드 대상 수상, 2009 한국지방자치 브랜드 대상

- 동안동농협(길안유통팀(☏ 822-5501), 임동지점(☏ 822-5071), 대구경북능금농협 안동지점(☏ 859-1447))

▶안 동 산 약(마)

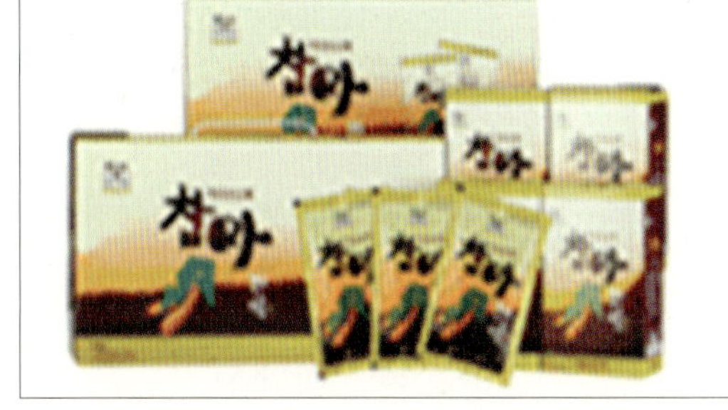

- 자연의 향이 듬뿍 담긴 신토불이 건강식품으로 내장기능보호와 허약 체질개선에 탁월한 효과가 있으며, 마분말, 마음료 등 다양한 제품이 생산되고 있음

※ 2008~2009 프리미엄브랜드 대상 2년 연속 수상

※ 2010년 경상북도 지역특구 평가 우수상

- (사)안동산약마연합회(☏ 855-7888)

북안동농협(가공사업소 ☏ 859-3774), 녹전지점(☏ 856-0505), 안동참마(☏ 859- 4553)

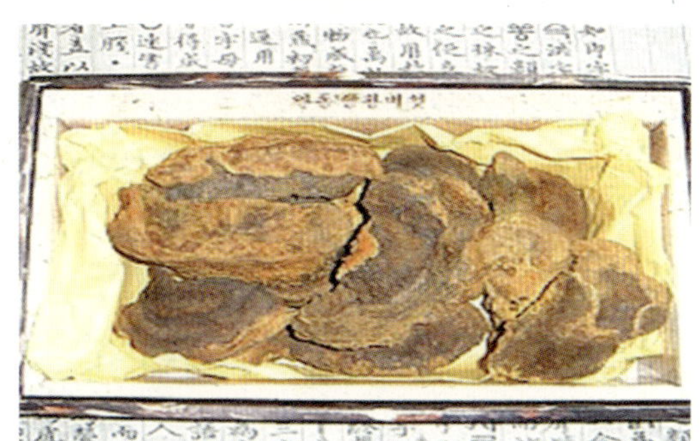

▶안동상황버섯

- 뽕나무에서 나는 자연그대로의 성장조건과 소박한 농심으로 정성을 다하여 생산한 안동상황버섯은 항암효

과가 탁월하여 최고의 품질과 신용을 자랑함

- 류충현 버섯농장(☎ 822-8203), 가랫재 상황버섯농장(☎ 822-3301)

▶안동소주

- 안동의 맑고 깨끗한 물과 옥토에서 수확한 양질의 쌀을 가지고 전승되어온 전통비법으로 빚어낸 증류식 소주로써 마신후 뒤끝이 깨끗한 순곡주임
- 민속주안동소주(☎ 858-4541) : 45도
- 안동소주일품(☎ 854-6080) : 21도, 30도, 40도
- 명인안동소주(☎ 856-6903) : 19도, 22도, 35도, 45도
- 안동전통명주 느낌(☎ 853-1200, 854-1200) : 16.8도, 19.8도, 30도
- 양반안동소주(☎ 841-3378) : 45도
- 안동소주 올소(☎ 843-0106) : 20도, 35도

▶안 동 쌀

- 비옥한 토양, 맑은 물, 오염되지 않은 들녘에서 생산되어 밥맛이 최고임
- 양 반 쌀 : 서안동농협농협미곡종합처리장(☎ 858-9901)
  백진주쌀 : (주)한국라이스텍(☎ 842-0400)
  청산별미 : 남안동농협(☎ 858-4281)

▶안동 · 마돼지

- 돼지사육에 적합한 일교차와 청정농장에서 사육된 안동 · 마돼지는 "마"와 활성탄, 미생물제를 첨가하여 엄격하게 사육된 웰빙포크로서 쫄깃쫄깃한 조직감과 풍미가 우수하고 불포화지방산 함유량이 높음

※ 2010년 우수 축산물브랜드 인증

- 안동봉화축협(☎ 858-8530), 직판장(☎ 843-5959)

▶안동 · 마보리빵

- 경북바이오산업연구원의 협력으로 안동산약(마)과 보리를 절묘하게 혼합하여 개발한 안동참마보리빵은 영양만점인 웰빙식품
- 안동 · 마보리빵(☏ 857-4466)

▶안 동 포

- 천연섬유로 만든 수제품으로 마찰에 대한 내구성이 커서 질기고 수명이 길며, 여름철 통풍이 잘되어 시원하고 위생적인 최고의 옷감임
- 임하농협(☏ 822-9991), 윤혜리(☏ 823-4585/840-5314)

▶안 동 한 우

- 적절한 일교차의 지리적 여건과 과학적 사육, 세심한 사양관리를 지향하는 안동한우는 육질 내 지방이 고르게 분포되어 한우 고유의 맛과 향이 풍부한 전국 최고의 쇠고기임

  ※ 2009. 11. 19 오바마 미국대통령 방한시 청와대 만찬상에 오름

  2012~2016년까지 5년 연속 여성소비자가 뽑은 프리미엄 브랜드 대상 수상

  2013~2016년까지 4년 연속 한국소비자만족지수 1위 수상

  2017년 국가소비자중심 브랜드 대상 수상
- 안동봉화축협(☏ 858-8530)

▶안 동 한 지

- 천연 닥나무를 재료로 전통의 방법으로 만들어 빼어난 흡수성과 발산성이 있어 창호지, 도배지, 장판지, 화

선지, 공예품 등에 사용되고 있음

- 안동한지(☏ 858-7007)

▶버버리(벙어리)찰떡

- 버버리(벙어리)찰떡은 찹쌀을 원료로 하는 직사각형의 기다란 찰떡에 콩고물, 팥고물을 듬뿍 입힌 안동 사람들의 각별한 사랑을 받는 대중적인 추억의 향토음식임
- 버버리찰떡(☏ 857-4466), 벙어리찰떡(☏ 855-8783)

▶풍 산 김 치

- 할머니에서 어머니로 이어져온 깊은 손맛이 그대로 담긴 풍산김치는 신선한 재료를 정성스런 손길로 정갈하게 담궈 전통김치의 참맛을 이어가고 있음

※ 2008 농식품파워브랜드대전 대상 수상

- 풍산농협김치가공공장(☏ 858-8232)

▶하 회 탈

- 국보 제121호로 지정된 하회탈은 움직임에 따라 희로애락이 잘 표현되는 한국최고의 전통탈로서 9개의 모형으로 제작되어 판매되고 있음
- 하회탈박물관(☏ 853-2288), 하회탈공방(☏ 853-2938), 안동재활원(☏ 841-5862)

安東의 文化遺産

古格을 지닌 鳳停寺

〈편집부〉

洛東江 작은 언덕위에 서 있는 映湖樓에 멀리 북서쪽을 바라보면 학가산이 단연한 모습으로 버티어 선 것이 바라보인다. 그 앞에는 천등산과 남산이 나란히 侍立하고 있다. 그 天燈山 西南愧에 고찰 봉정사가 자리잡고 있는 것이다.

시내에서 봉정사로 가는 길은 두 가지가 있다. 서쪽으로 솔티고개를 넘어 풍산으로 가는 가도를 달리다가 솔밤다리(松夜川橋)를 건너, 곧장 북쪽으로 검제 서후면사무소를 거쳐 台庄으로 올라가, 왼쪽으로 꺾어 들어가는 것이 그 하나다. 또 하나는 安奇로 해서 영주로 향하는 길을 북상해, 제비원 彌勒과, 보리고개(麥嶺)를 지나 모시밭에 이르러 왼편으로 꺾어 台庄으로 내려와서 들어가는 길이다. 도로사정으로 봐서는 후자를 택하는 것이 시간도 단축되고 훨씬 더 편하다.

길은 그리 훌륭한 편은 되지 못하지만 , 차가 바로 절 앞까지 들어 갈 수 있다. 옛날에는 산 기슭에서 절 경내까지 이르는 길에 고목이 울창 해서 짙은 녹음 사이로 빠져 나와 엽전 처럼 떨어져 흩어진 햇빛을 밟으며 올라가는 유연한 멋이 있었지만, 지금은 나무도 많지 않아 을씨년 스럽다. 옛날과 같이 녹음이 하늘을 뒤덮을 수 있도록 造林을 해야, 이 절이 지닌 古格을 살리게 될 것이다.

鳳에 얽힌 傳說들

鳳停寺가 자리 잡고 있는 天燈山은 영주 平恩面 동쪽에서 서남 쪽으로 뻗어 내린 一直線上의 산 줄기에서 솟았고, 그것은 다시 이어져 商山의 두 봉우리가 되었다가 山勢는 점차 낮아진다. 이산 줄기 가운데 鳳停寺, 鳳樓庵 鳳停寺址가 있다.

甕泉 북쪽 산위에 있는 鳳樓巖은 옛날의 鳳樓寺다. 옛날 신라 법흥왕때에 義湘祖師가 봉이 살던 곳에 지었다고 해서 그런 이름이 생겼다는 전설이 있다. 봉정사 서남쪽 商山의 남쪽 기슭에 있는 鳳林亭은 옛날의 鳳林寺터로, 지금도 통일 신라 이후의 것으로 추정되는 삼층석탑이 남아 잇다.

봉정사는 신라 神文王 2년(672)에 義湘祖師가 順興 浮石寺에서 종이로 봉을 만들어 날려 보냈더니, 멀리 남쪽으로 날라와 여기에 멈췄다고 한다. 그래서 이 곳에 절을 세우니, 절 이름이 鳳停寺가 됐다는 전설이 있다.

같은 山 줄기에 이와 같이, 봉과 관계가 되는 이름의 정이 세 개나 나란히 있다는 것은 신기한 일이다. 여기에는 그럴만한 연유가 있었을 것으로 보인다. 그것을 밝혀 줄 (文獻이나 口傳되는)전설이 아직 발굴되지 못해서 그 중 궁금증을 풀길이 없다.

綠陰속에 버티고선 德輝樓

지금은 봉정사 바로 문 앞까지 차가 들어 간다, 안내판이 서 있는 곳에서 내려 서면, 바로 언덕 위에 건물이 보인다. 절 정면으로 올라 가는 돌 계단은 직선으로 뻗어 있지만, 매우 경사가 가파르다. 계단으로 가는 길가에는 품위있는 老松이 일산처럼 하늘을 가리고 계단 좌우에는 해묵은 감나무 고목이 하늘을 덮고 있다.

여기에 이르는 중간의 길 가에 있는 숲은 어쩐지 엉성하기만 했지만 寺門 앞의 숲은 그런대로 綠陰이 제법 우거져서 산사의 분위기가 조금은 풍긴다.

옛날과 같았으면 울창한 나무 그늘에 들어서면 바람소리 사이로 落水臺에 떨어지는 물소리도 들렸을 터이지만,

그런 소리를 바란다는 것은 너무 지나친 욕심일 것이다,

돌계단에 오르면서 보면 덕휘루가 좌우로 활짝 나래를 편 듯, 이마 위로 위압해 온다. 德輝樓 아래 통로로 대웅전 띠살문이 얼굴을 내민다. 이것도 다른 사찰에서와 마찬 가지로 大雄殿 앞 다락의 아래 층 중앙에 앞 마당으로 통하는 문이며 통로가 있다.

규모는 적으나 아담한 寺刹

이절은 원래 천등산 거의 중턱에 이를 만큼 높은 곳에 위치하고 있기 때문에, 절터는 평탄하지 않고 상당히 경사가 가파른 편이다. 그래서 건물들은 각기 충단 위에 서 있어서, 아

래 위 건물들은 高低의 차가 많이 난다.

德輝樓는 대웅전 앞 마당 보다는 한층 낮은 터에 서 있다. 다락 밑 통로를 들어서면 바로 코 앞에서 다시 돌계단이 막아 서 있고, 그 위로 파란 하늘이 쳐다 보인다. 그 계단을 올라서면 바로 大雄殿 앞 마당이 된다. 그러기 때문에 마당과 누 마루의 높이는 거의 비슷할 정도로, 별로 차이가 나지 않는다.

이마당에 올라 서면, 봉정사의 주요 구조물이 거의 이평면에 아담하게 늘어 서있다. . 법당인 대웅전과 극락전은 이 평면보다는 또 한층 높은 층계 위에 있다. 대웅이 역시 나란히 남향으로 앉았다.

그아래 마당에는 대웅전과 극락전 중간에 華嚴講堂이尙向해서 마당을 양쪽으로 가르면서 서 있다. 그 서쪽에는 이와 평행해서 古今堂이 東向해서 서있다 그리고, 화엄강당 동쪽에는 역시 衰舍가 西向해서 서 있어서 이 새 건물이 川字 모양으로 평행해 있다.

韓國 最古의 木造建物

1973년 봉정사를 解體 復原하기 전에는 古今堂과 화엄강당 남쪽에도 건물이 있어서, 봉정사 건물의 배치는 日字形이었다. 그러나 지금은 극락전 남쪽마당 끝에 있던 건물도, 대웅전 앞에 있던 것도 모두 헐어 버렸다. 될 수 있는대로 원래 서 있던 것으로만 남겨주도록 한 것이다.

이 해체 복원 공사를 하기 전까지는 極樂殿은 고려 말기의 건축이라고 알고 있었다. 고려시대의 木造建物로 현재 남아 있는 것은 그리 많지 않지만, 이 極樂殿은 부석사 無量壽殿보다는 후기의 건축이라고 일반적으로 생각되어지던 것이다. 그래도 고려 시대 건축물이라 해서 國寶 15호로 지정되었던 것이다.

그러나 이것을 해체할 때에 이건물이 어느 시기에 측조되었는가를 확정 할수 있는 기록이 나왔다, 해체해 놓고 보니 중앙칸 종도리宗道里 밑에 먹 글씨로 1368년에 지붕 부분을 重修했다는 기록이 나온 것이다. 지붕의 보수가 필요한 것은 아무리 빨라도, 그 건물을 지은 후 백년은 지나야 하게 되는 법이며, 오래인 경우에는 백오십년 더 지나서 하게 되는 것이다. 그러니까 이 極樂殿도 그것이 측조된 것을 추정된다, 여기에 비해 浮石寺 無量壽殿을 해체 보수 수리할 때 발견한 墨喜銘 에는 1376년에 重創 하였다고 기록돼있다. 이것은 보수한 것이 아니고 새로 지은 것이며, 건축 양식으로 봐서도 원래 양식을 충실히 재현한 것이 아니기 때문에, 역시 鳳停寺 極樂殿 건축이 더 오래 된 것이 확실하다.

古格이 풍기는 極樂殿

극락전은 보수 공사를 하기 전에는 현제의 모습과는 달랐었다. 전에는 전면 세 칸에는 각 칸에 띠살의 四分閤門 있었고, 그 앞에는 툇마루가 달려 있었다. 그 툇마루의 바른 쪽 끝에는 금구가 달려 있던 것이다. 그러나 지금은 그 모습이 완전히 달라졌다.

이 모양이 달라진 것은 해체할 때에 그 원래의 모습을 알아 볼 수 있는 자료를 거기에서 얻었기 때문이다. 이런 자료가 나오면 가능한 대로 원래의 모양을 찾아서 보수하는 것이다.

지금은 四分閤門이 달렸던 전면 세 칸은 벽을 만들고, 중앙칸에는 板門을 달고, 좌우칸에는 살창을 각각 달았다. 그리고 분합문 앞에서 있던 툇마루도 없이 버렸다.

이렇게 원래의 모습을 되찾은 극락전은 복원전의 것과는 완전히 다른 인상을 준다. 이건물은 정면이 3간, 측면이 4간의 맞배 지붕이며 棋包가 기둥위에만 있는 柱心包 집이다. 다른 주심포 집의 기둥은 배흘림이 강한 것이 많은데 비하면 이 건물의 기둥은 약한 배흘림만 있다.

고려 말기 이후 조선조에 이르러 화려하고 장엄한 다포집 건축이 유행되고 궁전이나 큰 사찰 건물에는, 이런 경향이 많이 보인다. 이런후기 건축에 비해서 여기서는,기둥위의 柱材나 材棋들의 小累의 굽은 曲面 으로 되었고, 굽 받침이 없다. 화려한 형태가 아니라 간결한 모양의 이런 것에서 오히려 古落 을 느끼게 한다.

唐영향의 新羅 建物의 맛

복원하고 난 뒤의 극락전은 그 구조나 외모가 중국에서 가장 오래된 목조 건축인 오대산 南禪寺의 大雄寶殿과 매우 닮았다. 南禪寺에는 唐시대인 782년에 重修했다는 기록이 있을 만큼 오래된 건물이다. 이것이 기둥 위의 材棋의 양식이나, 정면 중앙칸의 板門과 양편 칸 가운데 달린 살창이 복원된 극락전의 그것과 모양이 흡사하다.

신라의 목조 건축이 남아 있는 것이 없어서,그 양식을 분명히 알 수는 없으나, 신라의 양식이 고려에 그냥 이어져 왔을 것이라 여겨진다. 신라는 당건축 양식을 많이 모방 하였을 것이고 그것을 소화해서 신라양식을 만들어 냈을 것이다 지금 이 극락전이 唐의 南禪寺 건물과 닮았다는 것은, 바로 극락전에도 당 건축의 영향을 받은 신라 건축의 모습이 잘 남아 있는 것이라고 할수도 있는 것이라고 할 수도 있는 것이다.

극락전 안에는 중앙칸 뒷면에 두개의 高柱를 세워 佛壇壁을 만들고 그앞의 佛壇을 만들었다. 불단위에는 隅柱를 세우고, 그위에 다포집 모양의 寶蓋 을 만들어 씌었다.

이 寶蓋의 栱包, 柱材나 소로의 형태는 모두 본건물의 機式과 같이 된, 六出目의 包作이다. 그래서 이 불단이라 보개도, 그 제작 연대는 건물과 같은 것이라고 생각되고 있다.

朝鮮 初期의 代表的 建物

극락전 동쪽에 나란히 南向하고 있는 대웅전은 조선조 초기에 건립한 正面 3간의 側面 3간의 팔각지붕 건물로 보물 제55호로 지정돼 있다. 건축 양식은 조선조 초기에 유행하던 다포 양식의 구성을 잘 나타내고 있다.

정면에서 볼 때 3칸을 나누는 가운데 두개의 평주와 양쪽의 두 개의 隅柱 의 높이가 약간 차이가 나는 것을 알 수 있다. 세심히 보지 않으면 그것을 깨닫지 못한다.

중간의 두 기둥보다는 양 쪽의 두 기둥이 약간 높아 귀솟음을 주어, 전체의 균형을 잡아주고 있는 것이다. 만약 이렇게 귀솟음을 주지 않았다면 건물의 정면 중앙에 가까히 서서 보면 양쪽 추녀가 아래로 쳐져 보일것이다. 그런것을 계산에 넣고 양 쪽 기둥을 조금 높였을 것이니 놀랍다.

전면 2칸은 각기 띠살의 四分閤門을 달아, 여름에는 그것을 추녀 밑으로 달아 올려 활짝 열리게 열리게 했다. 문 앞에는 턱이 낮은 툇마루를 달아 가에 난간을 돌렸다. 이 툇마루는 처음부터 달았던 것인지, 서쪽의 극락전에서 처럼 뒤에 달아 낸 것인지 알수 없다. 우리 나라의 많은 사찰 가운데서 本殿 에 이렇게 툇마루를 달아낸 것으로는 유일한 것이라 특이하다 하겠다.

均衡잡힌 調和의 美

基壇은 돌을 다듬어서 쌓아 올린것이 아니라, 자연석을 그대로 얼기설기 낮게 쌓아 올렸다, 기둥도 그리 높지 않은 편이지만, 그 위 기둥머리에는 두틈한 昌枋을 가로질러 물렸고, 다시 그 위에 폭 넓은 平枋 을 겹쳐 올려 기둥위를 누르니 매우 견실하고 안정감을 준다.

材栱은 각기 기둥머리로 부터 짜여지고 있으며, 기둥과 기둥 사이 平枋위에 空間包인 材栱을 두 개씩 짜 올려 다포집 형식을 이루었다. 이 공간포의 3단 살미는 그 앞 끝을 세 번

꺾어서 소위 三岔頭 형식을 취하고 있는데 이것은 조선 초기 건물에서 유행되던 수법이다.

건물 내부의 재공도 외부 두공과 같은 형태로 간소한 느낌을 주고 있다

건물의 규모는 적지만 매우 안정감이 있고, 가공이 아주 치밀하며 각 부재 사이의 비례가 아주 잘 맞는다. 처마는 겹처마로 둥근 나무를 쓴 서까레 위에 네모가 나게 다듬은 部椽을 적절히 배열해서 날렵한 것이 매우 경쾌하게 처리 됐다. 이 추녀는 그것을 보는 각도에 따라 平枋 위의 材栱 과 처마의 서까레들이 이루는 調和美는 各樣各色 이어서 참으로 아름답다. 단청은 오랜 風箱을 겪는 사이에 많이 풍화되고 퇴색이 되었지만 내부의 우물 천정은 極彩色으로 그려져 있어서 綿丹青의 초기적 수법이 역역히 나타나 있다.

낮지만 균형잡의 華嚴講堂

대웅전 앞 서편에 동 쪽을 향해 앉은 화엄강당은 정면 3간 측면 2간의 맞배 지붕의 건물이며 보물 제448호로 지정 돼 있다.

정면의 長臺石 댓돌 위에 두꺼운 판자를 길게 쪽마루처럼 깔았다. 북 쪽 칸의 앞에는 띠살문 四分閤을 달았다. 안에 들어 서면 가운데에 벽이 없이 하나로 통한 넓은 온돌방으로 돼 있다. 남쪽이 한 칸은 부엌으로 만들었다. 이 건물의 뒷면은 바로 극락전의 앞뜰이 된다.

이 건물은 강당으로 사용하는 것이기 때문에 대웅전과 같은 佛堂에 비해서 그 기둥의 높이는 매우 낮은 편이다.

그러나 기둥이 낮은 대신에 栱包 의 치수는 보통 이상으로 크게 해서 육중해 보이며, 건물의 균형을 잘 살리고 있는것이 특색이다.

栱包는 기둥 위에만 올려 놓아 柱心包집 계통의 건물이지만, 그 기포와 청차나 쇠서들의 형태에서는 주심포집의 본래의 특색을 찾아 볼 수 없을 만큼 변했다. 기둥위의 기포와 기포, 사이의 昌枋 위에는 華般 같은 것은 배치하지 않았으며 벽을 쳤다. 이 벽면과 바깥의 외목도리 사이를 널판으로 대서 상부를 가려, 아래에 쪽마루 처럼 깐 판자와 마주 보게 해 놓았다.

變形 부분이 많은 古今堂

화엄강당 뒤의 극락전 앞뜰의 서 쪽 에 古今堂이 동쪽을 향해 서 있다. 정면 3간, 측면 2

간의 맞배지붕 건물이 있지만 후일에 와서 북 쪽 측면을 팔작지붕으로 개조해 버렸다. 이 건물은 보물 제449호로 지정되어 있다.

이 건물은 북쪽 측면의 지붕 뿐만 아니라 남 쪽 측면도 지붕을 연장해서 다시 한 칸을 덧붙여서 부엌을 만들었다. 정면 3칸에는 벽을 바르고 그 가운데에 각각의 짝의 피살문을 달았으나 본래의 것은 아니다. 그래서 그 크기와 모양이 서로 같지 않는 것이다. 방 앞에는 쪽마루가 깔려 있다.

이 건물도 화엄강당과 같이 공포는 기둥 위에만 놓여 있는 주심포집 계통의 구성이다. 기둥 위에 꽂은 홋첨차와 그 위로 柱材에서 나온 살미첨차가 겹천 위에 行工 첨차를 가로 놓고 외목도리를 받쳤다. 정면에서는 주재 에서 좌우로 벽면에 배치된 첨자는 包壁 속에 가리워져 보이지 않지만, 이 건물의 뒷면에서는 모두 원래의 상태로 나타나 있어서, 정면의 보이지 않는 배치와 구성을 짐작할 수 있다,

후일에 수리를 통해 많이 변형 되기는 했지만, 그 원래의 원형을 찾아 볼수 있는 것이 다행이다, 기포를 구성하는 절차의 형태는 이미 조선 초기의 특색이 있는 솜씨를 읽고 변형된 것을 보아, 이 건물은 대웅전이 건립 된 연대 보다는 더 뒤에 세워진 조선 중기에 속하는 건물로 보인다.

落水臺의 물소리가

극락전 정면 뜰에 있는 三層石塔은 고려시대의 것으로 그 보존 상태가 매우 좋다. 덕휘루 마루 위에는 옛날에 대웅전 불탄 옆에 있었던 것으로 기억되는 法鼓가 놓여 있다. 그 옆 마루 바닥에 용 머리 모양을 한 木魚가 놓여있다. 솜씨가 매우 좋은 것이지만 절에 구경온 사람들이 구두 바닥으로 밟아 보기도 하고 차 보기도 한다. 그대로 두면 멀지 않아 그 원형이 망가져 버릴 것이니 덕휘루 대들보에 라도 매어 달아 뒀으면 싶다.

동북 쪽에 있는 암자와 우화루는 건물이 너무 오래 돼서 곧 瑣落해 버릴것만 같다. 이 명찰(名刹)의 면모(面貌)를 유지하기 위해서는 이것의 보수도 시급한 일이라 하겠다. 한 경내에 우리나라 최고의 목조건물인 극락전을 비롯해 국보와 보물로 지정 된 것이 네 채나 있는 유서깊은 문화 유적의 체면을 위해서도 말이다.

봉정사 아래에 있는 낙수대가 어느것인지 찾아 보지 못한 것이 아쉬웠다.

이 산에 수목이 울창했을 때에는 계곡의 물이 마르는 날이 없었다. 그래서 이 낙수대에서 떨어지는 물 소리가 이곳의 정취를 한결 더 돋구어 주었을 것이다. 그 물 소리가 너무나 맑

아 아름다웠기에, 여기에 와서 보신 퇴계선생은 鳴玉臺라고 이름을 고쳐 지으신 것이다.

그 때 퇴계선생이 이푸른 바위에 흰 물줄기가 아름답게 걸려 있는 것을 보고 지은 詩가 있다.

차지경유오십년
소안춘취백화전
지금휴수인하처
의구창엄백수현

백수창엄경익기
무인래상간림비
타년호사여상문
위보계옹좌영시

天燈을 밝혔다는 굴

너무나 황황하게 다녀 가느라 보고 싶은 것을 다 찾아 보지 못했다. 천둥산에는 天燈庵이란 것이 있다. 영가지에 의하면 세상에 전해지는 이야기로는 能人이 여기에 있으면서 도를 닦았다고 한다. 그 때에 하늘의 등불 이 항상 여기에 드리워져 있었다고 해서 이 이름이 붙었다고 한다. 굴의 입구에 작은 암자가 있고 굴안에는 能人이 坐禪 하던 판자가 있었다고 한다.

이에 얽힌 굴이 천등산 넘어에도 하나 더 있다. 永嘉誌의 記錄을 보면 다음과 같다. 能人窟은 학가산의 동쪽 모퉁이에 있다. 古僧佛에서 신라의 大德僧 능인은 사람과 세상의 인연을 끊고 피해와서 이 굴에 숨어 살았다. 같은 스승에게 佛經을 배우던 중 명이 부석사에서 와 찾았으나 종내 찾아 보지 못했다.

돌아갈 때 각자가 돌을 가져다가 모아서 쌓으니 탑이 하나 됐다고 해서 석탑이라 이름 지었다고 한다.

학가산 동북쪽 北後面에 근래 鍾乳洞窟 발견 돼서 세상에 알려진 곳이 바로 石塔洞이다. 거기에는 지금도 石塔庵이 있으니 이 종유동굴이 어쩌면 能人窟이 아닌가 싶다. 安東에 남아 있는 자랑스러운 文化 유적인 봉정사를 찾아 갈 때에는 여유 있는 시간을 내서 이천동굴과 능인굴도 다 찾아 보는것이 좋을 것이다.

Press center
안동문화원

제 5 편

사진으로 보는 영가회 발자취

본부석

홍가네 한우 설곰탕
예약문의 567-5123
한우차돌

慶
2002年 新年賀禮會
祝

慶
在京安東鄕友會新年交禮會
祝

재경안동향우회
경 복주회(福州會) 발기인 모임 축
2003. 12. 15 -대명웨딩홀·본부페-
'03年12月16日

2003. 4. 15 4회원 취임 · 당선을 축하합니다.

慶
金源中央都市計劃委員會 委員長 就任・金光琳 財政經濟部 次官 就任
權寧建 安東大學校 總長 當選・李熙範 서울産業大學校 總長 當選
2003年 4月 15日 永嘉會
祝
SOFITEL
AMBASSADOR SEOUL

慶
金源中央都市計劃委員會 委員長 就任・金光琳 財政經濟部 次官 就任
權寧建 安東大學校 總長 當選・李熙範 서울産業大學校 總長 當選
2003年 4月 15日 永嘉會
祝
SOFITEL
AMBASSADOR SEOUL

2004. 1. 13 이희범 산자부장관 취임

그단새 20년이 흘렀습니다.

2006. 4. 15 기독교 차 문화연구회와 함께

2006년 기독교차문화연구회

2007. 11. 베트남 · 캄보디아

2008年 新年賀禮會
慶
祝
李熙載 安東大學校 總長就任
金鍾甲 하이닉스반도체(株) 代表理事 就任
2008. 1. 9. 永嘉會

2008년 울진 수력발전소 바닷가

2009년 청남대(전대통령 별장)

2009. 6. 20 백두산 천지

2009. 6. 20 백두산 등정

2009. 6. 20 백두산 천지(조선)

공묘 입구

2009. 6. 20~24 중국 공묘에서

2009. 6. 21 고구려 유적지

2009. 6. 21

2009. 6. 21 고구려 유적지

2009. 6. 21 끊어진 압록강 철교

2009년도 재경안동9개교동창회(길원여고)

2009. 9. 25 청송 주왕산관광호텔에서

주왕산관광호텔 경관

慶
2010年 新年賀禮會 및 定期總會
祝
永嘉文化賞施賞·朴世煥大將(豫) 在鄉軍人會 第33代會長就任
2010. 1. 13. 18:30 프레지던트호텔 신세계홀 永嘉會

慶
2010年 新年賀禮會 및 定期總會
祝
永嘉文化賞施賞·朴世煥大將(豫) 在鄉軍人會 第33代會長就任

이희범 경총회장 · 권오을 국회 사무총장 취임

세일 교수 초청 특강
21세기 대한민국의 꿈
일시: 2011. 10. 10 18:40
프레지던트호텔
영가회

012年 定期總會 및 新年賀禮會
〈永嘉文化賞施賞〉
2012. 1. 13 18:30 프레지던트호텔 31층 모짤트홀 영 가 회

2014. 4. 17 중경 임시정부

祝 홍영재 박사 초청 특강
암을 넘어 100세까지
2011. 4. 19(화)
프레지던트호텔 영가회

慶 2015年 永嘉會 定期總會 및 新年賀禮會 祝
2015. 1. 9 18:00 프레지던트호텔 31층 모짤트홀
HOTEL PRESIDENT

015年 永嘉會 定期總會 및 新年賀禮會 祝
2015. 1. 9 18:00 프레지던트호텔 31층 모짤트홀

慶 2015年 永嘉會 定期總會 및 新年賀禮會 祝

2015. 9. 17 특앙 (정부락 교수)

2016년 재경안동향우회 정기총회

2018. 10. 27 재경안동9개교동창회 체육대회

제 6 편

부 록

1. 영가회 회원 명단 (가나다 순)

강보영
대한적십자 경북지부 회장, 안동병원 이사장

강성룡
(주)케이엠 그린 회장
(주)신니개발 회장

강명구
전 재경녹전향우회장

강성원
에두필학원 원장

강석인
ERNST & YOUNG한영회계법인 부회장

강재우
(주)일야 대표이사 회장

권기성
세명대 석좌교수 재단이사

권보원
(주)애드맥스 대표이사

권숙동
고려정비공장 대표

권숙창
(주)우성자동문 · 우성강재 대표이사

권순한
(주)소이상사 대표이사 사장, 한국외국어대학교 총동문회장

권영규
전 국민생활체육회 사무총장, 서울시 행정부시장

권오범
(주)홍진 HJC이사

권오을
전 국회의원, 국회사무처 총장

권우석
전 안동농축 · 특산물 직판장 대표

권웅렬
부강섬유(주) 회장

권원기
전 과학기술대학교 총장, 과기처 차관

권원오
재경대구경북도민회 상임부회장, 한국젠더 & 인성교육원장

권재혁
학교법인 연성학원 이사장

권정달
안동성소병원 이사장, 전 국회의원, 한국자유총연맹 총재

권 정 택
대성지류유통(주)
대표이사

권 중 동
ILO한국협회 회장,
전 노동부장관

권 태 수
전 창원진흥건설(주)
대표이사 사장

권 태 원
극동화학(주)
대표이사 회장

권 태 정
전 재경안동고등학교
동창회장

권 택 기
전 국회의원,
특임차관

권 택 열
중앙기획 대표,
전 시내향우회장

권 헌 식
전 부산시공무원
(부이사관)

권 혁 도
재경안동고동창회 명예회장, 동국치과의원 원장

권 희 택
(주)안동버스 대표이사 사장, 전 대한석탄공사 부사장

금 경 수
대정산업(주)
대표이사

금 원 섭
전 한국철도공사
(서울역 역무과장)

금 익 모
전 서초구의원,
서초경찰서장

금 창 태
제8대 재경안동향우회장, 전 중앙일보사 사장/부회장

금 춘 수
(주)한화그룹 부회장

김 강 식
금강유치원 이사장

김 강 욱
변호사, 전 대전고검 검사장

김 경 동
서울대 명예교수,
대한민국학술원회원

김 경 진
(주)경진종합물류 대표이사, 전 재경안동향우회 사무국장

김 경 한
한국범재방지재단 이사장, 변호사, 전 법무부 장관

김 경 한
파이씨스 대표이사

김 계 동
한국세무경영사 대표, 전 재경안동고 동창회장

김 광 림
제18 · 19대 국회의원, 전 재정경제부 차관, 세명대학교 총장

김 균 웅
(주)에코피플 회장

김 노 식
삼승음료(주) 회장, 전 11 · 18대 국회의원

김 대 원
경기대학교 예술대학 교수

김 동 기
고려대 석좌교수, 학술원 회장, 전 고대경영대학, 경영대학원, 국제대학장

김 두 현
(주)중일 대표이사/회장, 안산상공회의소 상임위원

김 만 연
전 내무부계장, 부산시 3개 국장, 부산시청 7개 구청장 역임

김 명 년
전 안동김씨 대종중 회장, 서울초대지하철 건설본부장, 서울시 부시장

김 명 준
전 장은신용카드(주) 대표이사 사장

김 봉 구
고려대학교 명예교수, 전 노동대학원장

김 봉 구
케이비스테인리스(주) 대표이사

김 봉 회
전 안동김씨 대종회 회장, (주)동서문화 회장

김 부 규
삼영화학(주) 상임감사

김 성 현
풍현건설(주) 대표이사

김 승 년
변호사 김승년법률사무소, 전 동부지검 차장검사

김 시 업
은평역사한옥박물관장, 성균관대학교 명예교수

김 시 영
에이스 스파랜드 대표

김 시 은
(주)미도물산 대표이사, 전 재경경일고 동창회장

김 시 준
고려세무법인 대표

김 시 현
(주)해인개발
대표이사

김 시 호
한국전력공사 부사장

김 신 종
고려대 에너지환경대학원 교수

김 연 박
민속주 안동소주 회장, 전 대구고등학교 총동창회장

김 영 식
청솔 ENG 대표, 전 월곡향우회장

김 영 일
(주)유타항공여행사
대표이사

김 용 구
전 국회의원, 중소기업중앙회 회장

김 용 직
서울대학교 명예교수
(문학박사),
학술원 회원

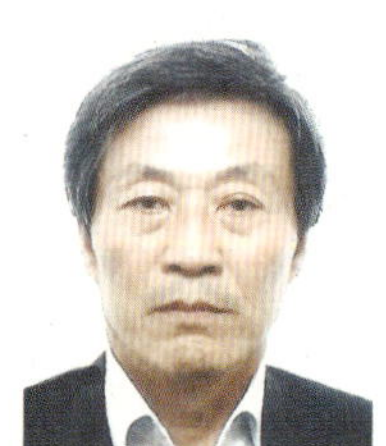

김 용 진
한빛 대표

김 용 호
대한민국 6.25 참전유공자, 보건당한의원 회장

김 우 석
(주)한국로희
대표이사 사장

김 원
전 중앙도시계획위원회 위원장, 서울시립대 명예교수

김 원 동
(사)한국한시협회
감사

김 원 륭
영 출판사 대표, 전 일직향우회장

김 원 진
전 행신중학교 교장

김 원 철
안동지역 산업경제연구원 원장

김 유 성
전 상호저축은행 중앙회 회장, 재정경제부 국장(이사관)

김 응 섭
중앙평가감정법인
이사

김 일 훈
송현회계법인 대표이사, 공인회계사

김 정 한
전 현대중공업(주) 전무이사

김 정 현
한국자유총연맹 서울특별시 회장, (주)제일비엠시 대표이사 회장

김 종 갑
한전사장, (주)지멘스 대표이사 회장, 전 산자부 차관

김 종 길
(사)퇴계학진흥회 이사장, 도산서원 선비문화수련원 원장, 전 두루넷 대표이사 사장

김 종 승
PAMCO Corporation 상근고문, 전 에너지관리공단 부이사장

김 준 현
(주)원강약품 · 경인약품 대표이사, 전 일양약품(주) 본부장

김 중 환
일본 KAMACHO KOREA사업소 소장, 전 한국계측기기연구조합 전무이사

김 진 년
재경안동초등동창회 사무국장

김 철 영
한국캐피탈(주) 대표이사

김 철 현
전 재경풍산향우회장

김 한 조
(주)하나금융지주 부회장

김 해 일
전 영안섬유대표

김 현 대
전 (주)H.S상사 대표이사

김 형 진
재경안동향우장학회 감사, 전 안동김씨대종중 회장,

김 호 진
고려대학교 명예교수, 전 노동부장관, 세종대 재단이사장

김 홍 서
월곡향우회장, 전 동수원우체국장

김 황 평
(주)휴다임 고문

김 회 동
전 (주)대현실업 자문역

김 휘 동
전 안동군수 · 안동시장

남 기 현
전 구룡휴게소 대표

남 기 환
남일약품(주) 회장

남 동 국
세무사, 전 대구지방 국세청장

남 상 덕
한양대 대학원교수, 전 유니언그룹 회장

남 순 찬
법무법인 대륙 · 아주 고문, 전 LG카드 상무 이사

남 시 준
대신증권(주) 상임고문

남 시 혁
(주) L2 상임고문

남 영 찬
재경안동향우회 감사, 법무법인 대륙 · 아주 대표변호사, 전 SK텔레콤(주) 사장

남 일 호
전 김포대학교 총장, 감사원 감사위원

남 효 석
대한석탄공사 사외이사, 전 서부발전 전무 이사/한전처장

류 덕 상
(주)케이엘씨 대표이사

류 돈 우
대한민국 헌정회 이사, 전 국회의원 · 주택 · 수출입은행장

류 동 주
전 풍산류씨대종회 회장, 은평 · 마포구청장

류 목 기
재경대구경북시도민회 회장, 학교법인 병산교육재단 이사장

류 상 번
성균관 전인, (주)세동 회장

류 상 호
한국투장증권(주) 사장

류 상 우
풍산 FNS 대표이사

류 석 근
신성화학공업(주)대표이사 회장

류 성 걸
전 국회의원, 재정경제부 차관

류 승 번
전주류씨대종회 회장, (주)태신미디어 회장

류 영 번
(사)총우회 사무총장, (사)전국공무원 연금 수급권자 총연회 사무총장

류시유
전 서울시 국장, 구리 농수산물도매시장관리공사 감사

류종묵
풍산류씨 대종회장, (주)흥국 대표이사 회장

류종찬
연합자산관리(주) 부사장, 전 국민은행 중부지역 본부장

류종탁
세계농정연구원 고문, 전 영남대학교 상경대학 겸임교수, 농림부 차관

류창석
(주)WINDCON 한국그린에너지(주) 회장

류창식
영가화원 대표, 전 재경안동향우회 사무국장

류필휴
재경안동향우회장, (주)동인종합건설 · 경수제철 대표이사 회장

류한섭
(주)우남 회장, 전 신세계그룹 회장

류한성
고려대 경제학과 명예교수, 전 고려대 정책대학원 원장, (사)임진왜란정신문화선양회 회장

문상부
중앙선거관리위원회 상임위원

박광용
전 해군 군수 · 교육 사령관

박교흠
삼성화재 박교흠대리점 대표, 전 소시에테 제네랄(블란서은행) 근무

박구일
군사연구위원, 전 국회의원, 해병대 사령관

박대섭
세종대 교수, 전 국방부인사복지실장, 국군기무복지단장, 제57보병사단장(육군소장)

박무일
(주)청아 대표이사 사장

박병찬
한국CCTV산업협동조합 전무이사

박세환
전 재향군인회 회장, 국회의원, 제2군 사령관

박정식
전 안동대 장학담당관, 평리중학교 교장

박진서
전 세명대 국제교육원장, 대외협력처장 겸 광고홍보학과 교수

서원태
전 (주)갑을 사장, 서울은행 상무

서 준
국립고궁박물관 연구원

서 창 희
전 성업공사 · 한국자산관리공사 부사장, 조달청 중앙보급창장

석 기 홍
전 록산상사 회장

손 병 도
성심기업(주) 대표이사 회장

손 영 욱
예비역 장군

손 현 수
대현그룹 회장, (재)서암문화장학회 이사장

손 홍 균
전 서울은행 행장

송 병 용
(주)서울멀티넷 상무이사

신 경 선
세인관세법인 대표관세사, 전창원 · 대전 · 성남세관 세관장

신 동 욱
(주)고암 관리본부장

신 상 학
전 용마건설 회장

신 승 문
전 농협지점장

신 유 균
전 안양중앙새마을금고 이사장, 안양시의회 부회장

신 현 수
전 브라질 대사, 예비역 육군중장

심 우 영
성균관대학교 초빙교수, 전 한국국학진흥원 원장, 총무처장관

엄 종 일
럭스산업개발(주) 회장, 전 (주)건영 · (주)대한테니스협회 회장

안 재 화
세일전자(주) 대표이사

오 경 의
제6대 재경안동향우회장, 전 국회의원, 한국마사회 회장

오 정 호
전 상신중학교 교장

우 영 철
(주)월드사이언스 회장

유 승 학
중부 대학교 자동차 시스템 공학과 교수, 전 한국AVL(주) 대표이사

이 균 식
뉴서울엔터테이먼트 대표, 영화배우 · 안동영화예술학교 운영위원장

이 동 익
서예가
(화산서루 원장)

이 동 조
(주)풍안 대표이사

이 동 좌
삼성생명 이사 · 중앙생명 상무, 서울시 특수여객자동차조합 부이사장

이 명 걸
대명전기(주) 대표이사 사장

이 삼 걸
전 행전안전부 제2차관

이 상 석
재경임동향우회장, 전 고려대 보건과학대학 방사선과 교수

이 상 대
한국언론문화진흥원 원장, 전 한화그룹홍보실

이 상 옥
전 외무부 장관

이 상 호
(주)풍산알텍 회장

이 세 락
대원철강(주) 회장

이 승 홍
행정사무소 好友
대표

이 영 수
(주)옥토 대표이사

이 영 희
삼익전자공업(주)
부사장

이 용 태
삼보컴퓨터(주) 회장역임, (사)퇴계학연구원 이사장

이 원 만
전 한국전력공사 전무이사

이 유 택
전 송파구청 구청장

이 재 식
(주)동보 부회장

이 정 원
노동부 중앙노동위원회 심사관, 공인노무사

이 종 훈
전 한국전력공사 사장

이 증 구
(주)초아산업 회장

이 창 수
I.U.C.N 한국위원회 고문

이 현 직
삼창감정평가법인(감정사)

이 형 중
동강폼인쇄(주) 대표 이사 사장

이 희 범
평창동계올림픽 조직위원장, (주)LG상사 고문, 산자부장관 역임

이 희 재
안동고동창회 장학회 이사장, 안동대 총장 역임

임 낙 윤
국가발전미래교육협의회 교수, 전 인천·경기·지방병무청장

임 세 환
(사)가남솔루션 대표, 전 주택은행 부장

임 우 규
관세법인 천지인 회장, 전 서울·인천·대구세관 세관장

임 재 도
대류물류(주) 대표

임 충 호
재경임하향우회장, 세림골프씨엠(주) 대표이사

임 휘 일
(주)삼원종합주택, 리버파크관광호텔 회장

장 원 석
전 평화통일자문회의 중앙집행위원, 한국수산진흥회(현 한국수산회) 회장

장 화 익
중앙노동법률사무소 대표

전 기 세
여산종합(주) 대표이사

전 재 원
가현텍스 전재원세무사, 전 강동세무서장, 재경부 국세청 근무

정 무 수
동래정씨대종중 (전)회장, 시인, 한국문인협회 해외문학 발전위원

정 용 진
동대문 구청

정 재 철
부성자카드 대표

정 종 수
법무법인 대륙 · 아주 고문, 전 KTGO 연합 중앙회 전무이사

정 홍 명
전 LA한국총영사관 영사

조 현 효

천 상 기
경기대학교 명예교수, 한국언론재단 연구 위원

천 진 기
전주민속박물관 관장, 전 국립민속박물관 관장

최 규 탁
(주)동양피엔시 대표 이사, 전 농림수산부, (재)축산물유통사업단

최 대 웅
육사 체육과교수, 국기원 기년관장, 태권도 9단 고단자 부회장

최 동 섭
(사)정우회 이사장, 안동향우신문 발행인 회장

최 종 각
강서구 시설관리공단 공공사업팀장

최 홍 식
중앙기획 대표

한 춘 득
(주)대한지오메틱스 부사장

황 기 진
(주)투원상사 회장

황 성 섭
(사)한국철도운수협회 이사, 전 철도청 천안지역 관리역장

황 창 기
재경 안동 향우회 실무위원, 재부천 영남 산악회 회장, 재부천 안동 향우회 회장

황 현 탁
한국도박문제관리센타 원장, 전 문화부 주일본공사, 재경안동고 동창회장

허 동 진
(재)대한마라톤후원회 이사장, 풍림섬유(주), 풍림화성(주)대표이사 회장

홍 성 규
한국전력공사 파주지사장

홍 순 훈
재경와룡면 향우회장

홍 일 선
홍일선 법무사무소 대표

권 기 진
(주)명진팜 대표이사

2. 헌성금 내역(현금 명세)

(단위 : 만원)

년도 이름	2002	2003	2004	2005	2006	2007	2008	2009	2010	2011	2012	2013	2014	2015	2016	2017	2018		합 계
금창태	50		100																150
류목기	(풍산)																	500	500
임휘일				100			100												200
이명걸				100			100											300	500
김승년				100														100	200
류종묵					150		200			400					100			150	1,000
권재혁					150			100										500	750
허동진						500	500	300		100									1,400
김봉구						150								1,000					1,150
권순한						150				200									350
권웅열																		100	100
임세환																		100	100
류필휴																		100	100
김종갑									100			100	100						300
심의용									100										100
김두현									100										100
김신종									55										55
권정달										200									200
류석근																30	100		130
권영복										100								200	300
금경수										100		100	100	100	100	100	150	150	900
김경동											50								50
남시혁											20								20
남상덕											200				100	100	100	150	650
박대섭																100	30		130+
이희범												100	100						200
권숙창												100	100						200
이규혁												100	100						200
정종수												100							100
권영규												100	100						200
강보영													200	200		200		300	900
김대원														100		100			200+
문상부														100					100
김강식															100	100	100		300+
김계동																45 1,000			1,045
김경한																70			70
김시은																100	100		200
황현탁																		100	100

헌성품 내역(물품 명세)

(단위 : 상당액)

년도 이름	1998	1999	2000	2001	2002	2003	2004	2007	2008	2009	2010	2011	2012	2013	2014	2015	2016	2017	2018
류목기	사무실 제공																		
임 원	운영 자금																		
권영우	운영 자금																		
강재우	송년회																		
허동진	기념품										총회								
오경의	국악인																		
강보영		행사 용품																	
김노식		생수																	
정동호		기념품																	
권웅열		영가지 제작																	
회장단			총회 용품																
금창태								이사회	이사회 ×2										
류 진			행사 비용	안강 공장															
임휘일				정기 총회	이사회														
이성희				기념품															
정동호				안동 소주															
권오을				행사															
권 순				기념품															
안 동 MBC						이사회													
권재혁						연성대 초청													
류종묵							영월				기념품	기념품	문화 탐방	문화 탐방	문화 탐방	문화 탐방	기념품	이사회	
김연박							안동 소주												
손현수										총회 비용	호텔 1박								
권우석										기념품									
권익부										양주									
이규혁														기념품					
김계동																		이사회	기념품
김경한																			기념품
남상덕																			회장단
김시은																			이사회

3. 영가회 입회, 탈퇴, 경조사 규정

(갑) 영가회 입회규정

회원의 권리 의무 : 본회 회원은 소정의 회비를 납부하므로서 회원 자격을 갖는다.

永 嘉 會

서울특별시 종로구 효제동 45번지 반도보라 아이비 타워 508호

TEL : 744-0301, FAX : 766-0301

수 신 : 귀하

제 목 : 가입권유 및 입회추천

귀하의 건승을 기원합니다.

본회는 안동에 연고를 둔 서울 및 수도권 친목단체로서, 귀하를 본회에 영입코자 합니다.

귀하께서 본회에 가입의사가 있으시면, 우선 본회의 회칙에 의한 가입절차를 밟아 주시기 바랍니다.

귀하의 입회를 추천하신분은 입니다.

– 아 래 –

1. 본 회에 입회하실려면, 동봉하는 본회 소정 입회원서를 작성하여, 본회로 우송하여 주시기 바랍니다. 〈팩스는 02-766-0301〉

2. 본회 입회비는 300,000원이고, 매년회비는 150,000원입니다.
☆**입회비는 현재의 기금총액을 안분하여 정하였습니다.**

3. 입회원서 제출시 수첩제작용 증명사진 1매 첨부하여 주시고, 기타 문의사항은 사무국으로 문의 바랍니다.

♠사무국장 〈현재〉 : T.02-2266-4295 (010-5275-6002), F.766-0301

♠입회시 회비와 입회비는 국민은행(417201-01-136916 영가회)으로 송금바랍니다.

〈별 첨〉 : 입회원서 1매와 전년도 수첩1부

20 . .

永 嘉 會 會 長

永嘉會 入會願

本人은 永嘉會 會則 및 先入會員의 慣行을 遵守하겠기에 본인의 身上明細를 提出합니다.

20 년 월 일

<table>
<tr><td>성 명</td><td colspan="2">한문
한글</td><td>생 년 월 일</td><td></td></tr>
<tr><td>본 적</td><td colspan="3"></td><td></td></tr>
<tr><td>주 소</td><td colspan="3"></td><td>자택전화:
우편번호:</td></tr>
<tr><td rowspan="3">근무처</td><td colspan="3">상호:</td><td>직위:</td></tr>
<tr><td colspan="2">전화:</td><td>팩스:</td><td>H.P:</td></tr>
<tr><td colspan="2">주소:</td><td colspan="2">우편번호:</td></tr>
<tr><td rowspan="3">출신학교</td><td colspan="2">초등학교</td><td></td><td></td></tr>
<tr><td colspan="2">중학교</td><td>학교</td><td></td></tr>
<tr><td colspan="2">고등학교</td><td></td><td></td></tr>
</table>

*기타사항(주요경력 등)

문의사항 : 현재 사무국장 (02-2266-4295), 010-5275-6002

입회금 300,000원과 입회연도 회비 150,000원을 합하여 총 350,000원임

증명사진 1매 첨부

제출처 : 종로구 창경궁로 16길 70 반도보라타워 508호 (03128)

e-mail : koretm @ hanmail. net # 팩스 : 02-766-0301

(을) 탈퇴규정

본회의 회칙 제6조에는 회원의 자격상실에 대해서 다음과 같이 규정하고 있습니다.

1. 본회 목적에 배치되는 행위를 하였을 때
2. 본회의 명예나 위신을 손상케 하는 행위를 하였을 시
3. 본인이 탈퇴를 신청하였을 시
4. 각종 회의에 특별한 사유없이 2년 이상 결석하였을시(09. 1. 9 개정)
5. 회비를 2년간 내내 납부하지 아니하였을 시(09. 1. 9 개정)
6. 본인의 사망 시

(병) 경조사 규정

본회는 회원간의 경 · 조사는 원칙적으로 개인간 직접거래를 원칙으로 하고 있습니다. 다만,

1) 직계존비속간의 弔事(부부포함)시에는 "부고"만을 대행하고 있습니다.
2) 가족간의 경사(慶事)에는 당사자간이 축하를 하고 있습니다.
3) 위 1). 2) 공히 조화나 화환1점씩 제공합니다.

영가회 40년사 제작비 협찬 및 광고내역

직 장	이 름	금 액	직 장	이 름	금 액
풍산그룹	류목기	5,000,000	연성대학교	권재혁	5,000,000
대명전기	이명걸	3,000,000	안동병원	강보영	3,000,000
설해원	권영복	2,000,000	(주) 흥 국	류종묵	1,500,000
대정상사	금경수	1,500,000	협 찬	남상덕	1,500,000
재경안동향우회	류필휴	1,000,000	재경안고동창회	황현탁	1,000,000
협 찬	권웅열	1,000,000	협 찬	임세환	1,000,000
협 찬	김승년	1,000,000	기 타		4,000,000

4. 영가문화상 등 시상규정과 수상자

1) 제정 취지문

안동(安東)은 한국의 고유한 유학(儒學) 사상을 꽃피우고 그 선비를 길러낸 유림(儒林)의 고장이며, 한국의 얼과 문화를 계승 유지한 전통 문화의 고장이며, 수많은 지도자와 일꾼을 길러낸 인재(人才)의 고장이다.

이 고장을 생(生)과 육(育)과 업(業)으로 연(緣)을 맺은 안동인 들이 융화(融和) 단결하여 향토의 전통문화 계승과 발전에 기여하고자 영가회(永嘉會)를 발족한지 어언 30개성상(星霜)을 앞두고 있다.

이에 영가회는 우리의 소박한 소망을 구체적 실천으로 승화(昇華)할 단계에 이르게 되었으며, 비록 간접적이나마 그 실천의 한 행보(行步)로서 향토의 사회, 교육, 문화, 예술, 언론, 체육 등의 전 분야에 공헌한 사람이나 단체를 치하(致賀)하는 영가문화상(永嘉文化賞)을 제정하여 그 뜻을 기리므로 써 미래와 후세에 이어 더 큰 보람을 창출(創出)하여 향토발전에 이바지 하고자 한다. 이는 안동인의 책무(責務)이자 오늘을 사는 현 세대의 사명(使命)이다.

영가문화상은 어떤 특별한 신분의 상징(象徵)도 아니며, 어떤 전문성의 표상(表象)도 아니며 어떤 특권의 징표(徵表)는 더더욱 아니다. 이는 오직 그 수고에 대한 위로이며 주변으로 넘치는 분수(噴水)이며 미래를 부탁하는 쓴 약(藥)이다. 오늘 우리가 뿌리는 물줄기가 비록 작기는 하나 서서히 뿌리에 스며들어 튼튼한 가지와 탄탄한 열매를 키우고 맺어줄 것을 바라는 바 그것이 이 상(賞)이 바라는 우리의 간절한 소망(所望)이다.

2005년 11월 15일 영 가 회

〈별 첨〉

"안동문화지킴이"단체 첫 수상 영광

영가회(회장 금창태)는 제1회 영가문화상 수상자를 '안동문화지킴이' 단체에 시상키로 했다. 시상식은 2005년 1월 9일 프레지던트호텔이다.

2) 영가문화상 수상후보를 추천해 주십시오.

향토문화 발전을 위해 힘쓰고 계신 귀하(귀 단체)의 노고에 감사드립니다.

지역 출향인사들의 친목단체인 永嘉會는 안동인 가운데 자신의 해당분야에서 묵묵히 정진해 온 문화예술인(단체)을 뽑아 시상함으로써 안동지역 문화발전에 디딤돌 역할을 하고자 합니다.

수상 후보자를 다음과 같이 추천받고자 하오니 그 동안 지역문화, 예술계, 언론 및 출판계에 몸담아 오신 훌륭한 인재를 추천해 주시기 바랍니다.

– 다　　음 –

◈ 영가문화상 시상 개요

(1) 시상분야

문학 – 음악, 춤, 무용, 공예, 서예, 시, 소설, 수필, 평론, 아동문학 등 문학분야 및 전문 저술 분야

예술 – 미술, 조각, 사진 등 예술 분야

언론 · 출판 – 신문, 방송, 출판의 취재 기획 분야

기타 – 안동인의 전통과 안동인의 정신을 고취시키는 내용의 활동분야

(2) 시상대상

안동지역에 거주하면서 사회발전과 문화예술 창달에 이바지해 온 업적이 뚜렷한 문화예술인이나 단체

(3) 상금

상패, 부상(3백만원)

(4) 심사위원

해당분야의 전문가로 구성하며 수상작 발표와 동시에 명단을 공개한다.

(5) 수상자발표

당해연도 수상자는 11월 말일까지 개별 통지한다.

◈ 후보 추천 요령

(1) 구비서류

① 개인

- 후보 추천서(본회 소정양식)
- 피추천인 약력 및 주요 업적(본회 소정양식)
- 주요 실적자료, 저서, 해당작품 복사본
- 주민등록등본, 사진, 각 2매
- 기타 심사에 필요하다고 인정되는 자료

② 단체

- 후보 추천서 (본회 소정양식)
- 후보 단체 구성원 약력 및 주요 업적(본회 소정양식)
- 설립연도, 주요 실적자료, 저서, 해당 작품 복사본

(2) 추천인자격

해당 분야의 기관장 및 단체장, 그룹 대표, 해당 분야의 원로 3인 이상

(3) 마감

20　년　9월　30일 도착분에 한함.

(4) 보내실 곳

03128 서울특별시 종로구 창경궁로16길 70, 508호 영가회

(5) 기타 접수된 서류와 자료는 일체 반환하지 않음.

(6) 추천서 교부 및 접수 문의

영가회 사무국 : TEL. 02-744-0301 / FAX. 02-766-0301

永 嘉 會　會 長

3) 영가문화상 운영 규정

제 정 2005. 11. 15 이사회
개 정 2011. 12. 21 이사회

제1조[운영] 이 규정은 영가문화상의 추천, 응모, 심사, 시상 등 영가문화상 제도와 운영에 관한 사항의 규정을 목적으로 한다.

제2조[목적] 영가문화상 제도는 영가회원 및 안동인 들로 하여금 향토를 사랑하고 향토의 사회 및 문화 발전에 적극 참여 봉사하고 나아가서 인류문화발전에 기여케 함을 목적으로 한다.

제3조[시행] 영가문화상은 안동의 사회, 교육, 예술, 언론, 체육 등 모든 분야의 발전에 공헌한 안동인 또는 단체에 시상한다.

제4조[시상취소] 심사대상이 비록 제3조에 해당하여도 대상자 또는 그 행위가 정치적으로 관여된 경우에는 수상후보에서 제외한다.

제5조[심사위원회] 영가문화상 제도의 운영을 위해 영가문화상 심사위원회(이사 심사위원회)를 두고 심사위원장은 영가회 회장이 된다.

제6조[수상자추천] 심사위원은 회원의 추천을 받아 이사회에서 약간 명을 위촉하며 임기는 2년으로 한다.

제7조[분과위원회] 심사위원회는 심사의 전문성이 필요할 경우 분과위원회를 두고 심사 위

촉 및 자문을 구할 수 있다.

제8조[수상자선정] 심사위원회는 이 제도의 운영에 관한 사항을 심의 의결하며, 수상 후보자를 이사회에 추천, 그 인준을 받아 최종 수상자를 선정한다.

제9조[의결] 심사위원회는 다음 사항을 의결 또는 시행한다.

(1) 영가문화상 응모자(단체)의 서류검토 및 응모자(단체) 방문, 접견 또는 실사를 통한 심사와 수상 후보자의 추천

(2) 이사회가 재심을 요청하는 건에 대한 재심사

(3) 영가문화상 시상자 수와 시상금 결정

(4) 기타 심사위원회 운영에 필요한 사항의 결정

제10조[구비서류] 영가문화상 추천자와 응모자의 구비서류 및 마감은 다음과 같다.

(1) 추천자 : ① 안동시의 각 기관장 및 단체장
② 해당 분야의 전문인 5명 이상
③ 영가회가 인정하눈 동호인 대표

(2) 구비서류: ① 추천서(소정 양식) 1부
② 이력 또는 약력서 1부
③ 공적조서 1부
④ 공적 증빙 서류
⑤ 사진(명함판) 2매
⑥ 기타 심사에 필요한 자료

(3) 추천마감: 수상일 전년도의 10월 30일

제11조[수상자발표] 수상자의 선정은 시상 1개월 전에 하며, 결과는 본인(단체)과 적절한 홍보 수단을 통하여 발표한다.

제12조[시상] 시상은 영가회의 신년 하례식에서 한다.

제13조[부상] 수상자에게는 상패와 소정의 부상을 시상한다.

제14조 접수 서류는 반환하지 않으며, 수상자 선발에 관한 심의 내용 등은 어떤 경우에도 발표하지 않으며 결과에 대한 어떤 항의에도 응하지 아니 한다.

제15조 영가문화상 시상식 이후 3개월 후까지도 수상하지 않을 경우, 이 상과 부상은 이 심사위원회에 귀속된다.

제16조 기타 이 규정에 필요한 사항은 이사회의 의결과 통상관례에 따른다.

제17조 영가문화상 제정과 운영의 첫 해에는 이사회가 심사위원회를 겸한다.

제18조 이 규정은 2005년 11월 15일부터 시행한다.

#양식 1	영가문화상 수상 후보자 추천서			
수 상 후보자	소 속		직위	
	성 명		성	남 여
	생년월일	년 월 일 (만 세)		
	상 분야	충효 선행 문화		
추천 내용				

귀 영가회에서 시상하는 영가문화상 수상 후보자를 위와 같은 내용으로 추천합니다.

20 년 월 일

추천인 소속
지위
성명 인

영가문화상심사위원회 귀중

#양식 2	이 력 서 (약 력 서)	사진
성 명	(한자)	
생년월일	년 월 일 (만 세)	
소 속		
담당 부서 및 직위		
학 력		
년 월 일	학 교	
경 력		
년 월 일	근무처 또는 활동 내용	

년 월 일	근무처 또는 활동 내용

상 벌		
년 월 일	내 용	시상자(기관)

위의 사항의 사실과 다름이 없음.

년 월 일

성 명 인

#양식 3	공적 조서(증빙 자료 첨부)			
심사 대상자	성 명		주민등록번호	
	소 속			
(공적 개요) (공적 상세)				

*란이 부족할 때는 별지 추가 사용

4) 영가회 역대회장 및 영가문화상 수상자

1977년도~1998년도　초대회장 김해길
1999년도~2002년도　2대회장 류목기

2003년도~2006년도 3대회장 **금 창 태**

▶2006년 제1회 영가문화상 수상자 : 안동문화지킴이(대표 김재해)

〈상 패〉　　영 가 문 화 상

(안동시 태화동 666-43 안동문화지킴이)

귀 단체는 한국 전통 문화의 고장 안동의 고유한 사상을 유지 계승 발전시키기 위하여 1997년에 발족한 안동의 순수 민간단체로서, 오늘에 이르기 까지 매월 1회씩 안동 주변의 많은 문화 유적을 수호하는 활동과 더불어 한 가족 한 문화 지키기 운동을 전개하여 문화 애호 정신과 선비 정신이 깃든 참 안동인 양성에 힘써 왔습니다.

이로서 안동의 유 무형 문화가 새롭게 발굴되고 아울러 잘 유지 보존되고 있으며, 나아가서 안동인 들에게 문화 애호 정신이 보급되어 더 발전된 문화를 후손들에게 계승할 수 있는 기틀을 마련하였습니다.

이는 안동의 전통문화 계승과 발전을 염원하는 영가회의 목적에 부합되는바, 영가회는 그 감사와 기대와 소망을 담은 영가문화상을 드리고 그 징표를 여기에 남깁니다.

2006년 1월 9일

영 가 회　회 장 금 창 태

2007년도~2010년도 5대회장 **허 동 진**

▶2008년 영가문화상 수상자 : 하회별신굿탈놀이보존회

(상 패) 영 가 문 화 상

중요무형문화재 제 69호
하회별신굿탈놀이보전회

귀 회는 하회별신굿탈놀이의 전승 및 보급 활동을 통하여 안동의 소중한 문화유산을 계승 발전시켜 한국문화의 우수성과 독창적인 아름다움을 널리 알렸으며, 특히 한국정신문화의 수도 안동을 알리는데 이바지한 공로가 크므로 이에 영가문화상을 드립니다.

2008년 1월 9일

영 가 회 회장 허동진

▶2010년 : 영가문화상 수상자 : 안동문화원(원장 김준식)

〈상 패〉 영 가 문 화 상

안동문화원

귀 단체는 지역사회의 계발 및 문화진흥활동을 통하여 안동의 고유문화를 발굴하고 지키고 새롭게 창조하는데 앞장서 왔으며, 특히 한국정신문화의 수도 안동을 알리는데 이바지한 공로가 크므로 이에 영가문화상을 드립니다.

2010년 1월 8일

영 가 회 회장 허동진

2011년도~2014년도 6대회장 **류 종 묵**

▶2012년: 영가문화상 수상자 : (사)한국예술문화단체총연합회 안동지회(대표 류윤형)

〈상 패〉 영 가 문 화 상

사단법인 한국예술문화단체총연합회 안동지회

귀 지회는 안동지역 예술문화인들의 역동적이고 창조적인 예술활동을 이끌며 예술문화인의 예술문화인의 권익을 옹호하고 지역예술문화 창달에 헌신적으로 기여하였으며, 특히 [한국정신문화의 수도 안동]을 알리는데 이바지한 공로가 크므로 이에 영가문화상을 드립니다.

2012년 1월 13일

영가회 회장 류종묵

▶2014년 영가문화상 수상자 : 안동대학교 인문대학 사학과 교수 김희곤

〈상 패〉 영 가 문 화 상

안동대학교 인문대학 사학과 교 수 金 喜 坤

귀하는 조국의 독립을 위해 온몸을 내던져 불꽃처럼 투쟁한 안동사람들의 독립운동사에 대한 심도 있는 연구를 통하여, 사단법인 안동독립운동 기념사업회를 발족하고 안동독립기념관을 건립하여 안동인의 자부심과 긍지를 고취시켰다.

특히 안동문화권의 선비들이 조선시대만이 아니라 근대에 들어서도 우리나라에서 가장 자랑스러운 역사를 펼쳤다는 사실을 밝혀서, 한국정신문화의 수도 안동을 알리는데 이바지한 공로가 크므로, 이에 우리 모든 영가회원들의 뜻을 모아 이 패를 드립니다.

2014년 1월 10일

영가회 회장 류 종 묵

2015년도~2016년도 6대회장 김 봉 구

▶2016년 : 영가문화상 수상자 : 내방가사전승보존회장 이선자

〈상 패〉

영 가 문 화 상

안동내방가사전승보존 회장 이 선 자

귀하는 안동내방가사전승보존회장으로서 내방가사를 수집, 발굴하였고, 낭송기법을 교육시켜 시연 및 공연하는 등 안동을 가장 안동다운 고장으로 발전기켜 "한국정신문화의 수도 안동"을 알리는데 이바지 한 공로가 크므로 이에 영가문화상을 드립니다.

1916년 1월 8일

영가회 회장 김 봉 구

■ 영가문화상 추천의뢰처

경북 안동시 퇴계로115 (054-852-7000) 760-701 안동시장
〈문화관광과 : 문화해설사 주무부서〉

안동시 서동문로 203 (054-859-0825) 760-000 안동문화원장

안동시 경동로 554 (054-851-9100) 안동교육지원청장

안동시 도산면 퇴계로 1997 (054-851-0700) 한국국학진흥원장

경북 안동시 (054-857-1767) 한국예총 안동지회장

경북 안동시 (054-820-5114) 안동대학총장

■ 개인별 추천의뢰처

〈전 안동시장 또는, 안동대 총장을 역임하신분〉

안동시 정하동 현진에버빌 105동 309호 (054-857-8748)
〈010-9382-6600〉 정 동 호

안동시 송현길 23 106동 1302호 (송현동 이안아파트)
〈010-9485-0531〉 김 휘 동

안동시 송현길 84-8번지 청구하이츠 201-503호
〈010-9357-5433〉 이 희 재

3 6 6 3 3

북한산
사모(師帽)바위

영가회 40년사 편집후기

영가회 40년사가 편찬되었다. 1982년 3월 25일 '영가문화 제1집'이 편찬되고, 1998년 7월10일 영가문화 제2집인 '그단새 스무해가' 발간된지 20년만이다. 가벼운 마음으로 출발을 하였으나 진행 과정에서 많은 어려움과 우여곡절이 많았다. 20년의 시대변화에 따라 읽는40년사 보다 보는 40년사를 만드는데 역점을 두었다. 또한 과거의 역사가 밑바탕이 되어 그위에 새로운 희망을 창달해 나가기 위해 노력하였습니다.

안동의 선조들은 국가에 위기가 왔을 때 온몸을 던저 나라를 구했다. 안동의 삼태사가 고려건국에 공을 세우고 일제강점기에 가장 많은 의병과 독립운동가가 나왔다. 이분들의 정신과 혼이 우리들에게 흘러내립니다.

성리학자였던 퇴계는 인간이 타고난 본성이 순수하고 선하다고 생각했으며 하늘의 이치를 담고 있다고 보았다. 그래서 시대가 혼란한 근본 원인은 선비가 자신의 선한 본성이 현실적 상황 속에서 바르게 실현하지 못한 때문이다. 인간은 선한 본성이 있지만, 그것을 제대로 드러내기 위해선 마치 먼지가 낀 거울을 닦듯이 공부를 통해 몸과 마음을 닦아야 한다고 하였습니다.
한국정신문화의 수도 안동인의 중심에서 안동사람다운 활동을 하고 있는 영가회원들을 중심으로 새로운 찬란한 역사가 쓰여지기를 희망합니다.

바라는대로 모든 원고를 다 싣지 못한 점 널리 혜량하여 주시기 바랍니다.

십수차례 편집회의를 하면서 정성을 쏟아준 편찬 고문과 편집위원께 감사드리며, 어려운 가운데 광고를 실어준 회원님께 거듭 감사드립니다.

영가회 회장 김 계 동

제44회
재경안동9개고등학교동창회 친선체육대회

- 일 시 : 2018년 10월 27일 (토요일) 09:00~17:00
- 장 소 : 수도전기공업고등학교 종합운동장
- 주 최 : 재경안동9개고등학교 동창회
- 주 관 : 재경안동고등학교 동창회
- 후 원 : 재경안동향우회

[참여 학교 동창회]

- 재경한국생명과학고등학교 동창회 (1933년 개교)
- 재경안동여자고등학교 동창회 (1951년 개교)
- 재경안동고등학교 동창회 (1951년 개교)
- 재경경안고등학교 동창회 (1954년 개교)
- 재경중앙고등학교 동창회 (1954년 개교)
- 재경경안여자고등학교 동창회 (1965년 개교)
- 재경경일고등학교 동창회 (1973년 개교)
- 재경길원여자고등학교 동창회 (1974년 개교)
- 재경영문고등학교 동창회 (1975년 개교)
- 안동소재고교 동창회
  (경북하이텍고 · 풍산고 · 성희여고 · 성창여고)

영가회 사십년사편찬위원회

편찬고문 : 류목기, 금창태, 허동진, 류종묵
김봉구, 권원오, 류승번
편집위원 : 류상번, 신승문, 김대원, 정종수
김시은, 김영일

永嘉會四十年史

2018년 12월 15일 인쇄
2018년 12월 20일 발행

발행인 : 김계동
발행처 : 영가회 사십년사편찬위원회
제작처 : 한국세무경영사 **영가회편**

서울특별시 종로구 창경궁로 16길 70
반도보라타워 508호 F. 02-744-6222
한국세무경영사 T. 02-754-8400

ISBN 978-89-7281-099-5 〈값 30,000원〉

영가회 40년사 발간을 축하합니다!

(사)가남솔루션

대표 **임 세 환**

TEL : 02-1577-4414
FAX : 02-544-0503
H.P : 010-3233-0332

서울시 강남구 압구정로 151
113-1102호(압구정동 현대아파트)
TEL : 02-544-2522

영가회 40년사 발간을 축하합니다!

변호사 **김 승 년**

서울시 서초구 서초중앙로2길 21
102-1103호(06720)
TEL : 02-581-3208
H.P : 010-9188-9288

영가회 40년사 발간을 축하합니다!

재경안동고등학교동창회 회장 황현탁(21회)
수석부회장 : 권원식(22회), 감사 : 김영일(27회), 장원식(35회)
조직위원장 : 임훈종(32회) 대외협력위원장 : 김재구(33회)
사무총장 : 권재우(34회), 총무국장 : 조현진(38회)
조직국장 : 박배식(41회), 대외협력국장 : 안형진(48회)